“十二五”国家重点图书出版规划项目

王逢振　主编

詹姆逊文集

第 4 卷

现代性、后现代性和全球化

王逢振 王丽亚　等 译

Fredric R Jameson

中国人民大学出版社

·北京·

目　录

单一的现代性

前言：当前时代的倒退

在十足的后现代性当中，直到最近，对现代的那些特征，尽管已经不再有什么欲望，却似乎一向存在着某种普遍一致的看法，某种未说出来的舆论。例如，现代时期的禁欲主义，或者它的菲勒斯中心主义（我不太肯定是否统统属于逻各斯中心主义）；现代时期的极权主义，甚至它的压制性；现代主义美学的目的论——它以胜利者的姿态从更新走向最新；基本上也属于现代主义的最低纲领论；对天才或先知的崇拜；对听众或公众无愉悦可言的要求——所有这些事物（当然它们相互关联，常常是彼此的一些方面或不同的形式）经常被评论家系统地、反复地提起。

然而，在所有这些健康的排斥反对意见的运动当中，实际上，在打破窗子、扔掉旧家具的嘈杂声中，最近几年我们开始看到一些迥然不同的现象，这些现象表明对所有旧事物的回归或重建，而不是将它们彻底肃清。后现代性的巨大成就之一——一方面是“理论”或理论话语，另一方面是罗蒂的《自然之镜的哲学》（以及勃迪厄对学科的批判）——无疑是贬低了传统学科意义上的“哲学”，激起了大量关于新的思维和新的观念的写作。然而，我们现在开始目睹全世界出现了对传统哲学的回归。它起始于古老的亚领域，如伦理道德。[1]可是，如果形而上学不是神学本身（对此否定的神学进行了破坏），那么形而上学的回归还会远吗（新时期对物理学的思考已有暗示）?

同样，某种类似政治哲学的东西也重新出现，随之而来是所有那些古老的机制和文明问题，市民社会和国会代议制问题，责任和公民道德的问题，等等，而这些毫无疑问都是 18 世纪后期争论最激烈的问题。[2]仿佛在刚刚结束的革命的世纪，人们从它的挑战中没有学到任何东西，虽然它使传统的关于国家的资产阶级思想面对着阶级和集体社会存在的种种尖锐的矛盾。因为所有那些观念性本身对一个完全不同于我们的历史情境——从封建主义过渡到资本主义——构成了如此多的反映。如果与从共产主义到民主的过渡相比，这似乎是有些滥用（无论如何，人们会认为，后者本身不是一种过渡而是一种观念的滑动，从经济范畴滑向政治范畴）。

随着所有这一切，一种旧的政治经济像影子一样蹒跚着走来，并向我们提供一种新的惊人的发展，也就是重新发现了市场，某种像新发现了机器轮子一样让人激动的东西：人们无疑可以选择他们自己的趣味，但没有人会让我相信，在今天这个时期，关于某个米尔顿·弗里德曼、某个哈耶克或某个波普尔（Popper）的思想会有什么闪光的东西。

于是出现了美学的复苏。我们认为，美学是一个现代主义既发明了它同时又解构了它的学科，或者说，各种现代主义的崇高形式就像它们开始出现时那样迅速抹杀了美学问题。然而今天人们再次提出了美的问题，也就是美学的中心命题，而美学的资产阶级动因可以在它孪生的两个极点记录下来：一方面是纯粹的装饰和令人愉悦的平庸化，另一方面是审美判断中的各种意识形态的感伤的唯心主义。

那种（同样在传统上）可以确定为观念历史的东西，在对待这种思想倒退时非常软弱无力，但它常常可以合乎情理地通过政治联系和机构的力量来加以说明。马克思主义的失败（假如它真的失败了）从根源上阻止了许多当代理论的扩展，而这也正是马克思主义本身的问题（即使它通过萨特的存在主义和结构主义的现象学以迂回的方式得到了发展）。与此同时，大学的行业化（和日益发展的私有化）可以说明对理论能量本身的系统遏制，同它在目的方面是无政府主义的一样，其效果是脱离常规。但是，这恰恰是为什么这种重新制度化及其倒退很难在后现代性的后果中一一列举的原因，因为众所周知，后者的修辞强调无中心和偶然性，强调根状的错综复杂，以及异质性和多样性。人们也不可能想像这就是让-弗朗索瓦·利奥塔在欢呼历史的“宏大叙事”被后现代的多样语言游戏取代时所想的东西[3]，因为后现代肯定隐含着对新语言游戏的发明创造，而不是人为地复活那些学术上已成过去的东西。

但是，如果认为利奥塔的后现代性——一种不系统的“现实”，充斥着偶然共存的、不可调和的、尼采式的时代现象——或者其他任何人的后现代性，标志着对过去的摈弃，或者对过去的彻底遗忘，那肯定是错误的。实际上，与所谓的“宏大”叙事一起被摈弃的，还有哲学、文学和其他形式的历史学的更小的叙事。因为正如后现代性的历史小说一样[4]，最后这种历史学要以暂时的、可以随便调用的经典的形式来重新创造，也就是要置于可以同时消解和取代的众多的文本关系之中。对利奥塔来说，对德勒兹也一样，过去的哲学家应该重新发现并以后当代的习惯用语来重写（正如德勒兹非常杰出地对尼采和康德、休谟和莱布尼茨所做的那样），而所用的口号是著名的引语“大胡子的黑格尔和刮干净胡子的马克思”[5]。

事实上，像德勒兹一样，在许多方面，利奥塔本人是一个典型的现代主义者，他热情地信奉真正的、激进的、甚至可以大胆地说是真实的突然出现的新事物：这种信奉最终标志着二人的政治都是美学的（尽管他们可能彼此不同）。这就是为什么利奥塔对所谓的宏大叙事的先发制人的攻击（针对共产主义和法国的共和主义），结果并不像海湾战争（他也支持）那样确定。因为，为了保持对隐蔽在他明显的政治后现代性之内的美学现代主义的信念（像本雅明有意识的神学隐蔽在他的行动主义的自动信念之内一样[6]），利奥塔发现自己必须重新发明一种以著作为基础的最古老的时间性的模式，即循环的模式，这种模式可以使适当蛮横的立场权威化：后现代主义不是在真正的现代主义之后而是在它之前，为它的回归进行准备。[7]无论如何，他不可能想到我在这里列举的种种回归的现象。

不过，他的尴尬仍然暗示着两个有用的结论。第一个关系到后现代对本质上仍然是现代主义的新的范畴的依赖，无论用什么样的修辞，它都不可能从"新"的安排中彻底消除这些范畴。这对后现代性来说确实是非常重大或意义深远的矛盾，它不可能使自己完全脱离创新的最高价值（尽管有风格的终结和主体的死亡），因为博物馆和画廊几乎不可能在没有创新的状况下发生作用。因此，新的对差异的崇拜仍然与先前的"新"相交叉，即使两者并不完全相连接。

得出的第二个结论是，谴责历史叙事（及其"萎缩的矮子"或目的论）比在没有历史叙事的情况下做事更容易一些。我在其他地方已经说过[8]，利奥塔的宏大叙事终结的理论本身就是另一种宏大叙事。在一个完全不同的领域，新批评派把诗的语言抬高到超过其他语言的做法（诗的语言假定本质上是非叙事性的，其他语言一般是叙事性的话语形式），最终也是通过一种历史的宏大叙事生效的，这种历史叙事有些像一种保守的"历史哲学"，旧时英国自耕农的农业秩序中的感性统一（如艾略特、利维斯）

仿佛被革命的浪漫主义打碎了（现在被认为与启蒙运动一致，体现在雪莱之类的诗人的作品里）。这种二次叙事也不只是第二次的意识形态补充。我想尽量作出一种更有力的形式结论，就是说，真正对叙事的拒绝和否认会引起一种被压制的叙事的回归，并可能不顾它自身而以另一种叙事来证实它的反叙事的立场，而论证在体面地掩饰另一种叙事中得到种种利益。[9]但是，我并不想对这一原则作某种本体论的阐述，相反，我宁愿以方法论的形式对它重塑，把它作为一种建议，在所有看似非叙事的概念中，尤其当它们直接反对叙事本身时，找出被掩盖的意识形态的叙事。如果说这种建议仍然过于一般或抽象，那么下面我将在当前语境中提出一种更具体的说明（大体上是将阐述的四个准则中的第一个）。

不过，现在应该回到那种语境，考虑在充分的后现代性当中某些过时的、最后的回归或重新发现，这无疑是最具悖论的一种重现，因为它证明是现代性概念本身的再现，而我们长期以来一直天真地认为它已被取而代之。事实上它在全世界都已经重新出现，而且在政治讨论中几乎不可能避免，从拉丁美洲到中国——且不说先前的第二世界——无不如此。然而，西方所谓的胜利却不断地以明显的后现代方式受到赞颂，以为它克服了旧的现代主义乌托邦和生产率论的价值观，既是意识形态的终结又是历史的终结，是唯名论者的特殊和差异的信条，无论对所有这些东西的阐述运用的是左翼的还是右翼的语言（实际上放弃对左、右的区分常常是这种“后现代”修辞的核心）。在现代从所有的书架和橱窗彻底消失之后，在它退出媒体之后，在除了少数爱争吵的、自称是爬行的知识分子以外所有的人都驯顺地实现了非现代个性化之后，现代性这一口号的复活还能用于什么目的呢？人们不禁怀疑，这种旧的现代性的语言的重现一定是某种后现代的东西：

因为它肯定不是任何诚实的哲学和历史学对我们最近的过去感兴趣的结果。应该说，我们这里得到的是对现代的重铸，对它的重新包装，也是为在知识市场上重新销售对它的大规模的生产。这个知识市场不仅包括社会学领域的最著名的大家，也包括所有社会科学领域里平常的讨论（还包括艺术领域里的一些讨论）。

事实上，发生这种情况有许多原因，虽然几乎没有一个原因能足以对它证实。相对而言，后现代性在既定的学科里似乎是个无法否认的概念，因为它的令人厌恶的后果——对晚期资本主义和女权主义的理论阐述与所谓的“相对主义”和社会现实的构成性达成了让步协议——已变得非常明显。即使你们不相信断代本身，现代性的概念——它的世系发展一直追溯到社会学的奠基人，而实际上社会学本身作为一个研究领域也因它成了多争论的领域——似乎也值得尊重并具有相当的学术性。

但是，还有更深刻的动因，更深刻的优势，它们大部分在于新的全球市场——如果我可以这么说的话——同样也在于全球的观念市场。因为现代性概念的一个不可回避的方面是现代化问题（本身也是一个在第二次世界大战以后的制品）。现代性总是与科技相关（至少在“现代时期”），因此最终与进步相联系。但第一次世界大战对进步的意识形态是一次严重的打击，尤其与科技相关的那些进步的意识形态；其实自 19 世纪后期以来，资产阶级思想家自己也对进步产生了严重的、自我批判性的怀疑。第二次世界大战以后发明的现代化理论，使资产阶级的进步观念得到了某种余生，虽然现代性和现代化在社会主义国家，因斯大林主义许诺赶上西方及其工业而经历了一种相当不同的形式。不过，对斯大林主义的现代化形式的大肆声张的谴责——在策略上与那种一般的看法相联系，即马克思主义和社会主义本质上是坏的“普罗米修斯的”意识形态——不应该掩盖与之平行的、对西方现代化形式的怀疑，生态运动、某些女权主义以及各种左派对进步和工业化的批判，都指出了西方现代化的弊端。然而，如果你相信“历史的终结”，从你的思想上排除了未来和激进变革（且不说“进步”）的一面，那么很难想像如何能形成一种吸引人的政治计划。

现代性概念的复活是试图解决问题的一种努力：现代化、社会主义、工业化（尤其是电脑化之前的那种重工业）、普罗米修斯主义和普遍的“对自然的掠夺”都已经遭到怀疑，在这种形势下，你仍然可以提出所谓的不发达国家可能需要期待一种简朴的“现代性”。如果不担心今天世界上能够存在的民族—国家在任何可以想像的意义上早已是“现代的”这一事实，而只考虑技术进步，那么受到鼓励的是一种幻觉：西方拥有其他任何人都没有的东西，他们应该有得到它们的欲望；那种神秘的东西可以命名为“现代性”，并可以由那些被号召销售该产品的人详细说明。

我想对“现代”这一术语更新的有争议的用法以及它给我们造成的混乱重点加以说明。在奥斯卡·拉封丹最近回忆他在新的施罗德执政期的命运时，关于抱怨他的市场竞争对手的广泛流行的描写，其中政府被作为“实施现代化的人”：

> 现代化和现代性这两个词已经堕落成时髦的概念，在这种概念下你什么都可以去想。如果你想弄清今天人们称作“实施现代化的人”在现代性的术语下究竟知道什么，你会发现他们只知道从经济和社会方面去适应所谓的全球市场的约束。现代性的概念被变成了纯经济和技术的范畴。于是，盎格鲁-撒克逊人对解雇没有法律的保护，同样如果我们想成为现代的，我们就必须也摆脱在那个领域里的保护。在许多国家，社会保障系统严

> 重萎缩，因此如果我们想成为现代的，我们也必须大量缩减社会保障。在许多国家，商业税收大量减少，以便企业家不至于离开该国而到其他地方，因此我们也必须成为现代的并减少税收……现代性已经完全变成了一个服从这种经济制约的词。我们如何一起生活和我们需要什么样的社会的问题，已经完全变成了一个非现代的问题，而且根本不再提出这种问题。[10]

在这个语境里，现代这一术语的引入是一种基本的政治话语斗争的组成部分（正如在另一种语境里，成功是区分“改革者”和“强硬派”的话语）。如果自由市场的观点可以系统地与现代性相一致，习惯地被认为表现了什么是现代的问题，那么自由市场的人们就赢得了基本的胜利，而且这种胜利远远超越了旧的意识形态的胜利。假如把它称作媒体的胜利，那就低估了今天对政治斗争的语言和术语的转移。这里的关键是，持对立观点的人在术语上没有去处。自由市场的对手，例如社会主义者，只能被归类为否定或个人的现代范畴，传统主义的范畴，甚或最终被归为强硬派的范畴，因为他们明显抵制现代性的发展。这里从拉封丹哀怨的声调可以清楚地看出，他不仅失去了这一基本的话语斗争，而且他一开始就没有意识到它的基本性质和利害关系。

这是些关于世界现代性的政治力量的看法，而现代性已经在全世界复活，并且以这种特殊的方式被系统地加以利用。但我想指出，在这种复活中也有某种观念和哲学上的不连贯性。一般抨击社会主义和马克思主义（如果不是反对所有形式的“左翼中心”的自由主义）的含义是说那些观点陈旧过时，因为它们仍然相信现代主义的基本范式。但这里现代主义被理解为过时的管理严密的计划领域，无论这是在国家管理方面、经济方面还是在美学方面，它都是一个集权的所在，与非中心化的价值和标志新的后现代机制特点的偶然性背道而驰。因此像拉封丹这样的人是非现代的，因为他们仍然是现代主义者；正是现代主义本身才是非现代的；不过“现代性”——在刚说过的肯定的意义上——是好的，因为它是后现代的。那么为什么不用那个词取而代之呢？

一些明显的答案——理论性太强，还不够大众化或还不够流行，“后”字会自动引起不快的、可笑的、反讽的质疑——我相信掩盖了更深层的原因，最好通过研究关于“现代性”最有影响的当代理论家安东尼·吉登斯的作品来进行探讨。他的作品开始完全是作为对那种现代性的批判，结果他却成了那种现代性的拥护者。在《现代性的后果》里，吉登斯结束了他与后现代的调情，并解释了他为什么觉得这样做更加便利（应该理解的是，像其他许多人一样，他也认为“后现代性”是一种虚无主义和相对主义的哲学，主要为利奥塔之类的人所拥护）。这里是他的评论：

> 只是发明新的术语是不够的，例如后现代性和其他术语。相反，我们必须观察现代性本身的性质，由于相当具体的原因，在社会科学领域里现代性迄今一直没有得到很好的理解。我们不是在进入一个后现代性的时期，而是在进入一个现代性的后果正变得比以往更激进化、更普遍化的时期。我会认为，在现代性之后，我们可以看到一种新的、不同的秩序的轮廓，那就是“后现代的”；但这与现在许多人所称的“后现代性”大不相同。[11]

他的主张可以被重新命名为“激进的现代性”，而且听上去肯定与哈贝马斯的看法并无惊人的不同。关于不完善的现代性，哈贝马斯常用的说法是“现代性是一个未完成的计划”。但哈贝马斯的这种说法仍然有用而含混，它使人们接受现代性未完成的可能，因为它永远不可能由中产阶级及其经济体制来完成。不过，这正是吉登斯想让我们努力去做的事情：对通向自由市场的第三条道路的信念，嘲弄了他喜欢不时应用的社会主义短语。我想补充说，至少在一个问题上我与他一致：现代性是一系列的问题和答案，它们标志着未完成或部分完成的现代化的境遇的特征；后现代性是在一种倾向于更完善的现代化的境遇中获得的东西，它可以概括为两种成就：一是农业的工业化，也就是消灭了所有传统的农民；另一种是无意识的殖民化和商业化，换句话说就是大众文化和文化工业。

那么，“现代性”的理论家如何能在其现行的意义上把他们的产品——信息革命和全球化的自由市场的现代性——与可憎的旧式产品区分开来，同时自己又不提出那种后现代性使其不可避免的、严肃的政治和经济的全局问题？答案非常简单：你谈的是“交替的”或“选择的”现代性。[12]现在人人都知道这种说法：这意味着对每个人都存在着一种现代性，但它不同于标准的或盎格鲁-撒克逊的模式。对于后者，只要你不喜欢什么东西，包括它使你处于从属地位，都可以通过确定的“文化”概念而取消，因为你可以用不同的方式塑造自己的现代性，所以有拉丁美洲的现代性、印度的现代性、非洲的现代性，等等。或者你也可以遵循萨缪尔·亨廷顿的指引，根据各种宗教性质的文化重铸这一切：希腊或俄国的东正教现代性、儒家的现代性，等等，一直到汤因比的数字的现代性[13]。但这会忽视现代性的另一种本质意义，即世界范围的资本主义本身的意义。资本主义全球化在其制度的第三阶段或晚期阶段所投射出来的标准化，对所有这些关于未来世界的文化多样性的虔诚希望都投以怀疑，而这个世界已经被一种普遍的市场秩序殖民化了。

然而，尽管我相信现代性惟一令人满意的语义学意义在于它与资本主义的联系（不过我选择另一种使用这个术语的方式，在我看来它非常有用，而且像它最终不可被否认一样具有戏剧性），但下面这篇扩展的文章将以一种相当不同的、非实在的方式来讨论这个问题。简单地说，它将对现代性一词的应用作形式的分析，而且明确地拒绝任何预设，例如假定这个词有一种有待发现、认识和提出的正确用法。它是一种方法，将把我们引向美学领域或现代主义里一个相关的概念，并可以从中发现某些相似的含混性。但现代主义反过来又会出乎意料地把我们引向它自己直接的历史和命运，因此文章的结论可能不像期待的那样，论及新形成的后现代的特征，而是关于一个特殊历史时期的概念，我把它称之为晚期的现代主义。所以，这里的计划是作一种意识形态的分析，而不是对一个概念或一个词的分析。这种分析在结构上令人困扰的是，就像你观察的玻璃窗格，甚至在你透过它观看时，你也一定同时肯定该物体的存在，但却否认与标示那种存在的条件相关。也许最好承认，围绕现代一词的种种概念同它们的无法接受一样不可避免。

【注释】

［1］最近几年，在美国大学的哲学系里，越来越多地公开招聘伦理学的教师，其数量比任何其他哲学分支的职位都多。但是，这些职位常常反映的生命科学的问题（医药、基因，等等），在我看来更多的是政治的而不是伦理的，无论如何这些问题非常重要，不能把它们交给哲学家。

［2］我认为伊默斯托·拉克劳或朱迪丝·巴特勒这类人的作品是把理论扩展到一个新的（政治的）领域，但尚未在这个领域里得到发展；而不是对政治哲学中某种假冒的“传统”的发展的贡献。

[3] 见利奥塔著名的《后现代状况》(明尼苏达，1980)。乔纳森·阿拉克把利奥塔的反对重写为“高大的故事”对“虚空的谎言”。也许本雅明的预言也有助于说明问题：“历史的构成可以比作军事制度，这些制度威胁着日常生活并把它规定到军营。在这种状况下，奇闻轶事就像是街上的灯光或一种造反。”(*Arcades*，Harvard，1999；or Suhrkamp，1983，S la，3)。

[4] See Fredric Jameson，*Postmodernism，or the Cultural Logic of Late Capitalism* (Verso，1992)，pp. 366-369.

[5] Gilles Deleaze，*Difference et repetition* (PUF，1968)，p. 4.

[6] “Theses on History”，in *Illuminations* (Schocken，19).

[7] J-F. Lyotard，“Response a la question，qu est-ce que le postmodeme?” in *Le Postmodeme explique aux enfants* (Paris，1986)，pp. 29-33.

[8] See Jameson，“Introduction” to Lyotard，*The Postmodern Condition*，op. cit.

[9] 因此我想修正我在《马克思主义与形式》里的评论(332～333页)，改为新批评派的超历史主义或反历史主义掩盖了更深刻的行动的和意识形态的历史叙事或“历史哲学”。

[10] Oskar Lafontaine，*Das Herz schlagt links* (Econ，1999).

[11] Anthony Giddens，*The Consequences of Modernity* (Stanford，1990)，p. 3.

[12] 但是，我们必须严格区分关于真正文化差异的骗人的看法(与在后现代性中全世界到处出现的迪斯尼化的文化复兴相对)，以及在世界各国为现代性(或资本主义)方式命名的完全不同的概念。这里的观点是(我们许多人认为它是马克思的观点，而“英国”本身只是那些道路之一，而且不是标准的模式)，所有通向资本主义的道路都是独特的、“惟一的”、偶然的，由独特的民族境遇决定。

[13] Samuel Huntington，*The Clash of Cultures and the Remaking of World Order* (New York：Simon and Schuster，1996).

(王逢振　译)

现代性的四个基本准则

(一)

作为一个概念，“现代性”一词经常与现代相关联，因此当我们发现这个词实际上早在公元5世纪就已经存在时，不免会大吃一惊。[1]基拉西厄斯（Gelasius）教皇一世（公元494—公元495）在使用该词时，它仅仅用于区分不同于先前教皇时代的当代，并不含有现在优越于过去的意思（除了现在在时间顺序中的排列）。现在与最近的过去属于一个连续体，两者都与基督在世时的特殊历史时期有着巨大差别。因此，拉丁语“modernus”仅指“现在”或“现在时”；在希腊语中，不存在指代这种意思的一个对应词，因此，关于该意义的拉丁语与希腊语是一致的。[2]然而，差不多处于同一时期，当卡西奥德洛斯写作时，即哥特人征服罗马帝国以后，这个词开始有了新的含义；在这位基本上属于从事文学研究的学者看来，“现代”有了一个对应词，他称之为“过去”。站在教皇的角度看，哥特人新建立的帝国并没有在基督教传统中形成一种断裂；但对于知识人士而言，它却代表了一种根本性的分界，这种分界使得先前的经典文化有别于现代文化，而后者的历史任务在于对先前的文化进行再造。正是这种分界使得“现代”这一术语形成了特定的意义，这一特点因此延续至今。对于卡西奥德洛斯而言，这个词充满了后来者因为无法超越前人而产生的忧郁，但这无关重要，在各种文艺复兴语境里（加洛林王朝，12世纪的文艺复兴，以及伯克哈特的意大利），人们欣喜地接受了一种新的历史使命。

这里的一个争议是关于“新”（novus）和“现代”（modernus）的区别。我们能不能说，凡是现代的必然是新的，而新的未必就是现代的？在我看来，这个问题类似于个人与集体（或者历史的）之间的区别问题：一方面是形成个人经验的事件，另一方面是对整个集体暂时性进行明显调整的那些时刻作出隐含或者公开的认同。

> 在“新”的情形下，带有述谓化主体（the predicated subject）的作为一个（孤立的）个体，有别于它的前任（predecessors），它既没有特定的指涉对象，也无特定的结果；在现代情形下，它与一系列类似现象发生关联，而且被置于一个封闭的、现象消失的新世界的对立面进行理解。[3]

现代这个新词在这种区别意识中起到了什么作用？对属于这个传统的结构主义词汇学家而言[4]，对不同术语、异体词进行掌握，这是一个基本的前提：“如果我们无法对某个领域作出区分，那么，就不可能对截然不同的时空进行区别。”[5]然而，这里不存在因果关系，而且也不是非存在不可：我们可以想像这样一种情况：术语在某个空间里蓬勃生长，同时，它们也可以在另一个领域里被某些新兴的意识挪用。

然而，这里的关键是，我们不能低估像“现代”这样一个具有不规则动力的词语。要理解这一术语，我们至少有两个互为竞争的模式。第一种模式是将它放入时间框架中并对它进行分类。这势必引出一些划分时间的词（将来时、前将来时、过去将来时、未完成时，等等）。我们可以跟随莱恩哈特·科西勒克[6]，列出在漫长历史中形成的各种观点，将关于时间的新词视为一个证据，并以此推断出关于历史意识形成的叙事。然而，从哲学的角度思考，这种方法会由于二律背反而失败，因为，关于时间已经有这样一种权威说法："当我们要谈论时间时，总是太迟了。"[7]

另一种显而易见的方法属于语言学模式，它不是从探讨意义、意识角度出发，而是从物质符号入手。可以这么说，"现代"一词属于耶斯坡森称之为转换词（shifters）一类：[8]即功能词，或者是用于指代言说语境的指涉词（reference），它所代表的意义和内容因人因时发生变化。代词（如，我——包括主格和宾格，你），指涉地点的词（如，这里，那里），当然也包括指涉时间的词（如，现在，当时），都属于这一类。事实上，正如大家知道的，现代语言学产生之前，黑格尔在《精神现象学》开卷处就对这些转换词提出了讨论；他指出，这些词乍看显得再具体不过，但当我们对它们的变异有所认识以后，就会发现，情况不是这样。[9]不过，转换词的确存在，虽然它们在哲学层面上显得不连贯；在过去看来众所周知的各种"现代"说法，向我们暗示，完全可以将"现代"一词归入转换词一类。不过，这样一来，现代的各种悖论就缩减为仅仅是新的悖论；而现有的每一种语言中都有转换词，这有可能使我们目前探讨的目标丧失历史性，而历史性恰恰又是以前一种模式所强调的。

然而，这两种方法中固有的内在矛盾，从绝对意义上讲，使得这两种模式都行不通，但这一点暗示了这一目标本身的基本含混（因而也容易形成一系列程序化策略和防范）。姚斯具有权威性的概述提示，现代性概念在其形成的历史中存在着另外两种发展，他的这一观点大大增加了上面提到的疑虑，因此，在我们对这一观点作出最后评估之前，有必要对此加以分析。

第一种是他称之为循环的现代（cyclical）与类型的现代（typological）之间的区别。[10]对于循环出现的思想，我们自然不陌生，比如文艺复兴（"现在，所有学科都得到了恢复，语言也已经得到创立。”[11]）“一代人”在它产生之时总会带来某种周而复始的运动，而同时在身份和集体自我意识两方面对该时代提出强烈要求，虽然后者表现得不太明显（一般地说，例如，20世纪60年代以一种具体的方式使人觉得它具有革命性，而这就使这一运动有别于先前，不至于被视为某种“循环”的回归）。

姚斯提出的另一种模式，即类型的现代，按照他的说法，不仅仅指某一特定时期感觉到自己对过去某一时刻进行填补或者完成（像新约与旧约的关系一样）。这种关系当然同样存在于文艺复兴以及“古代与现代之争”中所谓的现代人：但它与简单效仿、纯粹模仿不太相关，例如卡西奥德洛斯对异教文学表示的尊敬，以及那些对12世纪的现代表示敬仰的人，大家都知道，他们认为自己是站在巨人肩膀上的矮子。然而，正如“古代与现代之争”所示，无论是现代优越于过去，还是觉得自卑，这一问题与在两种历史之间建立的认同相比，显得不那么重要；若要对这两个历史时期的任何一个进行评价，这两种方法中的任何一种同样适合。

然而，这里存在着另外一种不连贯：具体地讲，当我们对这种对立予以进一步审视时，我们会觉得这两个极端都会在对方那里得到消解；循环的现代在这个意义上完全变成了类型的现代，而类型的也变成了循环的。因此，我们可以对这种分类进行重新表述：在现实中，这涉及一种格式塔的转换，从两种不同的感知角度对同一物体、同一历史时期进行观察。在我看来，可以将第一种感知（循环的）描述为在感觉到存在断裂时候的一种历史意识；“类型性的”，则指对整个时期的关注，感觉到我们（现代的）时期类似于过去某一时期。从一种视角转换到另一种，不管两者之间存在着多大的互补关系，我们必须对注意力进行相应的转换：将我们所处时期视为一个完整的新时期，但是，这并不完全等同于将眼光集中于新时期的独特性在戏剧化的转变过程中与最近的过去发生的断裂。

我们可以将姚斯注意到的另一种对立当做对前一种对立进行的完成和阐述。这一对立与“古典”和“浪漫”之间的对照形成了富有历史意义的一种对比，不过，它具有更加广泛的意义。诚然，当时后期浪漫主义依然对古典主义持一种反叛姿态，而当它产生不满的时候，现代概念也随之产生。波德莱尔试图采用一种我们至今依然认同的用法对它进行描述，其中最大优点似乎在于这样一个新发现：现代独立于各种历史对立和对照而存在。

然而，即便是这样一种发展也依赖于古典逐渐形成过程中产生的那些变化，虽然古典已经不再指人们通常认为的“古代”(antiquity)，或者“古人”(les anciens)。那是一种巨大的发展，在这个过程中，对过去的强烈怀旧、迷恋，以及后来者由于自卑、痛苦形成的伤痛，已经不复存在。的确，姚斯在叙述“现代”的幸运时，发现了一个最富有戏剧性的情况：当古代与现代之“争”开始缓和时，双方不无惊讶地走向了一个共识：即，使得这场官司得以裁定的那些条件——古代是否优越，当代以及现代是否低劣——这样的答案令人不满，于是，双方达成了这样的共识：过去、古代既不优于也不劣于现代，只是不同。历史性就在这样的时刻诞生了：针对历史差异作出的新的历史意识使我们拥有了一个新词，它指涉现在的对立面：古典；司汤达也许会用这个词来描述存在于过去的这种或者那种现代性（或浪漫主义）。[12]姚斯在此结束了他的叙述，他附带着提到了历史性固有的另一面，即未来。然而，未来对我们的过去以及现在的现实性具有评判作用——圣-彼埃尔神父在1735年[13]的著作中就已经提到了这一点——这对于我们如何看待现代和现代性问题有着重要作用。

(二)

现在，让我们先作一些形式总结，然后对现今流行的各种现代性理论进行分析。在前面的讨论中，我们已经对历史时期及其断裂梳理出一种辩证关系，这种辩证关系本身就是连续与断裂（或者说同一与差异）这个更大辩证关系中的一个时刻。它之所以是辩证的，是因为它不能在其自身内部找到一种固定不变并且得到解决的东西，事实上，它生产出新的形式和种类。我在别的著述中提出了这样一个观点：在连续与断裂之间作出选择类似于编史学中一个绝对意义上的开端，因为它首先是对材料和证据进行的整理，所以，材料和证据都无法对这种开端作出合理的解释。[14]当然，这样一种选择，或称之为基础，有可能被重新建构为一种简单的事实，对自己的前历史（prehistory）提出要求，并且生产出自身的因果关系：在这种情形中，最简单的叙事版本也会使我们亲近于所处时期以及普遍意义上的后现代性，而与连贯发生疏离，会使我们偏爱决定论，疏远传统。人们也许会由此联想到后期资本主义的各种短暂性，以及将它简化为现在之后，历史感和连续感的消失，等等。这至少在最低程度上表明，这样一种新的因果链的建立实际上与一种新的叙事的确立有关（与我们开始讨论时提到的史学问题相比，具有不同的出发点）。

这样一种情形下，新的叙事以及新的出发点，从旧叙事的限制和出发点中产生了，这同样暗示了一种新的辩证时刻，即断裂与时期的辩证关系，我们将对此进行思考。这里可能产生争议的是，这种运动具有两面性，其间，连续性被置于前景位置，对于从过去到现在浑然一体的延续表示始终如一、毫不动摇的关注，渐渐地变成了一种完全断裂的意识；而同时，对于某种断裂进行强制性的关注，渐渐地将这种断裂变成了一个自己的历史时期。

因此，我们越是尽力使自己坚定不移地相信我们的目标以及过去的价值，我们发觉自己越倾向于对过去、目标以及价值进行不懈的探索，渐渐地，就会形成某种总体性，使过去、研究目标和价值与原本属于连续体的我们所生活的时代发生脱节。这种时刻就是后来者的时刻，它令人沮丧，充满敬畏，我们自己后来的现代时刻早已经进入了这样的时刻。

当这种时刻出现时，通常意义上的时序变成了断代史，过去以一种完整的历史呈现在我们面前，对待这样一种世界，我们可以采取任何一种存在主义态度。毫无疑问，这就是常常被称作历史主义的时刻；无疑，只有当谢林描述的那种情形出现时，它才变得使我们可以企及：

> 真正知道什么是过去的人实在很少：事实上，没有一个强大的现在，一个与我们自己（我们的过去）发生分离为代价的现在，就不可能有过去。一个没有能力面对他/她自己过去的人，真的可以说，他/她没有过去；更重要的是，他永远无法走出他的过去，而同时又永远生活在过去。[15]

在这里，谢林抽出了一个特殊的时刻，在这样的时刻里，过去通过与现在发生猛烈的分离而产生，现在将过去剔除，并将自己封口；如果没有这样一种行为，无论是现在还是过去都不会真正存在，也不会完全成形，而现在也仅仅存在于一种并没有完成的过去力量场所中。

正是现在具有的这种强大能量，以及它强烈的自我创造力，才使它能够克服模仿者们缺乏生机的沮丧，同时赋予时间和历史以使命，若没有这一特点，这个历史时期不可能获得这样的使命。现在依然不是一个历史时期：它不具备自我命名的能力，也不可能对自己的特性作出描述。然而，正是这种未授权的自我肯定形成了我们称之为现实性的那种新东西，它同时也是我们现在关于现代和现代性的用法得以成立的形式。在姚斯看来，在浪漫主义之前（至于波德莱尔，我们不妨这么说，“后期浪漫主义”生产了现代性概念，其目的在于抛弃自己与浪漫主义关系中作为后来者的那种郁郁寡欢），我们没有达到这种历史阶段；文艺复兴也没有真正符合这些条件，因为文艺复兴的发展方向依然朝着自己以外的最近的过去发明一个过去，而且，它专注于一种理想化的模仿，而不是进行属于自己的、具有历史意义的创造活动。

正如我们已经提到的，浪漫主义及其现代性的成形，一直要等到历史，或者说历史性出现以后（在“古代与现代之争”得到缓解的过程中）。因此，正是这样的历史促成了这种新的对待现在的态度，也是在这样的条件下，人们觉得应该附加第五种，也是最后一种形式（假如不隐含在前一种里的话）。那就是未来对于现在的评判，最早提出这一观点的是贝纳丹·德·圣彼埃尔，此后，一直延续到萨特（见 *Les Séquestrès d'Altona* 一书），我们可以从中找到更加强有力的表述。我在这里想说的是，未来对现在投以关注的眼光，并将现在进行隔绝，以一种强有力的姿态使它与以后的时间隔开，如同未来对它自己的后来者那样，如果没有这一点，现在就不会感觉到自己作为一个历史时期的存在。我们无需过分强调不安，因为不安总是与任何一种实际存在形式相关。如果不怀疑存在什么不安，责任就不可能得到强调。现在对自己的使命作出自我界定，正是这一点使现在成为一个历史时期，也许还使它与未来形成关系，同时使自己对过去负责。当然，历史是二维的；但是，未来并非只是供我们投射欲望的一个空间，也不是为我们提供期望和安排计划的一个地方，我们对于这一点的认识目前还远远不够；未来同样带来它面对未知的前景和评判产生的焦虑，因此，对未来作简单化的讨论的确令人感到乏味。

现在让我们对另外一种起辅助作用的时刻作一些讨论，即断裂变成一个属于自己的断代。例如，在西方传统中被称为文艺复兴的断代。在这期间，某种断裂，“现代性”在一定程度上有了复兴，并开辟了一个全新的历史时期，这被恰当地称为“中间年代”，而此时，相对于现在而存在的那个尚未注明的他者，似乎是对罗马人古老的，或者说原始的“现代性”进行的再造（抽象的现代概念，哲学，以及将历史当做明显不同于事件序列的历史观首次出现）。与之相关的还有一个令人吃惊的特征，即曾经出现的两次断裂：文艺复兴与前现代性的断裂，古代人与罗马人断裂，关于这一点，我将在下一节里作进一步讨论。我在这里要予以特别关注的是它的发生方式：即现代朝着一个全新的过去——世纪，延伸，并由此进入这样一个时期。在这之前，仅仅是古典的过去发生断裂，例如，在卡西奥德洛斯的写作中；而在后来的现象中，中世纪被隔绝；当代历史学家对这一奇特现象进行了分析，通过将“现代性”疆界往前推，使它进入先前的中间年代，对某些现代的断代史以及现代开端进行肯定——现在被视为“早期现代”——一直推进到原来的中世纪疆域（像彼特拉克，或者12 世纪，甚至提倡唯名论的时期），在这个过程中，对改写历史引发的惊人后果以及方法予以关注。

这一现象并非独一无二：因为，如果我们从一开始就将这种断裂看作扰乱了的因果关系，看作被割断了的绳索，就会觉得历史进入了这样一个时刻：先前的社会、文化逻辑具有的连贯性莫名其妙地走到了终点，取而代之的是在原先体制中并不活跃的另一种逻辑，另一种因果关系，那么，对这样一种时刻予以新的、深入思考，找出原来不曾察觉的因果关系、连贯性，就必然将那种断裂拓展为一个时期。埃蒂那·巴里巴关于所谓过渡时期的理论就是这样的例子：在过渡时期，受事物的冲力，时期或时刻或者体制固有的逻辑的作用，必然回到过渡的思想，然后将它驱散（我将在下文对此作进一步分析）。马克思主义的断代也是如此，“18 世纪”这一提法提供了一个由完全断裂渐渐发展为一个历史时期的例子，它也是现代性的一种早期形式。

从断裂到时期，从时期到断裂，这种来来往往的运动至少使我们对断代史有了一些基本的认识。现代和现代性条件总会带来一些断代史的逻辑，不管它们在最初阶段显得多么隐含，这一点现在已经变得越来越明晰。我这样说并非为断代史进行辩护：的确，我在第一节中要完成的任务是对滥用现代性这个术语的做法提出批评，同时，至少以隐含的方式，对断代史提出批评。在第二部分中，我们将对那种缺乏生机的审美标准进行批评：将“现代主义”当做一种标准，并以此对一大批无论从历史角度还是从艺术角度看都无法相提并论的作家（画家、音乐家）进行比较。

的确，我坚持予以批评的不仅仅是对断代史作简单化的滥用；我的观点是：这种做法在本质上令人无法忍受，也无法接受，原因在于：它试图以单个事件作为观察点（而这种观察点又是任何一个个人都无法企及的），然后，从纵向和横向对聚集而成的各种现实进行整合，而这些现实之间的相互关系恰恰又是我们无法触及的东西，至少是不可验证的。无论在哪一种情况下，对于当代读者而言，断代史使人无法接受的东西，已经全面地被概括在对结构主义所谓的“历史主义”进行的攻击中（或者说，在对斯宾格勒进行的批判中）。

现在，让我们针对断代史提出的那些批评作一些思考。编年史对断代史的认识，即像尼采以及亨利·福特（“一个事件接着另一个事件”）提出的那样，无穷无尽、互不关联的事件聚集在一起，形成了历史。有人认为这种对待过去的方法等于将事件的次序颠倒过来以后对信息进行的记录和保存，这样说未免过于简单：历史性本身就是一种现代发明，因此，对现代进行批评、反驳必然导致回归到这种或那种前现代的运作中。

这里，我觉得有必要回忆一下我们最初提出的假设（这在我们的讨论框架之外）。具体地讲，就是那些被抑制的叙事，在我们列举出各种断代史的过程中发现的东西，它们总会回来（虽然断裂转化为时期并得到验证，需要相当长的时间）。但是现在，我们可以根据断裂本身对这种“规律”作出具体的确定。在这种语境中，我们可以勾勒出一个更重要的基本原理（共有四个，其余三个将在下文中涉及），当我们将对断代史的反对视为一种哲学行为时，我们势必发现：

第一个基本原则：断代无法避免。

这个原理看上去像是鼓励我们放弃，但它同时也像一扇敞开的大门，使我们对历史叙事作完全相对化的处理，这也正是所有对后现代性提出批评的理论家们所担心的。不过，只有当我们对主流叙事进行分析以后，才能理解是否“一切”都是如此。

（三）

“现代性”常常意味着确定一个日子并把它当做一个开始。无论如何，对各种可能性作出概述都是一件令人愉快，同时又具有指导意义的事，而这种概述又总是倾向于依照时序进行，离我们最近的东西——例如，唯名论（以及麦克卢汉主义）——总是处于最古老的东西之中。新教改革在德国传统中显然具有某种优越地位（在黑格尔看来尤其如此）。然而，对于哲学家而言，笛卡尔与过去的完全断裂不仅仅构成了现代性的开始，而且也代表了一种自我意识或者说一种自我反观理论；“我思故我在”这一思想本身将反观当做现代性的一个中心特征。事后认识——20世纪以及反殖民条件下的认识——现在清楚地表明，征服美洲实际上带来了一种全新的现代性成分[16]，虽然传统认为，是法国革命和启蒙运动为现代性作了准备并使它产生，同时也使现代性强烈的社会和政治断裂具有荣耀。然而，如果我们不乐意承认工业革命中存在着另一种革命，我们只要回顾一下科学和技术的发展，就会联想到伽利略。不过，亚当·斯密以及其他一些人使资本主义的产生变成了一种不可避免的叙事选择；而德国传统（以及离我们更近一些的福柯的《物的秩序》）则对那种特殊的反观性的意义作出了肯定，这种反观性属于历史意义，或者它就是历史本身。从此以后，各种各样的现代性到处可见：世俗化以及尼采提出的“上帝死了”；工业资本主义进入第二阶段或者称之为官僚/垄断阶段以后，韦伯的合理化理论；美学领域的现代主义以及语言的物化，各种各样的形式抽象；另外，最后但并非不重要的一点，苏联革命。以往被说成各种现代性的东西在近年来往往被称作后现代的。于是，20世纪60年代带来的许多种巨大变革，被说成进一步的现代性，但这显得毫无用处。

以上大约列举了14种；我们可以肯定，还有其他更多的。此外，一种“正确的”现代性理论不可能通过将它们排列成某种具有等级的综合体获得。在我看来，这样的东西根本不可能获得，因为问题的关键是叙事的选择，以及讲述故事的其他可能性，即使看上去显得科学、富有结构的纯粹社会学概念也常常被揭去面具。[17]这是不是又回到了那种可怕的彻底相对论？那种只要一谈论后现代（我们认为，叙事性基本上属于后现代标签）就会出现的一种情况？最终引起真理的消失？然而，这里的真理并不是存在主义或者心理分析，也不是集体生活和政治决定论，而是前一代科学家一直坚持的那种静止的认识论，以及前一代美学家、人文学者对它进行柏拉图式转译而成的一种“价值”。

令人感到确定的是，即使叙事性不受限制，在“后现代”统治中，我们也可以期待一些叙事文本比另外一些较少说服力，或者更有用：也就是说，即使为寻找某些真实或者正确叙事的努力徒劳无益，除了在意识形态方面以外一败涂地，我们依然可以继续谈论虚假叙事，我们甚至可以依照现代性**不可以**被表述的原理从中抽出一些主题（见下一节的讨论）。同时，可能存在着类似于叙述阐明的东西，我们也许可以设想通过这样一种方式：将现代性叙事视为对历史事件或历史问题所做的解释，这会使我们踏上一条更有效的轨道。因果关系是一种叙事类型，这种认识有利于理清它的合理用法及其概念固有的两难境地。无论如何，认识到“现代性”这种属于第二位的，或者辅助性的功能，以及它的解释性特征，而不是完全将它视为一个研究对象，这有助于排除一些虚假的问题。

这里必然涉及的一个问题，是我们已经提到的关于断裂与时期的辩证关系之间的变换。正如我们已经看到，这实际上是格式塔式的波动，将现代性看作单个事件，还是把它视为一个完整历史时期的一种文化逻辑（这由它的定义决定——至少后现代理论产生以后如此——我们至今依然这么认为）。如此一来，事件似乎历时性地将随着时间共时地展现的某种逻辑和运作机制包含在自身内部（也许，的确如此，正是因为这一点，阿尔都塞保留了“表述性的因果关系”这一说法）。无论如何，这也是讲述故事的逻辑；在讲故事的时候，叙述者可以将故事材料进行扩展，也可以将它压缩成一个故事事实或者一个点；在这一过程中，选择线轴与结合线轴构成了同一个坐标（雅克布森著名的诗学理论)。[18]

的确，也许我们可以根据古典修辞将该问题表述得更有说服力（这也是雅克布森及其他人的历史功绩，他们将修辞引入了理论)。在这种情况下，“现代性”属于一种独特的修辞效果，或者说是一种转义，但它在结构上与古代所有的修辞大不一样。确实，作为一种转义，在这种情况下，我们可以认为现代性具有自我指涉的特点，尽管它不是施为的，它的出现标志着一种新的修辞，与先前的修辞发生断裂，从这个程度上讲，它也是指涉自己存在的一个标志，一个指涉自我的能指，它的形式即是它的内容。因此，作为一种转义，“现代性”本身就是现代性的一个符号。现代性概念本身就是现代的，它戏剧地展示了自身的主张。或者，换一种方式表述，我们可以说，在我们提到的那些作者那里被当做现代性理论的东西，实际上差不多就是它自身修辞结构在其所涉及的主题和内容上的投射：现代性理论几乎就是转义的投射。

但是，我们也可以从效果的角度对这种转义作出描述。首先，现代性转义具有力比多的能量：就是说，它是一种独特的知识兴奋运作，通常与概念性的其他形式没有关联（或者说，如果某种假设隐含在这些不相关的话语中)。毫无疑问，这是一种时间结构，与我们对各种情感的预料，如欢乐、悲伤等，存在遥远的关联：它似乎在现在时段内集中于一个许诺，并在现在时段内为掌握未来提供了一种方法。从这个意义上讲，它类似于一个乌托邦比喻，因为它包含了将来的时间维度；不过，那样的话，我们也可以说，它是对乌托邦视角的意识形态进行的歪曲，这就成了一个带有欺骗性的承诺，其目的在于在长时期内驱除并替代乌托邦视角。然而，我想强调的是，用于对这种或那种历史现象的“现代性”进行肯定的方法常常导致一种类似充电的作用：将文艺复兴时期某位画家抽离出来，并把他视为早期现代性的一个迹象[19]——我们将在以下的讨论中谈到这一点——常常唤醒一种强烈的情感和能量，而这种情况源于我们对过去一些有趣的事件或者不朽的作品表示过多的关注。

在一种意义层面，现代性转义与另一种顺时的、历史化的“第一次”这个叙事或转义有着密切的关系，它同样对我们的感知按照新的时间线进行重新组织。然而，“第一次”属于个人的经验，而“现代”则是集体的：前者仅仅是抽取的某个单个现象，尽管进一步的探究可能使它变为现代性的一个迹象和征兆。我们可以说，“第一次”宣告了一个断裂，它没有时期，因此，不受制于“现代性”在时间和叙事两方面的二律背反。

这也等于说，“现代性”转义总是以这种或那种形式的改写，是对先前的叙事范畴进行强有力的置换。的确，当我们回想最近出现的思想和著作时，我们发现，对这种或那种“现代性”作出的肯定大都是对已经存在并已经成为传统智慧的现代性进行的改写。我认为，对各种主题发出的呼吁，作为对认识现代的方式——自我意识，反观性，对语言或表征予以更大的关注，绘画作品自身的物质性，等等——所有这些特征本身只是改写运作的借口，它们为范式改变引起的惊讶或认同提供了保证。这不是说，这些特征或主题是虚构的或者不真实的，而是为了肯定这样一点：与宣称的历史洞察相比，改写具有首要的意义。

与我们在这一节开始时列举的那些绝对的断裂相比，对一些不怎么具有世界性质的例子进行观察更能说明问题：虽然重新聚焦于那些例子，并把它们看作西方现代性初始阶段的各种版本，的确使我们容易将它们看作我在此想要阐明的那种转义。所以，路德教或德国客观唯心主义，可以提供一种戏剧化但却显而易见的、世界范围的现代性的出发点，但是，重新解读希特勒，将他看作使德国现代性开始并达致完成的施动者[20]，肯定能够对最近的过去进行一种强烈的陌生化处理，同时也可以提供一个可耻的改写过程。这个转义对我们关于纳粹运动的认识进行了重新组织，它取代了恐怖美学（灾变、纳粹种族主义和种族灭绝），以及其他伦理的观点（例如，广为人知的“邪恶的乏味”），甚至取代了那些政治的分析。在这些政治分析中，纳粹主义是对整个激进的右翼意识形态的最终展现，而其展开的叙事与精确非常不同，它在两个层面上运作。

第一层面，也是较为基本的一面，假设这是一种对封建主义存在的问题进行的“彻底解决”，它消除一切代表“现代”德国的不平衡社会机构的封建资产阶级、普鲁士贵族以及代表中产阶级贵族利益的容克分子。“希特勒”在这里成为一种包括纳粹政治和巨大战争破坏力在内的“消灭一切”的中介[21]，它将石板上的一切“残余”清除（雷蒙德·威廉斯的术语）。其中的暗示是：现代性转义在这个意义上常常是一个具有消灭功能的中介物结构（而后者本身又是一个转义）；这一例子并非完全单纯，这一点我们一会儿就会看到。

这里，我们也可以考察现代性转义在更为次要的技术表述层面进行的投射。这里，不只是希特勒对一些“现代”传播系统的利用（如电台、飞机）导致了现代政治煽动者的出现，即对表征政治进行的全方位重新组合；我们还必须注意“现代”日常生活的发明创造，例如德国的大众汽车和高速公路；更不用说埃德加·雷兹（Edgar Reisz）绝妙的电视系列《故乡》中的电气化，它代表了纳粹的权力。

由此，我们看到，现代性转义在纳粹时期的德国是一种改写策略，虽然它无法得到验证，但我们可以根据这一点对一个时期的编史学进行分析。这样的例子同样适用于任何一种与之完全不同的语境。乔万尼·阿里海（Giovanni Arrighi）在 16 世纪热那亚的双重账目和“生产费用内化”中找到了资本主义现代性的萌芽，对此，我们也可以用同样的方法作一些分析。[22]或者，在一种完全不同的语境中，我们也许可以想像克尔凯郭尔提出的基督教的基本现代性[23]以及文化批判带有的重新神学化。或者，韦伯在中世纪僧侣社会中（如果不是在西方音乐调子的开端中）找到的西方合理化（现代性的代名词）。[24]

不过，现在让我们结束关于这一点的讨论，去看看现代性在展示方法上的不同表现。普鲁斯特对旅行以及被置换的神秘感受有一段引人注目的描写：

> 令人不快的是，那些神奇的地方，将人们送往遥远目的地的火车站，同时也不乏悲剧色彩，因为，奇迹即将在这些地方诞生。当我们走进去候车的时候，那些到那一刻为止仅仅存在于我们头脑里的某些场景就将成为我们必须抛弃这样一种东西的理由。我们不应该想像重新回到不一会儿以前我们还十分熟悉的房间里。我们必须放弃所有希望回家或者回到自己床上睡觉的念头。一旦我们作出决定，要穿越那个传染病的洞穴之地，然后再奔往圣拉扎尔，再从那儿换乘去巴尔勃的火车，而在巴尔勃，城市像被挖去心脏，天空一望无际，却荒凉而沉重，像在戏剧舞台上，聚集了悲剧氛围，又像曼特尼亚，或韦罗内塞的天顶画，充满了巴黎的现代性；在这样的天空下，能够完成的也只有某种可怕而肃杀的行为，例如，火车离开始发站，或者建一个十字架。[25]

这有点像普鲁斯特笔下的“古代与现代之争”，其经典形式可以追溯到但蒂·利奥尼（Tante Leonie），专制主义以及对庆典、重复予以审慎和坚持的态度，路易十四就是一个例子。单调乏味的"现代"火车旅程从过去汲取血液，从精神苦难的悲剧中重新显现；现代性通过悲剧的严肃性得到重新发明，但它通过一种间接方式，将过去那些伟大的画家描述成"现代的"（巴黎式的）！这里，我们将普鲁斯特解读为根据文化上的过去对现在进行了系统的改写，对此，我们无需加以论证；无论如何，他本人所用的隐喻属于一种陌生化，他对于陌生化的发现差不多与俄国形式主义者同步。

这里，我想补充一点：我们可以朝前迈一步，假设改写是一种痕迹，从真实的历史事件和创伤中得出的一种抽象，而这种真实的历史事件和创伤又可以渐渐变为一种改写和富有具体形式的社会附加，通过这种假设，我们可以恢复改写具有的社会和历史意义。资本主义战胜了封建主义，新的资产阶级战胜由血缘、家族构成的贵族社会秩序，使社会、法律平等以及政治民主至少有了希望，这一切都出现在以上所说的那个时刻。这就等于用一种新的途径将"现代性"的指涉对象进行了定位，即不是在概念与对象之间寻找一种一一对应的关系，而是通过各种古老的经验方式。这也等于对各种国家形势的基本差异作出了标志。因为，在欧洲，直到第二次世界大战时，如此剧烈的变革依然没有真正完成，但却留下了真正的创伤，而这些创伤在人们的头脑里萦绕不去，重新生产出可怕的抽象重复，但是，这种模式绝对不能用于解释美国的情况；在第三世界的许多国家里，那些原来很可能看上去像封建主义残余的东西现在以一种非常不同的方式被重新融入了资本主义（这里涉及这样一个争论：大庄园是否包含了封建主义残余），无论如何——这是将现代性转义的运作追溯到它带有创伤性的历史初始的深层理由——21 世纪初现在的情形与此没有关系。产生于富有革命精神的 18 世纪的一些概念——比如公民社会——与全球化时代、世界贸易，以及新型资本主义对农业和文化本身进行的商业化，没有多大联系。的确，新旧社会创伤之间的历史界限（这一点并不形成我们提到的第一种意义的改写），需要相当长的时间才能消除现代性概念回归过程中的意识形态特征。

到此，我们也许可以用“现代性”概念用法的第一个原理作为这一节的结束。丹托向我们表明，所有非叙事的历史都容易被翻译成一种恰当的叙事形式，同样道理，我的观点是：要在某一特定文本中发现比喻形成的基础，这一做法本身就是一个不完整的运作，转义本身隐藏的、被掩盖的叙事痕迹和征兆。我们目前讨论的现代性转义至少是这样，它是一种具有消除功能的中介物。

第二个基本准则：现代性不是一个概念，无论是哲学的还是其他的，它是一种叙事类型。

在这种情况下，我们希望放弃对现代性进行概念陈述的徒劳努力，此外，我们要问：现代性影响也许不只是限于对过去时刻的改写，即对过去已有的说法或者叙事进行的改写。放弃我们分析现在时所用的现代性，更不要说我们在预测未来时的情形，这样做无疑能够为推翻一些现代性（意识形态）叙事提供一种有效的手段。当然还有其他取得这一目的的方法。

（四）

也许最好从通常被称作绝对开端的时刻说起，即笛卡尔及其“我思”。当然，这是由这位哲学家本人系统地构建的，在谢林之前，他拒绝接受普通意义上的过去，后来，谢林对这一观点作了概括；笛卡尔说："je quittai entierement l'etude des lettres"[26]，意思是：我完全停止读书。这一并非完全诚实的说法与另一种令人高兴的状况相伴，即他不崇拜也不相信他之前的任何人[27]。这种状况成了一种知识空位或空白，在《第三种冥想》开始处，有这样一个类比："现在我要闭上眼睛，捂上耳朵，将所有的感觉（从客体那里）收回来，我甚至要擦掉思想中那些有形的东西。"[28]这种近乎现象学意义的时刻带来的结果就是使"我思"产生的意识。他敏锐地观察到（不止一次!），某种必须具备精心准备和系统否定的意识，几乎不可能被视为一种首要现象或者现实。也可以这样说，无论在现实中还是就它的概念而言，它是一个建构：它使我们即将走上海德格尔那条令人兴奋的重新阐释之路。

然而，首先必须对作为一种再现，以及作为意识或者主体性的我思，进行一番分析。因为，笛卡尔之所以经常被当作主/客体分裂的先行者，就是因为这种展现的力量，而主/客体也是一种现代性，我们至今依然受其折磨。这无疑形成了这样一个悖论性的事实：笛卡尔不仅是现代唯心主义的奠基人，同时他也是现代唯物主义的创始人。（在本章下一节中我们将回到笛卡尔的唯物主义，以及他的"科学方法"。）然而，采用其中的任何一种说法进行表述都等于宣称关于主体性的讨论（如果不是主体性的经验）源于笛卡尔；也就是说，跟随笛卡尔，我们应该能够看到主体的出现，或者说，能够看到西方主体的出现，即现代主体，现代性的主体。

不过，只有当我们拥有由此出现的东西的展现时，我们才能看到其显现。但是，我要质疑的正是这一点：因为我们对这种意识状态似乎仅仅只有一个名称，除非我们所拥有的不仅是名称，而是对意识的产生作为一个不同的、奇特的事件的命名。这的确是一个奇特的名称，它使我们联想起那些古老而具有寓言意味的拟人化，它们背上贴着自己的名字，四处游荡："我想"，或者"我思"。然而，名字不等于展现，因此，人们甚至可以推测，它是展现的替代品，是"抢占位置的家伙"（拉康的术语），关于这一点，我们只能得出这样的结论：它首先是不可能的。意识无法被展现，这源于无数理由。科林·麦克金（Colin McGinn ）在他的书中颇有意味地提出这样一种经验主义的观点："头脑里的一切都早已存在于人的感官中"，我们称之为意识的东西当然不在感官中。[29]同时，康德宣称，主体不是一个现象，而是一个本体；这一定义表明，意识作为一种本体，无法被展现，这才是展现所要展现的东西和目的。由此发展到拉康对于主体的认识——齐泽克将它戏剧化地描述为"把我排除在外!"[30]，与之仅仅只有一步之遥；拉康的提醒对我们很有用：弗洛伊德在他抛弃了对心理分析进行科学描述之后，断然廓除了意识问题，并将它排除在讨论之外。[31]

我们也可以从一种不同的角度回到关于这一问题的讨论：不管这些论点包含了什么样的力量，"我思故我在"常常被当做一种表征，而且，这种表征本身经常被描述为一个点，没有维度，或平面的延伸。[32]的确，我们也许应该将地点考虑在内，因为，在空间里与那个点发生脱离的地点似乎同样抓到了意识在这个世界上的位置，而同时，它又否定自己具有任何象征的物化，任何我们可以用来对这种或者那种特质或迹象作出肯定的实体。但是，这使我们面临这样一个辩证结果：显现的主体由于某种未知的原因产生于客观世界的空间中，但只有当后者的空间被重新安排，形成一个相同的整体时，主体才变得可以被描述（纯粹的地理位置）。或者，如果你愿意，只有通过客观世界的间接方式，通过客观世界本身由历史决定的这一目的，意识和主体才能被展现。由此，“我思故我在”这一思想的现代成分实际上不是主体性，而是一种扩展；如果这种为寻求一种绝对开端的努力有什么因果关系的话，那就是客体，它构成了主体对自身的反抗，以及它与主体，主体与客体之间的距离（不受欢迎的主/客体分裂）。但是，那个客体无论如何都是一种特定历史进程的产物（同一空间的普遍生产的结果）。然而，这种空间从何而来？如何想像一种绝对的开端，一种出世的断裂，主体与客体在其中拥有同样的因果关系？德国“唯心主义”哲学家（费希特和谢林）形成的种种神话试图重复这样的开端[33]，可以肯定的是，只有出世的神话才能提供有关表征的暗示。但是，“muthos”在希腊语里指叙事或者故事；因此，我倾向于得出这样的结论：现代性的绝对开端，这一说法同样属于一种叙事，我拒绝接受那种怀疑的、无再生能力的公式，即将它视为一种神话。

也许这里正是我们审视海德格尔对这一特定开端作出认识的时刻；在海德格尔那里，我们的确很难将首要性赋予主体或者客体；每一方通过自我生成使对方得以产生——主体与客体源于通过分离进行假定、通过假定进行分离的最初行为。事实上，我们这里涉及由关系形式带来的叙事问题，其中还有定义带来的问题；在进行讨论之前，我们不得不同时对它们在关系中的统一性（unity）予以肯定，无论它是多么短暂，多么转瞬即逝。

海德格尔的“解决方法”[34]——可以说，它深深影响了20世纪60年代的意识形态新理论（所谓的后结构主义），从《泰凯尔》（Tel Quel）到电影理论——带有文字游戏的特点（与他那遭受非议的民间词汇学有关），即用一个经过分解的德文词“Vorstellung”（表象，想像，表征）表示再现。再现这一概念本身就是海德格尔的解决方法：在他看来，表征即是主体与客体的分裂；只有展现这个词对这两个极之间的相互关系作出强调，另一种公式则通过赋予每一项以一个独立的名词使它们分离，具体地讲，一方是主体，另一方是客体。

然而，表征如何成为解释笛卡尔“我思故我在”这一思想的关键？原因很简单：海德格尔将他的经典学术——他对传统哲学文本的解读如此深刻——引向关于词的研究。他以语境为依据[35]，希望我们同意，“思”对“概念”进行的十分狭窄而有限的阅读，正是通过“再现”，这个关键动词才得以提出。然而，“再现”——德文词“再现”——必须被展开，并以自己的速度得到实施：它结合而成的各个部分意味着将某种东西置于我们面前，将假定的客体放在一个被注视状态时进行的重新组合。再现，笛卡尔思想中感知的对应词，对海德格尔而言，它表示将一个客体放在自我面前的过程，并由此对它进行想像（德文中用同一个词表达），对它进行观察、思考或者直觉认识，或者像海德格尔说的“占有的东西”（etwas in Besitz nehmen），对它进行掌握。[36]从这个层面理解再现，客体的实在即是它的感知；除非我们给它加上一个限制性的条件：在那种情况下，客体原先就不存在于那个形式中；不过，需要指出的是，这不是一种唯心主义的表述，客体在这里并没有变成我对客体的一种“想法”，不存在观察的主体（对于表征中的主体，我们将在下文中讨论）。

更当代、后现代的说法能使这一切显得更加清楚：海德格尔称之为表征的东西是指以某种特定的途径对客体进行的建构方法。为了辨认出在表征中建构的客体，我们可以回顾海德格尔一直延续至今的影响：视角，从绘画领域到电影理论中的意识形态分析。[37]视角显然将客体重建为一个现象，用康德的模式来表述，即将客体重建为一个我们可以看见、可以将之概念化的客体。正如海德格尔有时候所做的，认为表征时代同时也是西方形而上学主观主义的统治时代，这一提法并不意味着视角下的客体仅仅是一种虚构，或因我而存在的一种想法，或是我自己主体性的一种投射或者产物。它提供了某种真实之物的建构，而这仅仅是可以设想的其他建构中的一种（对海德格尔而言，绘画艺术中通过透视被展现的物体同样属于现代科学家眼中的客体）。

但是，这种建构的目的是什么呢？海德格尔告诉我们，其目的无非就是对肯定性进行的建构[38]；每一位熟悉笛卡尔作品的读者都知道，这必须通过对怀疑进行最初建构才能完成。笛卡尔理论中肯定的怀疑——绝对的不动摇的基础（fundamentum absolutum inconcussum veritatis）——只能通过对怀疑进行系统的消除才能实现，而后者又必须在事先被提出并得到整理。只有通过这种新近获得的肯定，作为正确性的真理的概念才能得到历史地展现；换言之，一种类似于“现代性”的东西才能显现。

然而，在这一过程中，主体以及主观阐述（subjectification）存在于何处？这一解读提出了另外两个文本步骤：第一是交替的笛卡尔式的“我思”对“我”的感知[39]，这似乎提出了一种关于自我意识（海德格尔本人赞许并使用了这个术语）的相当传统的思想。但是，由表征对客体进行建构，在这个语境中，这个自我似乎不由自主地伴随着我思，并将注意力集中于被展现的客体，这样一个自我同样必须被视为是一种建构。说明这一道理的最佳方法是对一种像“自我”这样的独立存在物所引发的幻觉表示充分关注，“自我”意味着一个人或者“我”内部，以及整个感知过程背后存在着某种东西。海德格尔的模式意味着对主体出现作出的一种纯粹形式阐述：表征客体在建构中显现为可以辨认，这在形式上开辟了一个地点，使感知从中产生：这种结构的或者称之为形式的地点，而不是其他任何一种物质或实质，构成了主体。正是在这个意义上，后来对表征展开的各种批评，反对将视角以及相关结构视为本身就是意识形态的，并且构成了意识形态的组成部分，不受个人主观思想和意识形态“立场”的干预。在海德格尔的叙事中，这也是一个意义的出发点，客体可以被视为主体的生产者。

接下来涉及的问题是令人烦恼的“字面意思”（ergo），笛卡尔本人在这点上坚持认为它与逻辑结论或者亚里士多德意义上的三段论没有关系。正如海德格尔指出的那样，对存在作出的宣称已经与展现过程合二为一，因为，这种新的形而上学对我们关于存在（Being）本身的类别进行了重新组织，它现在已经成为表征：存在之存在的变体[40]。在这种情况下，字面意思并不像逻辑结论那样具有多大的意义，而仅仅类似于“这就是说”。

将现代性的出现视为再现的这一阐述，看上去的确像是为我们提供了“一种没有主体或目的的历史”[41]，从这个意义上看，它胜于其他任何一种人文主义提倡的适当叙事（所谓海德格尔式的叙事——Vostellung as Herrschat——与法兰克福学派的“工具理性”相重叠并不表明这些标准具有降低的趋势，也不意味着它能生产出一种更传统的“文化批评”）。在我们为现代性纲领提出更加具体的经验之前，我们有必要把这种阐述当做一种叙事并对它进行分析。换言之，自我创造是一种叙事吗？这种特殊的、看似自我创造的事件——由客体生产的主体以及由主体反过来对客体进行的生产——是一个真正的故事，一种历史叙事，或是差不多像神话一样的东西，即一个缺乏特定性质的、没有叙事语境、非外因引起的事件？

事实上，到目前为止，我们一直没有说出那个语境。正是这个语境保证了笛卡尔我思的基本现代性，因为只有它使我们将那个看似绝对的行为当做一种解放姿态，非常确切地说，把它当作从那个语境本身获得的解放。这里所指的是那种传统的观点，它将笛卡尔的时刻视为与中世纪学术以及普遍意义上的神学领域发生的断裂。（正如因此得名的那篇论文所示，把它描述成“世界图景”或者“世界观”是不正确的，因为那些世俗的术语实际上只适用于现代性本身）。[42]

关于断裂的叙事使海德格尔将确定性母题的前历史放在了合适的位置，并对它在笛卡尔思想中的用途具体地确定为它在先前系统中承担的角色功能，即获得拯救的确定性。正是这一点使我们从叙事角度对笛卡尔进行了解读：

> 然而，这种解放，虽然它本身知道这一点，永远都在使自己从预言的真理中解放出来，该真理宣称：人类灵魂必定能够获得救赎，这一点已经得到了保证。因此，从救赎的启示和确定中解放出来，在本质上势必是以某种确定性为目的的自由，而在这个过程中，人类将自己的知性行为看作已知的事物，并把它当做真实，他们为了自己而使这种真实得到保证。要使这一切成为可能，人必须进行自我解放，将自己从对可知之物的确定性作出的保证中解放出来。这样的事有可能发生，但条件是：人由自己同时也为自己作出决定，那些使“可知的”、知的行为以及对已知事物作出的保证，即确定性，究竟意味着什么。笛卡尔的形而上学计划变成了以下的内容：为人类自由的解放创造一种对自我决定进行肯定的形而上学。然而，这一基础本身必须是确定的，此外，由于不能采用其他领域内任何一种衡量标准，根据这一基础提出的自由实质必须被假定为一种自我确定。而任何一种确定自己在自身以外的东西必须同时对这样一种存在的确定作出保证，因为这样一种确定的知的行为同样必须是确定的，并由此使一切可知之物得到保

> 证。这种自由的基础，以及以此为基础的从属关系，必须是某种确定的东西，以满足上文提到的基本要求。在所有这些方面进行区分以后，某种从属关系就成了必然性。[43]

现在，我们可以对海德格尔关于现代性叙事的两种模式做一些具体分析。在第一种模式中，一种在第一种历史系统中——此处指关于救赎的“确定性”——具体功能的特征被抽出了它独具功能内容的那个历史语境，接着，它被调入一个新的系统，并在那里被赋予了一种全然不同的功能。这一模式，我们在下文还将遇到（在福柯和阿尔都塞那里），它作为一种更加公开的力量，试图解释一种生产模式到另一种的过渡和转变。对于那些假定存在简单连续叙事的不足之处，海德格尔也希望予以坚持不懈的批判（他明确指出“世俗文化”这一概念不令人满意[44]）；此外，对于我们目前讨论涉及的第二种叙事模式，他也持同样态度；具体地讲，第二种叙事模式，即旧体制残余成分的长期生存：在这种情况下，笛卡尔的语言中依然存在着一些众所周知的中世纪特征：

> 这里我们所得到的是一个十分明显的例子，它说明早期形而上学如何阻碍了形而上学思想产生新的开端。对笛卡尔思想教条的意义和实质作出富有历史逻辑的阐述使我们看到了这样的结果。而对这种思想本身进行历史冥想则又使我们不得不依照笛卡尔本人希望的那样去理解他的主要思想和概念，即便在这样做的过程中有必要将他宣称的那些东西变为另一种不同的“语言”。[45]

就是这种对思想体系特征的坚持——笛卡尔与他以前的神学理论

"先驱"们的根本差异，笛卡尔的新体系与尼采表现的明显的断裂——使海德格尔成为一位关于断代的思想家。我们一会儿将对这种断代叙事的结构问题进行思考。

说到这里，我们有必要从这反对我思及其现代性的探索中得出一些结论。海德格尔个性化的语言使我们产生了某些根本性的疑惑和含混：正如我们已经看到的那样，"Vorstellung"一词，在英语中通常指再现，海德格尔使用该词时，是指将世界进行重新组织并在认识论旗帜下生产出的一种新的存在的整个过程。笛卡尔的我思则是代表全方位改变的最初征兆，而这种改变则构成了海德格尔现代性理论的实质：用于指涉主体和客体在一种特定的知识关系中（甚至是从属关系）形成关系的一个词：客体变成仅仅是所知的或被展现的东西，主体则是一个所在地，以及用于这种展现的一个载体。

然而，传统上人们将我思看作意识的实质，看作另一个完全不同的德文词——即"Darstellung"（描述，再现）——的意义上的再现，因而具有戏剧展现和场景意味。我的论点一向是：我思在这个意义层面是一种失败，因为意识根本无法被再现；那些将我思看作没有延伸的发光点的做法，不仅修辞贫乏，而且，要想使这样一个论点具有意义还为时过早。因此，不管是一种运转方式还是一种建构，我们应该将我思看作某种最初的、而且无与伦比的努力，其目的在于表现意识（亨利·詹姆斯所谓的艺术展现），在于对这一特殊的客体进行纯粹的表述。如果是这样，那么，它势必也包含了这种努力失败的意思，及其不可能性；我们必须从中吸取另一种经验，具体地说——在"Darstellung"一词的意义上——意识，作为一种经验，如同我们一直以来都是我们自己那样，无法被再现；它不可能被再现；它不可能成为再现的客体。意识，以及主体性的实际经验，不可能被再现（这并不等于说，自我或者个人身份无法被再现；无论如何，它已经是一个客体，一种再现；弗洛伊德及其弟子对无意识结构进行了寓言式的划分，无意识结构也不例外）。

然而，发生在现代性理论领域内的所有这些导致了一种严重后果：具体地说，从今以后，任何根据主体性而来的现代性理论都让人无法接受。因为，假如意识不可能被展现，那么，任何试图依照意识转变对现代性进行定位、描述的理论都会遭遇失败。当然，主要原因在于理论对自身进行的批评：对文化变化（自我陶醉、俄狄浦斯情结的衰弱、母亲主义、上帝的死亡、父权，等等）做流行的心理阐述并视之为意识形态素材，这样做当然很容易。但是，在现代主义及其主体性问题上存在的三种颇具威力的说法似乎依旧牢固；因此，我们有必要将它们提出来并予以驳斥。特别是，我们依旧认为现代性与某种特殊的西方自由是一致的。然而，这种自由概念当然指某种主观物，同时它也是对意识形态进行的根本改造。至于在它之前还有什么，人们很少问及，虽然可以作出这样的假定：前现代的他性必然与不自由、顺从，对奴隶制思想的屈从，一种不可救赎的亚文化生活姿态，这些东西密切相关。（由此，“自由”以一种不被注意的方式渗入了“资产阶级”这个概念。）

在对现代性进行经典颂扬的过程中，第二种描述在这一点上出现了干预，那就是关于个人主义的思想。现代人是个人的，认为其他人不自由，这种想法本身显然缺乏个人主义。但是，需要明确的是，个人主义同样是对意识形态进行的非法展现：它声称对解放了的个人内心世界以及他与自己的存在、与自身的死亡以及与他人的关系作出描述。当这第二种描述开始出现故障时——要对意识这样一种难以形容的东西的内部氛围作出描述并不是一件容易的事——就有了第三种选择。

第三种选择关系到根据自我意识或者反省性使现代性得以展现：这里我们似乎突然有了一个在哲学意义上显得更加可行的概念，在这样一个概念引导下，我们可以对自由和个人主义的特点进行讨论。我们可以说，一个“前现代人”，他有意识，但缺乏西方哲学意义上的自我意识，与这种说法相比，另一种提法显得有些困难：这样的人不是一个个人；至于自由，这个词的通用意义从形而上学意义滑向一种社会的，或者政治的特性，这使它非意识形态的展示成为一种十分微妙的运作过程。

然而，如果意识形态无法被展现，那么，自我意识在多大程度上属于同样情形？通常，自我意识被想像为一种双重意识（用于形容这种实体的比喻——镜子、等式、折射之光，等等——都比我思的最初“点”更加脆弱）。事实上，应该十分清楚的是，你能明确其他人是否有意识，假如遵循传统做法，将这一问题视为一个哲学基本问题——只要想一想笛卡尔自己的自动概念(automata)[46]——那么，要确定其他人是否具有自我意识就更加困难了。因而，我觉得有理由提出第三个准则，即：

> 不能根据主体性的各种分类（意识和主体性无法被展现）对现代性叙事进行组织。

这种提法保留了20世纪60年代的反人文主义精神，同时也带有“后结构主义”对主体的批判（或称之为中心主体，这一术语实际上与我们熟悉的我思或意识所差无几）。语言学转向之后（正如人们有时候所描述的），各种理论以及哲学思想对消解主体和意识的中心位置作出了激进的努力，即使如此，要摈弃旧习，抛弃这种分类，似乎已经被证明不那么容易。因此，我们有必要对反身性这个无处不在的观念进行审视，摘下其面具，将它视为指涉自我意识的一个符码（不管它的语境显得多么非人格化）：的确，正如我们即将看到的，自我指涉或者指示符号的主题在尼克拉斯·鲁曼（Niklas Luhmann）这位最具雄心的人物之一的哲学和社会学著作中占据了一个中心位置。同时，现今大量的语言学以及交往理论以科学为掩护，对那些陈旧的主体性哲学进行抨击：无需担心，主体间性一词的出现表明，我们实际上依然处于本质上属于人类话语世界中。

不过，我们需要对这里提出的第三个准则的位置作具体阐明：不能将它理解为一个本体论的观点，即它否认这一准则的目的在于说明展示的各种限制，也就是说，当我们对主体性或者意识进行讨论时，主体性和意识已经在某种程度上属于比喻性质：那些词本身实际上就是极为出色的比喻，被掩盖或者被遗忘的隐喻，正如尼采所说，我们跟随这些隐喻，走进历史。[47]但也有人认为比喻表示展现的失败：任何一种比喻总是，也必然是一种替代品，别无他法的次等选择，遭受语言、表述失败后的让步（当然，诗歌语言从这样的失败中诞生）。但我不希望将这种对失败的分析理解为主体性比喻必然是虚假的，不正确的（或者不真实的）。根本不存在什么字面意思的语言，任何一种可能性的开始总是比喻的，在这样一个语境中，我不能确定上面所说的意味着什么。

然而，这令人沮丧的第三个准则实际上并没有把我们抛入那种无法穿透的维特根斯坦式的缄默中，即再也不存在任何可以被叙述的东西。相反，它仅仅实施了一些（相当一些）“文化批评”，而这些文化批评渐渐地被证明是意识形态的，当我们对其意义作仔细审视以后，我们发现它们总是十分可疑。不过，这并不意味着我们完全不能讲述现代性的叙事。

事实上，海德格尔本人对这一进程的叙述——无论它有可能显得多么意识形态——都对我们具有方法论意义。我们尤其要注意同时存在于其中的两种时间性：一种是展现的内部时间性，主客体分裂的时间性（或者叫作差异——同一），它的产生犹如一个自我生存的事件；另一种是外部的时间性（确定性主题的时间性），在这个时间性中，一种神学的或者中世纪的对救赎的确定性的理解与新体制的产生在最后的时刻发生重叠，并在长时间内与之共存，直到确定性功能以某种全新的形式从向外发展的结构走向新的结构。这里所发生的是，对事件进行的一种相当神秘的叙事（而这本身又是它自身的成因）被嵌入一个叙事情景，或者一系列先决条件中，然后，用叙事形式对事件进行貌似真实的讲述。这已经不是一个过时的因果关系问题，不是老套的知识史试图在祖先与系谱、前辈与家族相似性之间作选择。也许阿尔都塞的结构因果概念更恰当一些（我们将在下文回到关于这一问题的讨论）。黑格尔在他的《逻辑学》中将这种发展描述为从对立辩证到出现一种“基础”（Grund）的变化（也指“起因”或“原因”）。[48]在下文的讨论中，我们将对这种奇特的结构作些探索，这里，我们提出这样一种说法：任何一种现代性理论都必须对它作为一种断裂而存在的绝对新颖进行肯定，而同时又必须对它得以成为断裂并融入其中的语境进行肯定。

用于描述这种结构的一个词——最先由贾斯帕斯提出，后来经萨特发展，并逐渐成为一种哲学话语——是叙述术语“情景”，它试图对这种循环作些调整并将它原有的以及后来发展中互相矛盾的特点囊括其中。作为对我们目前讨论的准则的一种补充说明，我们希望肯定这样一种观点：我们只能根据现代性的语境对某种特定的现代性叙事进行叙述，或者最好用一种完整的表述这样说：

第三个基本准则：不能根据主体性分类对现代性叙事进行安排；意识和主体性无法得到展现；我们能够叙述的仅仅是现代性的多种情景。

（五）

不幸的是，我们不能就这样轻而易举地摆脱海德格尔，只要作些仔细分析，我们还会发现一种在概念或形式方面使人感到尴尬的东西，而这又恰恰是我们在前面的讨论中没有予以注意的。在海德格尔的思想中至少存在着两种现代性理论。必要的时候，人们往往通过谈论他思想中的演变，各种“转向”以及模式等进行分析。我愿意用一种不同的方式表述，即海德格尔思想中现代性的断裂不是一种，而是至少两种。

的确，尽管有笛卡尔式的再现的断裂，认识论意义上的“世界图景”的出现，以及由此而生的主客体对立，但在这一过程中仍然存在的着一种旧的断裂，我们也许可以称之为罗马或帝国的断裂，这里，我们必须提到已经消失的古希腊关于存在的经验：这一点反映在古希腊思想的具体化中。当时，古希腊思想通过被翻译成拉丁语，变成了罗马思想（应该注意的是，在海德格尔看来，希腊语与德语在可靠性方面是可以相比的——它们不受其他语言的侵扰，在词源学上接近于某种存在的原始经验）。具体化（作为一个术语，它也许正好说明了它所描述的东西）一词用于指涉这一翻译过程，不是一个不合适或者落伍于时代的词，海德格尔最初的解释表明了存在向着罗马帝国“具体化的事物”发生转变的过程，这种说法也不见得十分古怪：

> 这些名词并不是任意的。它们当中存在着某些我们现在再也无法揭示的东西：古希腊对在场（anwesenbeit）

> 意义上的实体之存在的经验。然而，由于这些名称，对于“物”的“物性”（thingness）作出的解释，以及后来形成的标准就由此确立，西方对于实体存在的解释也由此完成。这一进程开始于罗马——拉丁语思想对希腊语进行的挪用。“想像”变成了“虚拟”，“服从”变成了“软弱”。
>
> 这一将希腊名词变成拉丁语的过程绝对不是我们今天认为的那样微不足道。表面上看，这种翻译是字面的、忠实的，但在这种表面下面，存在着一种被掩盖的东西，它将希腊经验转变为一种全然不同的思想。罗马思想挪用了希腊词，但却不具备与之相应的独特经验，即没有希腊词同样存在的所言之物。没有根基的西方思想就产生于这种翻译过程。[49]

可以确定的是，对于海德格尔而言，罗马人的具体化概念至今依然存在于我们的思维中（欧洲本地语言中依然存在的拉丁术语就是这样的证明），它是“形而上学”的开端。某种现代性伴随着罗马语对其他语言的占用及其发生的变化而开始，而它本身又充满了控制力量并由此向着现代西方历史的各种灾难发展。[50]“西方形而上学”，这一宽泛的断代（也许对德里达哲学思想产生最大影响的莫过于此了，他为之着迷，但他同时又无法接受）由于这一特定的历史叙事而得到确立。这与我们在上文概述的将现代性理论视为展现的笛卡尔思想有出入吗？在相当程度上，这属于一种阐释选择：如果要对此作具体化的理解，我们也许可以认为，海德格尔的笛卡尔仅仅为具体化的罗马客观世界增加了一个具体化的主体。但这仍然是两种断裂，而非一种，它使我们带着兴趣但又觉得疑惑地感觉走入各种现代性理论。

战后可能出现了另一种断裂，我们称之为第三种，但这并没有使问题变得简单。海德格尔对技术的看法与上述两种较早的哲学理论相比当然更富有意义；但它似乎又可能成为关于现代性一种更加戏剧化的说法，这不仅仅因为它带有悲观色彩，具有预言意味，还因为它提出了一个假设：即旧理论中主体与客体在展现中形成的复杂关系，通过一个新的中转站，即神秘的支架（Gestell），这种复杂关系在这里变成了某种“长期的储备”（Bestard），使能量得以保存，以备后用。[51]这种可以重复使用的过剩能量，或者称之为剩余物（来自原来的交换行为），很像政治权力的最初形式从中获取力量的那种原始剩余；甚至类似于马克思主义对资本的分析（后者更加复杂）。然而，作为一种文化批判和一个哲学概念，它看上去并不那么迅速就能与展现的早期批评作出调和（虽然它与后者具有同类性相似性）；海德格尔本人也没有为这样的调和作任何努力。因此，我们就有了三种断裂，现代性显现的过程中的三个时期，三种叙事，而不是单一的一种。

海德格尔的多样性并非独一无二；让我们去看看另一位思想家（他间接地受到了海德格尔的启发）对这一奇特的断代复杂性的认识；我这里说的是米歇尔·福柯以及他的《物的秩序》。断代问题是福柯的关注点，它意味着一种基本的阐释态度，可以说，《物的秩序》为我们提供了一种现代性历史，同时也是一种现代性理论。

我们知道，福柯具有重要意义的知识考古是以四种历史时期为基础的。第一种属于前现代时期，其间，中世纪成分与文艺复兴某些具有迷信色彩的特征结合在一起，表达了一个恒久的神学世界；在这样一个世界中，现实成为阐释者阅读的一部书或者一个文本。这样一个文本建立在一系列微观和宏观的相似性上

(conventia，aemulatio，类比，同情)；[52]在这种相似性中，占据显著地位的荒诞不经的分类目录、百科全书、动物寓言、异想天开的历史，都不应被视为现代意义上的谬误或者迷信，这些东西反映了一种截然不同的兴趣、聚焦点和关注点："所有看到的或者听到的，所有被叙述的，无论来自自然或人类，来自世界上的语言，由传统或者由诗人叙述。"[53]这些明晰的阐述成为历史的候见室，如我们即将看到的，这一点始于现代性：在这样一个充满比喻、相似性、回音和标签的世界里，却不存在"真正的"历史（现代意义上），因此，对于因果关系，开端以及范围的问题根本无法展开讨论。将其他叙述视为欧洲中心主义并予以抛弃，这就意味着忽视在它之前那个神秘的、几乎像非洲一样的世界，要想探究古希腊，或者中国，或者印度在这样的叙述中的情形，就意味着仅仅提出了一些虚假问题。

西方现代性一旦开始，我们就有权提出这样一些问题，比如，我们称之为第二个时期或者时刻，比如，福柯称它为"展现"（并非海德格尔意义上的）时期，同样由他命名的"古典时期"（法国用法，其他民族又可能将它视为地方观念），即 17 世纪和 18 世纪。我们甚至有权对我们的第三个时期，19 世纪和 20 世纪提出疑问，该时期本身就是现代历史的发明，同时也是历史主义、生机论、人文主义，以及所谓人文科学（Geisteswissenschaften）的发明时期。至于我们提出的第四个时期，这是一个朦胧却富有预言的领域，充满着语言和死亡，它生存在我们现代性的缝隙中，并对自己进行否定和消解：它从结构主义那里获得了营养成分，但并不预示着后结构主义的出现，因为，这一领域的定义表明，它自身不可能作为一个独立的历史时期而实现，不过，与海德格尔十分相似，它承诺的乌托邦是这样一种东西：人格化、人文主义，以及海德格尔"展现"从该领域中消失；用一种著名的说法来表示，“人类将被抹去，好比画在海边沙滩上的一张脸。”[54]

因此，在这些时刻中，无论是第一种还是第四种都无法从技术的角度将它们称为一个历史时期。正是这种原因使它们具有启发意义，揭示断代如何以对立与矛盾这两种否定形成的微妙交织为基础——差异与完全对立，局部差异与绝对否定，对抗与非对抗，反对与非反对——为自己构建一个框架。在这个意义上，第一种时刻，文艺复兴世界仿佛是为了构建一个非现代的宇宙，而最后一个时刻，人文主义的侧面，可以被视为一种激进的否定，或者相当程度的反现代（与后现代不同，在否定和抵抗中，它或多或少地保持了现代成分，它提倡的美学似乎成了现代主义的典范，而不是与现代主义分道扬镳）。无论如何，我们对非现代和反现代空间的最初生产作了记录，而这又是对现代性进行假定或者肯定的最基本组成部分。

然而，我们这里的基本关注点与现代存在的两种时刻（第二种和第三种时刻）的假定密切相关；而这两种时刻本身又可以被恰当地称为一个历史时期。这里所说的断代属于传统上法国式的，我认为在其他民族传统中同样存在大致上相对等的概念（作为笛卡尔思想的替代物，德国传统中有路德，英国有培根），现代性的两种时刻或说法形成的双重标准——17 世纪的科学模式，18 世纪后期以及 19 世纪的工业生产方式——已经为人们广泛接受并成为不容置疑的常识。这种意识形态警惕性的缺乏只能表明倒退到经验主义的历史观：将伽利略置于蒸汽机发明之前，必须首先讲述商业资本和商业，然后才能叙述资本主义，将各种不同时刻看成同一进程中的许多阶段或发展，还有什么比这样一种历史学更加常规呢？福柯的贡献（我们在此讨论的兴趣）显然在于将这些时刻归于一些完全不同的历史体系，并将那种进程或者发展视为一种历史学甚至哲学问题。

对于福柯提出的断裂，我们在这里还将作进一步阐述。福柯将这一问题置于他哲学意识形态的中心位置，并一直对其中的不连贯性予以重视，同时对人文主义历史学提出的延续性进行批判（无论是“思想史”还是斯大林主义的辩证唯物主义或者进化论），福柯常常把它与马克思主义混为一谈。这些断裂——福柯继承了阿尔都塞从贝舍拉（Bachelard）的著名的“认识论的鸿沟”提出的思想——正是福柯历史观（借用备受指责的一个人文主义术语）的内容。这是他一直坚持的态度（对自我进行的更具人文主义、也更成熟的思考），每一个假定存在的断裂，紧随其后，似乎都带来了一连串新的断裂，仿佛出于对最终总体化（totalization）的恐惧。伴随着这些断裂而来的是对仅仅只是部分的、不完整的，永远不可能达到完整或成为整体化的研究客体：例如，福柯希望对他那些貌似真实的研究客体，即语言、生活、劳动（或者旧体制的迹象、自然历史、财富），从当代学科角度讲，还包括语言学、生物学和经济学，对它们在选择中显得任意或者武断的实质作出强调。（这种对局部研究的强调很容易使我们的注意力离开他从这种选择中获得的精巧的形式对称和效果。）

同样值得强调的是，除了引人注目的反整体化姿态，福柯采用了十分辩证的思考方式。对辩证法进行界定的方法之一就是将不可用同一标准测量的东西在概念上进行协调。我们第一层面上的抽象思考，换言之，生产出普遍性；在普遍性原则下，我们对一些表现为相似性或甚至是相同的运动规律进行安排；这就是传统逻辑学的抽象；站在传统角度看，普遍性与特殊性关系，属类与种类，概念与典范，被视为组合在一起的同种东西。然而，在黑格尔那里，将那些在内部运作及其规律方面全然不同的相似性现象聚合在一起时，问题就产生了。这种基本概念带来的吃惊来自苏格兰启蒙运动对18世纪生产方式的发现；[55]这里，我们有了一种抽象，或称之为一种普遍性——生产方式，它作为对社会构成进行的组织和再生产——其中的每一种都具有各自独特的内部动力和内部结构，但各不相同，例如，部落社会或者封建社会的内部规律，其运作方式与资本主义社会大不一样。同时，由于每一种生产方式的结构成分或组成部分都由自身功能决定，我们无法把任何一种从中抽象出来，无法在模式与模式之间假定其存在对应：对每一种成分作出理解，例如，这种或者那种技术，黄金或者货币，财产法，我们首先必须把它们放入它们从中起作用的那个整体中进行考虑。由此提出的这种辩证法是作为一种新的语言策略而存在，在这样的语言策略中，同一性和差异性预先已经得到了应有的评价，并且在彼此之间展开了系统的较量（通过在非辩证或者辩证法以前的思想，这似乎要打破非矛盾［non-contradiction］规律的方法）。甚至“生产方式”这一术语都成了一种滥用，因为，在这一术语下罗列的现象，由定义本身决定，实际上它们互不相像，而且也无法用同一标准衡量。但是，这种辩证关系的存在，其目的是为了努力将结构类比中这些互相矛盾的特点以及历史因果动力关系中的内在差异统一在一种思想或者语言框架中。

这就是福柯有意识的努力；的确，他的时刻或者说认识——声称仅仅对知识历史体系进行描述——其功能与传统意义上的生产方式十分相似。这就意味着那些经典的和人文主义的时刻——17世纪和18世纪的再现以及19世纪和20世纪的有机论、进化论——它们不仅具有完全不同、无法相提并论的内部结构，而且，各自遵循着全然不同的因果律。在我们目前讨论的语境中，这就表明，它们之间的断裂、过渡、重建、向着新体系的发展，这些都无法相比：但是，如果要针对每一种断裂提出不同的历史因果律，那么，只有辩证法才能提供一种不同的思考，以适应我们对每一种断裂进行分析。

然而，正如我们在讨论中已经提到的，我们也必须承认，为了充分展现着一套论述的精湛技艺，福柯不得不稍微作一些小动作；实际上，他划分的三个层面，或者叫作现实的三个区域——他称之为“成分的体系”，“文化的符码”，“秩序的形式”[56]——构成了一个引线，或者一种同一性，在此基础上，对那些剧烈的历史变化及其过渡作出记录。因此，在第一种“现代性”，即福柯提出的第二种或者经典时刻中，我们孤立出知识的三种划分或形式，将它们描述为“财富”、“自然历史”和“迹象”。这三种划分被展现为具有同种异体的相似性，每一种都以一种静止场面作为构造的依据，动物学分类就是最明显的一个例子。时间和历史在这里呈现为起源进行的冥想，如同词源学的中心位置所示；语言构成成为知识的重要行为，从而肯定了名词或者命名（在法语中为同一个词）与事物之间的关系。

我们现在必须对这一种非同寻常的说法提出一些疑问。首先，这种体系是如何形成的，换言之，如何对前现代与现代（伽利略、笛卡尔、波特-罗伊尔·格拉默、牛顿、百科全书出现的时刻）及其发生的断裂进行界定（或者叙述）？代之以对这一问题作出回答，出现了一个关于《堂吉诃德》的专题研究，而这显然又将问题拉回到了“将相似性与迹象分离”[57]。

> 17 世纪初被称作巴洛克时期，不管这样的命名是否恰当，巴洛克思想不再朝着相似性方向发展。相似性已经不是一种知识形式，而是产生错误的场合，是人们由于对各种混乱的模糊区域不加分析而使自己面临危险的时刻。“这是一种常有的习惯，”笛卡尔在《调整》

> (Regulae) 的开卷处这样指出："当我们在两件事物之间发现某些相似之处的时候，我们通常把这些相似性归于两种物体同样具备的东西，即使对那些事实上它们各自不同，而我们也知道只有其中的一方才拥有"。相似性的年代已经接近尾声。除了游戏，它什么也没有留下。[58]

因此，我们也许可以将这种转变想像成这样一个时期：无所不在的相似性力量渐渐衰弱，它将一些一直以来处于束缚状态的成分——例如，"迹象"——释放出来，由此，一种全新的体系逐渐产生。福柯对另外一些断裂或者过渡时期作了大量的论述：这一点使我们能够对《词与物》描述的过渡时期作一些基本的了解。我倾向于这样一种说法，即在对这些断裂或者过渡时期进行阐述的过程中，福柯既没有将它们概念化，也没有使它们得到展现：我们所看到的是一种总体阐述，即旧体制解体了，在它的废墟中（如同皮兰尼塞［Piranesi］在论述古罗马时采取的 18 世纪观点），一种与旧体制毫无相似之处的新体制产生了。新体制根本不属于旧体制的谱系，也不在旧体制的消亡中起任何作用。在这些纯粹的结构分析中，因果律似乎完全不存在，这也就是我为什么说这些论述没有得到概念化，福柯也没有为我们提供一种变化或者过渡的理论。事实上，我觉得他为我们提供了一些成分，使我们可以利用这些成分对这一切进行展现（我在上述的讨论中已经这样做了，我使用了一个具有告诫意味的动词——"想像"）。福柯本人也没有提供完全的展现，而是使用了大量的比喻使我们朝着那个方向思考，但他并不使用自己创造的比喻作任何具体的阐述，这是他一贯的特点。这样一种论述方法当然发人深思，它促使我们思考，在这种剧烈的结构变化中，首先当然是断裂或者过渡中，是否存在着某种根本无法展现的东西。

当对于这种最初时刻，或者叫作现代性的古典时刻进行思考时，其他还有两点需要说明。它的认识论（episteme），在其他领域内（比如，物理学和天文学）当然十分重要，用我们今天的话来说，就是知识，即便在今天显得已经过时的三个领域（价值、动物分类、语法），尤其当我们将它们与以前的情景进行对比的时候，是否可以说它构成了一个框架——“有史以来第一次”——这样的意义可以从中显现呢?

另外需要明确的一点是，意识在古典体系中没有位置（需要指出的是，福柯在这一点上将笛卡尔缩减成一个注释，正如他在阐述下一个历史体系时说“微不足道的”马克思一样）：福柯的阐述如同一个图表，我们可以不时地看到人类各种要素分布其中。但是，与我们的下一个历史时刻不同，它并没有用“人”作为衡量一切的标准（在这一点上，福柯与海德格尔大不一样，我们已经在前面的论述中看到）。

但是，使得福柯的叙事具有思辨力量的正是这种缺乏系统的特点：对第三时刻的概述——创造历史的时刻，发生于生物学的进化论，经济学领域的马克思主义，自波普（Franz Bopp）和格里姆（Jacob and Wilhelm Grimm）开始的伟大的语言学传统——对于这些方面的论述犹如一本反人文主义的小册子，虽然充满论述的具体细节。关于过渡的实质（或者说古典与历史时刻的断裂）却得到了较为充分的论述，福柯的描述也更加突出。我将对此作简单概述：展现系统所面临的灾难是相似性的衰弱和消失，或者，我们也可以这样表述，将三个层面联系在一起的平行结构变得衰弱并消失。我们有道理这样说，这种消失仅仅是第一种过渡中所发生的一切在程度上的加剧：相似性在这里变弱（然后，根据逻辑规律它被纳入不同的局部运作中）；现在，那个叫作同源相像的结构相似性，它的聚合力量被削弱并遭到怀疑。从这个意义上看，历史叙事的发展仿佛同样可以作为一种辩护，进一步说明福柯对断裂、巨大差异的不连贯（也许还包括死亡的消解力量）进行的评价，与断裂和不连贯对立的是同一性、相似性、同样性、连贯性等。

与这种消解同时发生——但我们尚不能说是否可以将它看成由消解带来的一种后果——出现了三个领域的自治（autonomization）。每一个领域都形成了一个属于自己的体系，而三个领域渐渐地发生了分离并朝着各自的方向发展，它几乎就是一个地质演变过程，令人想到地质构造的过程：旧大陆的地质层出现移动并发生分离，由此产生新的板块并与某些尚不固定的陆地连接，而后者也不知道自己将跟随何种合法但却无法预测也无法理解的力量漂向什么地方。同时，这三个陆地之间的距离将在 19 世纪新时期的发展中起到重要的作用。

福柯关于差异和自治表现出一种巧妙的手法：处于自身目的的考虑，很清楚的一点是，语言学、经济学、生物学，这三个新领域之间存在着许多共同之处（它们之间的相似之处）；对于这些“共同之处”，我们可以用“历史主义”这个词加以归纳，这一点在许多进化理论中变得愈加清晰（不管是经济危机理论，还是发展理论，语言学理论关于声音的变化，或者是达尔文主义理论本身）。然而，令人感到奇怪的是，福柯并没有直接涉及历史主义（将问题直接归于某种特定的历史体系等于使它丧失了关于真理的宣称），相反，他聚焦于另一个侧面，即人文主义层面以及关于“人”的概念层面，或者人类本性。

但是，这恰恰不是一种知识形式：它显现于我们在这里进行思考的知识的三种肯定形式的空隙之间。人类本性（各种不同的人文主义，以及与之相伴的各种人文主义意识形态）既像它们中间的一道鸿沟，而同时又像为逾越这道鸿沟所作的努力以及为建构一套完整的形而上学体系所作的努力。通过强调知识特性经历的一次转变，即经济学、生物学和语言学这三个肯定性领域，我们可以用另一种说法进行表述。因为，假如知识在经典时期总意味着用这种或者那种方式寻求“为什么”的答案，或者寻根溯源，那么，在第三个时期里，这样的问题已经不复存在，我们所面临的仅仅是经验意义上的事实，某些任意的、或然的规律。这样的肯定性实际上也成了神秘之物：生活，劳动以及语言；而且是非人类的神秘，它们与某些奇怪、新颖的反人文主义的“方法”或者学科，例如，（结构）人类学、或者文化人类学、心理分析等形成对应（有意思的是，福柯并没有寻找一种相应的“经济学”方法以对付肯定性的侧面）。

整个叙述所记录并进行强调的是一种根本的鸿沟或者分裂，它存在于现代的第二个时刻，在经验与超验之间；对于这种鸿沟进行的理论阐述将我们引上了一条福柯在这本富有雄心的书中试图达到的地方；该书内涵丰富，且难以归类，既不是历史，也不是哲学，但同时又是一本小册子，而且富于审美意味。康德在此扮演的角色不甚显眼，但却具有重要的中心地位，特别是在合适的历史时刻（从展现到历史的过渡），这意味着作者为自己在现代后期发生的伟大变革中想像了同样的历史位置。因此，我倾向于说，假如经典时期是一个产生意义的时刻，这个新历史主义的或者人文主义时期也代表了意义出现限制；在这样一个时期，人类所能思考的疆界，以及知识本身的疆界变得像知识内容本身一样使人着迷，也疑惑重重。从这个意义上看，福柯的努力与康德一样，在于追溯那些疆界，并对思想进行清理。但是，与康德不同，福柯的成就超越了其思想表面的标志，虽然他的整个计划十分谦虚合理，并小心谨慎地规划出限度，十分理性地对各种肯定性制定了一份清单，但这种对限度的设定反而加强了越界的意志，使目标进入了一个禁忌之地。

这种非知识的地带就是我们在上文提到的第四种历史时刻，虽然它在另一个不同意义层面作为当今历史主义和人文科学的照相底片与它们同时存在。因此，我们就有了第三种“过渡”，假如可以的话，我们依然可以将它称作展现的（或者甚至是辩证法的）第三类问题。虽然这第四种时刻偶尔也可以在预言模式中产生共鸣——著名的说法“人类从沙滩上消失”，某些新的、最初的结构主义思想和生活发生的变化在 20 世纪 60 年代昙花一现，后来人们在列维-斯特劳斯以及德里达思想中找到一些影子[59]——更常见的是，人们从我们自己的体系的角落里探寻（并找到）了它：例如，对那些杰出的疯子进行重新发现，像赫尔德林和阿陶德；强调语言的审美成分，使之超越资产阶级意识，使它充满存在事物，不仅仅能够用于指涉意义，而且能够强调意义的限定性，或者超越意义。这使我们看到了这种做法与莫里斯·布朗绍（我们将在第二部分的分析中提到）的审美之间的相似性，同时也看到了它与海德格尔之间的差异（虽然两者都具有严肃意味）——因为，那片得益于海德格尔本体论和诗学光辉而显得透亮的空地在这里变得像黑洞一样黑暗而不详。当然，如同在海德格尔那里的情况一样，这里以预言方式提出的要求——既像迫切的请求又像乌托邦视角——就是要战胜人文主义。然而，我们依然应该提出这样一个问题：第二次世界大战达到顶峰时，日本人曾不无灾难意味地宣称“战胜了现代性”[60]，上述一切是否就是同一回事？

这个问题将我们重新带回到那两个断裂，回到福柯和海德格尔，也回到了两种现代性的神秘性。海德格尔一直认为，西方形而上学发展至今的整个过程早已隐含在笛卡尔的思想中，这种观点实际上掩盖了某些东西，而福柯则使那些被掩盖的部分变得昭然若揭。在福柯的阐述中，海德格尔的叙事仿佛被分成了两个断裂的时刻：第一个提供了简单展现的现代性，即把世界首次或者“科学地”翻译成数学图表和图形。主体的出现（或者用我们通常所说的意识的出现）一直要等到第二个时刻：就拉康或者康德的意义而言，声称存在是一种肯定性——人文主义，人类本性，个人主义，等等——这是不可靠的（inauthentic）；只有当我们视它为一种不可能的不在场时（impossible absence）——或者依照“第四种时刻”的逻辑把它当做一种后期审美现象，或者回到遥远的 17 世纪，像委拉斯凯兹的《疲倦的麦尼纳斯》（Las Meniňas）表现的那种空洞的主体位置（subject positions）——才是可靠的。但是，审美——包括福柯和海德格尔两种意义上的——与任何可以被称作后现代主义的东西相比，它似乎与现代主义有着许多的共同点（或者与那种稍微有些不同的东西相通，即现代主义审美），虽然后现代主义将那些在本质上与现代主义发生断裂的东西归于自己的名下。问题在于对现代性的严肃性进行真正拒绝——对这些现代哲学家来说的确是一种十分严肃的姿态——似乎反而要求一种与严肃性恰恰相反的东西，如果我们不能把这种东西叫作无聊、琐碎、轻率、做作、装饰等诸如此类的东西：关于这一点的进一步讨论，我们最好在第二部分涉及审美问题时进行。

这里，我们仅仅需要说明两点作为总结。第一点，福柯对现代所进行的分析中至少有一个特点将被保留下来，并在另一种理论传统中得到丰富和发展，即第二种现代性以分离为特征（当生活、劳动和语言这三个领域在地理上互相离散并且变得相对自治的时候，这一点表现的尤其明显）。在后面一节的讨论中，我们将看到，根据分离逻辑对断裂或者鸿沟进行解释是一种很有希望的出发点，并由此产生一种不同的关于现代的理论。

至于那两个断裂，以及似乎取决于这两种断裂的第三种断裂（不能肯定是否会出现第四种），我们可以从这种增长中获得重要的经验教训，从而更好地理解那种被称作现代性的叙事类型中内在的动力。我们对于现代性的注意力似乎转移到了注意力本身，并开始将现代性中那些不怎么现代的细节与那些更加现代的细节进行区分，由此生产出一种具有现代性的前现代时刻。因此，前资产阶级（17 世纪和 18 世纪）的现代人既是现代的，但同时又不属于现代：古典时期的思想家虽然已经不是传统世界里的一部分，但他们并没有完全进入我们称之为完全现代性的光辉中，即 19 世纪和 20 世纪所经历的那种现代性。即使当我们转向更加现代的现代性时，他依然有可能使我们觉得陈旧过时（越是离我们近，在风格方面就越让我们觉得它们显得过时）。可以这样说，当我们把关于现代性的思考拉回到对时间性的思考时，我们就会发现后者的各种二律背反以及概念层面的种种矛盾。

但是这有可能抹去现代概念本身独特的结构特点；更重要的是，它有可能忽视这种思考本身别具风格的节奏，即不像考古学家那样从发掘最早时期的信息资料开始，而是根据此时此地构建一个关于现代的大框架，在各种断裂中开始出现的各种顺时的怀疑和偏见能够显现之前，将这样一个框架整个地转移到过去。

我们也可以通过这样一种假设来表述：断裂不断增多，这恰恰好比黑格尔所说的“否定之否定”，但是，正如恩格斯和斯大林所说的，这种否定并不决定未来，而是对过去具有控制力量，而过去则不断地变化并朝着另外的另外发展（further others of the other）。这种过程不仅属于断裂，而且同样适用于历史时期，正如我们已经看到的，各个历史时期几乎以同一种节律来回运动，互相转变。

（六）

在开始这一部分的讨论之前，我们必须涉及对生产方式连续发生进行的最富体系、最有力度的分析模式，这一理论贡献应该归功于阿尔都塞，尤其应该归功于埃提纳·巴里巴（Etienne Balibar）。曾经有过这样一种说法，可以把阿尔都塞看作一位结构主义者（尽管他本人对此提出抗议），但这种看法以这样一个假设为前提：在阿尔都塞看来，只有一种结构，即生产方式。这样，生产方式成为一套普遍的成分和关系，其历史变化理应可以通过图表进行说明，同时又可以避免我们在前面讨论辩证法时遇到的术语和概念问题。事实上，以阿尔都塞为代表的理论家极力强调的正是他们分析目标具有的这种辩证实质："当我们从一种变化过渡到另一种变化时，我们并没有真正找到相同的'具体'成分。对这些成分的特性进行界定的并不是某个特定的地点，而是结构带来的影响，每一次都不同，也就是说，综合在一起的影响，它形成了生产方式。"[61] 实际上，使阿尔都塞等人的言论变得困难的是这样一个事实：他们站在两个阵地上展开讨论，一方面，他们反对"结构主义"（来自结构主义的危险是要将他们的马克思主义分析吞没得无影无踪），另一方面，他们反对黑格尔的辩证法（他们基本上将黑格尔的辩证法归于斯大林和苏维埃马克思主义一类）。因此，巴里巴系统地使用了"综合"一词，以取代"结构主义"的"结构"，他将综合解释为一种辩证的总体性（dialectical totality）起到了意想不到的效果，即以结构主义为框架揭示辩证法。

对生产方式进行马克思主义的阐述，这种做法提出了一个最明显的辩证法问题：生产方式与生产本身密切相关，而生产在三种成分构成的结构中（与分配和消费一起）又是一个单独成分，但同时它又构成了普遍意义上所有生产方式的基本实质。[62]第二个论断使生产看上去像一种过时的、普遍的、宽泛的抽象，由此可以对一系列现象进行排列；而第一个论断类似于我们在前面提到的巴里巴的摘引，它使巴里巴强调的辩证变化成为可能。同时，那个看上去显得严格的上层建筑/经济基础两分法（无论如何，马克思仅仅提过一次，而且是在一个并不十分重要的论述中）[63]，由于“决定性因素”（总是生产本身）与“主导因素”这两种对立之间形成的关系，有时也可能通过宗教、公民政治、血缘，以及别的形式，由此使每一种生产具有自己的文化和形式形态特征，虽然这些并不表明它自己的合法性和内部机制。

然而，马克思思想中最令人困惑的地方出现在关于新的生产方式产生的论述中，或者说得更具体一些，就是我们这里一直讨论的关于过渡的问题。分娩的比喻虽然不是绝对少不了，但却很著名：“只有等到旧社会子宫的物质条件成熟以后，新的、更高级的生产关系才有可能从中产生。”[64]这种说法蕴涵的意味常常令人尴尬，尤其当我们想到，在通常情况下，孩子诞生以后母亲依然生存，而旧的生产方式则不复存在。

然而，巴里巴依然试图对马克思的真知灼见进行有力的理论阐述，他将阿尔都塞关于社会生产的总体分析与社会变化的具体问题结合起来（巴里巴坚持认为，“变化的形式实际上必然是生产方式本身”，这种说法似乎不完全正确）[65]。我们可以从一小段摘引中对这一复杂的分析有一个总括：

> 变化的历史时期……具有几种生产方式是共存的特点，而且，这些方式互不相关……因此，变化时期关系与要求的脱节仅仅表明了单一“同时性”中两种（或者

> 更多）生产方式的同时并存，其中的一种压倒另一种。[66]

这样，我们就有了两种明显不同的体制并存的情况（生产工具、生产力、财产分类等），这种并存带来的结果是，原来占据上风的第一种由于第二种上升为主导地位而渐渐下降为被主导的一方。显然，造成这种现象的原因来自为了排除连续性和“进化主义”的目的：这期间，旧体制成分不是逐渐转入新体制，而是从一开始它们就同时存在，发生变化的仅仅是一套或者一种混合的东西占据了主导地位。

现在我们可以较为清楚地看到福柯关于变化的描述从何而来。正如阿尔都塞在《解读资本》（英文版）的一个注释中慎重指出的那样：“福柯……是我的学生，我著述中的‘某些东西’渗入了他的著作。”[67]假如我们将马克思主义话语及其概念从巴里巴关于变化的认识中除去，那么，它与福柯将变化视为灾难性剧变的看法并无二致：新体制从旧体制废墟中形成。

关于形成过程的时间，列维-斯特劳斯早已指出，不可能抛弃其他体制而得到一个体制：各种体制从来都是同时出现，而且都已经形成；即便是对待语言，我们也必须把它看作一个共时现象，即全部出现，而不是以某种“进化方式”部分显现。（很显然，体制中蕴涵着什么，还有什么尚待进一步发展或者显现，对于这些问题的种种看法可能会有效地把严峻而神秘的形成过程综合起来。）这里存在这样一个预先假定：共时不是一个时间概念；假如历时属于一个时间概念，它就会表明自己在时间上后于、并依赖于逻辑上先于它的共时性和体系。

阿尔都塞的另外一个贡献在于，他根据历史和社会对这一切进行描述：时间性是一个存在的现象，一种表达生活经验的方式，某种由生产方式本身引发的东西。每一种生产方式都有自己的时间体系。的确，“不是历史结构依赖于时间结构，而是时间结构依赖于历史结构。时间性结构及其它们特定的差异源于历史概念形成的过程中”[68]。事实上，历时性本身就不是时间或者经验意义上的，它是一个特定的分析模式，不同于共时模式。因此阿尔都塞之流扭转局面，使我们处于不利位置，并且将这个问题从议题中完全抽离：共时现在变成了对生产方式及其再生产的进行分析的一种方法；而“历时概念将……被保留下来，以用于对生产方式从一种过渡到另一种时的分析，即由生产关系的更替和变化决定的时候，两者形成了对结构进行的双重表述”[69]。

到目前为止，这些东西中没有一种与现代性理论具有直接的相关性，除非我们这样假定：马克思主义的现代性就是资本主义本身：这样一种替换不仅消除了我们在上文讨论中涉及的理论问题，而且使我们更加觉得现代性“概念”提出的问题远远大于它所能解决的。另一方面，这个词的使用历史以及它的意识形态功能的确是真实的，而且也不能轻易地抛弃。

但是，我们现在必须指出，将福柯的“模式”与巴里巴的模式摆在一起，我们就会发现一种奇特而明显的巧合[70]，即在巴里巴关于过渡的阐述中，新体制的产生依然表现得神秘而无法解释，仿佛没有原因，史无前例，这一点与福柯的认识（epistemes）一样。两者都是针对历史主义和进化主义提出的思辨，他们的观点都以不同的方法极力排除连续变化的可能性。

然而，巴里巴的表述并没有使我们对这些叙事的机制作出更加充分的理解：我们已经谈到神秘叙事的方法——新的过去的自我，或者作为一种引发自我的原因——嵌入一种基础，使它在外表上具有叙事形式和连续性。这种“基础”或者语境就是俄国形式主义所谓的“手法的动因”：对一种无法说明的语言事实进行的叙事合理化方法，不然，该语言事实就无法得到解释。在海德格尔思想中，我们发现这种语境是中世纪的救赎；在福柯那里，已经崩溃的前一种历史时刻已成为事件的框架；最后，在巴里巴那里，我们把它理解为一种旧的生产方式，这样，新时期就与新的生产方式本身密切相关。这并不意味着（对新的形成）进行概念化；但它的确暗示：断代不是某种可以根据自己的爱好和性格随意作出的叙事选择，而是叙事过程本身的基本特征。

（七）

前面的讨论（或者叫作穿插讨论）没有涉及福柯关于第二种现代性特征的分析，即那种不仅使它与第一种现代性完全不同的特点，而且使它与马克思主义结构分析可能存在某种关系的特点，我这里指的是对待分离的看法。在福柯那里，分离构成了各种学科的发展，使它们最终形成具有自治特点的生活、劳动和语言；但他坚持将限度和死亡视为这一发展的中心，并且强调它们与新兴的、繁重的劳动形式之间的关系。[71]当然，马克思用分离这个概念描述资本主义现代性以及工人处于新形势下的特点：他们从原来的生产方式中解放出来，与土地、工具发生了分离，然后被当做一种商品（同时，劳动力也成为商品）抛进了自由市场。的确，分离，这一关键的转义在马克思著作中随处可见，它在现代性传统的最后阶段依然发挥着作用，我们这里将对此进行分析。

然而，在这一传统具有主题意义的口号中，很少能够反映出分离本身的中心地位：马克斯·韦伯对合理化的理解似乎集中在计划和组织上；卢卡奇的物化主题似乎重新回到了韦伯的商品崇拜；鲁曼的区别来自分离的转义，尽管乍看起来它似乎不是与日常生活而是与独立学科的出现的关系更加密切。

但是，虽然韦伯常常将 19 时期后期资本主义公司组织作为研究目标，而且人们常常把他当做研究官僚机构的卓越理论家，他的著作与泰勒主义（Taylorism），以及与根据“合理”原则对劳动过程进行的重新组织，十分相似并且具有同样重要的意义。[72]在韦伯看来，“合理化”是这样一个过程，其基本前提条件在于拆散传统行为，不仅仅是传统的形式技巧，因为他们遗存在形成过程的因素之中。在韦伯理论中，分离的含义相当于泰勒的分析以及词源学意义上的科学管理一词：即“拆开”部分之间的联系，那些原本显得自然并且由一个人完成的传统工作单位被拆解成零部件。这些没有意义的零部件根据效率标准进行重新改组：于是就产生了福特的生产流程线，随之而来的是管理者得到的一笔红利，而工人本身则失去了对劳动过程的控制，他再也无法把劳动视为一个有意义的完整体，或者说，像卢卡奇描述的那样，当做一个“整体”。现在，体力与脑力劳动之间的分离由于管理者和“科学”专家对劳动实行的控制和计划得到完成，而工人所能得到的仅仅是动力学意义上琐碎、单一、不完整并且不断重复的劳作，加尔布雷思将这种东西称为“基本工作单位”，对此，查普林的《现代时期》进行了讽刺。这个过程可以被描述为亚里士多德所说的最终原因（final cause）的廓除，以及根据形式和物质原因对劳动过程进行的重新组织：这是一种压缩的行为，法兰克福学派把它称作“工具理性”，即一种完全根据手段而不是目的重新制定的理性（在黑格尔那里，理性的概念或与之相对立的理解，实际上已经辩证地隐含了这种思想）。

一旦这一过程被孤立起来并且在当代社会生活中被指认，即在当代社会生活中，它的作用在与过去发生激进的断裂，此外，与以往大多数关于工业革命的描述相比，它对技术和工业过程所进行的描写显得更加复杂和富有哲学意义，在这种情形下，有关它的谱系可以追溯到过去：尤其是，对于韦伯来说，修道院与某些宗教传统的规矩，标志着使“合理化”得到发展的飞地的脱离(在飞地上，一切事物，从农业到每天的日常安排，合理化都得到了发展)。[73]但是，合理化对于韦伯而言同时也是一个调停的概念，这一概念中的形似特性使它适合于文化分析，同时，它也适合于对公司或者劳动过程进行分析：由此，西方音乐中的音调成为一种基本的征兆，表明“伟大变革”正在欧洲-西方发生，而不是在世界的其他地方。[74]

的确，这种相对的形式概念可能在两个微观和宏观层面发挥作用；这使韦伯的思想具有一种寓意色彩。由此，劳动过程的分化可以被视为象征着旧的，或者传统有机社会及其“工具”经过重新组织以后变为对一个更大的工业城市进行的以数量为标准的分类。

与最初的马克思意义上的“物化”相比，卢卡奇的“物化”概念与韦伯有着更多的共同之处，因为，马克思的“物化”，基本上指物与物的关系取代了人与人之间的关系（对商品的“崇拜”以及日趋广泛的“现金交易关系”）。在卢卡奇看来，韦伯意义上的“物化”进程——通过劳动力过程被理解为整体感的丧失或者由意义的整体感的丧失，这种整体感不仅指微观的劳动过程，而且也指资本主义宏观现象本身——根据它对主体性产生的影响被理论化。卢卡奇意识到，物化是一种全球过程，没有一个人可以幸免；在他颇具哲学意味的章节里，卢卡奇揭示了物化进入资产阶级意识以及限制后者对直面现实并将它理论化的能力。[75]调停在这里的表现，表示资产阶级意识物化的重要征兆，体现在资产阶级哲学史及其“包容”的运作机制中，以及自黑格尔以来无法对作为最终现实的资本主义进行概念化的哲学传统，而马克思则提出，在资本主义各个发展阶段及其趋势得到指认之前，我们必须辩证地将资本主义理解为这样一种总体性概念。具有悖论意味的是，卢卡奇对其他意识进行的分析，即对被剥夺了工艺技术以及生产知识的工人阶级的意识的分析，远远算不上肯定：被变为仅仅是劳动力的商品，无产阶级，这个在资本主义社会里独一无二并且备受蹂躏的阶级群体，现在具有了一种结构能力，使它能够把资本主义社会理解为一个整体，这得益于理论与实践相统一的马克思主义。

因此，在与上述形成类比的情况下，我们可以认为，卢卡奇在韦伯传统中为“第二种现代性”作出了标识，同时将主体所处情景的现代性（但不是我们前文涉及的那种“现代性”意义）纳入合理化进程的现代性（类似于福柯的历史主义将资产阶级主体的出现纳入他早期关于表征的现代性）。

然而，我们也可以用其他方法将这个更大的历史，及其多种多样的断裂和过程进行定位；这里，我们可以看到韦伯的合理化概念与那个我们至今依然将它追溯到笛卡尔的现代性的“初始”时刻之间存在着紧密关系。不过，我们这里要阐述的不是笛卡尔的我思，而是另一个不同的方面。这里的引线不是意识、基础的（foundational）证据、怀疑，或者明确无误的确定，而是方法；毫无疑问，方法指引我们理解《冥想》的实验，同时也带领我们理解他进行的其他各种科学的和精心的探索。这里的关键是笛卡尔四个方法律中的第二个：“把我要分析的每一种困难分成尽可能小的单位，以利于进行更好的解答。”[76]这里，我们不要在意笛卡尔本人怎么想（即便是最小的单位肯定也必须以“清晰”作为标准进行衡量）：正如人们已经理解的那样，这个规律构成了与辩证法相对立的经验主义的基础。它似乎提倡将问题的部分解决建立在对全部问题进行最终解决上，而这种方法与辩证法形成了对立，因为辩证法提倡的是从全面到部分。

然而，这个规律对笛卡尔的意义只有在它的语境中才变得清楚：就这样一个准则的可能性条件提出的历史问题，我想，依然具有有用的指导价值。出乎预料的是，安东尼·吉登斯在这里为我们提供了一些类似于答案的东西；他的历史分析无疑深受福柯谱系历史学的影响，但他同时也受到了历史领域新近流行的军事决定论的影响（或者至少是一种把战争和军事当做一种新的现代“最终决定时刻”）。笛卡尔在“三十年战争”爆发前夕曾在新教和天主教军队里度过了一段对他后来性格的形成具有重要影响的日子；的确，他著名的哲学阐述（以及具有预言性质的三个梦）都发生在 1619 年 11 月，那时他正在乌尔姆马克西里安的军营中。假如所有这些都是巧合的话，那么，我们可以仅仅把它们看作 17 世纪的东西；然而，当时只有 22 岁的笛卡尔之所以投身军营生活自然有他自己的理由，他以极大的兴趣对这种生活进行了观察。笛卡尔毕业以后四处游荡，军营生活占去了一年，对于这种军营，吉登斯有过这样一段评述：

> （在行政管理权力扩展的过程中），军队组织扮演了一个主要角色，它不仅影响了国家机器，还影响了其他一些组织机构，包括后来发展的商业公司。在很大程度上，现代形式的管理权力最初源于军队。拿骚的莫里斯或橙子王子的发明，都是最杰出的例子，它们同时也代表了军队组织中某些更长久的趋势。在莫里斯的帮助下，历史上首次出现了两种互为联系的管理方式，我们可以在后来产生的更加官僚化的组织中找到它们的影子——形成了一批控制着某种基本管理技巧的专家，在普通战士中间同时出现了一批“缺乏技术”的人员。由

> 于莫里斯的干预，泰勒主义的技巧在军事领域实际上已经存在了数百年，虽然这样的名称要等到工业生产时期才为人们所知。封·杜尔恩在比较这样两位明显对立的人物时这样说道："他们两位对自己所从事行业的了解给我们留下了深刻的印象，此外，他们都具有敏锐的分析能力，他们认为，可以对人类行为进行组织并加以利用，对此，他们深信不疑，这成为支持他们渴望对此进行实验的一种信念。"正如泰勒要做的那样，莫里斯将士兵的技巧方面分成具体的、并且有规则的单个序列。他以西班牙将领们取得的成就为基础，用示意图对火枪、长矛的使用方法作出了描述，使每一个动作都变得十分具体。士兵们被要求按照这些示意图进行训练，直到他们能够熟练、"正确"地完成每一个动作。在对新兵进行训练时，不是把他们训练成武器使用方面的"艺术家"，而是要求他们能够按照必要的程序熟悉武器装备。通过训练，每一个单位的士兵必须学会根据命令作出自动反应，其目的在于使每一位士兵能够以协调的动作使自己与集体成为一个整体。[77]

相对而言，以上描述同样适用于从断裂到时期的转变；这些抽象的术语——"专家"、"单个动作序列"、"命令"、"协调"等——它们从一种特定的内容转变为另一种（而在这个过程中，它们变得同样适用于文化现象，当然，除非我们认为，作为某种空洞的形式，它们在本质上已经具有深刻的文化意义）。然而，无论莫里斯王子作为一个施动者还是一个"正在消失的调停者"，断裂与开端之间的交替一直隐约存在其中。

当我们把注意力转向鲁曼提出的更加形式化的区分概念并从

中看到分离（separation）的最后形式时，我们发现，这种选择已经完全消失。寓意在多种不同层面的转移以及由此从这些多种可能性中得到任何东西——国家、主观感受，例如，爱、社会团体、市场、社会学理论等——都是以原因、开端、甚至辩证的或者结构的重新组织被抹去作为代价的。区分——伽利略式的，或者牛顿式的运动——一直延续，直到它遇到某种外在的障碍；然而这个过程的实质（像资本一样）是：如果没有不断的扩展它就不能自我生产。分化总是朝着看不到终点、更大的分化发展。

另一方面，这就是为什么没有任何一个开端可以根据自己的方式对自己加以说明：在它之前只是一种非常不同的模式或者社会生产逻辑，早期是"片断的部分划分"，后来出现了"阶层划分"，就我们自己的社会和现代性而言，是"功能划分"。[78]然而，这些都是最初级的，甚至是前马克思主义的人类社会划分：部落社会，前资本主义国家（以权力为基础，通常宽泛地称之为"封建社会"），最后是资本主义。因此，"划分"，作为一个意识形态标语，一个富有意义的政治符号，无论它在当今形式下显得如何吸引人，并不能为我们提供一种适用性很强的统一理论，不能以此为准则对其他社会体制作同样的思考。但是，这也正是最初级形式的现代性理论的特点，它仅仅是一种社会学意义上的划分，其地位尚未得到充分考察。鲁曼思想的新颖之处在于将"现代性"早期的经验特点转变为一种描述形式过程的抽象话语（鲁曼后来对大量的素材进行了拓展和重新阐述，给我们留下了大量的著述）。

即便这三种社会都与分化过程本身的强烈程度有关，必然提出这样一种辩证：无论在哪一种特定的时刻，从数量到质量发生的变化必然导致一个飞跃，并由此产生一种全新的分化。但是，分化是一个统一标准的概念，它并不辩证（即便鲁曼本人将辩证纳入这一概念的谱系并把它当做“分化”本身在早期的一种过于简单化的形式）[79]，因此它无法容纳如此剧烈的飞跃和断裂。并不是所有已经消失的东西都属于起源问题，但是，上文提到的断代属于标准的起源问题，它将文艺复兴视为从总体上发生的分化（包括现代性）。但是，显然，那些较为早期阶段的概念属于人类学意义，而不是社会学，因此，它们都没有达到马克思对生产方式进行理论化时那种复杂的先进性。

在我看来，鲁曼理论的先进性在于：对分离（separation）这个旧主题（尤其是福柯意义上的用法）发生的联想使得某些含义更加凸现。因为，事实上，依照鲁曼的说法，分化是指社会各领域之间出现逐渐分离，从某种看上去像是总体的、神秘的动力中分离出来，然后形成具有自己法律和运作机制的独立领域。这样，由于市场需要一种相对于国家的独立，经济学开始从政治学（反过来亦是）中分离出来。这一过程同样存在于司法领域和司法制度的形成，它们逐渐拥有了自己的人员，地方历史以及前辈和传统。这个过程当然属于一种现代性；而鲁曼的阐述通过各种有用的形式方法表达了世俗化的本质，例如，一种现在已经私人化的宗教如何从完整的社会生活中分离出来并拥有自己的地位和空间。的确，这一理论本身可能被视为福柯具有预示性理论的世俗化（关于地质板块、生活样板、劳动和语言在 19 世纪从一种向着另一种的变化过程）。

然而，我认为最好还是应该再深入一步，不是对分化，而是对自治化过程进行分析（包括过渡中的半自治状态）。这里所强调的不是分离时刻本身，而是发生在这之前的东西，在有丝分裂发生以后变成了完全属于自己的实体，小规模的整体和总体。（由此，这些新的构成同样有可能使断裂重新回来，即便它已经被内化为这一不断重复的过程本身。）无论如何，当它日后成为一个审美问题的时候（它自己从其他层面和活动中分离出来形成“自治”，并变成某种可以恰当地被称为审美“现代性”的时候），时间会证明这一新兴事物的有用性。

但是，对那些陈旧的现代性描述进行改写，这一计划所暗示的意义又可能提醒我们注意它具有的意识形态特点，这种情况发生在当我们将它用于实际的，以将来为出发点的计划，或者用于对现在进行评判的时候。各种现代性理论（出于主观规范目的，人们往往对它们的描述进行篡改），基本上属于倒退的现代概念，以它的抵制和惰性实在无法面对任何一种可以想像的体系变化：现代性对某一种具体体系内、在某一个特定历史时刻获得的东西进行描述，因此，我们不能指望它能够对它进行否定的东西提出可靠的分析。所以，我们时不时地遇到各种历史思考，而这些历史思考事实上都是对现在、市场、资本主义的所谓胜利，以及取消规则等提出党派的和政治的言论：

> 这里一种明显的危险是：我们可能用作决定的过程替代经济体制中那种经典的、内部的分化所含有的相对包容性和变化性，而前者几乎没有选择性，也没有习惯上应该具有的作为先决条件的假定。我们只好让经济牺牲原本可以在它脱离社会其他方面以后所形成的外在分化后的那种策略。[80]

换言之，危险在于国家福利，更不必说社会主义本身。这样说并不表示对鲁曼进行批评，几乎没有人把他当做左派分子，但上述观点的确表明了他那套有趣而复杂的体系——为那种将后现代性纳入现代旧理论的做法提供了保证——过渡到纯粹意识形态的进程。

这个过程不仅上升到对“社会主义”提出的一种警告，而且也将福利国家运作机制的维持进行了清除，或者说，在自由市场阶段发生最严重过剩以后，它回到了显得理性的那些温和的政府调控形式。在这些过程中，鲁曼明显的社会学意义上的现代性自己揭下了表象，显现为传统的自由市场以及消除规则的意识形态。

为了将问题说得更完整一些，我将对一直存在于他作品中的那种旧时代自我意识提出讨论——他用某种“体制本身的自我反思”将它进行了非人格化处理——但在关于现代的理论中依然属于一种阴影的东西。假如你愿意，这至少可以成为一条现代与后现代之间的分割线，即抛弃诸如自我意识、自我反思这些概念，以及后现代审美、后现代价值和后现代哲学（假如真的存在这样一种东西的话）中的反讽或者自我指涉。在我的想像中，这与自由口号的消失形成了一种巧合，不管是资产阶级的还是无政府主义意义上的；生物意义上的个人在资本主义企业阶段中再也不可能拥有个人主义，他/她被包括在一个大集体或者机构形成的集体中，在我看来，这种感觉无论是对于当代保守的新儒学主义（各种各样的），还是对于马克思主义传统而言，都不新鲜。假如是这样，那么，体制本身的反身性——在这一点上鲁曼固执地相信——就必须被想像成与传统不同的个人意识的反身性，关于这一概念中的不一致性，我们在上文的讨论中已经看到。

对于这种功能差错，我们应该把它看成仅仅代表更深层概念问题的征兆，即面临后现代性及其多种变化形式时依然固守现代性的旧观念。我在谨慎地挑选术语，因为情景发生了变化，这就要求我们对理论的反应也应该作出相应的调整，不要生硬地使用任何一个关于“后现代性”的特定概念；有人认为我们现在依然属于现代性，并没有发生什么大的变化，所有迹象都这样表明，对于这种观点，我们也不要将它彻底否定。这就是为什么我们的第四个准则坚持提出，不要反对那种否认存在后现代概念的做法，而是要反对忽略任何一种与后现代性情景进行协调的努力(不管最后结果如何)。[81]正是这样一种忽略证实了鲁曼的地位：现代的现代意识形态理论家。

事实就是这样，鲁曼的概念既不能对它的矛盾对立面作出充分解释——存在着某种与资本主义现代性截然不同的体制——也不能用于对非对立的矛盾进行解释——资本主义有可能进入这样一个阶段：它不是传统方法上的“现代”，人们因此可以将它界定为后现代。但是，这个问题暗示了关于“现代性”术语“最佳用法”的最后一个准则。

第四个基本准则：任何一种现代性理论，只有当它能和后现代与现代之间发生断裂的假定达成妥协时才有意义。

假如它真的达成了妥协，它就会使自己显现为一个纯粹的编史范畴，并且消除它作为一个时间的范畴、作为一种前卫的创新概念所带来的一切断言。

现在，我们可以重新回顾这四个现代性准则：

1. 断代无法避免。

2. 现代性不是一个概念，无论是哲学的还是别的，它是一种叙事类型。

3. 不能根据立体性分类对现代性叙事进行安排；意识和主体性无法得到展现；我们能够叙述的仅仅是现代性的多种情景。

4. 任何一种现代性理论，只有当它能和后现代与现代之间发生断裂的假定达成妥协时才有意义。

然而，依然存在着一种关于现代的用法，它与现在的相关性（不管多么复杂而且具有悖论意义）似乎无法被否认。这是它的审美范畴或审美适应，它必然假定一种对于工作的经验存在于现在，不管它的历史起源如何。因此，我们现在必须将注意力转向艺术现代主义的讨论。

【注释】

[1] 我这里采用的是 Hans-Robert Jauss 的看法，参见“Literarrische Tradition und gegenwartiges Bewusstsein der Modernitat”，载 *Literaturgeschichte als Provokation*（Frankfurt：Suhrkamp，1970），pp. 11－57。Jauss 打破了波德莱尔的看法（事后对本雅明的思考并不是结论性的）。文章所驳斥的是针对 Ernst Robert Curtius 的立场的，后者在 *European Literature and the Latin Middle Ages* 中认为，现代性是某种“文学的永恒”的事物。Jauss 关于古代晚期和 20 世纪的资料见 Walter Freund，*Modernus und andere Zeitbegriffe des Mittelatters*（Cologne：Bohlau，1957）。

[2] Freund，p. 39.

[3] Ibid.，p. 2.

[4] 首先参见 Jost Trier，*Der deutsche Wortschatz im Sinnabezirk des Verstandes*（Heidelberg，1931）；亦参见我在 *Prison-House of Language*（Princeton：Princeton University Press，1972）中 18～20 页的评论。

[5] Freund，p. 25.

[6] 作为例子，参见 Reinhart Kosselek，*Futures Past：On the Semantics of Historical Time*（Cambridge，Mass.：MIT Press，1985）。

[7] Jacques Derrida，*Marges de la philosophie*（Paris：Minuit，1972），p. 47.

[8]“有一段时间，我觉得转换的概念是语言学的基础之一，过去没有

得到足够重视，因而需要更详细的阐述。称之为'转换'的语法形式的一般意义的特征是回指特定的言语行为，即运用这种形式的说话行为。过去时是一种转换，因为它实际上是指一个先于给定言语行为的事件。动词的第一人称形式或第一人称代词是一种转换，因为第一人称的基本意思包含回指特定言语行为的作者。同样，第二人称代词包含对说话对象的指称，即言语行为本身的指向。如果说话者和听话者在谈话中变换位置，那么**我**和**你**形式中的物质内容也会变换。它们在转换。" Roman Jakobson, in *Dialogues* with Krystyna Pomorska (Cambridge, Mass. : MIT, 1983), pp. 78-79.

[9] G. W. F. Hegel, *Phaenomenologie des Geistes*, A-1, on "Sense certainty". 整个作品是对"直接性"的驳斥；这一开始部分包含着对后者的具体性的反驳。

[10] Jauss, "Literarische Tradition", p. 20.

[11] Rabelais, *Pantagruel*, the "Lettre de Gargantua" in *Oeuvres completes* (Paris: Pleiade, 1955), p. 226.

[12] Jauss, "Literarische Tradition", pp. 51-53.

[13] Ibid., p. 34.

[14] 参见我的 Postmodernism, or, The Cultural Logic of Late Capitalism (London: Verso, 1991), pp. xii-xiii。

[15] 引自 Jauss, "Literarische Tradition", pp. 15-16.

[16] 参见 Enrique Dussel, *1942: El encubrimiento del Otro* (Madrid: Nueva Utopia, 1992)。这部内容广泛的著作意味深长地加了副标题"hacia-el origen del mito de la modernidad"。

[17] 这里吸收了 Arthur Danto 在他的 *Narration and Knowledge* (New York: Columbia University Press, 1985) 中的论点。在我看来，尚未完成的理论问题的关键是，"叙述语句"与亚里士多德所谓"完整故事"叙述之间的差异（如戈达德所言，"无论顺序如何"，"完整的故事"都有开始、中间、结尾）。

[18] Roman Jakobson, "Linguistics and Poetics", in *Language in Literature* (Cambridge, Mass. : Harvard University Press, 1987), p. 71. See

also Barthes's "two codes", in "The Structural Analysis of Narrative", in *Image Music Text* (New York: Noonday, 1977), p. 123.

[19] E. H. Gombrich 在他的 *Story of Art* 里引用了 Pisanello 对猴子的某些素描作为现代的某种标志：他说，这种艺术家"不再满足于新近获得的对花卉和动物之类的细致的素描；他们想探索视觉的法则，获取关于人体的足够的知识，像希腊人做的雕像那样来建构人体。一旦他们的兴趣发生这种转变，中世纪的艺术实际上就已终结。" *The Story of Art* (Oxford: Phaidon, 1950), p. 166.

[20] 作为实例，见 David Blackbourn and Geoff Eley 在 *The Peculiarities of German History* (Oxford: Oxford University Press, 1984) 里的讨论和参考。

[21] 参见下面第 72 条注释。

[22] Giovanni Arrighi, *The Long Twentieth Century* (London: Verso, 1994), pp. 109-126.

[23] 参见 Slavoj Zizek, *The Ticklish Subject* (London: Verso, 1999), pp. 211-212.

[24] "理性的、和谐的音乐……只有在西方才能了解"——Max Weber, *The Protestant Ethic and the Sprit of Capitalism* (London: Unwin Hyman, 1930), pp. 14-15；亦见 Weber, *The Rational and Social Foundation of Music* (Carbondale: Southern Illinois Press, 1977)。

[25] Marcel Proust, *Within a Budding Grove*, trans. C. K. Scott Moncrieff and Terence Kilmart (New York: Vintage, 1982), p. 694; or *A L'ombre des jeunes filles en fleurs* (Paris: Pleiade, Volume II, 1988), p. 6. 这段话是由 Walter Benjamin 引自 Passagenarbeit (S10a)，人们也可以读他自己的翻译：*Gesammelte Schriften*, *Supplement II* (Frankfurt: Suhrkamp, 1987), p. 220。

[26] Descartes, "Discours de la Methode", in *Oeuvres et Lettres* (Paris: Pleiade, 1953), p. 131.

[27] Ibid., p. 135.

[28] Ibid.，p. 284.

[29] Colin McGinn，*The Mysterious Flame*（New York：Basci，1999），p. 43.

[30] Zizek，Chapter 2.

[31] 作为例子参见 Jacques Lacan，*Seminar* II，(Paris：Seuil，1978)，p. 144 (or New York：Norton，1988，p. 117)。

[32] 参见 Claudi Brodsky-Latour 反对 Karl Jaspers 传统解读意识的观点：*Lines of Thought*（Durham：Duke University Press，1996）。

[33] 参见 Zizek 在 *The Tickilish Subject* 里论 Fichte 和 Schelling 的部分，pp. 44-45，87-88。

[34] 特别参见 Heidegger 的 *Nietzsche*（Pfullingen：Neske，1961），Vol. II，pp. 31-256（这部分曾单独以 *Der Europaeische Nihilismus* 为名出版）；亦见 "Die Zeit des Weltbildes"，in *Holzwege*（Frankfurt：Klostermann，1980），pp. 73-110。

[35] Heidegger，*Nietzsche*，pp. 155-157.

[36] Ibid.，p. 151.

[37] 作为例子参见 Jean-Louis Comolli，"Technique and Ideology：Camera，Perspective，Depth of Field" in ed.，Bill Nichols，*Movies and Methods*，Volume II (Berkeley：University of California Press，1985)，pp. 40-57。

[38] Heidegger，*Nietzsche*，pp. 152-153.

[39] Ibid.，pp. 153-155，160.

[40] Ibid.，pp. 164-165.

[41] Althusser 的公式参见 *Reponse a John Lewis*（Paris：Maspero，1973），p. 91。

[42] 这是 Heidegger 在 "Die Zeit des Weltbildes" 里的论点。

[43] Heidegger，*Holzwege*，p. 105；*Basic Writings*，ed. David Farrel Krell (New York：Harper，1992)，pp. 148-149.

[44] Heidegger，*Nietzsche*，p. 146；亦参见注释 41。这无疑是 Hans Blumenberg 论证的出发点：The Legitimacy of the Modern Age (Frankfurt：

Suhrkamp, 1966; Cambridge, Mass. : MIT, 1983)。

[45] Heidegger, Nietzschc, op. cit. , pp. 163-164; English translation, p. 115.

[46] 参见第二次反思:“et cependent que cois-je de cette fenetre, sinon des chapeaux et des manteaux, qui peuvent couvrir des homes feints?” *Oeuvres et Lettres* op. cit. , p. 281。

[47] Friedrich Nietzsche, “Uber Wahrheit und Luge im ausser-moralischen Sinn”, *Werke* (Munich: Hanser, 1956), volume III, pp. 310-321.

[48] G. W. F. Hegel, *Wissenschaft der Logik*, II-A, “Das Wesen als Grund der Existenz”. 亦参见我的 *Brecht and Method* (London: Verso, 1998), pp. 80-84。

[49] Heidegger, “Das Ursprung desKunstwerkes”, in *Holzwege*, p. 7; or in English, Basic Writings, p. 153.

[50] 作为例子参见 Heidegger, “Die Frage nach der Technik”, in *Vortage und Aufsatze* (Pfullingen: Neske, 1985), pp. 16-27。

[51] 参见 Heidegger, *Nietzsche*, II, p. 165。

[52] Michel Foucault, *Les Mots et ls choses* (Paris: Weuil, 1966), pp. 32-40; *The Order of Things* (Vintage, 1970), pp. 17-25.

[53] *Les Mots*, p. 55; *The Order*, p. 40.

[54] *Les Mots*, p. 398; *The Order*, 387.

[55] 参见 Ronald L. Meek, Social Science and the Ignoble Savage (Cambridge: Cambridge University Press, 1976)。

[56] *Les Mots*, p. 11; *The Order*, p. xx.

[57] *Les Mots*, p. 62; *The Order*, p. 49.

[58] *Les Mots*, p. 65; *The Order*, p. 51.

[59] 作为例子参见 “Overture” to Levi-Strauss's *Le Cru et le cuit*; or the every project of the “grammatology” itself。

[60] 关于这点参见 Harry Harootunian, *Overcome by Modernity* (Princeton: Princeton University Press, 2000), Chapter 2。

［61］Louis Althusser and Etienne Balibar，*Reading Capital*（London：Verso，1970），p. 241.

［62］Karl Marx，*Grundrisse*（Economic Manuscripts of 1857－1858，"Introduction"），p. 27，in *Collected Works*，Volume 28（Moscow：International，1986）.

［63］In the "Author's Preface" to the *Contribution to a Critique of Political Economy*.（Moscow：International，1904），pp. 11－13.

［64］Ibid.，p. 12.

［65］Althusser and Balibar，p. 302.

［66］Ibid.，p. 307；and see also pp. 242－243.

［67］Ibid.，p. 323.

［68］Ibid.，p. 287.

［69］Ibid.，pp. 297－298.

［70］对阿尔都塞追随者来说，"模式"只不过是一个意识形态概念：see Ibid.，p. 255。

［71］*Les Mots*，p. 271；*The Order*，p. 259.

［72］See Harry Braverman，*Labor and Monopoly Capital*（New York：Monthly Review，1976）.

［73］见 Weber，The Protestant Ethic，pp. 118－121. 应该补充的是，韦伯广为人知的社会变化理论，相对而言是无法确定的：因为它假定从完全不同的（宗教和政治）系列对某一事件的系列（社会传统）进行干预，而在这些不同的系列中，所谓具有超凡魅力的人物或预言家的出现使传统的情境一片混乱，从而使一种全新的情境形成并将它取而代之。这就是"消失的中介体"的概念。关于这一点，参见 F. Jameson，"The Vanishing Mediator；or Max Weber as Storyteller"，in *The Ideologies of Theory*，vol. II（Minneapolis：Minnesota University Press，1988），pp. 8－34。

［74］"在研究一般历史问题时，欧洲文明的产品必然会问自己，在西方文明中，而且只有在西方文明中，文化现象的出现——（我们喜欢认为）它在于具有普遍意义和价值的发展路线之中——究竟应该归于什么情况的

结合?” Weber, *The Protestant Ethic*, p. 13.

[75] Georg Lukacs, “Reification and the Consciousness of the Proletariat”, in *History and Class Consciousness* (Cambridge, Mass.: MIT, 1971), especially part II.

[76] Descartes, *Oeuvres et letters*, p. 138.

[77] Anthony Giddens, Violence and the Nation State (Berkeley: University of California Press, 1987), pp. 113-114. Stephen Gaukroger 把这种经验看作只是强加的“自我规戒和体面地服从的观念”: *Descartes, An Intellectual Biography* (Oxford: Oxford, 1995), p. 66。

[78] Niklas Luman, *The Differentiation of Society* (New York: Columbia University Press, 1982), p. 263.

[79] Ibid., pp. 305-306.

[80] Ibid., p. 336.

[81] *Boechbachtungen der moderne* (Opladen: Westdeutsche Verlag, 1992) 构成了鲁曼对后现代概念的反驳。然而在逝世后出版的 *Die Gesellschaft der Gesellschft* (Franfurt: Suhrkamp, 1998) 里，对其可接受性表现出了一些尝试性的思考 (pp. 1143-1149):“差异和区别的问题化以及标志它们的形式的时间化” (p. 1149) 是一些变化，这些变化包括反基础论哲学的“根据”的一些悖论、叙事和反讽，尤其是区分。不过鲁曼似乎坚信，以区分为基础的社会说明仍然可以吸收这些新的特征，而不必放弃它的现代性概念本身。

(王丽亚　译)

转变的方式

(一)

面对各种各样的现代主义，我们一再受到概念的诱惑。我们希望使它们具有意义，如果可能的话，使它们指涉某种非历史的、具有相对跨文化意义的东西。我们再次来到了哲学与历史，体制与生存之间的前沿；要将所有这些词汇理出一个头绪，或者最好还能向人们显示，这里面总有一个更深层的次序或者逻辑，我们意识到这一任务的艰难，但也认识到其中的重大意义。为什么不简单地假定现代性是一种新的历史情景，现代化则是我们到达现代性的一个过程，现代主义是对这种情景以及对这一过程作出的一种反应，这种反应既可以是审美的，同时又可以是哲学一意识形态的，既可以是否定的同时又可以是肯定的？我觉得这似乎是一个好主意；遗憾的是，这仅仅是我们的想法而已，而不是各种不同民族传统的思想。“在法国，现代被理解为一种特定的现代性，它始于波德莱尔和尼采，因而它带有虚无主义色彩：就它与现代化，尤其与历史的关系，以及它对进步采取的怀疑和顾虑而言，这个概念从一开始就显得模棱两可……然而，在德国，现代始于启蒙运动，否定现代就意味着抛弃各种文明理念。”[1]

这里真正让我们感到吃惊的，不仅仅是突然淹没在历史及其寒冷的水里；而且还有预想不到地出现的一种新的动因，一种新的词汇的嬉戏者：即指称词“modern”，“le moderne”，“die Moderne”（这三个词分别指英文、法文和德文的“现代”）。一旦你赋予这个新术语以一种恰当的自足性，现代主义本身的地位就突然发生了变化：“将我们限定在与美国文学相关的‘现代主义’一词的技术用法之内，我们就会发现，在 1960 年或者甚至 1970 年之前，与和它相关的词‘现代’相比，‘现代主义’出现的概率十分低，而‘现代’几乎无处不在。”[2]说明这一点的一个强有力的例子是在 20 世纪 30 年代早期勒考比西埃召开的现代建筑国际大会（CIAM）[3]，还有美国诗歌的发展历程，以及艾伦·泰特（Allen Tate）在 20 世纪 20 年代对诗歌进行的计划改造。[4]我们这个三分法是依照在结构上互相对立的实质进行的；这样一来，形容词打乱了整个运作。[5]（至于“现代主义者”这个术语首次在斯威夫特和罗素那里的使用，以及这个词带有的各种宗教意义，这些似乎基本上一直是受抨击的对象。）

那么，是否有可能，或者说是否可以这样期待，将各种各样的民族传统进行分类，将每一种整理出某种次序和逻辑？这样的话，即使你决定认同那种说法，认为波德莱尔首次使用的现代仅仅指法国传统中的审美现代主义，剩下来的还有西班牙的用法。事实上，是尼加拉瓜诗人卢本·达里奥（Ruben Dario）在1888年首次传播了“现代”（modernismo）这个术语，显然，这个词非常明清楚地是代表某种风格的同义词，这种风格有时候也被称作“象征主义”或者“青春艺术”。相对于其他语言而言，西班牙语最早显现出一种断裂，但等到它对第二种断裂进行辨识的时候（通过不同的方法，它与未来主义、1913年的革命、机器时代等等相关联），却受到了自己历史早熟的限制。由此，在西班牙批评内部产生了一种争论，一种意见倾向于第一种，现在已经过时，提倡对达里奥的用法进行严格历史化；另一种意见倾向于通过法案，将这个词的意义进行扩大，包括一切看上去本质上属于现代的东西；[6]人们在这两种观点之间左右摇摆。（本来可以选择一个新词——先锋［vanguardismo］——但是没有这样做，因为如果那样的话，它会中断现代主义内部“高度现代”与先锋之间的张力，并因此妨碍问题朝着有趣而丰富的方向发展。）

同时，这个叙事也揭示了“比较文学”在其经典或者黄金时代对地域政治进行理论化的弱点：“影响”的确是一个虚弱而无用的概念，“跨文化”也不是通过将多种不同的“民族传统”加在一起的方法来实现。就以当前这例子而言，西班牙1898年西班牙一代人使用现代主义一词——这个事件令人惊讶，其程度不亚于格雷夫和赖丁（Grave and Riding）在《现代主义诗歌概述》（*A Survey of Modernist Poetry*，1927）里对现代和现代主义美国观念传入英国的分析——标志着末代帝国在现代帝国主义新力量形势下面临的世界历史，既是古巴独立战争的征兆，同时也暗示着美国开始担任的角色。（同时，在由达里奥率先提出的概念中，法国文化所扮演的角色代表了对不同民族文化的挪用，使它服务于在文字领域里展开对殖民传统的革命。）所有这些都暗示：与目前一样，当我们将文化革命视为代表一种国际资本主义体制运作机制的征兆时，文字领域的"影响"表现各异。然而，现在还没有这样一种辩证法，能够对民族文字与国际文字中（一种在结构上显得有问题的干预因素，如同我们在上面讨论中提到的"现代"这一形容词的表象一样）无法用统一标准衡量的概念进行协调。

这些在民族传统之内进行的思考又一次把我们拉出来，并走向通过考察新的文字体系和组合挖掘社会现实。还有没有必要提醒我们注意：当马克思说"存在决定社会"时，他谈论的是前提条件，而不是原因（更不是"决定论"）？的确，针对现代主义这样的文化和艺术现象探寻先决条件就意味着遭遇各种惊讶，与各种悖论打交道，因为基础与上层建筑（如果存在的话）这一旧模式几乎没有让我们对此有所心理准备。（使问题变得更为复杂的是，在艺术体系或者在话语层面上看上去属于各种外部"现实"的东西，当我们转向一个我们用于将那个体系理解为一种意识形态时，它们就成为内部的和话语的"现实"。）

就这样，外部历史有时候粗暴地对这种或者那种民族传统观念得意地暗示出的内部进化模式进行扰乱。因此，德国的各种现代主义被纳粹主义中断，还有一些——从历史和形式角度看显得更加有意思——20 世纪 20 年代的苏联文化革命遭到了斯大林主义和官方审美的阻碍。虽然方法不同，两种运动都表现为加剧的现代化，了解这一点使我们对这种悖论有了进一步的认识；此外，最近，两个国家的历史学家都已经对被忽视的潮流作了考古探究并有了一些发现；研究表明那些现代主义暗中延续发展。[7]本书第二部分中提出的建议并不能对这种悖论作出充分解释：即，由此“忽视的”（借用哈贝马斯的用语）与其说是对各种不同的艺术现代主义进行的实践，倒不如说是对那种实践进行的理论化，或者用另一种说法表示，是现代主义的某种意识形态出现的时刻。

历史影响也可能体现在一些更加侧面但涉及面更广、可以恰当地被称为共时的发展中，这一特点决定了必然会产生一些更可怕的障碍物，阻碍关于现代的任何一种理论。我们已经提到了概念的出现，不是在西班牙大城市，而是在前拉丁美洲殖民地：与它那些欧洲邻国的现代化相比，西班牙属于“落后的”，当然不比尼加拉瓜更落后。同时，美国，这个原先的殖民地，与它原来的宗主国相比——也不完全是落后的；它似乎在那里输入了一套关于现代的词汇，但是，后者出于某种原因没有将它发展起来——美国南部（那一套词汇的发源地）当然更加“落后”，与工业化的北部相比，它很不发达。毫无疑问，当法国在滑铁卢被英国打败，从而在世界历史中失去竞争力以后，法国选择了文化改革和文化出口的道路；由此，它得以对欧洲大陆上其他“先进”国家产生影响，这种影响超过了它原先的竞争者。但是，英国的审美现代主义比苏格兰落后，更不用说与英国的“另一个岛”相比了；在英国的“另一个岛”上，奇特的现代主义与伦敦、剑桥那种普通的、经验的知识分子生活形成鲜明的对比，它的确可以被描述为恰如其分的后殖民，史诗《尤利西斯》就产生于这样一种氛围中，这样一部史诗以一个被外国军事占领的城市为背景，既无可避免又必须如此；然而，这一切为什么是这样呢？我在别的论述中提出了这样一个实质性假设：现代主义基本上是一个未完成的现代化的副产品；[8]我们在第二部分中还将回到这个问题的讨论，不过将以不同的形式进行。但是，这本书在形式上的视角，即意识形态分析视角，不允许这种实质性假设（而目前提出的建议，它的意义在于总结出这样一个论点：一个有争议的更加完整的现代化所生产的实际上不是现代主义，而是后现代主义）。

无论如何，对英国文化及其发展发表的这些不相同的评论在弗吉尼亚·沃尔夫发表的证言面前都只好心悦诚服，即，“1910年12月，或者说，大约在那个时候，人类的特性发生了改变。”[9]然而，到了后来渐渐发展成为创伤理论的女性主义那里，如在弗吉尼亚·沃尔夫的作品里，我们也不能把它仅仅理解为表示当代唯名论的一个迹象；它同样记录了我们面临这种笼统地称之为断代时感到的不适。我把这看成一种表征，代表了普遍的哲学危机；福柯将它称为超验与经验之间的鸿沟[10]，将沃尔夫、乔伊斯涉及的任何一种现代主义变为一个寓言的运作，这很容易使人产生怀疑。十分明确的一点是，任何一种现代主义理论，假如理论本身能够同时容纳乔伊斯、普鲁斯特、瓦莱荷、比埃利、纪德或者布鲁诺·舒尔茨，那么，这种理论势必变得模糊、空洞，缺乏知识力量，而且，在我们对《尤利西斯》进行“逐行”细读时也是徒劳无益的：是坏历史，坏的文学史，更不必说是无用的批评。然而，另外一点是否同样明确，即我们无需将沃尔夫或者乔伊斯的文本置于某种统称的或者普遍的谱系断代中，而同时又能对之作出有效的阅读？假如我们能够剪断这个结，选择一种彻底的经验主义（实证主义），并且根据这样一种选择认为乔伊斯的文本除了文本本身之外并无所指，那么，福柯的“鸿沟”

几乎就不是什么危机。在这种情形下，真正的危机在于这样一种情景：乔伊斯并不指涉其他什么——成为又一个例子，说明它是“隐语的”[11]，或者“寓言的”——不管我们对这种一般概念的宽泛运用多么拘谨。[12]（在这里，我们可能觉得我们在第一部分讨论断代时提出的第一个准则在此重新出现。）

（二）

我觉得，对于这样一个观点，人们会从否定的角度展开争论；在我看来，有一位思想家的评述很适合我们引证；他不仅是当代理论领域的马拉美，而且也是从叙事形式角度对“文学史”进行严格批评的批评家。他对“文学史”的各种叙事形式，各种运动和潮流，以及无数的“主义”提出了批驳，他的这种方法常常使文本中的某一页变成了可怕的人格化，并且使它们之间充满了各种冲突，类似于中世纪的人物冲突。[13]的确，保罗·德曼对胡戈·弗里德里希极具影响力的《现代抒情结构》进行的抨击已经成为一种权威性的批评，此外，他的系列文章《盲目与洞察》，预示了他后来的个性化寓言理论（《阅读的寓意》；同时，这些文章第一次表明了他与德里达解构主义之间的认同，也许还为我们对此的认同提供了动机）。[14]

这些文章，以其丰富的隐含意义使它们成为多种理论和意识形态的宣言[15]，不过，它们中的大多数已经变成了貌似真实的误读（或者我应该说，是某种早期的、可能存在的、但却不怎么有趣的阅读），而这些误读本身就是审美建构独立自主体的又一例子，对此，我一会儿再作论述。这些误读将德曼关于象征与寓言之间的对立视为一种简单的二元对立，即文本的“象征”阅读以文本的“直接性”为基础，它们或者表示再现的阐释（对现代或者现实主义文本而言），或者表示浪漫时期的传统象征主义。

这些误读断言，德曼提出的寓言概念将以“正确的”阅读替代别的阅读。

在德曼的理论中，对于那个常常被视为谜一样的术语“寓言”，我们可以通过他本人对叶芝的评述作些了解——“现代诗歌采用了既是象征又是寓言的意象，它代表看似来自自然的物体，但它们实际上来自纯粹的文学源泉”[16]——这里，德曼实际上是在为文学语言的独立自主进行辩护。寓言取代象征，展示了对再现早期简单的、直接性的克服（“诗歌诉诸自然”），它具有的反身性使直接性不再神秘，并且指明了它完全由文学和语言现实构成。的确，德曼的第一篇颇有特色的文章论述的正是这一点：“时间性修辞”[17]揭示了这样一个道理：以这种或那种“前浪漫主义”断代分类为依据进行的断代是肤浅的，无论是根据对某一特定时期的喜爱还是根据罗素的内心心理张力（诱惑、限制、匮乏等）。两种景观在这里出现了共存：梅耶尔野性的、激情的特质，以及朱丽叶自己的极乐世界；它向我们揭示：后者实际上是由一系列文学典故构成（因此形成寓言）。这一揭示反过来使得前者的阅读又成为一种象征，并构成一种解构。这里的结论似乎无法避免：曾经被视为历史的，某种“真实的”，或者具有指涉对象的东西，事实上仅仅是文学的、修辞的、或语言的。但我不认为德曼进行的审美阐释完全是错误的，因为，在我看来，我们应该将他重新放入这样一个历史语境：这种反指涉的立场在美国新批评及其宣称文学具有独特而复杂的自治特性的口号那里找到了权威力量。

这一观点引发了另外一种意识形态后果，即认为德曼站在历史的对立面说话，也就是说，虽然德曼并没有对作为一个主要类别而存在的历史提出反对，他反对对文学文本进行历史和政治分析。这里可以作进一步引证——“不可能历史化”[18]——与其说这是一个二律背反的两难境地（他在别处称之为“令人痛苦的知识”）[19]，倒不如说是一个本体论命题。当然，“文学史和文学现代性”最后有一句狂妄而招致批评的话，我们应该予以质疑：“假如我们将这个概念拓展到文学以外，它仅仅确认了历史知识的基础不是经验事实，而是书写文本，即便这些文本装扮成战争与革命。”[20]我们没有必要对无法判断的东西作出判断，也没有必要下结论说：我在上文概述的“误读”表明德曼的意识形态属于形式主义。只要我们注意到这些文本用于那样一种思想中，就这一点而言，对这些文本进行的阐释具有一定客观合理性，这就够了。

然而，实际情况要复杂得多。我在前面的讨论中提到了人们对胡戈·弗里德里希的历史主义进行的批判，现在似乎是回到这个话题的适当时机。《现代抒情结构》试图将现代主义，或者说得更确切一些，将各种现代主义理解为一个过程：一种使人们建构出阶段性发展的叙事模式（一种终极），在这个过程中，早期阶段通过反作用形式在后来的模式中显现为仅仅是一些在后来阶段得到充分再现并成为例证（由此得到证实）的趋势。然而，这不是确切意义上的谱系，因为那些较早的时期——波德莱尔就是一个杰出的例子——只要它们成为这个过程的源头，它们就重新获得了某种优先权——始于19世纪法国，到20世纪扩散到西班牙、意大利和德国——其特点是它的可逆转性，以及使得任何一个特定的历史-诗歌时刻成为一个中心，并使整个叙事得以重新组织，从这个意义上讲，它可以被视为完全的目的论。它有限的形式为我们提供了孔巴农（Compagnon）所谓的现代性标准，或者正统的叙事，现代主义被“阐释为一个缓慢的过程”。德曼接下来对弗里德里希关于这个过程的论述作了阐述：“波德莱尔继承了隐含在狄德罗那里的一些倾向；马拉美（正如他自己所说）感到自己必须从波德莱尔驻足的地方开始；兰波迈出了更远的一步，他开创了超现实主义者的实验主义——总之，诗歌的现代性表现为一种连贯的历史时刻。”[21]

然而，这个过程的内容，它的逻辑和机制是什么呢？它是这样一个假设：抒情诗中的现代性成分在于“诗歌再现功能的消失，这一特点与自我感的消失同步发生”[22]。（我在这里遵循德曼的阐述；它将弗里德里希仅仅对特征、迹象、技巧和质量进行经验式的罗列进行了系统化，并加以重新组织。）德曼继续说：“再现的现实［Entrealisierung］的消失与自我的消失［Entpersonalisierung］相随相连”；他意味深长地补充道：“弗里德里希并没有为我们提供一种理论，用于解释为什么再现的消失……和自我的消失……如此相关。”这里，德曼将注意力转到了康斯坦茨学派（姚斯和斯第尔）更加复杂精细的分析上，并将它放在这个历史范式中；其中的一篇文章将马拉美的再现现实视为由波德莱尔开创的过程中的后期阶段，德曼对此予以特别的关注。

可以这么说，德曼认为弗里德里希的总体立场（包括那些接受他提出的范式的人）反映了一种比较普遍而且庸俗的观点；对这些人而言，现代诗歌是无法理解的，因为它不再是再现的，或者模仿的；它小心翼翼地保持的历史感伤（见下文）令人无法接受。但是，德曼将这些判断变成了具有反讽意味的不完全陈述，并且采用对手的术语将他自己的论点进行了充分表述。

他的论述采取了一种将两个时刻并列的形式，关于这一点，我们在前面讨论罗素的时候以及对著名的波德莱尔关于现代性的界定进行分析时已经提到：[23] 即我们可以想像的两种时刻同（宣称的）象征与寓言之间的对立形成一种对应。斯第尔的“首次阅读”，或者误读：马拉美的诗歌成分，不管它们的构成最终在常识面前显得多么不可能，或者在一位“象征—再现”读者用现实主义眼光看来显得多么不可能，实际上，这些成分都被视为再现，而且十分现实。但是，德曼的结论令人吃惊："只有愿意承认再现的自然逻辑的读者才能看到这种多义过程"。[24]他最终的结论是："这里很重要的一点是，诗歌自始至终存在着属于再现的各个意义层面，只有承认这一点，我们才能掌握这些主题。"[25]然而，德曼的这一立场并不表示他回到了弗里德里希的断言，表明关于再现现实的消失这一命题被驳斥、被抛弃。恰恰相反，它表现为第三个立场，一种超越了弗里德里希（以及斯第尔）立场的观点，即第一次的，或者反再现的误读应该被理解为包括在它出于纠偏目的的取消行为中。现在，让我们暂时不谈"寓言"这个词，先去看看德曼总括性的结论："所有寓言式的诗歌必然包含一个再现成分，它向理解发出邀请并允许被理解，但结果却发现它所企及的理解必然是误解"。[26]这个悖论在他（以前的）思索中得到了强化："所有再现的诗歌同样也是寓言式的。"

这个结论使我们在德曼关于象征（或者再现的）与寓言之间的主题对立中发现了某种比简单的、静止的对立关系复杂得多的东西；从他的分析中，我们也看到了阅读选择中比正确与错误选择还要精细复杂、属于时间性的东西。事实上，幻觉或者错误的最初时刻必然是阅读通往真理的必由之路。"文学同时存在于谬误与真理模式中；它对自身赖以存在的模式既服从又反叛"。[27]这样一个命题将文学统一在生产和接受两个过程中，也统一在诗人和读者，以及批评家的意识形态之中。

实际上这就是辩证法，一方面，它宣称思想的时间性，另一方面，它必须为真理假定谬误、幻觉、表象（包括"第一次阅读"），并以此作为先决条件。这是黑格尔的《逻辑学》中反复出现提到的观点，例如，认识不可能为了到达理念或真理飞速跳跃。黑格尔整个哲学思想中对直接性的批判与强调真理必然通过谬误到达的观点并无二致。因此，假如我们宣称所有的谬误都包含了“真理时刻”，那么，我们应该承认，谬误，当它被取消、被纳入真理之后，不仅保持着真理的必然时刻（方面），而且成为后者产生过程中的必然时刻或者阶段。假如把德曼看成一位辩证思想家显得有些矛盾，甚至怪诞，那么，我们必须具有这样一种洞察力，看到这样一个结论：解构主义（或者至少是它那经典的、“否定”形式）本身就具有深刻的辩证思想。我们这里追溯的过程与德里达描述为将思想和术语“统统抹去”的原理基本一致：这是一种超越了意识形态理论产生之前的辩证法（相对而言，这种分析比黑格尔的辩证法要复杂得多，因为，在黑格尔那里，不存在这样一种现代意义的意识形态）。更重要的是，正如德里达在肯定“延异”与历史之间的对应关系时说的那句话中隐含的那样[28]，黑格尔的辩证法语言对于当今我们所要完成的任务而言也许显得过于熟悉，已经过时，它在经过几代人以后充满了太多的历史误解。但是，无论如何，我们可以肯定的是，普通读者之所以在阅读德里达和德曼等人的作品时感到困惑，是因为这些困难与辩证法这些年来给人们带来的困惑有关。

在以上长篇论述中，我审视了一位杰出的理论家对那些普遍的、总括性的断代概念提出的批评，到此，我们可以将关于这一阐述告一段落，并作一个总结。德曼对这些概念表现的蔑视（在一个看似不褒不贬的“文学史”术语下，他对这些概念进行了概括性的讽刺）无可指责。但是，让我们感到惊讶的是，他的这些论述并没有致使他用一种缺乏辩证的方法将这些概念轻易地斥责为完全的谬误和虚假的方法，并以此为据，将重点放在非属类的个别现代作品上，从中找出使人更容易喜欢的文本阐释真理。相反，他在文本中寻找批评家的谬误，并以此证明这种现象属于文学和文字解构本身的特点。历史误读就这样成了所有阅读中无法避免、也无法取代的一个时刻，虽然也可以找到许多论点提出相反意见。这一点足以说明我们提出的第一个准则在这里获得的适用性，在现代性“思想”的语境中，我们将它概括为无法避免的断代。不管我们是否喜欢，“现代主义”同样必然属于断代一类的东西，无论它在经过某种最后阅读后被肯定还是被否定，它必然与单个的现代主义文本相随相伴，呈现出一种极大的寓言性，在这种情形下，每一个文本以它自身以及现代寓言这两种方式呈现在我们面前。

但是，我这里使用的“寓言”一词，其意义与德曼的大不一样；也许我们有必要在这里插叙一段，离题一会儿，完整地阐述“寓言”在他那里是什么意思（出乎我们预料的是，这一阐述本身与我们讨论涉及的一个方面密切相关）。

《阅读的寓言》这一题目本身为我们提供了一个重要线索，使我们看到它内部复杂的哲学原理。“寓言”在此代表一个时间和阅读过程，而不是一个静止的物体，例如文学文本，它不是一个属性类别，而是一个时间类别：“在寓言的世界里，时间是最早的组成类别。”[29]但是，这并不意味着它的对立面——象征——是空间性的，根本不是[30]——这是这一描述中的关键，它将德曼的文本重新写入了同属于两种时刻、看似辩证的语言中——实际上，这是一种完全的对立。

我们必须坚持的是这样一种情形：同样一个词，它既指代全部又指代部分，既是种类也是属类[31]：这里的“寓言”代表了第二个时刻，第二次阅读，它有别于第一个象征时刻；但它同样代表了整个过程，一种时间性，具有反身性的文学或者修辞取代了简单的象征或者再现阅读：“假如存在寓言的话，寓言符号的指涉对象依然是它之前的另外一个符号。”[32]很显然，这就是为什么这两个时刻不是某种二元对立意义上的简单对等（例如，空间与时间的对立）：因为，在第一种情形下，象征时刻不需要指涉第二种时刻就可以独立存在；或者，至少是这样，它宣称一个完整意义的自足性，一种完全的再现，一个象征共时；而第二种时刻，在取消了那种表象以后，必然是一种完全不同的种类和属类。

不过，假如我们对这个问题作更仔细的剖析，我们就会提出这样一个问题：这一奇怪的运动原理是什么？它何以如此？它的内部运作又是怎样一种情况？这些问题是针对德曼的描述或分析而言，但同时也是针对这些问题本身；它们试图对德曼提出的那些被褒扬并且变得具有专门意义的符码和术语（例如，“象征”和“寓言”）进行指认。不过，我们对这些符码的性质已经有所了解（在德曼后来的著作中，这些符码由于“言语理论”术语变得更加复杂，因此需要我们作进一步探索，可惜这不是本文涉及的内容）：它属于文学和文学指称的符码（罗素从《玫瑰传奇》中借鉴而来），或称之为文学体系的符码，但它同时也是修辞的符码，源于古典修辞关于“象征”和“寓言”的意义（包括“反讽”，我将在下文中对此进行讨论）。

因此，对于这两种时刻复杂得令人困惑的时间性，我们应该从修辞角度进行解释，并使之得到清理（它同时也是一种重复的时间性，最终，当我们对此作更仔细的分析时，我们发现，它依然是时间本身的时间性，时间的前后替代）。寓言如何从它在这两个阶段中仅作为用于指涉第二个时刻的狭隘意义变为统括整个过程的一种更加宽泛的意义？德曼告诉我们，这一变化源于“两难境地通过隐喻进行的主位化”[33]，换言之，隐喻使两个分离的阅读时刻（起初的谬误时刻以及较为总括性的真理时刻）变为一个单一体系和一个单一过程。在这个过程中，表面上的对立变成了一个似乎更加连贯的时间性。但在这里，我们明确，这完全不是存在意义上的时间性，也不是阅读过程中某种真实的，或者现象学意义上的时间；这里的情况是，我们最初想到一件事，然后，或者紧接其后，我们想到了另一件事。事实上，“这一运动并不按照时间概念中实际的次序发生；通过这种方式再现的仅仅是一个隐喻，它从实际上显现为共时、并列中产生的东西形成一个序列”[34]。现在，两个时刻形成的统一——为纪念第二个时刻命名的寓言，显现为一个明晰过程中的决定性时刻——被重新命名的隐喻；我们看到，我们一直称之为寓言的限制性思想从我们现在可以用隐喻泛指的一个过程中分离出来。但是，不应该用一种绝对的或者限定性的方式维护这种分离：因为修辞包含了两者，并且明确了寓言和隐喻之间深深的、内在的同谋方式；寓言原理包含了一个隐喻时刻，而隐喻原理则被寓言取代，并藏匿于寓言之下。

无论如何，这一概述清楚地表明，将德曼的寓言当做某种概念（或者我们从文学术语和批评方法手册中找到的一个术语），对此作出“界定”，总是如此困难。它向我们解释，阅读德曼的作品常常是难度很大、备受困惑的经验，其中语言本身的某些内省性不断对再现的或者概念的哲学思考能力从逻辑角度将问题简单化、明晰化的努力发出了抵制（人们常常倾向于认为它与黑格尔的理解一致）。

同样，它使任何企图将这种机制与人们普遍称之为德里达解构主义划等号的做法变得复杂。即使德曼本人站在哲学权威的立场上寻找了一种意识形态合理性，很可能的是，对这些后期文本（这与我们目前的讨论离题太远）进行较为认真的细读可能使我们强调它们内部的文本差异，而忽视他们在属类方面的相似性。

谬误的实质被覆盖在真理（或者，德曼经常称之为“明晰”）

的这一新运动之下，但它作为一种必须的时刻依然存在其中，并且，正如我们已经看到的，它必须被肯定，甚至被视为一个必需的阶段，不然，最后的澄清会失去它所有的力量（换言之，它要求“读者心甘情愿地保持它在再现的自然逻辑”）[35]；我们必须对由于真理的这种新运动而处于被覆盖情形的谬误的实质作出解释，否则这一描述就不完整。这里，我们看到了一个完整的德曼式的意识形态理论，以及某种恰当的文学或者修辞的“坏信仰”，或者自我欺骗原理：“一种防御性策略，它试图躲开这一否定的自我认识”[36]，“一种意味着与非自我发生认同的幻觉”[37]，“一种顽固的自我神秘化”[38]；其内容依照文学和历史语境的不同采用不同的形式和主位化，但也许我们可以用我们熟悉的当代术语对它作出普遍的描述。它是一种再现的意识形态，也是完全的象征再现和意义的意识形态（一个“自然规律”）。根据这种意识形态主位化，对它进行神秘化的“修辞”方法将使我们面临这样两种可能：或者回归到文学，或者走向某种更加普遍的后结构主义哲学领域。

这一阐述揭示了目前讨论中的重点叙事设定，这也是以上大段偏离主题讨论的意义所在。的确，我本人很想用“叙事化”这个术语代替德曼的“隐语化”：两种时刻形成的统一实际上不是寓言的隐喻，而是一种新的叙事，象征时刻和隐喻时刻在这种新的叙事中通过隐含在第二种时刻的某种工具或者机制发生连接：由此，整个过程变得寓言化，这不仅指阅读，而且也指寓言本身。但我现在提出这样一个观点：最好将这种运作视为一种叙事原理。

然而，以这种方式提醒人们注意叙事的首要性（注意某种“最终决定时刻”或者作为最后方案的理论术语）意味着再次提出一些令人丧失信心的问题：关于真理，证明或者弄虚作假，相对主义，将某种提议或者阐释放入这种或者那种哲学体系中的武断——在“后现代”讨论中似乎总会出现的一些问题，以及德曼分析的结果——那种“痛苦的认识”向我们发出的警告[39]。最终，我们发现，德曼的分析基础难道不是将修辞当做“最终决定时刻”或者解释符码？这种做法并非无可非议。此外，马克思主义的“主符码”是以生产方式的序列为基础，以具有特殊地位的资本主义为认识立场，这种做法具有同样的叙事任意性。

我觉得德曼式叙事的复杂性为这个问题提供了某些答案：生产方式中共时的、非叙事的“时刻”，实际上由资本主义进行“叙述”，并同时表达了两种东西；它自身共时体系中特定的或者限定的时刻，以及序列被普遍化或者寓言式“隐语化”当做一个总体的历史过程。当然，这种特定的“寓言”具有的认识论特殊地位——即资本主义的共时体系——被它自身层面的完整性证明为正当合理，而这些层面则通过差异互为关联；这种特殊的“寓言”认识特权使它得以宣称能够囊括任何一种被“哲学体系”表述或者排除的东西。不过这是另外一个不同的问题。

（三）

显然，我们的讨论已经离开了艺术和文学（历史）领域的现代主义；不过，实际情况是，这个问题本身在我们讨论的过程中得到了有用的重新建构，因此我们现在有理由将它重新提出，即使作为某种不正确的历时性的范畴（第一种最初时刻，单个作品具有典型性或者象征“现代主义”是一个属类-断代概念），它在细读文本的第二时刻遭到破坏和消解，但它消除了最初的、宽泛意义上的现代主义时刻，同时通过将它变为一个更大的、德曼意义上的寓言过程，它获得了特殊性。现在，我们无法避免断代，这个空洞的论点使我们对它的内容产生了更大的困惑；它向我们暗示：当我们仔细阅读文本的时候，我们同时也在进行一种并不令人满意的属类划分，也就是说，将这些文本视为代表某种更笼统的、历时的现代主义的样板，至于它们的功能，我们惟一可以想像的就是使我们共时地还原到文本自身。

如果暂时把德曼式的话语搁在一边，我们也许有理由提出这样一个问题：如何把现代主义这一普遍观念理解为一种叙事类别？它以什么样的方式表现为历时的？一会儿我们就会找到答案，因此，这问题并不难。我们大家都明白现代主义之前是什么，或者至少可以说，我们知道（我们以为知道）：除了现实主义不可能是别的什么，很显然，现代主义在废除了现实主义以后进行了填充，并使之成为自己的构成材料。如果我们将现实主义理解为对存在于可知的真实世界里的某种常识经验进行的表述，那么，对任何一个我们冠以“现代主义”类别的文本进行的分析将使那个传统意义上的真实世界的内涵昭然若揭，一个现实主义的核心，各种表露内情的现代主义的变形，“不现实的”的扭曲，崇高或者极端的丑化，都将它作为掩饰以及自己的原始材料，这一特点一旦出现缺损，它们声称的“晦涩”以及“无法理解”都将不可能。这正是马利维奇（Malevich）的《黑色广场》（*Black Square*）以及无调音乐中的音乐素材表现的情况，就此而论，它所要表达的东西正是内在世界的存在和本体论的起源，这也是所有艺术作品所要表达的东西，无论它是否属于现代主义；同时，这一点还说明了为什么艺术品以及艺术世界本身永远都不是完全的独立自治体。的确，这正是保尔·德曼在对马拉美十四行诗进行评述时所希望展示的，他认为，不管最终产品如何复杂和“晦涩”，它所有的成分都是“再现的”。

这似乎为我们提供了一种令人满意的叙事结构：早期的、幼稚的现实主义就是这样，它使我们将“现代主义”的嬗变理解为对现实主义的取消——如果不是完全否定的话。然而，这种叙事遗漏了这样一些问题：变化所涉及的内容是什么？是什么促使它发生了变化？或者，它的美学原理是什么？我们可以在一个纯粹艺术或者内在的层面上对这些因果关系进行理论化吗？它们是否会诉诸于审美以外的领域和方向吗？最后，它们会变得完全独立明晰，并仅限于艺术变化中的一个时刻吗？或者，我们是否可以对它们进行抽象描述，以便能够将这个问题所涉及的一切清晰的经验变化纳入同一过程并加以考虑吗？（例如，新绘画、新人际关系、新故事、新声音。）

很显然，假如这个问题没有得到肯定的回答，那么，我们根本不可能获得一个现代主义的概念。不过，那些早期的概念同样引发一些抽象的问题：以弗里德里希提出的总体分类为例，再现现实以及自我的消失会不会使这种历史叙事适当地主题化，为现代主义的叙述提供一个令人满意的框架？事实上，从历史的角度看，在关于现代主义的争论中，一个更加抽象的变化概念已经从所有的竞争者中脱颖而出；这一胜利如此完满，以至于它使新颖的阐述变得毫无新意或者不言而喻。这就是人所共知的创新机制；庞德的名言“把它变新”，就是这种东西的外化：新颖，这一至高的价值似乎占据了任何一种特定的或者本土的现代主义。然而，新事物如何才能成为永恒，这却是另外一个问题，它也许对我们解开波德莱尔最初界定中的那个同样永恒的谜有所帮助：“转变，逃避，偶然，艺术的瞬间，这些瞬间都是永恒的、不变的。”（“le transitoire，le fugitif，le contingent，la moitie de l’art，don’t l’autre moitie est l’eternel et l’immuable”）[40]然而，作为一个概念，一种过程，创新确实显得独立：这就暗示所有创新都会随着时间老化，或者因为形式，或者因为习惯，不管是哪一种，两者都会自我摧毁，自我消解。这是一种自我生成或者自我促成的动力（像鲁曼的区分本身一样），这种动力一旦开始运动，就不知道在哪儿结束，而且无需做任何合理化的解释。

但是，我们这里所关心的是开端：而这就引发了问题，尤其当我们不得不面对那种具有广泛影响、而且非常传统的现代主义叙事时；这种现代主义叙事假定自己与所谓的现实主义发生了史无前例的根本性断裂。问题不仅仅，甚至根本不存在于那种断裂之所以产生的动因，而是首先在于认为存在这样一种东西的宣称。因为动因有可能与任何一种程度的创新相伴并被计入主叙事：我们已经将现实主义描述成“表述”——但这里我们最好把它说成文学和语言的表述——“对一个可以认识的真实世界里某种常识经验的文学表述”。然而，今天任何一位初学者都能立刻发现其中的缺陷；假如这是一个定义的缺陷，那么，令人遗憾，它同时也是现实主义本身的一个缺陷。因为我们很容易发现，那种我们称之为“可以认识的真实世界里某种常识性的经验”实际上是一种文化范式。“可以认识”这个短语实际上将我们送回到构成那个范式（好比拉康所说的“象征次序”）的文学和语言原型；就“经验”而言，它并不代表任何主/客体直接性，因此必须揭示它是一种纯粹的再现，是一种由社会构成并传播的“生活画面”，而后者本身就属于文学性质。由此，我们看到，使现代主义得以创新的那种动力，在对它之前的文学范式和再现进行取消以后反而向它的开始延伸，在这个过程中，它与文学范式中的第一个范式，即现实主义，发生冲突并将它注销。

问题是，所有随之发生的现实主义本身也是如此，如果我们对这一点作仔细观察，我们就会发现，在它自己的语境中更换交替，每一种接连出现的现实主义都可以被视为一种现代主义。从定义上讲，每一种现实主义都是新的：它以战胜所有新内容为自己的目标。每一种都希望占据那些尚未被再现的东西，那些尚未得到命名或者被言说的东西。(这也是为什么在整个现代主义过程中，甚至在它之前以及之后，在世界某些地区以及再现还未得到渗透的社会整体的某些领域中，我们依然可以找到各种新的、充满生机的现实主义。)这就等于告诉我们，不仅每一种新的现实主义源于对业已存在的现实主义局限的不满，而且更加重要的是，从总体上看，现实主义本身就具有我们认为只有现代主义才有的特性：创新机制。各种现实主义取消了在它们之前就已经存在的前任，并把那些已经存在的现实主义送入传奇以及痴心妄想的黑暗深渊：以西班牙作品为例子，通常我们把它当做首次的现实主义，把那些被取消的范式视为现实主义的范式。[41]但是，我们已经看到，这种开端与我们通常认为属于现代主义首次出现时的姿态"一样"，因此，我们可以说，它的问题也是一样的，而且，关于它自身的渊源问题，它提供的叙事同样不令人满意。

然而，我们也可以将这些问题当做虚假问题采取置之不理的态度：也许我们可以大胆地这样设想：如果从现代主义的创新理论来观察，先前存在的现实主义变成了许多早期的现代主义。的确，我经常这样想，也许那样更有趣一些；假如我们抛弃偏袒，把问题放在现实主义创新理论的棱镜下，我们就会发现，所有后期的现代主义实际上有可能都是现实主义(这是不是罗伯·格里耶为他的新小说作辩护的理由?[42])，只不过我们没有意识到罢了。这样一个结论有其充分的理由，而这又使那些虚假问题变得富有活力，即现代主义和现实主义这两个概念并非完全一致。正如我在其他的著述中指出的那样[43]，这两个术语，不管我们把它们看成概念还是分类，它们实际上来自两个互不关联的体系，它们就像两条直线，即便我们将它们无限伸展，它们也永远不会相遇，因为我们无法用同一标准对它们进行测量。现代主义是美学领域的一个分类，而现实主义则是认识论意义上的；后者对真理的宣称与前者的形式动力互不相容。因此，那种试图将两者结合为一个单一主叙事的努力注定会失败，不过，这种失败又会引发更富生机的问题，即关于创新模式的问题，这一问题与这两个概念密切相关，现在，让我们回到这一问题的讨论。

这种叙事本身并无独特性，也无决定性，因为它与通常关于变化的各种叙事并无多大差别。例如，讲述科学发现和技术发明成功的故事，天真（但却合理）的困惑，夹杂着当我们面对似乎无中生有的伟大思想时的崇拜，无论是引力规律还是电灯泡里的钨丝。（“天生的天才”这一观念注入了在这个绝对事件发生之前的空白状态，而故事的剩余部分在这种冲力作用之下朝着一种惨淡的景象发展，使天才变成了商人。）假如发明本身被崇拜，某种较为陈旧的情景在一定程度上被新兴事物的出现“革新了”，那么，很显然，我们只能将这样一种叙事视为现代性的。简单地对这种新兴事物的实质进行重新确定，将它们看成艺术作品，而不是科学发现或者技术装置，这样做显然是不够的，因为这种做法几乎不能将这些新兴的东西审美化，很有可能，这一做法使艺术发明重新成为科学史或者技术史中的一个事实。

具有决定意义的是叙事的内化，它不仅来自艺术品的内部，而且也来自叙事朝着艺术基本结构发生的变化。原本历时的东西现在变成了共时；依照时间连续发生的事件出乎预料地变成了各种不同成分共存的局面，这些各不相同的成分重组结构，构成一个统一体，就像电影艺术中的定格（也像本雅明提出的“停滞状态”的辩证）。[44]这是德曼描述的颠倒的进程，在此情形下，共时的并存通过隐喻变成了一种历时性叙事。而后者，那种名声不好的、由一种“主义”演变为另一种“主义”的历时文学—历史叙事，突然被拉回到文本中——进入每一个称得上现代主义的文本中——现代主义就这样将这一过程压缩成一个整体并使它永久。于是，每一个文本就成为一个被冻结的现代主义寓言，同时也是一个广泛的、无人看见或者能够予以充分再现的时间运动。每一个文本依次“变新”；每一种发明宣称自己绝对新颖而最终表现为重复，这两者之间明显的矛盾并没有取消这种特性，相反，这一特性反而使它具有一种魔力，一种永远使人困惑，但同时又令人着迷的魅力。

我们所有的严肃质疑，意识形态角度的探索和怀疑，只会使这种魅力与日俱增，并且使它神秘的威信有增无减。昨天出现的美学创新，虽然由于更加精简高效的艺术技术变得过时，但是为什么依然显得新颖呢？古典的惊叹方式通过对永久价值的肯定回答了自己提出的问题，但上面提出的问题恰好将这种模式进行了颠倒，从而获得了与古典方式同样的威望；现代主义喜爱时髦和现时，总是被惹得心荡神驰而又永不满足，在对待问题和答案的态度上，它采取了同样的拖延；可以说，现代主义这种吃什么都不觉得新鲜的胃口就是现代的。

答案当然不是对这种内化了的叙事起到支持作用的意识形态：说它不是，是因为现代作品发明了新技巧，以使自己保持新颖并且看上去永久；宣称在新领域有了巨大新发明——新感受以及新情感、新的人际关系、新的病理学，无意识欲望或者幻想，甚至想像以外的新世界，这些东西也不能使人信服。它们很快变成了外部事实，其存在本身以及声称自己前所未有的新颖必须在艺术作品之外加以证实；更糟糕的是，一旦把它们放在外部，放在它们所呼吁的时间变化运动中，其结果就等于把那些用神秘办法加以处理后保存下来的尸体一样，一旦暴露在户外空气中，它们势必以最快的速度腐烂，并且根本无法复原。

因此，我们的结论是：这种革新模式以它本身的优点依然具有肯定价值；它提出的一些根本性的主张，从长远看，属于审美以外的范畴；此外，它对那个注定是乏味的，最终只能是另外一个现在的未来，进行孤注一掷的赌博。这就是为什么阿多诺提出的否定的反提案（我们将在下文进行分析）显得更加令人满意。阿多诺提出，我们应该将现代姿态视为一种禁忌，而不是一种发现；或者说，现代看上去类似于发明的东西，源于一种为求得能够替代被禁锢之物的努力。[45]它是一个模式，一种重新构建，其目的在于将证据从将来转移到过去：现代主义被视为源于对一种对传统和过时之物急剧增长的厌恶，而不是对尚未探索和发现之物的喜好。其重点在于波德莱尔描写的旅行者感受到的那种厌倦，而不是他宣称热烈寻求的东西。这种倒置理论的优势在于它能够防止它提出的术语和象征滑向审美以外的领域，因为这里的禁忌显然是针对先前的再现形式和内容：不是老套的情感陈旧感，而是对那些表述情感的传统方式；不是这种或者那种人际关系的消失，而是那些令人生厌的平庸方式，它们与人际关系如此紧密地结合在一起，以至于我们无法将它们区别。正是这种看似无法区别的特点对模式的内在运作机制作出了保证，并使得依然属于审美再现的东西成为产生禁忌的基础；至于发现的，或者解释的发明模式则受制于一种直接的滑坡，其间，新的再现不知不觉地进入了审美外现象中的新领域。这并不是说，关于审美禁忌的假设不能被转化为审美外的术语。过时的、传统的文学表述，如今被指认为感伤主义，同样可以被理解为对某种业已废弃的情感本身进行的描述；以禁忌作为分析方法，这为一种更加具体的社会症状学提供了一条直接的途径。但是，经常出现的情况是，那些过时的情感在现代主义对它们作出判断以后，依然生活存在于社会生活之中；对某种精英主义日益增加的怀疑从那里进入了这种艺术框架；同样的感觉还有，不管现代主义开辟了如何新颖的情感及其表述方法，它从再现角度对日趋萎缩的社会和阶级关系领域进行了测量。

阿多诺的模式是对我们将要分析的那种现代主义形式形态进行的精美嫁接，它实际上提倡对某些作品进行特殊的处理。它的真实性依赖于我们自身的一种能力，要求我们在阅读过程中感觉到在艺术品内部发挥作用的革新机制，而不是通过参照某些关于文学技巧嬗变的工具书。这种可能性不仅让我们再次回忆起黑格尔的扬弃，而且使我们想到，后者可能是概念对我们发出的期待：旧的技巧或内容在某种程度上一定在作品内部与作品同时存在；它们被取消、改写、改编、颠倒或者否定，其目的就是为了使我们能够在现有的那些声称属于新发明的东西里面感觉到它们的力量。就最乐观的一方面看，对文学史进行改写过程中的叙事姿态或者转义，在这里被变为文本内部的一种内在化运作机制，而文本则已经成为一种比喻；而这又使得作为文学历史寓言的重新外化成为可能，使现代主义中这个必不可少的维度成为一个双重的叙事类别。

（四）

前面的阐述似乎使我们觉得现代主义是一个强大而否定的过程，一种“向前的逃跑”，就像本雅明的天使，被迎面而来的暴风雨吹得往后行走：本雅明将历史，或者说资本主义，比作那样一种暴风雨，我们可以想像，它年复一年、从一个时期到另一个时期，其程度不断加剧。资本主义这种时间性的变化——以它日益加快、变化的风格，以及从充满着商品的市场朝着新市场和新商品剧烈发展而形成的激增与繁荣——一直到艺术现代主义的运动机制，与上述比喻之间存在着某种相似性；但就它的内容而言，却显得空洞而缺乏具体性。它倾向于胡戈·弗里德里希在谈论诗歌现代主义时发出的抱怨，这在我们前面的讨论中已经提到，他认为似乎只有“具有否定性的一类”才能对现代主义作出描述。[46]为了对问题涉及的各种难以琢磨的现象进行划分，他对各种不同民族传统中存在的典型迹象作了一番陈述，而他的这种抱怨正是因此而生：

> 迷失方向，熟悉之物的解体，秩序的消失，不连贯，碎片，可逆性，附加的风格，丧失诗意的诗歌，强烈的虚无感，刺眼的意象，粗暴的风格突变，紊乱，不准确的判断，异化。[47]

与阿多诺的洞察相比，现代主义革新最好通过否定、禁忌加以描述，而不是根据对成就进行肯定，以上这一陈述倾向于对阿多诺的观点表示肯定，虽然这中间还有相当的距离。然而，弗里德里希对这一问题进行的反思也有令人生疑之处：虽然他坚持认为（至少他的著作表明如此）这种看似否定的特征应该被视为“定义的，而非贬义的”，他接下去提出的结论是：这类诗歌与肯定性的类别之间的“最终不可同化”表明了“存在着反常”[48]。他的结论并没有对这一描述作出具体的补偿，这就表明，这种“试图脱离现实与正常的内部一致性，以及语言发生最大程度曲解的专制主义”[49]，正是这种东西开辟了一个想像和隐喻世界，它与这一特点（我们将对艺术和诗歌自治体这一母题作仔细分析）交替出现。我们也许可以因此简单地认为，弗里德里希将诗歌中多余而最终又是“贬义的”特点转移到了它周围的世界，这一点可以从他列举的现象中的最后一个词语的含混意义中看出。我觉得那个突然出现的词——“异化”，令人怀疑，因为——从黑格尔、马克思，到卢卡奇，以及法兰克福学派，这个词虽然散发着强烈的哲学意义——它已经成为后期资本主义“文化批判”

的一个重要内容，实际上，它已经是一个绝对可靠的迹象，使我们明白我们所面临的是一种退化了的类别和话语。这个泄漏实质的词，“异化”，现在成了指涉感伤的一种表述，它属于传统浪漫主义内部，用于对“现代性”及其弊病进行谴责，它充满了情感力量，其功能就在于系统地排除具体的社会—经济分析，而后者恰恰是可以对现代性及其弊病作出解释的惟一方法。这一点有可能将弗里德里希的文学史来一个底朝天的翻转，使他具体的诗歌阅读变为许多证据，而我们现在可以将它们视为对现代世界发出的另一种并非隐含的控诉。

现代艺术家成为置身局外、边缘地带的叛逆者，这种类型化的图景如此眼熟、如此传统，以至于它在当今时代已经具有了一些真实的政治破坏力。在我们当前的语境中，对于我们而言显得更为重要的是，它表示了另外一种途径，我们从中看到，关于主体性的讨论可能违禁地对现代性的各种“理论”造成了污染。直到现在，我们所做的也只是对这种污染的肯定的、精制的形式进行分析，从而揭示对某些特征的颂扬，例如，自由、个体性、内省性，这些东西实际上作为（西方）现代性结构本身的奖励和利益而存在。然而，现在已经变得清晰的是：可以从同样的视角对现代性的批判提出质疑，而后者的感伤实际上是这种不受欢迎的主观化的迹象，主观化对痛苦的假定与其宣称的英雄主义魅力一样，同样令人无法接受。弗里德里希让我们明白，必须将主体性母题从艺术现代主义的讨论中清除出去，只要我们对以这种或者那种方式将著名的现代主义“向内转”作为它们阐释线索的研究，以及这些研究的深度和广度作些考察，我们不难发现这一要求的确非同小可。

因此，颇具反讽和悖论意义的是，他竟然将我们带到了这样一个地方，使我们能够对这种讨论采取一种更富活力的使用方法。

的确，他的基本主题——再现现实的消失（原文是 entrealisierung，德曼将它翻译为再现现实的消失），伴随着非个人化（entpersonalisierung——我喜欢把它翻译成非个人化）——表明，随着现代主义叙事本身，对主体性再现发出的禁忌，在现代艺术领域中，我们可以将它视为已经被内在化于艺术品之中，其过程能够使我们对它声称的终极目的作出新的解释。很明显，是艺术品本身揭穿了无情地依附在主体性表面的禁忌，而我们至今仅仅将主体性视为对各种历史进行的控制。这一意想不到的发现也许使我们联想到了德曼经常提到的一个暗示：对作品进行“解构”的并非我们，作品早已经提前将自己解构。我相信，诸如此类的东西构成了对待主体性问题及其现代主义条件下再现问题的特点。

同时，根据我们以上对弗里德里希的著作所作的分析，假如我们在目前这一讨论中赞同并采纳他提出的关于非个人化的中心主题，这也许有悖常情。只要想到这仅仅是弗里德里希众多主题中的一个，我们就会意识到这种完全的倒转应该受到指责，否则，如果将这些问题变成某种铁板一块的原因，就是我们的责任了。主题的多样性正代表了弗里德里希的经验主义，这一点无法通过简单地将之合并为某种宏大综合体，并将它们重新开创为一种“理论”而得到解决。因为，当我们发现这是一个属于生产问题的时候，我们可以用一种不同的方式将这些散乱的经验痕迹进行合并，根据它们对情景作出的反应以及面对两难境地采取一种协调的姿态。只有通过对这样一个情景进行统一，才能对特定反应的各个方面——不管是肯定的还是否定的，复制的还是对立的——作出理解。

在当前的语境中，我们的任务是坚定不移地揭示非个人化倾向中一切积极的和产生能量的东西，以往人们总是根据失却和能力丧失对非个人化倾向进行讨论；我们要向人们展示，为什么这样一种对主体性的放弃，绝对不是向着某种难以想像的“异化”条件作出的屈从姿态，相反，它是一种原创的、具有活力的反应。

人们经常根据人类实践可能性减少的偏见对那种条件进行描述。法兰克福学派经常从隐喻的角度对资产阶级个人主义的情景进行描述，他们根据新资本主义经济在19世纪和20世纪出现的萎缩这一叙事为依据：这一发展轨道从自治的中产阶级、托马斯·曼予以纪念的商人，一直到垄断时期即将出现的那些勇敢的企业家，然后是经济危机期间小本生意的岌岌可危，以及第二次世界大战以后出现的“有组织的人”的形象。[50]在这个叙事中，对具体的非个人化和非主体化产生决定作用的是经济本身，它所采取的形式是垄断及其新的联合大企业强加在行动和创造力之上的各种限制。

后结构主义（以及法国）提出的口号——“主体之死亡”——其重点完全不同，而实际上，它对资产阶级个人主义的这种消退表示庆贺，并且，它还把它当做知识分子重新获得的一种自由，认为借助于这样一种自由，知识分子可以卸下个人智力活动日愈加重的负担，进入自由和新的“无领导”状态，以及拥有实践领域具有解放作用的仪式。拉康提出的心理分析也许可以提供一种方法，连接起这样两种完全不同的历史观（但是，如果没有相应的关于民族知识分子的社会学，我们不可能对这两者中的任何一种作出充分的评价）。就拉康而言，他追随威廉·雷希（Wilhelm Reich），反对所谓的自我疗法，将“我”和自我看作一个自我防御机制，现代知识分子（通常是资产阶级个人）在那里建筑壕沟，禁闭自己，致使自己与世界相隔绝，与生产活动相疏理，但同时他们又从中找到了庇护。[51]这种协调模式使我们能够将两者理解为“中心主体”的僵化以及它所处的不稳定状态；此外，它使我们看到，主体的非个人化——我以及自我共享的避难所的倒塌——何以也可能构成一种解放。

但是，资产阶级主体的命运并不是一个充裕的框架，因此，我们不能借助它对使得艺术现代主义得以产生的全球范围“现代性情形”进行叙述。在一篇颇具开拓精神的文章里[52]，佩里·安德森提出了一个非常适合我们目前讨论的构架。他以在19世纪后期欧洲社会中由几股明显的潮流构成的力量场为框架，把现代主义分为一个三角形。工业化刚开始时，虽然在地域上显得有限，但它似乎为一个全新的动力机制提供了保证。同时，在艺术领域，传统主义，提倡完美艺术的学究气，使得普遍的窒息感以及闷闷不乐延长了相当长的一段时间，但也正是由于这一点，方方面面都企盼着尚未主题化的断裂尽快出现。最终，巨大的社会力量、政治选举权、劳动工会的增加，以及各种社会主义和无政府主义运动，似乎迫使高雅的资产阶级文化走向令人窒息的终结，同时也宣告了社会空间即将得到扩展。这个提法并非表示现代艺术家与这些新兴社会力量一样占据了同样的空间[53]，也不说明他们从意识形态角度表示同情，或是存在意义上的了解；而是说明他们在一定距离上感觉到了吸引力，他们自己对审美变化以及新的、更加激进的艺术实践的喜爱得到了更有力的强化，他们越来越相信，艺术世界外面同时也在发生着剧烈的变化，而这种认识又深化了他们对这些变化的喜爱。

的确，这两个领域里有争议的是——艺术领域，社会生活和经济现实——并非某种感觉到的变化，感到某些事物正在消失的同时，另外一些开始出现，整个过程如同事物发生腐败、生长的过程一样，其特点更像一个自然进程，而不是某种新的生产形式。实际上，它是世界本身经历的一个剧变，这种剧变以多种形式蔓延于19世纪末，包括各种各样的乌托邦冲动和预言。这也是为什么属于现代的旧意识形态总是被误解，因为这些意识形态强调现代某种“向内转”，或者强调现实不断增长的主观化。就最乐观的一方面看，每一处都激起了一种对主观化本身以及自我旧形式充满末世景象的不满。我们不应从心理层面理解里尔克的诫喻天使：[54]

> 它们将在夜里来到
> 你的身旁，用强烈的压迫感考验你，
> 它们在你房间里转悠，就像人在生气的时候那样，
> 然后一把抓住你，好像你是它们的创造物，
> 然后将你从模具中解救出来。

任何一种对这一文本进行仔细分析的努力都会揭示资产阶级主体的非个人化，这是一个偏离心理和个人身份的纲领性运动：

> 不是我，不是我，而是穿越我的风！
> 一股宜人的风吹拂着时间的新方向。
> 假如我能让它举起我，承载着我，带着我！[55]

从表面上看，假如我们对这些伟大的现代主义作家向主体性发出的呼唤置之不理，那是不合情理的；在一个经历了剧烈变化以后显得令人欣喜若狂的世界里，他们渴望非个人化，渴望自我以外的某种新存在。那些经常被描述为新的、更加深刻更加丰富的主体性，实际上就是这种对变化发出的呼吁，而这一点总是伴随着主体性：不是主体性本身，而是主体性的变形。这就是我的提议：将现代“主体性”视为世界发生变化的一个寓言，它所蕴

涵的意义就是所谓的革命。这一寓言的形式是多样的；然而，它有着许多趣闻轶事的心理——虽然它们在文体、文化和性格方面存在差异——它们呼唤某种冲力，而这种冲力又无法在自我中找到，而必须通过现实世界本身进行的乌托邦想像和变革才能完成。正如安德森提示的那样，正是因为这种变革已经存在于现在，并且活动剧烈，它的冲动才能在这样特殊的心理寓言中找到变形，它并不对个人影响和个人能力作出假定，而是对整个新型人类提出要求，希望他们能够适应这样一个即将完全变形的世界。

尽管在多数时候，我们只有在现代主义遗留下来的形式中发现这一重要时刻的迹象——这类倾向中的一个——技术趋势，由于第一次世界大战遭到了破坏，另一个，即社会动乱，在 20 世纪 30 年代被迫停止，并走向灭亡。然而，作为象征行为，形式依然可以作证，向我们展示一种了不起的解放姿态以及新的建构，而这些东西，我们只能通过历史重构，并以回顾性的眼光才能看到。

审美也不是这种非个人化表现活跃的惟一领域。这里，我们自然会与一种早在现代之前就已经存在的智慧发生关联，关于这一点，我们可以从大多数宗教中找到例子。“我令人厌恶”（帕斯卡尔语）不仅是对基督教关于骄傲的意义的最后真实的重新审视和发现；这还是一个经常出现的伦理（伊壁鸠鲁的观点），一个形而上学的视角，佛教对此进行了充满末世恐怖的描述，对此，我们可以将它称作对现代主义确认无误的冒险和期待。宗教使非个人化恢复了元气，同时将它对社会和世界造成的影响撇在一边，置之不理；它一方面将能量移至治疗技术，另一方面用它建构许多属于内心的、世俗的教会教条以及机构组织。只有工业资本主义的世俗现代性，在它被赋予一种新的集体和历史实践以后，这样一种自我改变才有望成功。

同时，我认为可以肯定，自尼采以来所有伟大的、新的、有创意的哲学思想共处一个巨大的潮流中，这样一股潮流将审美现代主义推向前方；虽然方式不同，但它们都涉及或者提出了激进的非个人化方法，从实用主义到维特根斯坦，从海德格尔到象征逻辑，一直到各种各样的结构主义和后结构主义；包括现象学本身，它的引人瞩目的实践似乎以其极为传统的、十分主观的形式忠于“意识”，但它属于弗洛伊德式的自由联想，是一门具有自我惩罚、非个人化特点的学科。的确，从所有这些各不相同，但都属于远离自我，远离资产阶级个性或者个人主义的运动中，我们也许能够明确地看到一种旧逻辑在起作用，那就是唯名论以及普遍性和特殊性辩证法的规律。禁锢在主体性之上的具体化比喻反映了普遍性的焦灼：那些用来表述情感和激情的过时术语变得令人怀疑，就是因为它们自身具有较高的普遍性程度：正是由于这种日益加深的唯名论基础，它们才必须被抛弃，以利于它们成为看似更加客观或者特殊的语言。朝着语言发展的运动，无论是在现代主义实践中还是在当代哲学中，都表明了这种必须通过客观世界的强制性迂回途径，即通过物质和空间。对于主体性的内在模式，外部途径被替代，它很策略地采用了句法作为自己的时间性。对于修辞以及转义体系的复苏，我们将这样理解：作为对心理学的一种否定，它试图将它的运作转入某种非主体领域，而它自己内部的空间性（因为转义的理论化之所以成为可能，是因为它以空间的理想化，空间的位置以及关系为条件）有可能使得外在形式和形象成型，从而促使现代主义再现从中产生。的确，我很想继续探索现代主义文学批评形式为什么不能躲开非个人化动力。但是，我们已经明确了三种方法上的良药（断代、叙事、非个人化），我们现在可以构建一个完整的现代主义模式，并且叙述它的命运。

【注释】

［1］Antoine Compagnon，*Cinq Paradoxes de la modernite*（Paris：Seuil，1990），p. 173；我在《文化转向》（*The Cultural Turn*）里讨论了这部令人兴奋的著作。*The Cultural Turn*（London：Verso，1998），pp. 113-121.

［2］Jean-Claude Barat，"De la notion de'Modernism' dans la literature americaine"，p. 89，in *Ce que modernite veut dire*，I. Ed. Yves Vade，in *Modernites* 5（Bordeaux，1994）. 这里我必须强调这部选集及其续集（*Ce que modernite veut dire* II，in *Modernites* 6）的价值以及 Matei Calinescu，*The Five Faces of Modernity*（Durham：Duke University Press，1987）的实用性。关于现代主义的参考书目——我无意在这里重构它们——由于对现代主义兴趣的复兴已经大大扩展，这可能与我在前言里讨论的"现代性"的复活相关。同时，就艺术的现代主义而言，我觉得在其兴盛期间，对其理论真正作出持久贡献的是它的实践者们，例如保罗·瓦莱里，惟一的例外是 Ortegay Gasser。不过如我后面会论述的那样，他们并不把他们理论化的目标确定为现代主义，而是作为一般的艺术。

［3］它的基本的宣言当然是 Siegfried Giedion，*Space*，*Time and Architecture*（Cambridge，Mass.：Harvard University Press，1982，first edition 1941）。

［4］斯坦·史密斯（Stan Smith）在他致 *London Review of Books*（7 June，2001）的一封信里对这种情境作了简要的概括："按照伊恩·汉密尔顿（Ian Hamilton）（*LRB*，24 May）的说法，在 20 世纪 20 年代后期，艾伦·泰特（Allen Tate）'开始把自己说成是古老南方的现代主义天才'。此外，他还被认为发明了'现代主义'这个术语，至少作为艾略特/庞德文学革命的别名。在这种意义上，这个词最初在 20 世纪 20 年代用于泰特与 *The Fugitive* 杂志编辑之间的通信，并在约翰·克柔·兰色姆（John Crowe Ransom）1924 年 2 月为 *The Fugitive* 写的社论《论诗歌的未来》里出现。当泰特的门徒劳拉·赖丁（Laura Riding）于 1927 年在她与罗伯

特·格雷夫斯（Robert Graves）写的论著《现代主义诗歌概述》（*Survey of Modernist Poetry*）里把这个词介绍到英国文化中时，它很快被奥登（Auden）周围的诗人圈子所接受，随后便出现在斯宾德（Spender）和麦克尼斯（MacNeice）以及这一诗派的其他人的著作当中。在美国，沿着这条路线，通过 *The Fugitive* 所在的范德比尔特的另一位毕业生兰德尔·贾瑞尔（Randall Jarrell）的评论，这个表示特征的词于 20 世纪 50 年代后期进入了学术界，到 60 年代中期已经变成了标准用语。因此在某种意义上，正是古老的南方发明了'现代主义'，直到后来在 1937 年才被庞德说成是一次'运动，而对这次运动再没有给什么名称'"。参见史密斯的著作 *The Origins of Modernism*（Brighton：Harvester，1994），该书按照年代顺序的想像提供了关于现代主义者的丰富而有启示的记录。

[5]"现代化"一词也并非天真无知，因为在冷战时期它是一个积极的宣传用词，在马歇尔计划时期构成美国对其第三世界盟国和保护国乃至欧洲的主要贡献。苏联的外交政策基本上也转向这一方面，尽管他们没有使用这个词，当时有一种斯大林主义的现代化，它坚持技术和重工业出口，坚持赶上所谓的现代国家，这在精神和意识形态上与美国的观念并无不同。这个术语的启示作用是多方面的。首先，它强调在所有这一切当中技术问题的不可回避性——在美学中，想到勒考比西埃对轮船的赞美或布莱希特对飞机的赞美——并使我们警惕使技术（实际上是科学）层面物化的危险，它还强调写出艺术和社会历史叙事的重要意义——这种历史还没有陷入标准的观念历史的诱惑，崇拜伟大的科学发明和伟大的工业和技术革命。

因此，通过暗示与帝国主义叙事的联系，技术主题还表明对水平和调解问题的一种解决，因为技术创新总是提出各种创新本身通过偷窃、销售或授权的扩散、推广的问题：众所周知，在多大程度上技术知识（以及它的科学姊妹）倾向于把接受者锁定在与提供国家的依赖关系之中。美国现代化理论的一位重要人物根据"有生命和无生命的权力来源的比率"来描述这个过程："我认为，如果一个社会在使用无生命的权力来源方面的减少，不会通过有生命的权力来源的增加来弥补而又不引起深远的社会变化，那么这个社会就是现代化的"（Marion J. Levy，*Modernization*：*Latecomers and Survivors*，New York：Basic，1972，p. 3，note 1)。Levy 这部著作远比他的两卷本大作 *Modernization and the Structure of Societies*（Princeton：Princeton University Press，1966）更有可读性，但其中的方法对“后来者”的机会却表现出一种悲观主义，使任何全力支持这一过程的意识形态的赞颂变得复杂起来。他继续列举了大约 12 种特征，这些特征正好可以看作他对现代性本身定义的参项：“1/为未知的将来进行教育，2/迅速变化对缓慢变化，3/外来者，4/异国的自制背景，5/高水平的集权化，6/金钱的使用和收入的分配，7/城镇和农村之间的关系，8/现代化的教育，9/再创造和政治，10/性革命，11/关系的诸方面，12/人口统计的变化”（*Modernization*：*Latecomers and Survivors*，pp. 32-33）。

最后，正是“现代化”这个术语提出了我们很想称之为后现代化的某种东西进一步存在的可能。如果我们与艺术的现代主义相联系的技术时代，是 19 世纪后期工业时期那种大工厂和能源的时代，那么，我们完全不同的电脑和核技术的出现——以及它们在生产和劳动力方面引起的改变——很可能表明，与技术创新和出口相关的一种形式值得拥有它自己独特的名称。实际上，今天全世界常常援用的“现代性”恰恰是这种后现代化——传播技术扩展——的后果，而不是旧的那种技术的后果。

[6] Beatriz Chenot，“Le *Modernismo* hispano-americain”，in *Modernites*，*IV*，pp. 29-48；and Calinescu，pp. 69-78.

[7] 例如，意大利和日本确实有过真正的法西斯现代主义。

[8] F. Jameson，*Postmodernism*，*or the Cultural Logic of Late Capitalism*（London：Verso，1991)，pp. 309-310.

[9] See “Character in Fiction”，in Virginia Woolf，*Collected Essays*，Volume III，ed. Andrew McNeillie（New York：Harcourt Brace，1988)，p. 421.

[10] See Michel Foucault，*Les Mots et les choses* op. cit.，pp. 329-333；英文译本，*The Order of Things* op. cit.，pp. 318-322。他意在表明由价值和事实之间或意义和偶然之间的鸿沟所构成的“人类科学”内部的基本矛盾。

[11] T. J. Clark 在 *Farewell to an Idea*（New Haven：Yale University Press，1999）里的术语，例如，pp. 25－48。亦见我对他的讨论，in *Anything*，ed. Cynthia Davidson（Cambridge，Mass.：MIT，2001）："From Metaphor to Allegory"，pp. 24－36。

[12] See Regis Salado，"Ulysses de Joyce et la constitution du credo moderniste"，in *Modernites* VI，pp. 49－90.

[13] 这是 Manfredo Tafuri and Francesco Dal Co 的经典著作 *Modern Architecture*（New York：Abrams，1979）最好的历史见证；参见我在注释 [11] 中提到的讨论。当然这些"主义"是对学说和理论异端的丰富的罗列，它们的术语——多纳图主义、贝拉基主义、阿里乌主义、尼科多姆主义、埃拉斯都主义、阿米尼乌斯主义、索齐尼主义，等等——用于保持异端邪说的几乎像雕刻一样精确的细微差别。

[14] "Literary History and Literary Modernity"，"Lyric and Modernity"，"The Rhetoric of Temporality"，in Paul de Man，*Blindness and Insight*（Minneapolis：Minnesota University Press，1997）.

[15] 我只想列出四个进一步的含义：作为父子之间关系的俄狄浦斯情结投射的时间连续性的概念；波德莱尔作为文学史上一个"黑暗地带"的独特的不可理解性；对任何连续一致的哲学美学或文学"体系"本身的抨击；写作行为中基本的矛盾心理（参见后面第二部分对布朗绍的讨论）。

[16] De Man，*Blindness*，p. 171.

[17] See ibid.，pp. 200－206.

[18] Ibid.，p. 211.

[19] Ibid.，p. 207.

[20] Ibid.，p. 165.

[21] Ibid.，pp. 182－183.

[22] Ibid.，p. 172.

[23] Ibid.，pp. 182－183；并参见下面的注释 41。

[24] Ibid.，p. 179.

[25] Ibid.，p. 181.

［26］Ibid.，p. 185.

［27］Ibid.，pp. 163－164.

［28］“La difference”，in Jacques Derrida，*Marges de la philosophie*（Paris：Minuit，1972），p. 23.

［29］De Man，*Blindness*，P. 207.

［30］前面一段在这方面表现出适当的谨慎：“它们的关系是同时性的关系，事实上，这种关系在性质上是空间性的，其中时间的干预只是一个偶然的问题，而在寓言世界里，时间是原始的构成范畴。”

［31］这里具有辩证的东西不是二元对立（真实的或明显的），而是该过程回应马克思典范式的 *Grundrisse*（Marx and Engels，Collected Works，Volume 28，Moscow：International，1986）的“导言”的方式：生产是从属的三个范畴之一，这些范畴还包括分配和消费，同时它也是三个范畴的总的范畴，因而包括它自身作为一个子范畴（pp. 17－24）。亦见 Slavoj Zizek 对辩证中的普遍性的讨论，in *The Ticklish Subject*，op. cit.，pp. 98－103。

［32］De Man，*Blindness*，p. 207.

［33］Ibid.，p. 162.

［34］Ibid.，p. 163.

［35］Ibid.，p. 179.

［36］Ibid.，p. 208.

［37］Ibid.，p. 207.

［38］Ibid.，p. 208.

［39］Ibid.，p. 207.

［40］Charles Baudelaire，*Oeuvres* I（Paris：Pleiade，1976），p. 695.

［41］作为例子参见 Harry Levin，*The Gate of Horn*（Oxford：Oxford University Press，1966）。

［42］See *Pour un nouveau roman*（Paris：Minuit，1963）.

［43］In Fredric Jameson's *Signature of the Visible*（Routledge，1990），pp. 158－177.

[44] Walter Benjamin, *The Arcades Project* (Cambridge, Mass.: Harvard University Press, 1999), pp. 462-463 [N3, 1]; or (Frankfurt: Suhrkamp, 1983), pp. 577-578.

[45] T. W. Adorno, *Aesthetisch Theorie* (Frankfurt: Suhrkamp, 1970), pp. 36-48; *Aesthetic Theory*, trans. R. Hullot-Kentnor (Minneapolis: Minnesota University Press, 1997), pp. 20-27.

[46] Hugo Friedrich, *The Structure of the Modern Lyric*, trans. Joachim Neugroschel (New York: Columbina University Press, 1974), p. 7; originally published as *Die Struktur der modernen Lyrik* (Bowohlt, 1956), p. 21.

[47] *Structure*, pp. 8-9; *Struktur*, p. 22.

[48] *Structure*, p. 9; *Struktur*, p. 23.

[49] *Structure*, p. 169; *Struktur*, p. 213.

[50] T. W. Adorno and Max Horkheimer, *Dialektik der Aufklarung* (Frankfurt: Fischer, 1986), pp. 181-184; translated by J. Cumming as *Dialectic of Enlightenemnt* (New York: Herder and Herder, 1972), pp. 202-204.

[51] Jacques Lacan, *Le Seminaire*, I and II (Paris: Seuil, 1975, 1978)。Lacan不喜欢马尔库塞那种“解放”意义上的修辞和政治。

[52] Perry Anderson, “Modernity and Revolution”, in *A Zone of Engagement* (London: Verso, 1992).

[53] 但是，T. J. Clark记录了这些艺术家当中许多人的强烈同情；参见他在*Farewell to an idea*里论述毕加索的一章。我按照萨特在*Search for a Method*里的描述，从基本的社会和意识形态行为方面拉开距离来解释Anderson的观点。

[54] Rainer-Maria Rilke, “Der Engel” (*Neue Gedichte* [Frankfurt: Insel, 1974], p. 37): trans. Edward Snow, in Rilke, *New Poems* [Boston: North Point Press, 1984], p. 83:

Otherwise they'll come at night

to you to test you with a fiercer grip
and go like someone angry through your house
and seize you as if they'd created you
and break you out of your mold.

[55] D. H. Lawrence, "Son of a Man Who Has Come Through"; Arthur Rimbaud, "Le Bateau ivre".

（王丽亚　译）

作为意识形态的现代主义

一

总的来说，以某种特征开始，经过努力最终达及其他特征，我们应该能构成总体性的模式。其轨迹不同于其他可能的轨迹，然而又仍然是同样的轨迹，至少投射并标志着同一要求，所以应该以那种前提来开始，并提出这样的假设：我们所称的艺术的或美学的"现代主义"，基本上对应于一种未完成的现代化的情境。

这种情境现在已经开始拥有它的历史学家，对我们许多人来说，主要表现在阿诺·梅耶尔的《对旧政体的坚持》[1]一书之中。这部著作记录了直到第二次世界大战结束在一些欧洲国家令人惊讶的残存的现代性的封建语境，而且由于同样的原因，现代性最初出现在一些社会和技术现代化和商品化的有限的飞地。真正资本主义时期（它现在被说成是垄断资本主义或列宁所说的帝国主义）的新资产阶级，在主要是由农民构成的整个人口中依然是相对小的部分。这种传统的农民（直到后来他们的数量才逐渐减少，转变成今天所说的农场工人，或完全工业化的农业的农业无产阶级）仍然是一种封建的社会阶级（与他们一起更不完整地残存下来的是旧的农业贵族，现在被称作大地主，还没有被综合农业企业取代），还没有被同化为两种真正资本主义群体中的任何一种，而这两种群体才在技术的意义上被认为是社会的阶级。

这会导向一个仍然围绕两种截然不同的时间性来组织的世界：新的工业大城市和农民的乡村。这里我顺便谈谈那种伟大的题材之一，它通常被认为是文学现代主义的一个决定因素，即时间性本身，或者弗格森认为他可以概念化的那种“深层时间”，对于这种时间，许多现代作家都极力探究，仿佛在探究一种本质的秘密。其实，这种题材恰恰是一种方式，利用这一方式，那种未完成的资本主义的过渡的经济结构，可以被记录下来并作出这种认定。在这种过渡时间，人民——但最好说知识分子、作家和思想家，他们是该范畴的组成部分——仍然同时生活在两个迥然不同的世界。这种同时性无疑可以暂时以都会和乡间的区分来考虑；但也许更好的是根据情境来想像，在这种情境中，个人出生于一个“国家”，一个地方的乡村，或一个地区，他们阶段性地回到这些地方，而同时在大城市的不同世界从事他们一生的工作。那些泰然自若的城市作家——例如人们会想到普鲁斯特或乔伊斯——觉得在他们的城市经验之外存在着某种俨然是其他的东西，这种东西如果不在实际上部分地破坏他们的经验，便会完善他们的经验。这一事实可以通过普鲁斯特对深刻的法国中世纪传统的相当不自然的“学者式”赞颂来证实，也可以通过乔伊斯面对爱尔兰和盖尔人各种形式的民族主义的愤懑来证实：这是一种必然的、实际上是强制性的面对，《为菲尼根守灵》可以当做是试图以一种大胆的普遍化对它巧妙地进行回避。

然而非常奇特的是，任何试图说明“对旧政体坚持”的特征的努力，都倾向于跨越地理和地区现象而滑向某种更公开的技术现象：这是一种可疑的滑动，对此我们很快就需要采取预防措施。

但是，技术——所谓工业资本主义的"工业"方面——似乎具有一种独立性和它自己的内在逻辑，这在该时期的艺术和思想里有着丰富的记录，同样也记录在路德运动或拉斯金式的对机器的敌视之中，他们把机器视为社会苦难和美学耻辱的根源（当然，在这种技术范畴本身之内，关键是包括大众传媒和它们的种种形式的扩展）。因此后来高雅艺术和大众文化的分离同样是反技术的姿态，不亚于早期更明显的那些反抗。（反现代性也是现代主义一种可能的特征。）

这里要记录的现象学的经验恰恰是那种工业或技术的飞地的经验。随着新的技术机械带来的是它自己的美学冲击，它没有先兆，突然出现在旧的田园和封建的风景之中：它像 1916 年在西线第一次出现的坦克，带来种种吓人的怪异和恐惧；然而试图把它神话化的诗人式的努力——例如在左拉的小说里，地雷是一个大的动物，具有神话般的力量，或者在阿波利奈尔的诗里，他着魔似地赞颂第一次世界大战中致命的和有毒气的带壳炸弹——并不是艺术家能够长期有效地遵循的途径（虽然这些途径在美国和苏联对工厂的欢呼中一直开放到 20 世纪 30 年代）。

我相信，对这一过程最富揭示性的说明仍然要在海德格尔遗留下来的技术理论中发现，但不是一种哲学的或观念的解决，而是一种技术的和诗学的解决。因为海德格尔详尽地描述了技术形成的过程，它在形式上回应并否定艺术作品（即神庙）那种完全不同的形成，艺术是构成一种风景和一个世界的地方，而不是像技术那样在那里中断。[2] 海德格尔对新出现的技术的理论阐述，不仅把它作为一种飞地，而且作为一种能量储存的新的形式（长期储存），从而以一种不同于神话的方式表明了这种新力量源泉的“神秘”。就剩余和储存而言，他的理论与最近那些国家起源的概念有着某种远亲关系，与马克思关于资本的原始积累的辩证观念也有类似的关系；但海德格尔的理论更好一些，它提供了关于技术的现代性出现在绝对非现代风景中的有用的观点。它保持了不平衡发展的通常看法，表明“传统”必然被新的东西胜过和取代。这里，如像在未来主义者的意大利，正是对只能不合时宜地被称作前现代或不发达的东西的那种熟悉性，使新事物的暴力获得了引起恐惧或兴奋的能力；而根据前面的讨论对此会作出这样的理解：重要的不是这种反应的肯定或否定的能力，而是对于这种冲击本身的美学的认识论，因为依靠一种已经熟悉机器并运用机器的背景它不可能被记录下来。

这种历史形成有两个重要特征现在需要加以评论：第一，这种技术的发展是在我们所说的现代性的转义的长期影响下产生的，尤其是它那种不可压制的追求突破、追求“第一次”和首创的影响。正如我们已经看到的，对于决定现代性本身的“真正”开始不可能有什么问题：并不只是因为对那种荣誉有太多的竞争者。其实所谓的突破只是一种叙事的效果，一种容易出现的替代，处于历史学家首次决定的领域之内。但非常明显的是，这种技术发展无法抗拒地把自己归类到关于突破的空洞的叙述形式之下：它像很少的其他类型的历史材料一样，把自己作为那种形式开始的内容。形式和内容——现代性的叙事概念，第一批工业机器的安装——与一种几乎是万有引力的冲击聚合在一起，并因此显得稳定而持久，甚至在我们自己这个编史工作远为更自觉的时代也是如此。在我们这个时代，人人都在大声谴责他们隐匿在内心深处的“技术决定论”。

因此，我们还必须唤起技术本身的自治性，至少是半自治性，它支持着这种特殊的幻觉。这种自治性的基础会随着历史发生变化，就像“科学”（现在就其通常的学科意义而言），它开始产生于某种实用形式，或者新技术的侍女；然后它赢得了作为“纯粹的”或研究的科学的临时自治；现在，在我们自己这个时代，随着私人企业和公司日益增加对大学及其研究实验室的利用，把它们完全作为各种新产品的实验基地，科学似乎正在走向某种新形式的依附地位，处于研究与开发的主要投资的控制之下。不过，这种观点认为，“技术决定论”的解释价值本身就是由这种自治化及其变化决定的。

因此，现在应该谈谈自治化本身，这是一个仍在使用的概念，我已经强调它是根据鲁曼的区分改进的。因为在我看来，对文化和编史领域（也可以称作文化—编史领域）真正有效的东西恰恰是这个过程的另一面，鲁曼在理论阐述中喜欢把它说成是一种漫无止境的通过裂变再生的持久的力量，而裂变再生的最终后果是无法预见的。因此，鲁曼的看法是一种极端否定和诊断性的概念工具，它具有一种同时构成相当自满的意识形态的弊端。随着“区分”变成最细小的社会物质的微孔，它很可能不再伴随更多的自治半自治层面或领域的生产，例如我们在现代化的早期可以看到的那些，而对此我也发明了自己的补充概念。因为在这第一个阶段，我们不仅看到机器和工具的分离——以构成一种技术自治的方式——而且我们还可以看到在语言和再现中发生作用的同样的过程：对于任何艺术的现代主义理论，这无疑是更相关的发展。

语言历史学家告诉我们，未写出的语言以某种方式植于它们的生态学和社会语境，采用一种不加区分的方式，这种方式形成一种不可想像的语法观念，并暴露出其所有的时代错误：当写作为了保证和记录这个过程的不同阶段时，是否还可能引起一种合法的、发展类型的语言变化？因此，写作的出现是语言内部的第一次区分，是两个截然不同领域的第一次自治，而这两个领域无疑已经经历了许多社会的区分（性别，年龄，甚至阶级基础，这些常常以不同的代词、不同的动词形式、甚至不同的句法结构来标识）。

这种思考的基点只是认可一种进一步的、“现代的”观点，按照这种观点，19 世纪语言的多重区分，通过欧洲民族—国家的不平衡发展，不仅投射出语言根本不同的和半自治的语言领域，如贵族的语言和资产阶级的语言，学者的语言和流行的语言，高雅文学的语言和言谈的语言，早期大众新闻的语言和商业交换的语言，而且在所有这些之外，还投射出一种空洞的乌托邦的语言领域，它虽然并不存在，但却可以像欧几里得几何学那样进行证明和推论。因此它是一种空间，在这个空间里，新的语言专家进行工作，并通过修改各种形式的日常言语中那些原始的、欧几里得式的假定公式和公理（参照系、传递性、附加项），他们演绎和发展那种看不见的整个新语言结构的轮廓，而这些结构以前也从未见过。[3]这样一种结果的意识形态的效用如何，同样也不重要（而且诗人们提供了他们自己的相关的意识形态理由和证实）。正如我们已经看到的，对弗里德里希而言，所有这种令人困惑的自治化都与“异化”有某种关系。对于另一种传统——它被马拉美的不朽名言“让社会言语更加纯洁”权威化了——由此而产生的非欧几里得语言领域，在堕落的商业言语到处可见的环境里，具有一种强大的乌托邦使命：它试图开拓、拯救、变革和改良那种资本主义日常生活的共同语言，使其变成一种原始的言语，通过这种言语我们与世界和存在的真正关系可以被重新发现。然而，这并不是现代主义的历史意义，而只是它的美学和它的意识形态——对此我很快会加以论证。至少是它的意识形态之一：因为随着语言自治化的开始，它的非传递性、非表意性的更苍白无力的“促动因素”便会出现，就像福柯后期关于语言非人的另一面的现代美学所表明的那样。诚然，对于语言区分和自治的过程，人们可以写出这些变化的意识形态占用的历史，但这种历史不同于那个过程本身的历史，就像交替赞扬“诗的语言”或非欧几里得的语言要么是纯洁的理性要么是纯洁的物质性所表明的那样。

我们在这里还可以谈谈某些“开端”，它们已经变成大量的素材和营养以及讲述新生事物故事的新的尝试（无论它是现代性还是现代主义的故事）。[4]我相信，这一领域最丰富、最有启示性的意见出现在罗兰·巴特的仍然非凡的《写作的零度》，关于这部著作，可以说只有它最后的预见或预言（关于所谓的空白或漂白的写作）随着时间的流逝已经过时。[5]这里我要保留的巴特的叙事是他对风格代替修辞的论述：旧的、实际上无法追忆的一种对语言的安排，其实只是为了演讲，基本上是修饰性的（常常是作为政治权力或社会阶级的一种象征方式的复述），它在法国革命时期让位于一种非常不同的言语（华兹华斯朴素的或民主的语言只是一个标志），这种语言的特征现在不能根据同一性来观察，也不能根据它们与古典作家的绚丽时期相似来观察，而必须按照差异来观察，而这些差异被理解为主体个性的差异以及多种不同**风格**。于是，后来历史对风格的掩盖，实际上对以主体为中心的个人特性的掩盖，在当时流行的任何意义上都不应该理解为**写作**的出现（它很快扩展，远远超出了巴特自己最初的看法），而应该理解为后现代主义和后现代性对现代主义的压制——对此我们将不在这里论述。但是，风格范畴的出现不应该与主体性的新的历史进展相混淆，相反，它是语言本身自治化历史的组成部分。

非常明显，这种自治化对于再现和其他类型的艺术的“意义”至关重要；而修辞手段与绘画媒体的区分无疑是最富戏剧性的方式，我们将会看到，这个故事如何以这种方式来叙述。但相关的实例也可以在哲学的观念语言内部来探讨，因为像尼采那样，它也变成了“现代的”；同样，在“发明”无意识或对铁、增强水泥、玻璃等非模仿或后模仿的建筑材料的应用中也是如此。[6]对于门外汉，音乐材料的类似发展可能会被更粗暴地理解为是对旋律的掩盖和对音调和谐的废弃：除非确实它是那种被理解为现代性的音调的发明。[7]但对于所有这些突破和开端，都可以找到严格的标示者：波德莱尔、马奈、瓦格纳、帕克斯顿和水晶宫，等等。

但不甚明显的是其所用的方式，即在那一点上，对现代主义理论也一样，如何嵌入我们在讨论现代性时确定的突破和时期那种相同的辩证。这里关于绝对开始的问题绝不是一个问题：因为确切地说转义的存在是为了激起惊讶和对新理论的愤慨，比我们的想像进一步后退，使尚未变成经典的名字突然上升，遮住过于熟悉的名字的光彩。不过，更令人不安的是这种突破增加的倾向；我们这里只选出“第二次”突破的一个实例，然而它仍然是编史争议的一个活的根源，并且在整个艺术中（包括哲学）也一直发生作用。它是象征主义的问题，其有机形式和有机装饰——虽然在某种意义上肯定是现代主义的——在精神上明显不同于机器时代的暴力行为，不同于未来主义的欢呼，也不同于随后发生的一切。它是一种历史的区分，人们发现它在建筑（新艺术对包豪斯建筑派）、音乐（早期神经过敏的舒恩伯格——布莱希特认为他的乐曲“太甜蜜”——对后来十二调体系的理论家）和绘画（印象主义对立体主义）中一直重复或复制（在哲学里，等同的情况无疑是 19 世纪后期的活力论与从实用主义及现象学直到结构主义和交流理论等一切事物的更纯粹的种种形式主义的对立）。

因此我认为，在这种意义上非常适合谈论现代主义的两个阶段，除非人们仍然对该过程不可避免的力量感到自鸣得意，而它注定要产生更多的、实际上无限的突破。所以我们这里很快要提出一个后期现代主义的阶段，与现代主义本身形成对照（甚至以后者的“两种形式”）；而对后期现代主义者自己而言，那种常常被称为后现代主义或后现代性的东西，将只是记录另一种内部的突破，以及另一种甚至更晚的、基本上仍是现代主义阶段的生产。

于是，这种突破随后的增加一般被归之为（像我们看到的那样）所谓现代主义的终极目的，也就是说，归之为永恒创新的内在力量，它像资本主义不停的、不可控制的扩展一样，必然进一步向前推进，超越它的界限，进入新的“技术”以及新的内容。这样一种终极目的的微观叙事并不陌生（无论何时，如果一个特定的“现代主义”艺术现象在仔细审视时被放大，这种微观叙事也会增加）。从波德莱尔形成的那种马拉美和兰波的公认的、平行的传统，即纯粹的诗和超现实主义传统，在小说中一方面可以与从福楼拜形成乔伊斯对应，另一方面可以与从福楼拜形成普鲁斯特或卡夫卡对应；在绘画方面则与从马奈形成印象主义或立体主义一致；而在音乐方面则与瓦格纳的多种分支体系相似。在“影响”和转变的这些阶段中，任何一个都可以说是由于某种宣言的有力干预而形成的突破，因为它们以一种新的系谱学的方式重写过去，就像庞德或超现实主义者或者舒恩伯格或康定斯基所做的那样。这里，必须创新或“使之成为新的”的力量，“新”本身那种有力的、中心的、支配性的价值，似乎一直在构成现代主义的基本逻辑，这种现代主义重复谢林现代性的力量，以追求创新的名义并为了它自己的目的而有力地排除过去，看上去常常是一种空洞的、形式主义的崇拜。这种冲动的历史神秘性，可以通过它坚持超越现代主义本身的历史时期来衡量，在 20 世纪 50

年代和 20 世纪 60 年代之间，现代主义似乎触及某种局限，好像已经穷尽了一切可能达到和想像的创新性（就此而言，它似乎也提供了一幅资本主义本身的漫画，因为一个饱和的世界市场的极限已变得可以想像）；这里的观点是，尽管后现代主义系统地、彻底地否定它认为是高度现代主义的所有特征以及现代主义本身，但它似乎完全无力使自己摆脱这种原创性的最终要求。

那些认为这种坚持无须证实、甚至完全是自然的和不可避免的人，可以说是在一种市场框架内思考，这种市场比现代主义本身更持久，无论以什么样的区分形式——新型的博物馆与新型的集体艺术项目和展览现在一起加入了更传统的艺术画廊——它都伴随着资本继续进入它的第三或者后现代主义或全球化的阶段。然而，如果一种理论（或叙事）威胁要吞噬“后现代性”，以追溯既往的方式只是把它作为一种更加延伸的现代主义的创新，从而取消那种确立某个后来阶段概念的突破，那么这种理论（或叙事）显然突出了商品形式的无处不在并把它当做了它的解释机制。现代主义的终极目的在艺术里重复时尚本身无休止的目的，其中也刻写着商品生产的节奏。市场叙事（对此我们很快会回过来再谈）是一种有说服力的叙事，如果我们像阿多诺那样，在艺术作品本身内部刻写物化的过去——现在被理解为是对以顺势疗法接受其形式的那种内容的抵制——这种叙事会变得更令人满意。因为艺术作品力求通过更大的客观化产生一种物质性，而这种物质性又不会被商品的逻辑吸收。这种理论还有另一个优点，它为那种非个性化、那种从主观表达到客观状态的运动提供根据并对其从多方面决定，而这已经被认为是现代性和现代主义的一个基本特征。不过，从鲁曼的区分观点来看，也许这种叙事还会被进一步提高，鲁曼的区分假定在商品内部有一种从它自身的裂变和构成，类似于它的客体形式被分离出来，然后作为一种独立的力量被置于新的自治或半自治的艺术领域，因为它（伴随着它在广告和大众文化中的虚幻形象）从商业生活和类似的日常语言中分了出来。

但是在我看来，这种目的论的叙事的力量，并没有充分得到市场和商品形式的概念的保证：或许人们更应该说，这种坚持的、非常顽固的叙事，很可能有许多不同的解释性力量决定和投入。于是，这里又可以看到技术的主题的回归（无论关于技术进步的目的论叙事是否像这种艺术的现代主义本身的叙事那样是一种充分的构成），因为从技术方面对想像的美学分析的选择，不可避免地会牵动这种特殊的解释重心，即使对语言艺术形成一些问题——与绘画、音乐或建筑相比，语言艺术所谓的技巧是想像出来的。不过，这些问题终将成为生产性的：因为这好像为了回报其他艺术对诗和诗的语言在现代主义美的艺术体系里至高无上地位的承认，诗无论以什么隐喻的方式，都愿意接受其他艺术对它们的结构和内在力量的技术和物质的说明，以此高雅地对其他艺术回致敬意（我们后面将再谈这种有趣的交换协议）。

但是，一旦作出这种决定，不仅把变化读作创新，而且还根据媒体内的技术和技术发展对后者解释，那么这种转换就已经完成，而现代主义的目的论就可以得到充分赞扬，并带有一种在技术（有时甚至是科学的）进步框架内的新的力量。这就是说，对一种新出现的现代艺术的各种维护和辩解，现在可以借用已经存在的技术的意识形态的力量，这种意识形态变成了一个挡箭牌，在它后面商品形式和市场那种麻烦的逻辑可以发生作用。

不过，在形式和内容之间不断的往返之中，后者必定肯定其权利，并提出从诗的技术方面解释现代主义的问题：这种解释何以能说明关于机器的诗（未来主义）之外的东西，或者必要时关于城市复兴（如在波德莱尔的“巴黎景色”里）的诗之外的东西？换言之，另外那种主张认为，现代主义也在主观领域里创新，把已知精神世界的边界后推，探讨情感和激情，探讨迄今仍然隐而不见的无意识的起源，这种主张究竟与技术有什么关系呢？

这是一种重大的否定，但没有通过已经提出的非个性化的纯否定原则令人信服地加以说明。为了理解该现象的这一方面，我们发现自己必须回到那种“表征的危机”，虽然在对语言的讨论里只是稍微触及这种“表征的危机”，但它现在却暗示着一个阶段的前提，其中常规和传统的情感语言符码开始使自己与它们的客体分离。更确切地说，在词语、地点、身体和手势之间，某种早期的、传统的语境的统一性，或境遇的统一性——其中语言还不接受独立的存在，更不要说自治——在区分和分离的力量之下通过缓慢的积聚在这里得到断定。

人们也可以谈论一种唯名论的开始（如我们前面所做的那样），这种唯名论产生一种悖论的效果：使词和它的客体都“变得奇特”，两者现在都变成一种奇特的新的半自治的存在。对于这个问题，传统的甚至现代早期的论文，都以结构主义语言系统来论述情感：各种指名的情感成对或成组地排列起来相互依赖衬托，有肯定和否定也有中间状态（无论在亚里士多德的《尼各马科伦理学》或笛卡尔的《情感论》里）。这颇像构成列维-斯特劳斯结构主义学说的第一个伟大例子的那种色彩体系。人们千万不要以为任何语言的缺陷都会在个人情感—词语上表现出来，即使新词常常不明确地表现出要修改这个体系，而旧词偶尔被重新命名；其实，“现代时期”发生的是这种词语的整个体系出现了危机，随着它的解体，也破坏了它的任何单个因素的表征力量。于是，对这些现在不熟悉的、未命名的“情感”和“感情”命名的问题（感情也是抽象的“名称”，不再真正与可辨识的实体相对应），把主体的内容本身抛进了广为人知的“表征危机”，并通过以社会和集体的统治形式（无论如何，它们自己在革命时期遭到了破坏）使表征的“解决”变成暂时的和非权威化的，它还把这种解决释放到关于时尚的目的论的逻辑。

但是，我们还必须简要地记录一种相互的过程，因为在我们这里考察的语言学分离和区分的性质里，一定要想到新的语言学构成并不对主观物质发挥它们的决定性影响，尽管它们被假定是在对这种物质进行惟一更充分的命名。这是现代主义自我鼓吹的荣耀之一，因为它常常根据其名称的力量创造其客体和主体的参照。这一过程也不只是暗示性和吉拉德的模仿行为的问题。俄国形式主义者在他们所说的“方法的促动因素”里，也许最早发现了一种空洞的修辞常常可以概括一种用以填充它的现实。在美学层面上，这有些类似詹姆斯-朗格旧的情感理论中的悖论（这种理论认为，主体的经验感受随着手势的表达产生，而不是在它之前或成为它的原因），并且只是最近在保罗·德曼那篇如今变得令人反感的论“道歉”的文章里才再次得到阐述。在这篇文章里，主体的“真实性”几乎仅仅被理解为他的（她的）言语行为的姿态和句法的后果。[8]

不过更常见的是，表征的自治化，以及伴随而来的艺术语言的非主体化，在日益增加的空间迂回中变得清晰可辨，而通过这种迂回，新句子必然在其努力重构某种先前的情感时出现，并成功地回避它的先在的形式，即至少在一段时间内作为传统和陈规已经存在的形式。

正是在这一点上，我们必须回到阿多诺，他对关于现代主义创新的常规说明提出了截然相反的看法。正如已经看到的，这并不是一个新材料的问题，像根据旧的确定性继续发现新的规诫那样。这是一种决定性的介入，明显地依据旧的霍克海默/阿多诺的《启蒙的辩证法》，按照该书的看法，知识和科学中每一个所谓的进步，都可以理解为一种陌生化，它把先前的理性阶段降低到迷信的地位，最终导向一种反对理论的实证主义的荒原。这种新的解释的观点，现在把所说的现代主义创新（以及对**新**的崇拜）的终极目的基础，置于一种更令人满意和更能理解的过程。随后每一代——假如你愿意也可以说始于浪漫主义——都觉得那种令人不满的、继承下来的语言学的主体性修辞手段是一种人为的成规，它需要以某种更新的再现的替代物来取而代之。过去看似进步的对主体性的新领域的发现——从波德莱尔矛盾的施虐—受虐狂的“恶魔崇拜”，经过兰波的狂喜和妥斯托耶夫斯基的自我克制与自怜，一直到20世纪文学中各种集体的难以指名的情况——现在都被看作是一个持久的不予命名和比喻修辞的过程，它没有可以预见的终止点（直到它随着现代本身的终结而衰竭）。

但也正是在这一点上，我们应引进公众或读者，把这个过程拓展到更广阔的社会语境。我们无须等待彼埃尔·布尔迪厄对美学矫饰的治疗性的非神秘化，来理解在所有这一切当中对艺术家个人动机构成危险的东西。在当时被认为是他的实践者的犬儒主义里，保罗·瓦勒里评论说：“波德莱尔的问题必须……用这些话提出：‘如何成为一个伟大的诗人，但既不是拉马丁，也不是雨果或缪塞’。”[9]不过，这种命令式的说法——瓦勒里称作波德莱尔的理性状态——不必当做是现代主义者诗歌发明的一种暴露：它是主体再现危机中固有的东西，而这种再现本身只不过是我们所说的非欧几里得语言自治化的一个子集。

这也与有时被不适当地称作接受危机或公众自身危机的情况相对应。然而我们不必假定某种迄今统一的公众，然后通过一个牢固地控制权力和文化的资产阶级的统治时期逐渐分裂。因为鲁曼那种区分的概念的力量在于它所用的方式，它假定构成和重新连接在同一过程中同时发生并形成一致，公众开始区分的时刻，正是它作为一种新的可辨识的社会机制形成存在的时刻：新的资产阶级阅读公众的出现，与它分裂为可连接的亚群体是一致的，而这些亚群体凭着它们自己逐渐变成自治的。这就是为什么新的资产阶级艺术——新的现代主义艺术——立刻面对着一个“无法找到的公众”。在它最原始的形式里，我们可以断言，就在它构想它作为高雅艺术的使命时，后者（高雅艺术）发现它的公众已经被大众文化所征用：这并非说，那种使命本身不是受到大众文化形成存在的鼓舞并被其主题化，它本身就是我们在这里所谈的文化区分的一种不可避免的后果和副产品。因此，巴尔扎克是一个畅销书作家，而雨果则是一个非常流行的诗人：对于他们的后继者再不可能有类似的事情。

但是，这种情境现在把我们引向现代主义在艺术里的另一个特征，而且这种特征像我们迄今提到的那些一样是构成性的和决定性的。这就是人们常说的那种现代的自我指涉性或自我指称，而现代主义著作的运作方式常常可以被公开或含蓄地看成是它们自己生产的寓言。这种观点不仅认为现代主义新出现的艺术家没有社会地位或制度上的社会作用，甚至在任何严格的意义上还不是知识分子；而且它还认为他们的作品越来越难以分类，并在努力使自己区别于商品形式中开始抵制文类的商业范畴，与此同时，为了某种独特形式的地位，他们创造出各种神话和意识形态的主张，但又得不到社会的认识和承认。由于这种空虚，他们必然要自己承认自己；而自我指涉性是这个过程的真正动力，因为在这个过程中，艺术作品指明自己并提供想像中使用和评价它的标准。人们无须把这作品意义的这一层面看作是排他性的；相反，在许多层面当中，它构成一个寓言层面——对艺术家自己而言无疑是神秘解释的层面。

然而，这一层面诱使艺术家更大规模地构想他们的雄心，并在“世界之书”里达到顶峰，按照马拉美的看法，**那本书**表明世界注定要走向末日。于是，无论今天看来多么不合情理，当时却唤起了现代主义的最终主张，即现代主义与安德烈·马尔罗所说的绝对的关系。实际上，在一个与时代的伟大宣言（从布勒东回溯到塞尚、兰波和马拉美的信件）完全不同的层面上，马尔罗的《沉默的声音》以及吉埃迪昂的《空间、时间和建筑》，可以被认为是对整个现代主义所作的伟大的、意识形态的辩解，因为大部分都远比过去对哲学美学的辩解实在的多（当然除了阿多诺和康德本人）。

通过最后一次引用阿多诺，我们可以更谦逊、更可以被承认地说明对这种绝对的要求：阿多诺的大意是，“为了使艺术作品成为一种纯粹的、真正的艺术作品，它必须不仅仅是一种艺术作品”[10]。换句话说，纯粹的美不可分割地与它最终是不纯粹的那种要求联系在一起。这样，我们在这里便触及区分和自治化的口号最终的含混：语言和美本身永远不可能完全自治，除非它们进入我向思考和精神分裂，变成浮夸费解和十足“空洞的声音”：甚至无意义的节奏（路易斯·卡洛尔）或科莱勃尼克夫式的自治的超级语言，也必须保持那种细小的、最后的参照线索，而这种参照线索要求我们把特性化的“自治”重新描述为半自治的特征。这种绝对性恰恰是这种最后的细小线索，它最有力量，甚至把从马拉美到杰克逊·鲍洛克最不是欧几里得的艺术也与其他所有经过区分的参照世界联系到一起，并因此在一种非常的辩证颠倒中使它获得革命的力量。

二

我们一直在力图按照我们的原则重构“现代性”的历史情

境，在这种情境中，艺术上的现代主义可以作为一种可理解的社会进程。我们也吸收了旧的现代主义理论的许多相关的见解和因素，同时又以对我们当前不同的境遇有用的方式努力重写它们。

现在应该回到那些旧的理论，此后我将只把它们称作现代主义本身的意识形态，也可以说是它自己的意识形态（不是根据事实历史地进行重构，像我们在前一节所做的那样）。这种意识形态很容易辨识：首先是它假定美学是独立自治的，具有最高的价值，如果没有这种价值，各种批评家和实践者无论多么赞扬艺术及其特殊性和不可同化的经验，这种赞扬也不能真正地被认为是现代的意识形态。对此另一种说法是，在这种特殊局限的历史意义上，现代的意识形态所提出和安排的论点，都绕过了如何证实艺术本身独立的问题。它们不只是寻求突出一种独特的艺术技巧和经验，或者为一种艺术或媒体辩护而反对另一种艺术或媒体，甚至也不为一种更新的艺术辩护而反对常规的或传统的艺术。它们不只是为在艺术和其他性质的经验或社会生活和结构的其他区域或层面之间的哲学区分进行辩护——无论是现象学的还是结构主义的，也无论是物质的还是经验的。那种描述在这里总是被迫服务于一种更基本的目的，即赋予美学以一种不可比拟的超验的价值（实际上，它不需要以描述其他类型的经验结构来完成——无论是社会的还是心理的经验——它是独立的，不需要从外部证实）。

但是，我已经对区分这个关键词表明了我的看法，它在前面的讨论里无处不在；它现在可以被看作是从亚里士多德到卢卡奇各种哲学美学史本身的一个持久的特征（抛开鲁曼及其语言学的符码和口号）。为了某种并非适用于哲学史上所有（西方）美学家的特殊的历史判断，为什么要挑出现代的批评家和美学家——现代主义的批评家、美学家、理论家呢？这是一个可以通过现在的语境缩小和强化的问题：因为，为了说明前面一节谈到的现代主义，我们在这里不是特殊调用了美学领域里的独立自治的概念吗？这种说明不是只确认我们在这里归于现代主义理论家的那种结论、即美学本身的独立自治吗？最明显可见的差异，即我假定这种独立自治是一个历史过程的最终结果，而现代美学家总体上把它看作是一种超越历史的、无时间限制的、永恒的状态——这种差异是不是真的是残酷的差异？是不是惟一的差异？

不，根本的区别在于另外的地方，在于独立自治的概念和称作半自治的标示之间那种几乎看不见的界限：它是一种滑动（从附属的到独立的，或者说，从构成的和描述的到本体的），像一个纤细的发丝似的裂痕，深深地嵌在这组词之内（鲁曼的区分根本没有对它进行记录）；但它形成一条基本的边界线，在这条边界线上，现代主义的理论家把他们的立场置于一种讲故事似的严加防范之上，而这不免有时使我们其他人感到困惑。

通过记住我们自己描述中的其他令人困惑的特征，即绝对性，我们就可以摆脱这种困惑。最后这点事实上代表着所有美学之外的判断，最后提出这种判断是为了给我们一直称之为美学的半自治提供根据并赋予它新的动力：无论在人类心理学还是在历史或社会当中，甚或在宗教自身当中，这种判断都必然被现代的理论家拒绝和否认。但这种拒绝有时被那种本身是艺术和美学的立场所掩盖，而事实上艺术和美学对他们构成了绝对性，于是这种立场根据这种或那种艺术的“宗教”和类似的口号便被庸俗化了，而它们的一切都充满了内在的矛盾，最终变得毫无意义。并不只是艺术不是宗教，只能作为对外在权威和价值的服从而被迫为后者服务。如果绝对这个术语有什么意义，那就是它表示一种超验的促动因素，一种对外在于实践本身的某种事物的要求。但同样肯定的是，在我们这个时代，宗教是非常含混和脆弱的一个话语领域，它的词汇本身可以因其他原因被占用；实际上，在它与美学联系最密切的地方，人们最常发现它只不过是后者彻底独立自治的一个借口。如果把这些美学化的（大部分）基督教的修辞与T.S.艾略特加以比较，这种差异立刻会变得清晰而容易理解：后者要求一种真正的绝对性，就是说，一种对整个社会变革的看法，其中也包括艺术回归到先前公认的整体性。我们当代人的宗教是一种保守的、没有内容的遏制策略，一种对进步和革命立场的知识的——即使不是政治的——威胁的反应。

有一点会变得最不清楚，这就是对美学独立自治的肯定充满了矛盾，它需要大量的（意识形态的）工作才能保持。在假定了旨在历史地为这种现代的（或现代主义的）美学意识形态定位的其他一些前提之后，此刻我们要对它的能动力量和要求加以考察。实际上，接下来我要论证的是，这种意识形态——甚至作为现代主义艺术实践的理论化——与现代运动本身并不是同时期的东西，这我在前面一节已经做了描述。它是一种后来的产物，基本上是第二次世界大战以后那些年的发明创造。这种断言会引起关于意识形态本身的一些概念问题：即它与实践（这里可以说艺术实践）的关系问题，以及意识形态和实践与所说的历史境遇的关系问题。

举例说：如果现代主义的意识形态不是由现代主义的艺术家自己发明出来作为他们艺术实践的理论，那么他们的意识形态是什么？如果现代主义的意识形态是后来的产物，不再适合于我们认为是典型现代的19世纪和20世纪艺术家和作家的实践，那么它适合于谁的实践呢？这些最后该称作什么？如何区分他们与令人尴尬地称作“真正的”现代主义者或“真实的”现代主义者？让我们先看看最后这个问题。我把战后的艺术家称作“后期现代主义者”；在最后一节，我会概要地说明他们的作品和经典现代主义作品之间在结构上的差别，经典现代主义的实践者将被我（不无犹豫地）称作“高级现代主义者”。

在倒数第二节，从那个结论回溯，我将不得不说明现代主义意识形态本身“不平衡发展”的特点，它们如何在各不相同的民族境遇中以同样各不相同的形式出现，以及迥然不同的民族理论家如何使各不相同的形式得到发展。但是，在对战后各民族—国家的某种现代主义意识形态考虑于其中形成的各种美学之前，包括它们直接与之相对应的那种后期现代主义实践的艺术气候，我必须更具体地谈谈意识形态本身。

关于后现代主义的意识形态人们首先想说的是，它是美国的一种发明，它有某些特定的历史决定因素。我忍不住要补充的是，我们要区分外在的决定因素和内在的决定因素，事件和政治形势的压力与美学形式本身的压力。我们在这里将依次对它们加以论述。

后期现代主义是冷战的产物，但它有各种复杂的形式。冷战导致了整个社会变革时期的终结，实际上也是乌托邦欲望和期待的终结。因为在整个这一时期，消费主义的出现和消费文化的扩展，显然与在它之前赢得生产率的英雄时期完全不同（在冷战的两个对手之间，这个时期甚至并没有因第二次世界大战的破坏而结束）。但是现在，西方和斯大林主义的东方想要的是现行制度的稳定，是结束在现代性的标语口号下实施的那种现代主义变革的形式，换言之，结束经典的或高级的现代主义。于是后者的绝对性被变成了更基本的现代化计划——这只是表现那种旧事物或资产阶级的进步概念的一个新词。正如已经看到的那样，现代化代表已经发展的工业技术的转化和/或应用，代表着它的复制而不是发明。因此政治现在必须严密监视，对新的社会冲动要进行压制或规训。这些新的控制形式在后来的现代主义里象征地再现出来，把旧的现代主义的实验变成了经过检验的真正技术的储备，不再追求美学的总体性或完整性，也不再追求乌托邦的形式变化。然而——这里是把新的术语后期现代主义用于整个历史时期的地方——这种原始—现代主义美学的现代化战后仍然继续了一段时间，直到20世纪60年代结束了战后时期，结束了哈贝马斯所称的现代主义的追赶或恢复，结束了那种认为本身是后者的完成和完善的现代的继续。但是，努力继续并完成未实现的现代主义的许诺能采取什么形式呢?

让我们回到艺术的美国及其理论家在1945年德国战败后所面对的世界形势。就现代主义而言，我们当然应该记录一种世界范围的美学的"不平衡发展"。由于一些明显的原因，轴心国失去了它们的现代主义时期，同样苏联也失去了这个时期。所有这三个国家（我不算日本）在20世纪20年代都有过充满活力的现代主义，直到30年代初差不多同时它们都突然中断。在美学方面，这种情境无疑证实了哈贝马斯著名的现代主义是一个未实现的许诺、未完成的计划的口号。对我们来说，问题的关键不只是它们没有在艺术上发展，而且它们未能达到理论化的阶段，就是说，按照我们现在的语境，它们未能达到使某些真正"现代主义的"美学实践能够以现代主义意识形态的方式得到整理的阶段。与此同时，在所谓的西方民主当中，这个阶段同样也不存在，只是由于不同的原因而已。实际上，在英美核心国家，直到第二次世界大战以后，现代主义仍然是第二位的或相当弱小的力量。在法国情况不同但也不例外：虽然波德莱尔对"现代"一词的创新使用标志着现代时期法国艺术的中心地位，但"现代主义"这个陋词直到最近几年才使用，并且表现出一种奇怪的理论上的迟滞性——这我在后面会谈到。惟一的例外是建筑领域。在建筑方面，国际建筑委员会和勒·考比西埃咄咄逼人地推广现代的口号，孜孜不倦地建构其意识形态。（不过正如我们已经看到的，重要的是区分从属的“现代”的征象价值和现代主义口号本身，前者得益于所说的那个时代之前的美学讨论，而后者是一个甚至在建筑领域也不甚流行的独立的存在。）

冷战局面提供的并不是艺术的机遇，而是意识形态的机遇。当然，绘画中的抽象表现主义是一个非常伟大而持久的成就。但是，当我提出后期现代主义是一种美国现象时（或者更确切地说是美国一种独特的现象），我想到的是艺术理论，或现代主义的意识形态，而这正是由抽象表现主义的作用所产生的，并作为一种特定的北美文化帝国主义伴随着它在国外到处传播。塞尔格·吉尔保特的名著《纽约怎样偷窃了现代艺术的观念》绝妙地讲述了这个故事，我这里就不再重复了。在一个更有局限的民族范围内，这种发展在美国诗歌中得到重复，其中华莱士·史蒂文斯的丰富而复杂的著作开始取代埃兹拉·庞德和 T. S. 艾略特的作品，后两个人都因政治而失去了光彩，换句话说，因为对外在的、诗歌之外的或文学之外的关怀而黯然失色。但是，庞德和艾略特的政治（尽管令人怀疑并且是右翼的）标志着他们是真正的现代主义者，就是说，他们坚持绝对性和乌托邦主义，采取了不再适合战后时期的方式（尽管也曾有人说过，美国诗人艾略特的欧洲主义具有一种美学的北大西洋公约组织的意识形态，为英国与战后欧洲大陆的联合进行准备）。

为了能够转换和翻译，或者为了输出的策略，史蒂文斯同时是非常抽象的，在这一点上，他完全不同于过于美国化的威廉·卡洛斯·威廉斯（虽然史蒂文斯说他自己是最后一个从未访问过欧洲的美国人，在另一种意义上提供了一种高级文化“本国”化的本土证据）。史蒂文斯的诗可以看作文学，也可以看作理论；他的实践基本上是他自己与颇有影响的新批评一道构成理论的东西：就是说，史蒂文斯和新批评准备了现代主义的意识形态得以出现的空间。

现在应该说明什么是那种意识形态。它应该在新批评当中发现，但首先应该在那种从该时期美国绘画形成的批评中发现。那种批评与晚期现代的一个主要理论人物的名字相关，实际上那位理论家比任何人都应该被认为发明了现代主义的意识形态，并使之得到了充分发展。坦率地说，我指的是克莱门特·格林伯格。事实上非常具有讽刺意味的是，它竟然是直到最后一直掩盖着格林伯格历史性成就的各种艺术的“自治的意识形态”中的孤立主义，因此他与诗的语言信条的关系当时很少被承认。我将引用几段旨在提供这种干预的情况，并说明一种美学自治的理论如何可以在视觉艺术领域里重构：

> 它不是转过来面对新的社会，而是移民到波希米亚，那里应是逃避资本主义的圣殿。它应该是先锋派的任务，在反对资产阶级的社会当中，他们应该发现新的充分的文化形式来表达那个同样的社会，但同时又不屈从于它的意识形态的分割，也不屈从于它不让艺术由他们自己证实的禁令。先锋派既产生于浪漫主义又否定浪漫主义，他们变成了艺术的本能和自我保持的体现……
>
> 作为其日程表上第一项和最重要的一项，先锋派发现必须回避以社会意识形成斗争影响艺术的一些观念。观念一般都意味着主体问题……这意味着新的、更多的对形式的强调，它也包含着对艺术的肯定，艺术作为独立的行业、学科和技艺是绝对自治的，为了它们自身的缘由也应该尊重。[11]
>
> 先锋派绘画的历史是逐渐向其媒体抵抗投降的历

> 史；而这种抵抗主要在于单调的画面拒绝为现实主义的透视空间作“穿透”它的努力。[12]

对于一种美学自治的观念最初如何构成的问题，在达成某种更全面的理解之前，这里需要作两方面的讨论——一是关于格林伯格的历史和政治境遇的讨论，一是关于绘画理论转换到其他艺术和媒体的复杂现象的讨论。

众所周知，格林伯格最初相信马克思主义，同样为人所知的是其托洛斯基的立场，从这种立场出发，对斯大林主义的幻灭决定了他在总体上使艺术与政治分离。不过，这里有两个相关而又不同的框架。马克思的立场假定艺术中的现代主义和它的资产阶级语境是对抗性的；马克思主义本身内部的不同层次能够使那种对立性的解释从反资本主义的立场滑到反资产阶级的修辞。后者由于不再以分析社会—经济制度为基础，所以很容易退化到根本不再决定政治的对社会的厌恶，表明在资产阶级社会内部的一种飞地的立场，格林伯格的同时代的学生们发现他们可以把这种立场称作“对资产阶级的忠诚的反对”。（这种巧妙而可笑的扭曲，似乎更适合许多处于商业主义内部的后现代艺术家的角色，而不是高级现代主义或后期现代主义艺术家的角色。）

于是，反斯大林主义运动的发展倾向于掩盖这种反资产阶级的立场，试图把左派的政治实践与资产阶级公共领域结合成一个单独的实体，作为外在于艺术作品的东西。左派对政治的坚持和资产阶级的自由修辞，在前面引用的那段话里都同化为“社会的意识形态斗争”。于是后者构成“内容”，或者格林伯格在这里所称的“观念”或“主体问题”；无论出于什么信念，它们都使它能够把必须从艺术作品中删去的东西等同于政治本身，从而使它变成某种更加纯美学的东西（人们理解纯粹性或“纯粹的诗”的口号是一种旧的语言)。

但是，两种有利的情况因此得到了保证。首先，马克思的模式现在可以保持并以一种新的惊人的方式得到发展：作品的纯化和根除外在于它的东西现在可以看作是艺术维护自己，反对敌对环境的一种方式（无论那种环境是资本主义还是只是中产阶级的偏见)。格林伯格的美学计划现在可以被赞扬为“艺术自我保护的本能”，它反对所有敌视它的力量，无论是政治的还是社会的力量。

同样，新的过程——由此艺术真实的主体问题变成了“内在的”，并被发现是物质媒体本身——现在可以重新与现代主义的目的论一致，与新颖和发明一致，而且在更彻底地“向它的媒体的对抗投降”的道路上，由于它的出现可以构成一种新的系谱学，其叙事确切地围绕着这种有倾向的对外在性（现在被理解为修辞）的消除而转变。这种新的目的论的叙事——它现在可以组织和协调对经典时期创新的各种时断时续的要求——也说明了格林伯格同样令人惊讶地对旧的术语“先锋派”的占用，其目的是把他的美学改变成一种宣言，把他赞赏的画家转变成一种充分发展的集体运动。但是旧的先逢派在这种意义上很难说是纯粹的或形式主义的，而特别强调和热情支持的只是那种格林伯格同样热情地希望从艺术中消除的政治使命和（任何类型的）内容。

格林伯格作为一个理论家（假如真的能从他作为一个批评家的洞察天才中区分出来）的伟大性，不只是看到如何成功地使社会和政治领域里的这些两难困境达到新的美学的解决；也不只是发现了如何以新的解决作为他的新意识形态叙事的高潮这样一种方式来重新建构现代主义的传统；而且他还了解到如何抓住时间，理解冷战的开始不是作为希望的终结和前一时期产生力的瘫痪，而是作为一个独特的机会来构成一种崭新的意识形态，这种意识形态利用并重新唤起那些能量，为未来提供一种全新的（美学的）蓝图。

第二种评论论及由这种意识形态和这种美学——显然是具体的媒体——转变成其他艺术所提出的问题。这是一条双行道：我们不仅要说明对油画材料和帆布表面的赞美何以能够在语言艺术里找到等同物；而且要说明那些艺术为什么首先需要这种转变，为什么它们不能只是发展它们自己的独立自治的意识形态（如像新批评实际上对文学做的那样）。

因为我们面对着一种矛盾的境遇，在这种境遇里，文学——更具体地说是抒情诗，非叙事的诗的话语——被置于现代主义高雅艺术系统的中心（顶峰）。就这种假定的艺术自治地位的表征本身无法再现而言，这是一种误导的主张。因为，诗本身难道不"追求音乐的条件"？当一个人把他的再现的注意力转向音乐本身时，难道不应该把它说成是一种诗的话语，外在维度的意义已经从它升华到不可言喻的顶点？音乐于是被想像为一种没有内容的表达方式，一种什么都不说的绝对语言：只有在接下来的意识形态活动中是个例外，而它绝对表示的意识形态活动本身，似乎也处于虚空之中。因此，在一种循环运动中，各种艺术——更确切地说，各种艺术的媒体——只有通过借用另一种艺术的再现特征才能证实其性质（因此才有德国哲学家谢林著名的说法："建筑是一种凝固的音乐"）。

因此，如果艺术自治意味着某种超越修辞的绝对精神化或升华，那么它可以根据某种绝对的物质性以辩证的方式同样很好地得到再现（正如黑格尔所指出的，存在和虚无等于同样的事情）。这一问题最自相矛盾的形式是，语言的物质性得到证实，这意味着它引起一种远远高于那些只是"在空中振动"的存在（马克思的话），或者远远高于索绪尔赋予他的能指概念的那种听觉形象

（没有意识到最近为这种概念而保留的那种特殊的理论的命运）。当然，大部分随后出现的那些支持语言物质性的人（如保罗·德曼和让-弗朗索瓦·利奥塔，从他们不同的观点出发），不遗余力地证实那种最终是令人反感的立场——语言是非人性的。这种令人反感本身也是双向的：因为这种立场现在可以毫不费力地被任何唯灵论占用（技巧上的非人性也是上帝注入他的人体和有机体创造中的精神）。但是这种物质性常常暗示非理性——在这个阶段是终极的精神/肉体问题，其中物质的语言表明它根本无法与人的其他杰出的能力"思想意识"相一致。因此，拉康关于人类有机体出现在象征秩序的异化因素里的概念常常具有科幻小说的色彩；语言此时变成一种奇怪的财产，由外星球某个种族的旅行者在他们对地球的短暂访问期间，给予他们发现在地球上流浪的不幸的人类动物。

不过，事实上，在这种理论里真正被承认的是意识形态再现的要求：格林伯格油画的物质"语言"，帆布所需要的有形姿态，以及"艺术的"表面，赋予自治的艺术作品的概念以戏剧性的内容，使我们能够以某种非工具的方式谈论技巧。这就是为什么文学，或者纯粹的文学美学，深受其他艺术的嫉妒；它渴望它们的目的论历史的完整性，渴望对它们选择的物质性的肯定和保证。在商品化的时代，文学希望它成为一种东西，像其他艺术品看上去那样的物品；像在福楼拜的梦幻结束时的圣安东尼，它不停地嘟囔着它最深处的欲望：**要成为物质的！**

这就是为什么在与绘画那种可羡慕的、实在的、现代主义美学经过意味深长的调情之后，它紧紧抓住艺术语言本身的那种替代物或第二位的物质性，也就是诗和诗的语言，于是诗和诗的语言便被提到高于其他语言艺术形式的中心地位。因此，对文学现代主义的所有自尊的理论家，一种纯粹的诗的话语将构成恒星，所有其他的语言现象都冒险围绕它转动；而那种对诗的语言本身进行某种“界定”的不可能的理想，将变成自从新批评（以及在他们之前的苏联和捷克形式主义者）以来所有现代主义批评家的更好的诱人失败的策略。尽管如此，现代主义意识形态大厦的第一道大裂痕早在1957年就已被看到，当时诺思罗普·弗莱（在《批评的剖析》里）断言叙事本身具有同样的重要性，接下来巴特、结构主义者和符号学家，重新发现的巴赫金和某些弗洛伊德主义，所有这些都为特定的现代主义文学意识形态的棺材提供了大量的钉子。

不过，现在我们需要首先回到这种意识形态构成的前提条件。人们现在可能争论说，自从康德以来，所有哲学美学都在朝这个方向发展；或者说，康德本人就是真正的哲学发明家，他发现了一种信念，其历史的实现恰恰在于这些晚期的现代意识形态。这是一种重要的反对意见，其基础是一种编史工作，它把历史记录组织成连续的一体，而不是重构为许多断裂。这种意见需要更全面的回答，我不可能在这里提供。[13]我相信，康德的美学把艺术从封建的装饰中解放了出来，并把一种新的资产阶级艺术定位于传递乌托邦和后来的现代主义价值。但我认为，如果把康德的方法重新挪用于反政治的和纯美学化的后期现代主义意识形态，那就是一个历史的错误。这是另一种情况，正如许多当代思想家和历史学家向我们表明的那样，传统事实上是一种现代的、甚至当代的、后当代的或后现代的发明；从过去的权威的引用最多只是一种模仿拼凑。今天艺术的自治至多只代表高雅文学本身，也就是说现代主义和它的经典。

由于以这种方式表现出来，这些意见很难说是个人的，因此我需要通过对运作情况的说明来支持这些意见。自治的概念首先依靠那些动作来重构，而实现的行为则是它的前提。

人们可能认为这是一件很容易的事情：通过把艺术与非艺术分开；通过排除它在外在因素，例如社会学的和政治的因素；通过从实际生活、商业和金钱、资产阶级日常生活，以及围绕它的一切污泥浊水中恢复美学的纯洁性，肯定可以保障艺术的自治。但是在我看来，它根本就不是那么回事，即使美学理论家以那种方式说明了他们的成就，把美学从一切非美学（和所有其他学科）当中分离出来，他们立场的基础以及美学自治的定义本身也得不到保障。

在这种立场中，惟一还是真实的东西是分开或分离的行为本身，但它并没有发生在他们为它指定的确切地方。美学的自治并不是通过把美学与实际生活分开而获得，而且康德表明了它从一开始就不是实际生活的一个部分。相反，它的获得是通过美学自身内部的一种根本的分裂：文学和艺术与文化的彻底分离。（这也说明了为什么 T. S. 艾略特恢复文化的计划并不适合后期现代主义。）

因为，实际上，人们所说的各种形式的文化是美学与这种或那种日常生活类型的一种认同。所以，正是从文化当中，艺术本身——高级艺术，伟大的艺术，随便你怎么称赞它——必须被区分出来；这种活动只能历史地发生在电视时代的最开始，后来被贬称为大众文化的东西当时还处于幼儿时期。

不过，事实上，从格林伯格到阿多诺，经过美国的新批评，所有主张艺术自治的理论家和思想家，或现代主义的理论家（与真正的实践者相对），都同意文化的观念是艺术的敌人；如果对文化敞开大门，那么当前在文化研究条件下被谩骂的一切事物都会涌进纯艺术和纯文学，并使它们受到无可挽回的破坏。然而应该非常明显的是，这种告诫的区分远不是美学和非美学之间的分离：毋宁说它是文化领域内部的一种分裂，是最广义的美学内部的一种分裂，因为在那种意义上高级艺术和文学是和电视一样的文化，而广告和流行文化是和史蒂文斯和乔伊斯一样的美学。

同样不难看出为什么需要走这么一步：从席勒和黑格尔以降（直到后来的 T. S. 艾略特），文化一直明显是社会或日常生活与艺术之间调解的空间。文化是这些方面双向相互作用的地方：艺术使日常生活崇高（像马修·阿诺德希望的那样），反过来社会生活使艺术和美学平凡和堕落。因此文化像是边境地带和来往跨越运动的空间，是从一个层面或维度到另一个层面或维度的变换和转化的所在。如果把这种模糊的空间作为调解的所在，如像伟大的艺术家所做的那样，那么文化的社会一极就不仅是内容和素材，而且它还提供基本的语境，在这种语境里，艺术即使以其现代主义形式的绝对性——尤其以其现代主义形式的绝对性——仍然具有挽救和改变一个堕落的社会的功能。另一方面，像我所提到的批评家和理论家那样，如果人们面对这种模糊的边界感到不适，或对必然脱离艺术作品本身的不确定性感到焦虑，那么关键是打破联系，切断这种辩证的运动，对文化的概念进行挑战并从哲学上对它怀疑，以便保护艺术的空间使它不再遭受侵犯或污染。我应该补充的是，在这种新疆界另一边的专家——社会科学家——对于美学化的现代主义批评家一方的这种举动并不一定怀有敌意。因为这种分离也保护他们的学科。它把文化变成社会学里的一些小的探索领域，但首先它从那些关于文化的意识形态及意识的问题中清理和纯化它们的各种理论和探索；那些问题非常混乱而令人厌烦，并可能把不可量化的人类自由重新引回到一个细心划界的、确定的、可试验的、可能歪曲的、实验和问题的统计领域。应该补充的是，在社会科学家眼里，文化和艺术的分离把艺术和美学恢复到他们所属的那种安全领域，因而加强了使他们的学科免受纯理论冲击的有利地位，而过去四十年来所谓的人类科学一直在散播这种纯粹的理论。因此，在各个方面，出现了把文化变成贬义词的意愿：文化是坏的文化、大众文化和商业文化。人文主义者可以毫不犹豫使它服从于社会科学的分析，使文学不受影响也不可触及，处于一个它自己的专家可以继续不受外在问题干扰的工作领域。

但这种**文学**事实上是一种新的发明：它并不代表人类历史长期积累的那庞大的表征和文化（实际上主要是宗教的）资料的档案；相反，它事实上是那种划定了界限的、称作现代主义的历史现象（以及它选择以自己的形象重写的过去的片断）。因此我们这里有不同识别的方式：高级文学和高级艺术意味着美学减去文化，美学领域从根本上清除和净化了文化（主要指大众文化）。这种新价值观的战斗口号最近几年发展（至少在美国）成了那种亦新亦旧的词语——经典，它指的是一系列伟大的作品，“一切想到和说出的最好的东西”——我们的右翼分子喜欢引用的马修·阿诺德的说法。这个术语和概念具有提出旧的语文学家（不知谁还活着）和更新的美学家结盟的优势——语文学家对过去怀有真正的历史兴趣并赞扬过去，而新的美学家则是某种（晚期）现代的理论家。因此这个术语掩盖了我在这里坚持的基本事实，即这种纯美学的或纯艺术的经典，只要仔细观察，立刻就可以发现它只不过是现代主义本身。

三

但是，如果不能从康德的美学遗产中把它推演为一种有机的、进化的发展，那么我们现在称之为现代主义意识形态的东西必然被认为是一种意识形态的计划，大量个人都曾集体地为此努力工作，但却未必意识到他们严肃地介入的这项历史任务。此外，它还必须被看作是一项因不同民族情境而反复出现的计划，作为一种特殊和独特的民族—文学任务或原则，它与其邻国跨文化的亲属似的关系并不总是明显可见（无论在国内外都是如此）。当我们考虑到我们前面谈到的那种不平衡的发展时，各种迟来的或者不成熟的现代主义的非同步的力量，它们的"追赶"（哈贝马斯用语），或者实际上它们过早的衰竭，一幅多重时间性的和多重线条的现代主义意识形态构成的画面便浮现出来，它们不可能被拉平为任何简单的影响模式或文化和诗的帝国主义模式，或者跨文化的扩散或目的论的事实的模式（即使所有这些选择提供局部令人满意的叙事）。

因此我们必须进行选择，在这些平行而又全然不同的、历史上独特的轨迹中，只以几个来加以概述。在非常不同的语境中，我们已经涉及保罗·德曼和阿多诺后期的美学；而实际上，每一个肯定都应该看作是自己风格的现代主义者（就像德勒兹、利奥塔和福柯在哲学和美学上采取各不相同的独特方式，但他们的"后结构主义"——举起一面热烈争论和非常不和的旗帜——却完全可以看作与更大的后现代叙事一致）。

但是，保罗·德曼和阿多诺（在当前语境里）的重要之处在于他们的方式，在他们后期的作品里，一种得到充分声援的现代的意识形态达到了真正自我批判和"反思"的含混阶段，这也可以说是对整个意识形态计划提出了质疑，但它又仿佛是来自另一面，并对它有过完整的经历。因此他们的故事可以从两个不同的方面来说明：一方面，他们被看作是最重要的、内涵丰富的概念的解释者，揭示了某种更广泛接受的后期现代主义的唯美主义，但这种看法肯定不会引起什么兴趣，因为按照这种看法，每一种阅读都相信对纯粹审美的琐碎化深感不满，而正是这种审美的琐碎化促使他们走向了对艺术自治的解构；另一方面，这种审美的琐碎化又促使他们走向对经典现代主义的绝对性的重新发现：简而言之，努力阐述艺术的使命应该不仅仅是艺术。

这些观点过于复杂，难以用来对一种趋势或倾向作纯粹的说明，因此我建议花点时间来看看其他意识形态的构成——同样严密的概念化并具有真正的哲学力度——它们分别更清楚地标明了1945年以后法国和德国文学境遇的特殊性。诚然，就现代主义而言，这些境遇实际上彼此相反：因为我们一般都认为，法国的现代主义传统在许多方面都是最老的，可以回溯到波德莱尔和福楼拜乃至革命之前的19世纪40年代；而在德国，当前（1989年以后）通常的看法是，魏玛时期兴盛的现代主义，甚至在第二次世界大战以后，也没有因“47团体”的活动而被真正重新发现或完成，它现在被认为过于政治性或政治化，无法为某种真正意义上的美学后期现代主义的复兴奠定基础。

但是，这么说就意味着现代主义及其美学的发展有一个标准：某种支配性的演化的主线，这些民族的发展每一个都可以理解为一种对这条主线的偏离（无论是如何历史地决定的）。我已经说过，现代主义的意识形态在许多方面是一种美国现象和美国的发明；但作为该问题的一种美国观点却会大打折扣。我这里宁愿论证的是一种以马克思对资本主义的描述为指导的立场，因为对于资本主义，每一个民族的轨迹——包括最主要的也是最早的对英国资本主义的说明——都是通过民族文化和历史境遇的经验特征独特地由多种因素决定的，在这种情况下，虽然在抽象中存在着资本主义发展的不可回避、不可逆转的动力，但并不存在任何“基本的”历史范式，所有资本主义发展的道路都是独特的和不可重复的。关于这种论点的辩证看法，可以阐述为一种与公认的资产阶级经验主义或常识非常不同的关于一般和特殊关系的概念，即“特殊”是你列在“一般”之下作为它的纯实例的东西，“一般”是你把“特殊”列在它之下作为一种类型的东西。对于辩证的看法，“一般”是一种观念的构成，它永远不会知道任何经验的体现或认识：所有它的“特殊”也都是具体的、独特的，在分析中“一般”的作用不是把它们归纳为同一性，而是让每一个在其历史差异中都被看到。

无论如何，这是我在论证中所持的精神。我认为，正是在莫里斯·布朗绍的作品里，我们会看到关于真正法国“现代主义的意识形态”或“美学自治的意识形态”的最富启示性的构成。诚然，这种论点包含一种有力而引起争论的对一个漫长而复杂历程的再叙述，对此已经有许多可选择的看法存在。布朗绍可以被看作（已经被看作）一个逐渐变成批评家和文学理论家的小说家，这或者因为他最初卡夫卡式的形式已经枯竭，或者因为逐渐强化了他对写作行为本身的意识。他也可以被看作（也是真实的）20世纪30年代一个右翼的民族主义者和思想家，为了保留面子，他的反德意志和反希特勒民族主义相当早地导致了他的政治幻灭和非政治化，并在战后反对阿尔及利亚战争的抗议运动以及在随后发生的1968年五月风暴中，他重新发现了纯形式的集体政治姿态。最后，他还可以被看作属于某种后结构主义文本性或文本化的典型的文学理论家（或思想家），他的折衷主义基础的有效性得到了福柯和德里达等一些观点非常不同的人的承认。[14]

正如我所评论的那样，这些都是可行的、有说服力的叙事，它们在构成它们的语境之内做了令人满意的工作。但我的论述却非常不同，我将集中于那些纯文学的论文（主要是杂志的评论栏目），它们标志着布朗绍对法西斯主义支持的痛苦终结和战后时期伟大的民族独立战争开始之间那个相对清闲的阶段。基本上集中了这些文章的文集是《实话实说》（*Faux pas*）和《火花集》（*La Part du feu*），但对此人们一般不予注意，而是关注——即使不是更明显的后结构主义的论述（如《友谊》、《灾难的文字》

或《无效的一致性》）——早期结构主义年代更神秘和绝对的论述（例如《文学空间》和《未来之书》）。这种忽视有其明显的理由：除了两个特殊的例外（每本书里一篇），早期的文章全是非常狭隘的批评和具体的作者或文本，包括从对巴尔扎克和莫里哀、帕斯卡尔和马拉美、波德莱尔和劳特雷阿蒙等的局部研究，到对卡夫卡和荷尔德林、亨利·米勒和尼采、克尔凯郭尔和福克纳、穆西尔和里尔克、荣格和尤威·约翰逊、布莱克和印度教经书等的欣赏。对于所有这些外国作家（以及他自己国家的经典作家），布朗绍有些有意思的东西要说，但应该宽容读者最后得到这样的结论：对所有这些作家他要说的总是同样的东西，其兴趣是对一种独特的、无处不在而又非常狭隘和专门化的思想，与所谓后结构主义时期的文本中的矛盾或阅读中的矛盾相关。[15]因此，这些不同的作家和文本很容易被作为重申一种哲学经验的多种途径和前提，而布朗绍当时试图在两篇理论文章里以不经过中介的方式正面论述那种哲学经验。这两篇文章的标题是《对语言的焦虑》（见《实话实说》）和《文学和死亡的权利》（见《未来之书》）。

但是，首先正是这种归纳过程和这种单一性才是我们这里所要展示的东西：而这可以说是一种包括两个不可分开的阶段或步骤的运作。在第一个阶段，自治的法国文化和文学史的狭小范围被扩展到战后更大的国际社区，这个社区在第二次世界大战结束时取代了两次大战中基本上是欧洲的大国竞争的空间；而这是一种比只增加几个外国书名更有戏剧性的姿态（众所周知，像福克纳和海明威这样一些作家在 20 世纪 30 年代已经拥有热情的法国读者）。人们无须提出某种早期法国沙文主义或文化马尔萨斯主义的陈腐思想，就可以看出布朗绍引人注目的欣赏何以把美国人置于战后的中心舞台（与他们一起的还有许多其他潜在地令人兴奋的外国的和国际的文化传统）；也可以理解在占领之后立即重新安排德国文学地位的那种姿态的价值。因为，这首先是一种对文学经典影响的巨大重构，而在战前时期文学经典几乎完全是法国的。

因此他应该对所有这些著作谈“同样的东西”，他应该依次把每一个都赞扬为是对写作本身之内漫无止境的矛盾的排演——这是关键的第二步。因为每一部作品，无论它写于什么时期或用的什么语言，也无论它直接的民族或文化—政治的境遇如何，都可以看作是在参加一种永远相同的仪式，这仪式就是文学写作，是对我们在这里称之为艺术自治的赞颂。这是布朗绍真正的创新之处：如果说马拉美——或者他之后的瓦莱里——远在布朗绍之前就提出了这种写作行为内省性的概念，那么还应该补充说，对他们而言，这种自我意识投射一种仍然有待生产的新型文学，而对于这种新文学，他们的美学可以当做一种宣言。另一方面，对布朗绍来说，每一个写作行为都被假定为已经预设和包括了这种内省性，它是所有文学的一个阶段，而不仅仅是“未来之书”。然而，这些看似谦虚和只有局部目标的文章，事实上确实凭着它们自己投射出一项计划：但这是一项美学计划，或者更确切地说是一项美学—意识形态的计划，而不是一种风格或文学的计划：它包含一种新的文学概念的构成，与那种（特殊的法国）流派和运动（象征主义，存在主义）的概念大不相同，尽管后者迄今一直支配着文学史的写作。这也不只是意味着把法国准则扩展为国际准则：它包含以一种新的美学自治的概念取代关于各种艺术的民族的概念，以及它们根据自己不同的社会和历史功能而相互冲突的意识形态立场；在这种美学里，布朗绍能够巧妙地承认这些各不相同的社会和历史、意识形态和政治层面的内容，同时又极其娴熟地把它们全都转变成一种文学写作和文学行为的独特的、永恒的姿态。

但这种情况是如何出现的呢？因为它出现在法国，而且非常普遍又难以察觉，所以当“新小说”以它自己那种更是文学和美学的形式取代文学的存在主义时，它几乎不承认布朗绍对这个领域的准备，好像它根本不需要这么做。

我前面提到的那两篇理论文章的标题，为我们提供了了解其运作过程的线索。第一个标题里的“焦虑”一词，相当清楚地表明了萨特存在主义的中心概念（长期以来我一直认为这个词译成“焦虑”比译成“苦恼”更好）；而在第二个标题里“死亡”一词的出现，最终涉及法国革命传统，尤其是黑格尔对恐怖的描述。然而，正如这些哲学概念最初看上去是文学之外的或者外在的一样，应该把它理解为在形式上每一个都使某种自治戏剧化了：对萨特而言，作为自由意识的焦虑没有内容，并永远与我同在，处于表面之下，我力求保持它的隐蔽状态，而它在清理历史的运动中从下面跳出，莫名其妙地成为绝对的；而黑格尔的恐怖事实上是绝对的，是一种纯粹的革命的自由，它普遍地威胁着所有个人生命的内容，因而也威胁着那些革命的煽动者以及革命本身的生命。确实，对于纯粹的文学姿态，这些显然是过分戏剧性的等比对应。

然而，两篇文章都寻求持久地、有力地、不缓和地根除各种兴趣，因为它们可能损害或玷污康德的无偏见行为。一切在想像上可能激发写作行为的事物——从自我表达到交流，以及所有对艺术本身的传统的确证——都被揭示为一种不可能的矛盾。甚至其结论——“他写作是为了不说任何东西，因为他没有任何东西可说，他写作是为了证明写作的不可能性”——本身也受到破坏，而由此留给我们的那种绝对的否定性本身——“没有不是这个没有或那个没有，没有就是没有”[16]——也毫无意义。布朗绍的伟大之处在于他的绝对的超越，那种自治和内在性的逻辑被推到了极限和最终的无意义性（但没有主题化的情感因素，也没有威胁要破坏美学立场本身，如像在德曼和阿多诺作品中冒险做的那样）。

现在我们可以更好地欣赏存在主义的或革命的类比的作用。这些概念——焦虑和恐怖——每一个都已经取得了对它于其中运作的那种外在的外部世界的彻底净化：人类情感的多样性在它的差异中消失，变成了一种没有内容的强烈的自由意识；而恐怖基本上也为社会本身（和历史）取得了同样绝对而民主的形式主义。[17]但这种新的意识形态通过这些条件之间的交换会被封闭起来：美学自治的意识形态因其以存在主义或政治的形式重复将得到承认，促使它变成类似最高价值的东西；而存在主义和政治范畴的真正内容，因美学与之相似而将被不知不觉地收缩和挥发，留下一种含混不清的情境，其中现代主义的断言必要时仍然得到政治或存在主义的证实，但正如本雅明在一个难忘的战前时刻所说，这里即将出现的存在主义的信念和政治实践（1968 年 5 月）已经以某种方式被可疑地“美学化”了。

德国的情况完全不同于这种情形。德国情境中“未完成的现代性”及其被迫向外部的开放（在哲学和社会学以及在文学里），在不必要的世界主义中形成了一条应急的道路，但却提供了一种通向过去的迂回，重构了一种走向必不可少的现代主义的真正德国方式。《水星》杂志的编辑卡尔·海因茨·博里尔——一位保守的富于锐气的雄辩家——提供了一种反辩证的美学，既有独创性又有特点，突出表现在他的论文集《突然性》里（该书的英译本为《突然性：论美学出现的时刻》）。[18]这种美学的反政治的攻击性必然更加明显，其原因不仅是战后德国文学的“介入”和德意志民主共和国就在旁边存在，更直接的原因是当时主导法兰克福学派的马克思主义的方向。（在左派方面，哈贝马斯作出了类似的努力，在其著名的恢复现代性的“未完成的计划”的学说里，他试图把这些仍然有力的辩证的观点转变成一种非辩证的、基本上是社会—民主的和改良主义的现代性的理性。哈贝马斯对美学本身的概念是第二位的和辅助性的。）然而，在德国传统中，在浪漫主义和施莱格尔以及谢林的作品里，在尼采以及在海德格尔和卡尔·施密特的著作里，一种有影响的、次生的、对立的潮流的存在，使它有可能吸收同时代的法国后结构主义的某些相关特征，将它们转变为某种真正的本土的姿态；与此同时，德国哲学的重要性和声誉，又使它必然伴随一种强烈地反历史的、反政治的论点（无论在法国还是美国都无须采取那种方式），对美学和哲学本身进行明确的区别（一种相当不同的开始的自治化，它通过使康德从美学现象和判断中对“概念”的排除真正在哲学上权威化而荒谬地得到了保证）。

“突然性”的概念，基本的时间突破，根据具体的时间经验对新的重写，以及现象学对取代连续性和历史思考的时间的时间性认同，现在使博里尔能够脱离一种纯粹的形式，即阶段或时间的形式，或围绕它可以把新的美学组织起来的形式。于是他的作品在可能的“突然性”经验（如他自己所说，一部小说和用于分析小说以及诗歌文本的生产工具）和作为重写更合适的美学范畴之基础的抽象的时间概念之间穿梭往返。然而这种调解的真正的可能性正是对这种运作设定限制的东西，而同时它又使一系列的历史和哲学参照成为可能。

因此，突然性的经验将时间的现在拉出它的连续统一体并使之以一种奇怪的自治性继续存在的那种暴力，可以被转换到概念的层面，在这个层面上，现在居统治地位的阶段的形式宣称它独立于历史和历史时间性的共时和历时结构。在这一点上，阶段的概念可以自治化为“美学现象脱离存在的那种概念……并以放弃历史范畴而获得”[19]（关于这种论点，尼采是主要的人物和典范）；或者更确切地说，在这一点上，可以提出更受限制的主张，即“现象的概念……可以与历史兼容，但它的”现象的“特点拒绝任何时间的决定”[20]。因此这是根据时间性来构成美学的自治，而不是根据不可比较的社会生活层面的某种隐在的概念来构成，它促成一种相当不同的反历史和反政治的论点，而不是在格林伯格著作中发现的那种东西。对最后《历史论文》的本雅明的挪用非常典型，可以被视为对本雅明的“政治决定论”的美学化，以及对进步和连续时间的斥责的美学化（这些概念常常被读作本雅明对第二国际和斯大林主义的历史观念的批判）：

> 如果我们按照［欧洲文学现代主义］观察本雅明关于阶段的隐喻，那么我们的任务就是强调它作为阶段的性质，而无须求助于一个实际的弥赛亚（救世主）的概念。用这些文学模式的术语来说，那种突然出现的阶段的传统命题并不指某个弥赛亚，而是一种政治的感知美学的阶段。[21]

这种观点远比类似当代“后本雅明的”对救世主义（更不用说“文学共产主义”）的反映更加大胆，而且使日程更加清楚多了。因为博里尔现在会引证经典现代的阶段性（普鲁斯特，乔伊斯的顿悟，穆西尔的“另外的状态”），假定一个真正的乌托邦时刻的真实的时间里从乌托邦的（和革命的）政治转向美学现象领域的政治。

然而这种“转变”的真正可能性还需要仔细考察：我们一直在运用转变这个概念，把它作为一种理论阐述的方式，阐述从一种范式到另一种范式的能量的重新投入乃是新的结构出现的可能性的条件之一（这里和在我们当前语境中的其他地方，新的结构指美学的自治性）。不过，博里尔对浪漫派的回归，使转变的情境与更大的历史精确性结合了起来，并提供了那种“方式”的一种历史谱系，他把这种方式称之为“感知的美学”：

> 那种方式保证或至少预示了某种结构上的新的东西，并且还直接对应于施莱格尔和克雷斯特对法国革命的反应。突然性这种对现代文学意识非常重要的时间化范畴，绝不是什么深奥的密码，而是一种具体的、基本的参照。阿多诺把浪漫主义文学的片段性描写为形式主义上的一种方法和一种理性风格；但它通常被误解为随意的联想。这种片段的性质是散文中的突然现象。只有通过突然性才能创造出灿烂的星群般的聚合，浪漫主义散文中的美学人物——施莱格尔的悖论、暗示和反讽，以及克雷斯特的情感激动和惊讶——总是因它而牢固地与历史和革命过程中的某个事件的感知性和可理解性结合在一起。被蔑视的浪漫主义“偶因论”是第二次分裂的道德，是潜在普遍性对特殊性的通告。但是，有时候特殊的句子比一般的原则更加危险。克雷斯特的句子就是如此：“也许，以这种方式，最后正是上唇的抽动或含混的打榧子实际上在法国颠覆了事物的秩序。”[22]

非常典型而且极有揭示性的是，博里尔的轨迹在这里应该与前面追溯的布朗绍的轨迹相交叉。因为一如我们已经看到的那样，援引法国革命，把它作为那种承认美学也同样承认文学（就其现代主义的“突然性”而言）的“瞬间”的真正原型，更明确地与作为“恐怖”的布朗绍（按照黑格尔对它所作的著名的理论阐述）

相一致。诉诸这种基础阶段——一个在时间和历史中的阶段，然而它被理解为最后把自己与时间和历史分开的阶段——显然依据在两种革命范式之间的一种更初步的选择，依据压制革命作为过程的概念，把革命视为一个独特的启示阶段。

这就是为什么与博里尔相反，重要的是肯定这样的观点：虽然他的非政治化的、实际上反政治的阶段美学很可能“抵制任何时间的决定”，但它不可能没有历史的前提。即使美学的阶段本身处于时间之外，即使接受艺术现代主义暂时离开时间和历史的看法，它也是一种肯定不可能在每个历史阶段都得到或触及的经验，而只能在某些可能的阶段获得这种经验，这些特定的阶段有自己独特的结构，而这些结构历史本身已经“决定”。正是在这种意义上，甚至非历史的也必须历史地加以解释；而对于马克思主义把现代主义作品置于其历史境遇的所谓的倾向，博里尔的胜利无疑是短命的。

关于20世纪60年代以后在德国迟来的现代意识形态，另外两种评论意见可以结束我们对这种原始的、有争论的构成的讨论。第一种认为，博里尔的脱离时间的阶段是一种异常不稳定的命题，它要么冒险倒退到美学的无始无终，要求包括从古希腊到现在的所有美学经验（今天，这样一种美学将不得不扩展到包括其他所有的文化）：要么冒中途夭折的危险，进入唯灵论和某种真正柏格森的永恒论（对柏格森来说，在与波德莱尔本人的美学类比中，时间中的现在通过一种奇性一致的时间之外的现在而加倍，于是被确定为永恒）。

博里尔的作品在这里没有参照德勒兹；然而与德勒兹回归到柏格森相似的事实却可以说明二者相关，它揭示出超越那种有趣的民族主义的冲动，而这种冲动使两位作者都力图为自己基本上是后一历史的体系找出本土的先驱。德勒兹作品中最早的柏格森主义的暗示，也许可以在著名的由《反俄狄浦斯》提出的理想的精神分裂概念中发现：已经是一个永恒的现在，在“正常的”现象学时间之外，摆脱了过去（家庭，以及它所谓的对弗罗伊德主义的加强）和未来（工作，以及资本主义的常规）的桎梏。在这种预言性的概念里，由于反对患妄想狂的自我的堡垒，德勒兹的精神分裂者仿佛是真正自由的英雄。这种概念是否不只是重复最基本的资本主义节奏之一，即它归纳到现在，而不是构成一种对它的批判？对于这个问题，我们可以暂时搁置一边。因为，无论如何，德勒兹告诉我们，面对所有的悲剧以及吸毒文化 20 世纪 70 年代在他学生中的肆虐，他已经放弃了那种概念[23]，并以游牧部落或游击队的更有意思的集体概念取而代之。这样一种变化表明，对于阶段的美学化的意识形态和范式的选择替代，在于一种无政府主义的复活。但我相信，旧的非时间的诱惑，在德勒兹后期那种最奥秘而又重要的一种创新里重又显现出来（基本上在他的电影著作里），他把它称作实效性。这仿佛是用一种新的不同的方式，使现在自足并独立于先前精神分裂的概念也希望回避的那些过去和未来的方面：而这恰恰是柏格森理想主义的那种方式，其中轻飘飘的现在通过永恒本身补充的现实而逐渐变成厚重的、自治的。德勒兹的实效性作为第一个在哲学上对电脑和电脑空间的概念化认识已经获得了人们的敬意，但它的唯灵论和柏格森的根源却使这个问题产生出更加可疑的一面，至少表明了很难找出一种脱离时间、其实是脱离历史的方式（甚至在后者“终结”以后）。

另一种评论意见与一种类似博里尔的美学在新的后现代体制中的命运相关，在这种后现代体制里，那种重新创造一种现代的和美学自治的意识形态的努力已经化为泡影。但如德勒兹的例子所表明的，那种试图对时间之外的有力的阶段形式进行理论阐述的努力，很可能摆脱其哲学—美学的语境而继续存在，并存在于其他相关的领域。我决无意重新展开单凭个人爱好的（尤其是民主德国）对博里尔及其“恐怖美学”[24]的攻击，他是一个感人的、精心研究恩斯特·荣格的作者；但是我们也不必把荣格说成是一个纳粹作家，像博里尔一直做的那样，以此强调作为内容的暴力和作为形式的“阶段”这二者之间的密切关系。因为在时间暴力和意识之间存在着一种可以论证的滑动：由于时间暴力，空洞的阶段形式脱离了时间的连续统一体，而意识是对经验暴力本身的体会，正是它为再现这样一种形式提供了极其特殊的内容。具有反讽意义的是，在后现代性当中，法国革命实例那种更崇高的地位，在这里被大众文化中所谓的暴力色情的繁衍所取代。于是这种历史的和当代的发展，不幸预示了要求在我们这个时代重新发现经典现代主义的那种呼吁的后果。而所谓的经典现代主义，其实就是博里尔（像利奥塔对后现代主义轮番描述那样）非常雄辩地展示的那种美学。

现在，我想应该回到那种所谓的根源和对华莱士·史蒂文斯美学的思考，来结束对现代主义和美学自治的这种概括。史蒂文斯是在“原始的”美国语境中这样一种构成的绝好实例。也许哈罗德·布鲁姆对史蒂文斯作品方式的描述可以用来表明这种讨论可能的走向，因为布鲁姆认为，史蒂文斯的作品所用的方式是把压制和改变惠特曼作为他的前提。[25]无论如何，史蒂文斯的名字——一方面是诗的创始者同时又是现代理论的创始者，一方面是理论的创始者同时又是现代主义诗歌的创始者——可以用作通向我们下一切和最后一切的桥梁。

四

现在应该通过概念现代主义美学的意识形态逐渐形成的具体

语境来结束讨论。实际上，意识形态不仅被否定地说成习惯上所称的“错误的意识”，而且也被总是肯定地、必然地说成是某种实践的理论；而在当前的实例里，现代主义和艺术自治的意识形态，则是我们所说的后期现代主义或新现代主义的那种实践的理论[26]，即第二次世界大战之后继续存在并经过改革的更合适的现代主义的创作冲动。

无疑，在我们论证的这个阶段，我们可以用回溯的方式把现代的理论与后期现代主义的实践之间的差别理解为一种人为的差别，由揭示（或表达）的需要强加给我们。因为就新的现代是高级现代主义实践本身的再现和重复而言，指导这种实践并促使它首先实现的恰恰是那种现代被理论化的阶段，在这个阶段，现代根据美学的自治在概念上得到命名和确认。因此，正是充分发展的某种现代主义意识形态的出现，将晚期现代的实践与真正的现代主义区分开来。

正是这种理论的确定性——把旧的现代主义实践及其组织整合为一种用作模式的成规——常常被说成是一种内省性，它向后投射到某种最初的现代主义实践本身。但那种内省性事实上完全不同于我们在现代当中确定的自我指涉或自我表示：因此在我们简要地谈及新现代——在纳勃科夫和贝克特的作品里——两种范式实例之前，我们有必要理解这两个历史阶段之间的基本区别。

经典的现代派——继续用这个相当令人不满意的名称，而它的尴尬和有问题的情形本身产生于我们在这里寻求澄清的历史差异，因为它反映了非理论化的、无名的实践和新理论化的、在概念上已经确定并在习惯上已经命名和承认的产品之间的那种差异——高级的现代派，依此是内省性的或对再现的自我意识。最经常的是他们允许再现遵循自己的半自治的路线，依据自己的内在逻辑：就是说，他们允许再现与它的内容和它的客体分开，仿佛它自己会解构自己。他们满足于突出我们可以称作能指的任意性的东西（不是符号的任意性），让表意的物质展现它自己的困境和内在矛盾，沿用格林伯格的术语来说，那些是媒体本身的矛盾，而不是它寻求“再现”的任何客体的矛盾。

但是，我要归之于后期现代主义者的那种内省性非常不同于这种（当然它还继续为他们自己的作品提供信息）：后期现代主义的内省性与作为现代主义者的艺术家的状况相关，并包含着对关于艺术的艺术以及关于艺术创作的艺术的一种不断的、自觉的回归。这种状况是一种根本不同的状况，无论在心理方面还在社会方面，都不同于现代主义和原始现代主义或浪漫主义的艺术家的概念，即艺术家是“绝对”的先知和保护人。

然而，后期现代主义者把不仅仅是艺术家的那种艺术家的现代的观点当成了他们的楷模：这里我们遇到了重复的悖论，正如常说的那样，重复永远不会首先发生，而当它第一次发生时总是第二次的。对此我可以用另一种方式来说，就是说，第一次或经典的现代主义者的境遇永远不可能重复，因为他们本身已经存在。经典现代主义者们来到一个并无楷模的世界（或者至多有宗教和预言的楷模），一个没有任何先在的社会角色要实现的世界。因为他们大部分人都不希望成为19世纪那种行业标准意义上的职业艺术家。他们也不希望只认可一种艺术门类的体系，以此艺术家的任务只是重复一种既定的形式并为它提供新的实例（无论进行什么样的编织）。这些第一批的现代人在各地可能的赞助人当中寻求支持，而不是在市场上寻求支持；而对于技艺的学习，他们以过去伟大作品的幽灵的形象来取代，例如但丁的“即兴喜剧”。他们的自由完全是盲目的和探索性的；他们不知道任何可以确定的公众（格特露德·斯坦因的名言是：“我为我自己和陌生人而写”）。在缺少任何确定的社会地位和功能的情况下——他们既不是传统意义上的艺术家也不是知识分子——他们从浪漫主义时期借用各种天才和灵感的空洞的概念，并尽可能让自己周围有一批学生，而学生们赞同这些个人的语言，并提供新的乌托邦社区的一种模仿。

所以我的基本观点是这样的：最早的现代主义者必须工作的世界，是一个他们没有被承认或被集成的社会作用的世界，在这个世界上，缺少他们自己独特的“艺术作品”的真正形式和概念。但对那些我一直称作后期现代主义者的人，情况完全不再是这样；纳勃科夫不同于乔伊斯，首先是因为乔伊斯已经存在并可以作为一个楷模，更不用说一部手稿和某个“假定知道的主体”或绝对的他者的空间。

经典现代主义者不可能有这种模仿，他们不可能知道重复的舒适和安全；然而他们的先在为后来者的作品提供了一种界定，后来者因袭他们，并在这种社会作用的意义上模仿他们。我不想贬低晚期现代人本身可能有的特殊性质，而是坚持他们的创作和产品可以作这样的划分。他们的作品现在已经重又进入文学史的新版本，并且变成了编制一种新的现代意识形态的标本；简言之，只是为了现代主义的概念。

纳勃科夫重新提出他的美学确定性时所用的那种夸张是这种新的情境的征兆，与贝克特的谨慎和腼腆是这种情境的征兆相同，后者（在德文里）以谨慎和腼腆允许他自己把他《致阿克塞尔·考恩的信》理论化[27]，更不用说他对一切有关《等待戈多》的“寓言的”事物的更加无声的不安。这种不安无疑与拉吉—普佐插曲的外在性有关，它们区别于与之相当不同的乌拉迪米尔—埃斯特拉贡体系的再现结构，后者以伪结合方式的重合坚定地排除寓言事件，就像它避免主观表达和一切可以从心理上解释的东西那样。这方面（它将像《残局》那样被成功地重写）预先表明了重构一种自治的作品所必须的活动：明确排除内容的那种完全重复的怪圈（主人—奴隶的格式变成了汉姆-克洛夫的关系，并成为一种“纯”精神病患者的依赖，而促使这种情况出现的是从乌拉迪米尔和埃斯特拉贡借用的那些残疾人）。通过抓住寓言模式中一切贝克特不能接受的东西，我们会对后期现代主义作出某种本质的理解。那种寓言模式在表现大英帝国（普佐）时把它置于它与殖民地的一般关系和与爱尔兰（拉吉）的特殊关系：诚然，这种模式也包括自我表达和思考的戏剧化——拉吉的难以理解的独白，它也是一种明显的指令性表演，其中爱尔兰现代主义那种超常的发展得到重现，贝克特本人来自于那种现代主义，但他同样也希望使自己摆脱和远离那种现代主义（通过在欧洲大陆的流亡）。显然，在一个其实也是“帝国主义走狗”的艺术家的人物身上，这种历史的和民族的自我标示在形式上是不理想的；然而我们必须把它和纳勃科夫的《洛丽塔》里同一种民族寓言的杰出形式并置起来，而《洛丽塔》无疑是后现代的少有的杰作。

正如常常见到的那样，这里我们面对着一种关于激情诱惑的寓言，这就是粗俗而年轻的美国及其大众文化对厌世的、过于文化的（高级文学的）欧洲的诱惑：对于不再是世界中心而是被马歇尔计划和冷战边缘化的那个封闭的、命定的欧洲，它是美国的体现，黑格尔在《历史哲学》里的一段名言，已经赞扬过美国不可预见的未来：

> 因此美国是未来的国土，在那里，在未来很长时间里，世界历史的重负将显现出来——也许以南北美洲竞争的方式。对所有那些厌倦了堆放着历史破烂儿的古老欧洲的人，美国是一个充满希望的国土。据说拿破仑曾经说过：“这是古老欧洲的烦恼。”这是让美国放弃迄今

> 世界历史自己发展的基础。直到现在，在这个新世界**已经**发生的事情，只是旧世界的一种回响——表现一种外来的生活；作为未来的国家，对这里的我们没有兴趣，因为就**历史**而言，我们必然关心已经存在的和现时存在的东西。另一方面，就**哲学**而言，我们必须论述的（严格地说）既不是过去也不是未来的东西，而是现在的东西，它有一种永恒的存在——也就是理性；而这足以使我们忙碌起来。[28]

《洛丽塔》明显的寓言结构，不可能因《灰火》那种更富幻想的编织而被掩饰或提高；在《灰火》里，它坚持双重情节，将美国诗人与“巴尔干”的流亡国王联系起来。即使纳勃科夫以同样夸张的方式否定弗洛伊德的精神分析是纯粹的内容，如果不把洛丽塔这种人物当做一种寓言（不仅是艺术的寓言，而且也是即将成为新的世界语的英语的寓言），那么对力比多的掩盖——有些像个相对天真和正常的人，新近在“诱惑美女”的漫画形式里被称作“堕落”——单凭本身也不可能得到更好的说明；于是现代主义目的论的辩证——美学的禁忌，技巧和违规的节奏——转向更官方的道德和性的禁律。贝克特和纳勃科夫二人的寓言的“解决办法”都是一种不稳定的、一次性的情形：但是在纳勃科夫的认识不可重复的地方，在随后更多的可以预见的对大师模仿的地方（尤其自负的《艾达》），我们会发现贝克特的形式更适合向更多产的晚期现代时期的过渡。

两种寓言可能性的条件是流亡本身：现在我们需要具体说明这种晚期现代的构成条件和早期现代作家那种似乎类似的境遇之间的历史差异（更不用说后来更明显的突破，后来流亡变成了移民，而对政治避难的同情变成了“外来工人”的多元文化主义）。

因为乔伊斯在他整个“流亡”期间明显地仍在爱尔兰，而普鲁斯特在他巴黎的公寓里无疑处于流亡状态；对卡夫卡而言，犹太人的信仰肯定是更基本的流亡形式，而不是在法国缠住贝克特一生的那种政治变化，更不用说驱使纳勃克夫流亡美国或使冈布洛维茨滞留布宜诺斯艾利斯的那些东西。

我想这就是德勒兹的“小语言”的理论，它有助于我们以更内在的、纯文学的方式来澄清这些区分。[29]事实上，这种理论仍然是一种现代主义的理论，因为正如我已经谈到的那样，德勒兹本质上仍然是一个现代主义者，关于他的电影著作的第二卷，一切预示“后现代”的东西都被它们的美学框架以及那种对艺术和创新的非常开放的哲学承诺撤销，这种承诺使人自相矛盾地把德勒兹说成是一个“闭门造车”的现代主义者：无论如何他都曾是一个“公寓的”和案牍的现代主义者，在他自己的生活和实践中相当不同于他非常赞扬的那种游牧生活的状况（人们很容易把它与奥特加著名的推测并置对比：假如歌德选择一种“饱经风霜的”游牧生活，对他所处时代的所有社会和历史的潮流更开放、更包容，那么歌德就会成为那种人物）。在这里对一种小语言的理论阐述是合适的，因为它假定从日常统治的语言内精制出一种自治的艺术语言，一种微妙地、难以察觉地与主人的共同语言相区别的语言空间；它带有一种隐蔽的、看不见的胜利姿态，以为胜过了马拉美对整个诗歌要脱离堕落的日常用语的呼吁。

这里要阐述的论点是非常明确的，这就是，对德勒兹政治化为一种“小语言”的东西（但我喜欢把它更一般地确定为非欧几里得的语言领域和逻辑），那种微妙的、非理论化的构成——在每一个真正现代主义作家独特的语言—情境里基本上特有的东西——在这里的后现代人的境遇里已经被具体化为与另一种语言完全对抗的残酷事实：对纳勃科夫来说，这事实是美国英语，而对贝克特则是法语。在礼拜仪式言语里，巴赫金预言式地于死亡语言不在场的存在中找到的那个“外来词”[30]，现在仿佛在冷战的国际主义中已经变成多种民族语言存在这一偶然事实的现实。但是，这种令人反感的多样性（在通天塔之后），在推动像马拉美（和本雅明）这样的作家在个人实际语言之外投射某种尚未堕落的普遍“语言”的地方，对晚期现代派而言，外国语言的经验的可用性，为详细阐述诗歌自治作为对现代主义内在构成的最充分的模仿打开了某种空间。

这种自治将在情节和风格两个层面从形式上展现出来，像我将称之为关闭线路的那种情况。纳勃科夫用以封闭他的叙事的重叠（像是“亨伯特亨伯特”拙劣重复的拼合），在贝克特后来的戏剧和小说里以环形迂回得到重复；两者都尴尬地以形式假定，然而最终又以其历史情境作为一般化的重复成为后期现代主义的寓言。与此同时，纳勃科夫超常句子的真正力量——这里引用我最喜欢的关于冰箱的一句：“当我从它的心脏拿走冰块时，它邪恶地对我吼叫”[31]——产生于使每个句子单凭本身自治的原则，以及关闭线路或封闭内部参照循坏的原则，它从纯经验和非表意的事件分离出一种全新的语言事件。这里所有个体的句子全都意味着“句子”本身。

不过，在贝克特的作品里，正是不完整的句子构成了这种机制：这是一种失语症，其中事先知道的句子的结束并不一定要提供出来。于是，在《等待戈多》的那种众所周知的未完成的轶事或对话策略中，这种变化得到了实现，但它们只是后来在下一个场景里才完成，并成为存在主义时间性的空洞的现在的模式。然而，如果贝克特未完成的言语最终比纳勃科夫语言发明中的超常封闭更加有效的话，那是因为前者有助于一种转变——一种可以实现根本转变的短暂的重叠和巧合——也就是文学史两个不同阶段的那种过渡。未完成的句子首先传递存在主义焦虑的精神痛苦，标志着永远不会实现的一个等待的时间；它具有承载一种结构和文本逻辑的新的功能，而所有存在主义的情感都已经脱离了这种逻辑：作为时间的这种句子变成了作为文本的句子，并使贝克特在文本或结构主义和后结构主义时期获得了一种同样崇拜的价值。

这两个作家之间看似更边缘的相似性，现在会把我们引向后期现代主义实践的最后一个特征。在贝克特的整个作品里，谁都不会无视大量的无能和身体残疾，但《洛丽塔》里可能最打动人心的时刻之一却很少被人讨论。我指的是她"真正的"丈夫、即在小说结尾她也"长大成人"时嫁的那个年轻男人的辩护。[32]他无疑对她此前整个痛苦而麻烦的过去"充耳不闻"：但我想这种标志也延伸到两个作家真正的内容领域，延伸到现实本身那种普遍的无能为力，这种现实是你不得不说的东西，尽管存在着晚期现代语言领域公认的自治，而且在这种领域里你肯定应该"无话可说"（布朗绍语）。这种内容里的残废，这种夸张的"现实"的无能为力，就是说，构成作品的那种素材，现在必须追溯到形式本身，在形式里它采取了哲学的偶然性范畴的方式。

可以说，通过证实，偶然性的问题可以在更早时期所有原始现代主义当中发现，它是形式失败的一种标志，即形式不可能完全控制和占用作品给自己指定的内容（或者更确切地说，它指定给自己并为自己提出并作为作品任务体现的东西）。当然，偶然性是一个甚至更古老的概念，它产生于中世纪的神学；在神学里，它是某种事物的独特的存在，这种事物令人反感地无法被普遍性同化，而普遍性既是它的观念又与神性相关。因此，偶然性这个词表示那种观念的失败，是根本不可理解的东西的名称，它属于本体论的概念领域，而不是在"现代"时期（或自笛卡尔以来）继本体论之后取代本体论哲学的各种认识论的概念领域。因此中世纪的这种指称确实非常有用，因为它强调概念的时间性，强调它在历史变化中的兴衰，表示概念过程或体系的某种突破。但是，以 19 世纪（或自从康德以来）偶然性问题的重新出现为标志的认识论危机，也许最初被新出现的科学的声誉所掩盖，被认识论的要求转换到那种全新的知识生产领域所掩盖，而这种新的领域直到进入 20 世纪许久才开始经历它自己的认识论危机。无论如何，我想在两种情况之间假定一种微妙而根本的区分：一方面是美学对机遇和偶然事件的偏见，即那些误导的高级现代主义；另一方面是在我所称的后期现代主义中，由偶然性提出的更少主题性而更多形式和表征的问题。

这里要展现的是一种复杂棘手的论点：中世纪的古老观念（它真的是一个肯定意义上的观念么?）从战略上被新的存在主义复活，而且萨特最有力地重新展现了这种观念，他告诉我们，它与常看电影的孩子有某种联系[33]：在充满由人和从人的角度生产的形象的影院里走出来，要经历一个喧闹杂乱的城市白昼的真实世界存在的冲击。因此对偶然性的经验不仅依赖于对世界的观察，而且它还有作为其基本前提的一种形式的经验，那个世界戏剧性地与形式并置。

但是，通过成倍地叠加旧的、稳定的、日常客体开始散落其中的那些形式的碎片，立体主义不正是对抗这种经验的一种努力吗？难道《尤利西斯》的每一行不都证明乔伊斯的多重形式（从《奥德赛》式的并列到每一个章的形式和句子结构）无法把握的不断变化的经验现实吗？我这里有些性急地要争论的是，在现代派里，这种形式从没有提前给定：它是在冲突中通过实验产生的，并继续进行永远不可能预言的构成（而无数高级的现代主义充分展现了它的未完成的、无休止的多样性）。

于是我的下一步论证将非常明显：当形式结构作为一套给定的要求事先已经知道时，它假定一种原动力的变化；而事先已选内容的原始经验性必须老老实实地服从那些要求。那种形式的特点可以简单地说成是美学的自治或艺术作品的自治；而我们在这里曾经谈过的论点是，作为一种理想或规定，一种极高的价值以及一种限制性的原则，美好的自治在现代时期尚未存在，或只是作为一种副产品和一种事后的思考。马拉美说的好，“世界上一切事物的存在都是为了最终成为一本书”；而可以肯定的是，后期现代主义对偶然性的经验在这里可以开始构成它的谱系。将后期现代主义的肯定性与马拉美的探索发现分开的，恰恰是历史的马拉美本人和他精确的暗示，而这些他们事先已经知道并在进行重复。他以《瞬间一掷》（未能消除偶然性）的船只失事所象征的必然失败的实验，在后期现代主义里被吸收到作品内部并被用作纯粹的主题（或按照德曼的表达它现在被主题化了）。所以他称之为“书”的那种严肃美学大量开放而无止境的、无休止的结合过程，在罗勃-格利叶的作品里变成了一种结合的结构，它依此的后果总是以一种自治的胜利主义被同化为那种形象，而最终肯定被同化为句子本身。

在纳勃科夫和贝克特的作品里，这种新的美学偶然性的迹象可以在新的意识范畴里来阅读。轶事的核心或给定的东西总是标志着难以同化的经验内容，而这种内容必将成为纯形式的借口。实际上，正是这种内容造成了贝克后期戏剧的范式性质：其冲击在于他在这些不断反复出现的场景的核心中发现了一种经验的情境——不幸的婚姻，难以容忍的青年时期的回忆，乏味的家庭构成，以及不可减少的名字和人物，某个时间的资产阶级住所，从单调而懊恼的生活失败中无可挽回地突现出来的严守时间的传记事件——这些可能已经提供了沉闷的现实主义小说的素材，但反而坚持作为难以理解的残酷的事实，并且形式在分解它们的徒劳中一次又一次地回归到它们。形式本身——自治性——以及它所依赖而又不能设法纳入它自己的本体的那种轶事的内容——这些彼此之间保持着一种必然的辩证关系，而且实际上也彼此相互生产。因此，确切地说，后期现代主义的偶然性就是这种辩证的过程，它构成千方百计实现其美学计划的那种自治性失败的经验。

不过，这是一种星云的失败：因为以更谦虚、更可理解的晚期现代的美学的自治代替各种难以理解的现代主义的绝对性，不仅为我们称之为意识形态的理论化打开了空间和可能性，而且还推进并承认了一种更容易接受的文学的生产，这种文学可以称作中等趣味的文学。在通俗文学过去那种严格的意义上，这种文学再不能说是通俗文学；然而，在战后新出现的大众文化或商业文化里，无论如何这样一种通俗文学也不复存在。在一个大众教育的时代，似乎提出如下的建议并非是不适当的限制：这种中等趣味的后期现代主义文学和文化的公众，可以按照大学学生（以及他们的学术训练者）的那种等级划分来确定，在他们毕业走进"现实生活"之后，他们的书架上仍然保留着这种历史地不同的消费，幸存下来的高级现代主义美学和知识分子把它们称作经典，或者这样的**文学**。但是那种经典只不过是现代主义，就像后期现代主义者以他们自己的形象对它的选择和重写。其"伟大性"和无时间限制的永恒恰恰是它在历史上不能永恒的标志；而后现代主义力图从根本上突破的正是这种后期现代主义，并想像它由此是在突破经典现代主义，甚或整个现代性本身。

【注释】

［1］Arno Mayer，*The Persistence of the Old Regime*（New York：Pantheon，1981）.

［2］Marin Heidegger，“Die Frage nach der Technik”，in *Vortrage und Aufsatze*（Pfullingen：Neske，1954）。关于神庙的参照可见“Der Ursprung des Kunstwerkes”，in Holzwege（Frankfurt：Klostermann，1950）.

［3］科学的类比可以扩大，包括 Arkady Plotinsky 所说的“非古典科学”。See *The Knowable and the Unknowable*（Ann Arbor：University of Mivhigam Press，2002）.

［4］See also Edward Said，*Beginnings*（New York：Basic，1975），especially pp. 29－78.

［5］Roland Barthes，*Writing Degree Zero*（New York：Hill and Wang，1967）.

［6］See Walter Benjamin，*The Arcades Project*，“Convolure F（Iron Construction)”（Cambridge，Mass.：Harvard，1999；or Suhrkamp，1983）.

［7］T. W. Adorno，*Philosophie der neuen Musik*（Frankfurt：Europaeische Verlagsanstalt，1958）；and also Max Weber，*The Rational and Social Foundations of Music*（Carbodale：Southern Illinois University Press，1977）.

·［8］Paul de Man，*Allegories of Reading*（New Haven：Yale，1979），Chapter 12.

［9］Quoted by Benjamin in *Arcades*，p. 228.（German，p. 301）.

［10］T. W. Adorno，*Aesthetische Theorie*（Suhrkamp，1970），p. 17；*Aesthetic Theory*，trans. R. Hullot — Kentnor（Minnesota，1977），p. 6.

［11］Clement Greenburg，“Towards a newer Laokon”（1940），in *Collected Essays*，Vol. I（Chicago：University of Chicago Press，1986），p. 28.

［12］Ibid.，p. 34.

［13］格林伯格通过第一种而不是第三种批判诉诸康德；See “Modernist Painting”，in *Collected Essays*，（New York：Columbia University Press），Colume IV（1983），p. 85.

［14］See the biography of Blanchot by Christophe Bident（Paris：Champ Vallon，1998）；and see Michel Foucault，“La Pensee du dehors”，in *Dits et ecrits*，Vol. I（Paris：Gillimard，1994），pp. 522－539；and Jacques

Derrida, *Parages* (Paris: Galilee, 1986).

[15] See Paul de Man's essay on Blanchot in Blindness and Insight (Minnesota, 1997). 不过，这种看似的自治与暗中破坏的洞察并非不可兼容，正如在布朗绍论 *La Nausee* （"les romans du Sartre", in his *La Part du feu* [Paris: Gallimard, 1949]）的文章里，他认为一部本身就是"主题"的小说，只能尽力归类为"主题小说"。

[16] Maurice Blanchot, *Faux pas* (Paris: Gallimard, 1943, 1971), p. 11.

[17] Maurice Blanchot, *La Part du feu*, pp. 322-325.

[18] Karl-Heinz Bohrer, *Plotzlichkeit* (Frankfurt: Suhrkamp, 1981); *Suddenness* (New York: Columbia University Press, 1994).

[19] *Plotzlichkeit*, p. 138; *Suddenness*, p. 139.

[20] *Plotzlichkeit*, p. 213; *Suddenness*, p. 227.

[21] *Plotzlichkeit*, p. 184; *Suddenness*, p. 201.

[22] *Plotzlichkeit*, p. 28; *Suddenness*, p. 11.

[23] Deleuze, *L'Abecedaire de Gilles Deleuze*-Interviews released after his death.

[24] The title of his Junger book (Munich: Ullstein, 1983).

[25] See Harold Bloom, *The Anxiety of Influence* (Oxford: Oxford University Press, 1973), pp. 66-68, and 134-136; or the first chapter of his *Wallance Stevens: The Poems of Our Climate* (Ithaca: Cornell University Press, 1977).

[26] 这里对"后期现代主义"的用法不同于 Charles Jenck 的用法 (*The New Moderns*, New York: Rizzoli, 1990)，后者把高科技的建筑等同于后现代主义；也不同于 Tyrus Miller 在 *Late Modernism* (Berkeley: University of California Press, 1999) 里的用法，他指的是高度现代主义或经典现代主义本身内部的一种思潮。

[27] Samuel Beckett, *Disjecta* (New York: Grove, 1984), pp. 51-54.

[28] G. W. F. Hegel, *Philosophy and History* (New York: Dover,

1956), pp. 86-87.

[29] See Gilles Deleuze and Felix Guatarri, *Kafka*: *pour une literature mineure* (Paris: Minuit, 1975).

[30] Bakhtin, writing as V. N. Volosinov, *Marxism and the Philosophy of Languange* (Cambridge, Mass.: Harvard University Press, 1986), p. 74.

[31] Vladimir Nabokov, *Lotila* (New York: Putnam, 1955), p. 98.

[32] Ibid., p. 275.

[33] See Simone de Beauvoir, *La Ceremonie des adieux* (Paris: Gallimard, 1981), p. 181.

(王逢振　译)

结论："他的错误在于绝对的现代"

无论是否具有反讽的意思，兰波的大声疾呼一向让人觉得兴奋：可能因为它不只局限于使我们确信我们已经是现代的，而是让我们去做某些更多的事情。

一些在其过去时刻被普遍认为是最现代的政体很值得记住。例如，弗雷德里克大帝的普鲁士，苏联的列宁体制，以及后来墨索里尼党魁专制的体制。所有这些都证实了马克斯·韦伯的预言性判断：官僚主义政治是最现代的社会组织形式。如果我们不再以这种方式考虑它们（惟一可能的例外是弗雷德里克大帝的普鲁士），那是因为它们遗憾地未能达到现代性模式在某个地方也得到许诺的那种有效程度。但今天的美国也并非非常有效。在所有这些实例中，更重要的是所说的政体的现代性是对其他人的现代性，一种由嫉妒和希望、不如人的感觉和模仿的需要所培育的一种视觉的幻象。在这一奇怪概念的所有其他内在的悖论中，这是最致命的一种悖论：现代性总是一种他性的概念。

至于有效性，同样也包含着他者，但其方式迥然不同。长期以来，西方发现它本身无法从社会革命和社会变革来思考“宏大集体计划”的范畴。但是，我们有一种在任何情况下都不那么要求想像的方便的替代：对我们来说，就像我们能够确定“现代性”那样回到“现代性”，宏大的集体计划——“道德精神上的战争的等同物”——只不过是战争本身而已。正是最终作为一种战争机器，体制的有效性才得到判断；而且毫无疑问，现代的战争实际上提供了一种非常先进的集体组织形式。然而对我们乌托邦想像的一种基本的、结构的和意识形态的局限，由于这种选择性的缺乏，由于美国人在思想上坚持第二次世界大战是民族团结的伟大的乌托邦时刻和政治欲望客体的丧失，所以非常确定地被展现了出来。

我们是否可以对“现代性”在不同历史时期引起的兴奋进行比较？这个问题似乎包含着另一个问题，即关于那种兴奋的真实性，以及它从中产生或是对其作出存在主义反映的那种概念的真实性。如何根据历史证据比较这些反应，甚或单个地演绎和重构它们？但文学文本似乎一向都提出这种问题，因而它变成了一种“期待的视野”（加德默语），一种同时期的阅读与我们自己的阅读的兼容性。

事实上，这就是为什么在阐述和重构现代性的各种意识形态中（即使不是在论证本身当中），美学现代主义和大量各种现代主义文本的问题一向非常有用。如果我们今天仍然可以带着强烈的情感读波德莱尔，或者这种隐蔽的前提仍然发生作用，那么我们也应该能够重构他那个时期流行的各种其他非美学的现代性。

这是值得考虑的挑战，尤其当我们无视那种无处不在的对新的、创新和发现的特征描述，而集中于不那么经常提到或衡量的某个方面时，更值得加以考虑。因此，任何熟悉埃兹拉·庞德一生著作的人，也熟悉他仔细观察“当时时代”的意图，他仔细观察现代主义的能量、部分突破、发明创造，以及对（诗和散文里）过时的东西的局部破坏；他仔细观察新的思想（在程度上可以与卡瓦尔坎蒂或约翰·亚当斯取得的那些思想相比）；他还仔细观察期待一种全新文化的强烈程度（乔治·安特伊尔，墨索里尼）[1]。这些衡量具有划时代的性质，而无须顾及它们的坐标（社会交际性加诗的激情）。它们并不表达对未来的朦胧希望；它们审视公共领域，找出某些迹象和线索，其精确性与构成庞德诗学的那种精确性的美学理想相配。

也可以以瓦尔特·本雅明为例，他在对另一个邻国文化的现代性的令人惊讶的地缘政治性评论中写道：

> 思想的激流可以产生足够的水位差，使批评家在它们上面安装他的电站。就超现实主义而言，这种必须的坡度由法国和德国思想层面的差异产生。1919 年在法国文人小圈子里发生的事件……可能是一股细流，源于战后欧洲的沮丧沉闷和法国颓废的最后涓滴……［但是］德国的观察者并非站在溪流的源头。那是他的机会。他处于山谷之中。他可以衡量当时的能量。[2]

在其拼命重构这种活动并在公开否定原始性的作品里找出创新的过程中，人们可以瞥见后现代缺乏方向原则的某些方面。

但是，如果没有这种衡量，没有这种解读“现代理性的晴雨表”（文森特·德斯考姆斯最近在一篇对抗当代理论的文章中的用语）的企图，也许我们会更好一些。德斯考姆斯把他的论点展现为一种对“现时本体论”（他称之为“当前事件的哲学”）和“现代和论现代话语”的区分。这种区分大大澄清了我自己的观点，我的观点与他的相对立，建议我们一定坚持现时本体论的计划，同时放弃重新发明一种现代性话语的徒劳的努力。应该补充的是，德斯考姆斯对本体论的看法因循罗蒂的观点，以否定整个哲学志向为基础，不仅如此，他还以一种极其狭隘的方式框定这一特殊的哲学计划，用海德格尔所说的实体论代替本体论（“现时就是现时……时间就是时间……未完成的就是未完成的……过去的就是过去的”）[3]，而真正的本体论不仅希望在现时里记录过去和未来的力量，而且像我自己一样，集中分析判断在我们当前现时中削弱和实际掩盖那些力量的情况。

人们不可能建议安全放弃现代性这样一个术语，除非接受那些痴迷者怪诞的观点，而对于他们，熟人们会告诫我们，当着他们的面“不要使用禁忌的词”。无论如何我已经表明，如果只是把现代性用于过去，那么对于形成选择性的历史叙事它就是一个非常有用的转义，尽管它必然继续承受意识形态的指责。不过，关于现时的本体论，最好使自己习惯于认为“现代”是一个单维度的概念（或伪概念），这种概念没有任何历史性或未来性的东西。这意味着“后现代”同样也不表示未来（但如果运用得当，表示我们自己的现在），而“非现代”（non-modern）不可避免地被拖回到一种力量领域，在这个领域里，它很可能只是意味着“前一现代”（并也在我们的全球现时中表示它）。在由“现代”这个词支配的概念领域之内，不可能对根本性的替代或变革进行理论阐述，甚至不可能对它进行想像。这很可能也是资本主义概念所面对的情况：但是，假如我建议在所有现代性出现的语境中以资本主义代替现代性的实验的方法，那么这就是一种治疗的建议而不是一种教条的建议，它旨在排除旧的问题（并提出新的更有意义的问题）。我们真正需要的是以称作乌托邦的欲望全面代替现代性的主题。我们需要把庞德确定乌托邦倾向的使命，与本雅明关于它们的根源的地理学以及对它们现在在多种海平面上的压力的衡量结合在一起。现时的本体论需要未来的考古学，而不是过去的预测。

【注释】

［1］See Ezra Pound，"How to Read"，in *Literary Essays*（New York：New Directions，1954）；see also his *The ABC Reading*（New York：New Directions，n. d.）and *A Guide to Kulchur*（New York：New Directions，n. d.）.

［2］Walter Benjamin，"Surrealism" in *One-Way Street*（London：Verso，1979），p. 225.

［3］Vincent Descombes，*The Barometer of Modern Reason*：*On the Philosophy of Current Events*（Oxford：Oxford University Press，1993），p. 18.

（王逢振　译）

现代主义与帝国主义

在目前这样一个时代里，至少部分由于所说的后现代主义的缘故，人们似乎对现代主义究竟是什么的问题又重新发生兴趣（注意这里是过去时态），并以新的方式重新思考那个现已成为历史的现象，这些新的方式并不是我们从参与者和表演者、倡导者和实践者本人那里继承来的方式。但也是在这样一个时代里，也许在更长的一个时代里，关于帝国主义是什么以及帝国主义如何发生作用的问题，一直是理论家们激烈争论和讨论的主题，而且不仅仅包括经济学家、历史学家和政治学家。一系列非常复杂的理论和模式——或许比大多数当代文学理论形式更不可思议——的确已经出现，这是关于这一问题的任何严肃讨论都必须承认的。

因此，关于现代主义与帝国主义之间关系的任何讨论一般都要求通过两个而非一个冗长的前奏才能开始其话题。然而，重要的是要首先弄清这个话题是什么：在目前的情况下，这个话题不涉及人们所说的帝国主义文学，因为那种文学（吉卜林、赖德·哈加特、凡尔纳、威尔斯）大体上都不是形式意义上的现代主义者，都产生于如冒险故事的亚经典样式，在现代主义及其意识形态和价值观独霸天下的时代里仍然是“二流的”或“边缘的”（甚至康拉德也明显依赖于比较古老的叙事形式）。[1]

这里所要探讨的假设比下面的证实更具形式意义，更具包容性，这个证实就是，这种帝国主义产生其特殊的文学，在当时宗主国文学作品的**内容**上留下了印迹。我实际想要说的是，帝国主义的结构也在新变化的文学和艺术语言的内在形式和结构上打下了烙印，而现代主义所松散地指涉的正是这些内在形式和结构。这当然具有多重的社会决定因：任何关于现代的一般理论——首先假定可能会有这样一种理论——都希望把一系列在历史上新生的其他现象的预示性在场确定下来：现代化与技术；商品的物化；货币的抽象概念及其对符号系统的影响；读者大众在社会上的辩证分化；大众文化的出现；新型精神主体在物质感觉上的体现。在这些“决定因”中，一整个新的全球和帝国体系的出现，其相对价值和重要性甚至在纯理论上也不是清楚的。本文仅限于探讨从这些决定因中分离出来的一股新生力量，而不能将其还原为上述任何一种。

帝国主义不管初看起来是多么外在于和超越于文学的一个事实，都至少可以以编年史的方式探讨它的影响。如果我们把1884年这个象征性日期——“先进的”列强瓜分非洲的柏林会议——看作新的帝国主义世界体系的编码，那么，就会想到一系列的文学和艺术事件，它们至少意味着类似的突破和危机的出现：比如，翌年维克多·雨果的逝世常常被视作整个新的象征主义和马拉美美学的肇始，雨果的逝世突然揭示出在这位巨人的背后，这种美学早已经发展起来了。对这种象征性突破的选择并不是经验上可证实的事物，而是历史编撰的决策；比之要建构新的、更复杂更有趣的历史叙事的动机而言，与这些突破相平行的编年史事件起初也不是明确的，在既成事实之前不能预示其有用性。但是，如我们将看到的，当这些平行事件在这个编年序列的另一端，在现代主义的一端，恰与古典的帝国主义世界体系的重建相偶合时，我们对二者间可能的相互关系的兴趣无疑只能愈加强烈，即便只限于另一种方式。

对形式和形式革新与变化的强调意味着，我们的特殊文本和研究客体将是那些几乎不可能使人想到帝国主义的那些文本和客体；它们初看起来并不具有特别的政治内容；它们为分析提供了纯粹的风格或语言特点。人们对现代主义所持的惯常看法一般包括其非政治性质，其内向性和对与现实主义相关的社会素材的背离，其愈加强烈的主观化和内省心理化，而同样重要的，还有其唯美主义和对现已自治的一种艺术的最高价值的意识形态承诺。而在我看来，所有这些特点都不再充分和具有说服力了；它们是旧的现代主义意识形态的组成部分，是任何论述现代主义的当代理论都希望予以详察和消解的对象。但是，即便仅仅是为了更有力地展示开始于现代主义的形式主义原型内部的政治和经济、以及超文学因素的预示性在场的话，在当下的语境中也仍有需要说明的东西。

但这不是对本文话题的惟一限制：这还涉及关于其另一个术语的一些限制，即帝国主义，这个术语现在也必须加以限定。比如，我认为，只有承认马克思主义理论框架的那些关于帝国主义的理论（不管在方法上多么旁门左道或修正主义）才是我们所关注的，因为只有在那个框架内，政治现象（暴力、统治、国家权力）与经济现象（市场、投资、剥削、低于消费的水平、危机）之间的协调才能得以系统探讨。关于帝国主义的纯政治理论（如舒姆彼得的理论）不仅仅滑向了道德化，而且滑向了形而上的人性观（对权力或统治的贪欲），其结果只能是对事物本身的历史特殊性的消解和帝国主义现象在整个人类历史上的扩散，哪里有血腥的征服，哪里就有帝国主义。无论如何，如果这里所论述的问题是帝国主义与现代主义之间的联系（而且是帝国主义与**西方**现代主义之间的联系），那么显而易见，在此，帝国主义就必定指资本主义本身的帝国主义原动力，而不是各个古代帝国的征服战争。

但是，甚至在马克思主义的帝国主义理论内部，也需要进一步的历史定义：换言之，马克思主义的帝国主义论在20世纪中叶经历了根本变革和重建。人们都记得，列宁在第一次世界大战期间写了一本非常有影响的论帝国主义的小册子；人们也许怀疑太经常地使用帝国主义这个术语的人是否是一个马克思主义者；而如果经常讨论帝国主义的问题，他们就会知道这个术语与第三世界社会的问题有关，与不发达有关，也与债务有关，与国际金融基金、美国投资和外国基地有关，与独裁者和对苏联影响的焦虑有关，也许最终——作为最后一个例子！——只与舰炮介入或与形式上的殖民结构有关。现在所必须观察到的是，“帝国主义”这一术语在所谓马克思的经典中应用时，在马克思本人、列宁、希尔佛丁和布哈林——惟有罗莎·卢森堡除外——等人的著作中，丝毫不具有这些内涵。就大多数来说，老一代的马克思主义帝国主义理论家步马克思本人的后尘（关于印度的那些著名信件），都假定资本主义的渗透将直接导致现在人们所知的第三世界国家的经济发展。当代广为接受的观点——按照瓦尔特·罗德尼颇有影响的著作的标题所示——恰恰相反，即资本主义将导致“不发达的发展”，而且，帝国主义系统地摧残了其殖民地及其附庸的发展——这一观点在马克思主义最初的帝国主义理论中根本不存在，实际上是与这些理论明显相矛盾的，即使它们提到这个问题的话。然而，问题在于，这些理论并非总是以那种形式提出这个问题，当时，帝国主义一词所指的不是宗主国与殖民地的关系，而是不同的帝国和宗主国民族—国家之间的竞争。这样，即刻明显的是，如果我们忽视该词的这种用法，用我们自己时代的用法指称现代主义时期的语境，那么，我们就陷入了各种历史混乱和时代错误之中。

因为在我们的时代，自第二次世界大战以来，帝国主义的问题似乎得到了重构：在新殖民主义和反殖民主义的时代，随着跨国资本主义和大跨国公司的出现，触目惊心的已不是宗主国列强之间的竞争了（比如，我们时常碰到的关于日本的问题，并不投射出那种迫在眉睫的、世界大战的冲突，扰乱人们的“黄金时代”感）；相反，从保罗·巴朗到现在的当代理论家所一直关注的是第一世界和第三世界国家之间关系的内在动力，尤其是当这种关系——现在恰恰是我们所说的“帝国主义”一词的意味——已经成为一种必然的臣属或附庸关系和一种经济关系而非基本的军事关系时。这意味着从第一次世界大战到第二次世界大战期间，他性的轴心已经被置换：它最初控制着不同帝国主体之间的相互关系；现在则表指一个普遍化了的帝国主体（通常是美国，但往往也有英国、法国或日本，自不必说像南非或以色列这样新兴的宗主国核心了）与其不同的他者或客体之间的关系。这将是历史的说法；但是，由于我们（非常自然地）认为与列宁时代的祖先相比，我们已经发现了一些更基本的关于帝国主义原动力的事实，所以，也可以以这种方式描写这种置换：即在那个过去的时期，从1884年到第一次世界大战期间，第一世界和第三世界之间的统治关系被一种专横的（也许是意识形态的）帝国主义意识所掩盖和置换，这种意识从本质上把帝国主义视作第一世界列强或帝国的拥有者之间的关系，而且，这种意识倾向于压制更基本的他性轴心，而只是偶尔才提出殖民地现实的问题。

文化上，这种转变的原因和结果是不难回首的。我们今天以一种不同的方式考虑第三世界，不仅仅因为反殖民主义运动和政治独立，而更重要的是因为这些各相迥异的文化现在都在言说它们各自不相同的声音。这些声音也不再是我们可以随意忽视的边缘的了；至少它们中有一个——自繁荣期以来的拉丁美洲文学——今天也许已经成为世界文化舞台上的主角，不仅仅对其他第三世界文化，而且对第一世界文学和文化都发生了不可避免的、难以逃避的影响。要表明美国以外的第一世界文化境遇中这些其他声音的在场并不难，如在今日英国。同时，颇有意义的是，在美国本土，我们已经开始考虑和谈论一个**内在的**第三世界和诸种内在的第三世界声音的出现，如黑人妇女文学和西班牙裔文学。当他者说话时，他或她就成了另一个主体：这个主体肯定会被帝国或宗主国主体视作一个问题——于是，大致仍然属于西方的诸种帝国主义理论便采取了新的取向，转向了那个他者，转向了我们应为之负责的不发达性和从属性的结构。

但是，在现代主义时期，情况绝非如此。19 世纪末**他者**的原型范式——如左拉的 *La Debacle*（1892）——是另一种帝国的民族国家：在这种情况下，德国人实际上已经成为童年梦魇中的食人魔和恶鬼，他们在相貌上怪异可怕，野蛮，未开化，而作为原型，他们与古代"中世纪的野人"相距并不遥远，体现了对农业和乡村社会奔放不羁的本能冲动的全部迷恋和惧怕。然后，这些"他者"将以更苍白的、更可敬的形式在这个时期的高雅文学中流行——如各种外国人给英国小说中的高雅社会增加一种异国情调一样（E. M. 福斯特的《霍华兹别墅》中的德国人以一种治疗性的自由容忍和自我批判颠倒了这种恐外症）；而非西方的被殖民者的更加激进的他性则试图在我们已经提到的非经典的帝国主义冒险文学中找到代表性位置。

但是，以一种非常不同的他性掩盖另一种他性，用竞争代替剥削，用第一世界的人物代替第三世界的在场，这可能被认为是一种再现遏制的策略，这种策略几乎不能改变殖民地占有的基本的帝国主义结构，或雅克·伯克所说的令人难忘的对"被殖民者的世界的剥夺"。其影响是再现性影响，即系统地遏制对帝国体系结构的充分认识：但是，这些显然是客观影响，将在美学领域产生最明显的后果，在美学领域中，对新的帝国世界体系的测绘是绝不可能的，因为被殖民的他者，即本质的异己因素或对抗力量，已经成为看不见的了。

现代主义再现正是在这种环境中产生的：总的来说，这确实是形式和文化变化与我们所说的社会“决定因”的关系，这些决定因表现了一个发生了根本变化的环境（一种社会、心理或物质类型的新素材），对此，要求在形式、结构和语言方面予以新的、前所未有的审美反应。但是，从文化或审美生产的角度来看，现在需要对这个新的帝国主义环境加以描述，而且似乎最好是通过将其问题与正在实现现代化的宗主国的内部工业化和商品化的问题区别开来。这最后一点往往似乎（自相矛盾地）依赖于普遍的意义丧失，仿佛其主体随着传统和宗教绝对值的衰落而否定地迎合了人类权力的增长，同时，实践和生产的事实又极易受到商品形式的物化逻辑的扭曲和掩盖。

由殖民制度所决定的东西现在已是与此相当不同的一种意义丧失：殖民主义意味着整个经济制度的一个重要的结构部分现在被置放在别处，为宗主国所不及，在本土的日常生活和生存经验的范围之外；而在海外的殖民地，其自身的生活经验和生活世界——与帝国强权的生活经验和生活世界相当不同——不管属于哪个社会阶级，都是帝国强权的主体所未知和不可想像的。这种空间断裂直接影响到对整个制度功能的失控。因此，与民族或市场资本主义的古典阶段不同，拼图上的拼块缺失了；而且再也不会完全重建起来；任何扩大的个人经验（如对其他社会阶级的认识），任何高度的自我审视（以各种社会良心的审视），任何基于第一世界内部数据的科学推断，都不足以包括殖民地生活、殖民地的痛苦和剥削的这种根本他性，自不必说彼与此、宗主国缺失的空间与日常生活之间的那些结构关联了。换言之，上述因素——宗主国的日常生活和生存经验——必然是民族文学自身的内容，现在已不再能够对其加以内在地掌握了；它自身内部已不再具有意义，不再具有更深刻的存在理由了。作为艺术内容，它从此将永远有所缺失，但在匮乏的意义上说，仅仅把缺失的因素弥补回来是不能使其复原或再次成为整体的：它的缺失可以比作另一个维度，仿佛一面镜子的另一面的外表，它在构成上就缺少某种因素，因此是永远不能补救或好用的。这个新的具有历史原创性的问题本身是一个新的内容，它构成了现代主义试图解决的环境、问题、困境和形式矛盾；确言之，只有那种新的艺术才能反射性地透视这个问题，正视可被首先称作现代主义的这个形式问题。

当然，面对在构成上使你无法琢磨的仿佛第四维度的这种全球空间问题，人们最容易产生的想法就是绘制一张地图：《尤利西斯》绝不是第一张这样的地图，自不必说以地图属性为赌注的描写帝国主义时期的惟一一部文学作品了。康拉德的《黑暗的心脏》，不管产生什么样的共鸣，其标题都直接具有绘图法的指涉意义。但绘图法并不是问题的解决，而恰恰是问题本身，至少就理想的认识论形式来说是一种全球规模的社会认知测绘。这种地图如果有的话，就一定产生于个人空间认知的要求和界限；由于英国一般被认为是道地的帝国主义强权，所以首先举英国的空间经验为例也许是有用的：

> 火车穿过无数的隧道向北疾驰。这只是一个小时的旅程，但蒙特太太不得不一次又一次地打开和关上窗子。她穿过以悲剧闻名的南维尔文隧道。她跨过宽阔的高架桥，其无数拱洞跨越无忧无虑的草地和梦幻般流淌的特文河。她绕过政治家的花园。有时，大北方公路伴

> 随着她，与其说使人想起沉睡百年之后觉醒的铁路，毋宁说使人想起无限，铁路在醒来后所看到的竟是弥漫着汽车臭气的生活，和防治黄疸病药的广告所暗示的那种文化。蒙特太太对历史、对悲剧、对过去、对未来都同样冷淡；她所关心的是这次旅行的终点，并把可怜的海伦从这可怕的混乱中拯救出来。

这是引自《霍华兹别墅》开首几页的一段插曲，典型地体现了福斯特的欺骗性，提供了充满陷阱和歧途的一种和蔼可亲的素朴性。复杂的哲理都被隐藏在表面之下，其中包括对自然和工业化的反思，对真实的和不真实的生存时间的反思（在蒙特太太身上体现的海德格尔的 Sorge［烦］），以及对英国阶级现实肯定而机智的意识。然后，小说将把所有这些表达出来，表明作者在此怂恿读者忽视的东西将逐渐成为一个无法避免的信息，根据这个信息，我们再回过头来详细解释眼前的文本。但所解释的从本质上说仍然是一种空间再现和空间认知：哲学思想（如我们将看到的，无论如何都会涉及空间）最终将依赖于空间，没有空间就无以言表。这当然是一种电影式的空间，爱因斯坦式的观察者坐在火车上穿过大地景色，每一时刻都在改变着它使其成为可能的观察。然而，最重要的并不是关于福斯特或关于一般的现代主义小说的新电影所发生的影响，而恰恰是这两种不同的形式发展的汇合，即电影技术与特定的现代主义或原型现代主义语言的汇合，二者似乎在主体与客体之间提供了某个空间，某个第三条件。在那个意义上，电影认知既不是主观的，也不是心理的：没有什么隐私或个人的东西（而正是由于这个原因，我才在前面提出把现代主义说成是内向转向是令人误解的）。但在任何传统的现实主义或经验主义的意义上，这种电影认知也不是客观的：实际上，对于真正的后现代人来说，没有什么能像“照相式现实主义”这个论战式的表达这样荒谬和失常的了——仿佛作为在今天如此神秘和矛盾的一种体验的照相术具有值得信赖或可靠的东西一样，对我们来说则是最不可能保证似真性的东西！因此，尽管**风格**仍然是各种现代主义的一个基本范畴，随现代主义的出现而出现，并随心理主体在后现代时刻的消失而消失，但仍然急需把风格从传统的心理学和主体性概念中解脱出来：电影的治疗用法在哪里并行，机械便在哪里取代人类心理学和认知。但这要通过把风格的概念与新近叙事的空间经验加以重新调和才能达到最佳效果，二者的调和标志着现代主义的兴起，以及一整个令人眼花缭乱的现代主义样式开始繁荣的地方。

福斯特充其量是个狭隘的现代主义者，似乎不足以说明这一过程；但使我们感兴趣的正是其出现的苗头，而不是完全成熟的事物。同时，如果认为作为帝国主义心脏的英国也是最不利于本土现代主义的发展的民族地区，那么，这当然也与我们目前的话题相关。

然而，在目前的历史进程中至少有一个时刻似乎具有从波德莱尔到艾略特的某一正统现代主义语言内部拥有的一切可能性，无论过去还是未来：像蒙特太太周围疾驰而过的环境一样的比喻，只有其虚假的质朴把人们的注意力引向了自身（福斯特的作品一向如此）。这是“暗示着无限的……大北方公路”。当然，我们看到这里的意味，读者不由自主地围绕高速公路周围的视觉属性，其远离铁轨的绵亘和弧度，来重构一部内心影片。在无垠之上，往来不断的车辆强化了观照者贯注的一次巨量的运输。最后，被现代化和商业化的历史所盘剥的荒凉比铁路内在不可避免的污染更接近于**理念**。这至少是这个比喻让我们看到的一切；但是，尤其是当我们了解到福斯特急需使用“无限”一词，仿佛它的确具有某种意味时，意义本身就越来越不清楚了。抑或，最好是把这一正统的现代主义**风格**描写为一种被压缩的表象，以便记录一种具体感知。事实上，阅读的问题转向了有关这一比喻的结构的客观不确定性上来：大北方公路是表达的要义还是工具；公路是否类似于波德莱尔作品中的比喻意在把五里雾一样的形而上概念“无限”具体化，并借助其视觉属性的瞬间转化使那个模糊但却崇高的词在文本游戏中成为更生动的语言表演者；另一方面，作者是否有意把这一崇高理念的形而上学声望与平庸的公路形成共振，赋予公路以神奇的功能，从而将其改造成最纯粹的表现性期待，而无需将其视作传统上某种虚假的官方“象征”。现代主义本身就是这种犹豫不决；它出现在福斯特这个比喻内部的空间缝隙之中；它融会于物质客体的偶然性与对某一不可能的意义的要求之间的矛盾之中，在此，已死的哲学的抽象概念标志着这个不可能的意义。对这个我们称之为“风格”的矛盾的解决就是用一种空间或认知“意义”（不管它现在是什么）来取代另一种空间或认知“意义”（不管它过去是什么，或将来可能是什么）。

但是，福斯特的比喻也证明具有一个更传统的“意义”，如该小说的其余部分告诉我们的：只要我们不忘记其最初的空间和认知基础，不忘记某一新的现代主义语言对我们的身体和感觉系统也即其先决条件发生的作用，我们就完全有理由解释这个意义。实际上，福斯特继续将其空间的时代精神作为“一切大地美的基础”（原书 204 页）。他把这种大地美详细描述为一个双重的救赎系统，即亲密的人类关系与直接的大地景色这两条道路。在谈到可怜的列奥纳多·巴斯特时玛格丽特说：“我们要向他表明，他怎样才能报复生活。如我所说，朋友，或国家，某……某个非常亲密的人或某个非常亲密的地方似乎有必要摆脱生活中每日的灰暗，并表明那是灰暗的。如果可能，应该做到这两点”（原书145页）。这里的地点当然是小说标题所指的霍华兹区的乡宅；“亲密的人”指已故的威尔考科斯夫人，她开始与这个地方融合，甚至几乎成为“当地的守护神”。然而，如我们在前面举的例子所示，再现的困境仍在：作为一个人物，威尔考科斯夫人从那个具体的地点汲取了各种可能性，这个地点就是霍华兹区，而反过来这个地点又从威尔考科斯夫人的精神中汲取了感召力。把机遇改造成由一位女人主持的一个乌托邦的社会群体，这个女人实际上就是这个群体的精神支柱；而在第19章中对某一乌托邦式景色的恢复与几近莎士比亚式的对某一理想的（和反爱国主义的）英格兰的赞颂相契合——这种契合，实际上，这两个幻想结构的认同就是福斯特在这部小说中的政治和审美议事日程。

然而，如他自己清楚地说明的，这个日程能否在历史上得以实现和完成，这并不明确（即便小说本身已经完成）。他继而暗示说，现代文明的发展趋势——现在是“现代化”而非美学上的“现代主义”！——正处于关闭个人“救赎”或精神“救赎”的道路的过程之中（如果“救赎”不是过于崇高的字眼儿的话）。大地景色正在被涂抹，留下的仅只是更加脆弱和昙花一现的人际关系的安全网络：

> 伦敦只不过是这种游牧文明的尝试，它如此深刻地改变了人性，给人际关系带来了自其出现以来最大的张力。在国际主义制下，如果它到来的话，我们将得不到大地的帮助。树木和草地和山峦只不过是景象而已，它们曾经施与性格的那股约束力只能给予**爱**。

但我们现在必须附加的，现在重又使我们回到起点上来的，是这样一个事实，伦敦恰恰是我们在大北方公路上瞥见的那种“无限”，或至少是描写那个“无限”的一幅“漫画”（原书280页）。但现在一整套术语一股脑地出现，开始相互配合：国际主义、伦敦、游牧生活方式、汽车的臭气、预防黄疸病的药片，都作为一个历史倾向而聚合起来，出乎意料地与“无限”融会在一起，而“无限”也同样出乎意料地成为地点、霍华兹区、此时此地的救赎的对立面（无独有偶，从未存在过的一个旧的英格兰，第19章中描写的英格兰也获得了再生）。但这并不简单地是浪漫主义反城市、反现代的怀旧；这根本不是面对面目全非的工业荒原即现代工业世界的那种保守的反感。而就终极的决定因而言，这是这个现象链环上的最后一次认同：这个意义上的无限，这个新的灰暗的无位置性，以及导致这种无位置性的一切，也有另一个熟悉的名称。在福斯特的著作中叫作**帝国主义**，或帝国，即其时代的指称。使条条大路延绵通向无限、超越民族国家的疆界和界限的，正是帝国；它把伦敦抛在了后面，形成一个新的空间集团或疾病，其商业主义现在抛弃了像威尔考科斯夫人这样讲究实际的场面人物，福斯特也将传达关于这种人物的个性压抑的信息，所采取的是我们无暇在此检验的新的形式：

> 在汽车里是得到自然青睐的另一种类型——帝国。它健壮，不停地运动，希望继承大地。它像自由民一样迅速而健康地繁殖；将其称作把自己国家的美德带到海外的超自由民，这种诱惑十分强烈。但仔细想来他看上去并不是帝国主义者。他是破坏者。他为国际主义铺平道路，尽管他可能完成大志，但他所继承的大地将是灰暗的。（原书323页）

随着这种认同——“无限”与“帝国主义”的偶合，我们画满了一个圆，帝国主义环境的一个因素以人的形式、或以叙述人物的再现性语言出现了。然而，这种再现是不完整的，因此在认识论上是曲解的和令人误解的：我们只能看到“帝国类型”转向内向、转向内在宗主国现实的那副面孔。在这种关系的另一端，从根本上和本质上限定其“帝国主义”功能的那一端，即被殖民化了的个人，仍然被封闭在结构之中，作为制度限制的结果他们必然而且只能被封闭在结构之中，而内部的民族或宗主国的日常生活与从此附属于它的这个他者世界绝对地割裂开来了。但是，由于再现以及作为再现的认知测绘是由“趋于总体性的意图”控制的，那些限制也必须被拉回到这个系统之中，这个系统用一个意象标志着那些限制，这就是比作无限的大北方公路的意象：一种新的空间语言，因此也是现代主义的“风格”，现在成了不可再现的总体性的标志和替代（用拉康的话说是“租赁的场所”）。由此产生了一种新的价值（也正是这一点一般被松散地和令人误解地称作现代主义唯美主义）：如果“无限”（和“帝国主义”）在福斯特的作品中是坏的或否定的因素，那么，其作为身体和诗意过程的认知就不再是坏的或否定的了，而恰恰是肯定的成就，是对我们的感觉系统的扩大：这样，这个新比喻的美就与作为其内容的社会和历史判断奇怪地毫无关联了。

关于这种处于再现边缘或界限的“事件”，我试图要说明的东西，也可以表示为对内部或宗主国空间本身的再现，对依然是其基本原材料的民族日常生活的再现。由于在帝国的世界体系内这种再现仍然是相当不完整的，因此，作为补偿，必须将其构成一种维持自身生存的总体性：这是福斯特试图借助上帝的观念而特别要获得的东西，这种观念把孤立主体之间的巧遇、偶合、偶然和任意的相遇变成了已经实现了的群体的乌托邦瞬间。这个瞬间同时既是道德的又是审美的，因为这是颇似诸种关系的一个审美形式的实现，证实了这个瞬间不管多么短暂，都是一种社会现实：而社会与审美之间的偶合（在道德的意义上）恰恰使其他相关的著作（如弗吉尼亚·沃尔夫的著作）通过看起来比福斯特更审美化的手法而重新聚焦于这个瞬间。这里，内部的社会总体性仍将是不完整的；但是，尽管如此，内部的社会阶级仍然是明显缺场的（如列奥纳多被细腻地刻画为非无产阶级，处于“绅士阶层的最边缘。他并未处于深渊之中，但能够看到深渊，他所认识的人中不时有掉入这个深渊的，从此不再重要了”）（原书 45 页）。这种内部包容迥然有别于对异族或被殖民者的排除（他们的缺场甚至没有明显的标识）：这种区别大体上相当于弗洛伊德在压抑（神经官能症）与排斥（精神病）之间所作的区别。

这里暗示的假设——在正统现代主义“风格”的出现与新的帝国世界体系的再现困境之间的假设，只能由它所促成的那种新作品加以证实：即现代人采用的新的（形式和结构的）方法加以证实，比之从其同时代人那里继承来的描写，他们用这种方法能更充分地为我们描述其历史特殊性。然而，还有另一种方法可以“证实”这一假设，至少可以采用爱因斯坦式的“思想—实验”：这像是一种实验变体或审美证伪性的原则，根据这一原则，这种特殊的宗主国或第一世界的现代主义实验将受到根本不同的环境条件的检验。在这个时期，在将被称作第三世界或殖民地的地方还不曾存在这些实验：在那里，帝国主义的面目是残酷的武力，赤裸的权力，公开的剥削；但是，帝国主义世界体系的测绘在结构上仍然是不完整的，因为殖民地主体不可能接受伴随帝国关系而来的宗主国或第一世界生活的特殊改造。从被殖民者的角度看，接受这些新的现实也没有任何意义，这些新的现实是主人的私下关怀，是被殖民文化必须加以拒绝和排斥的。因此，我们所寻求的是一种例外的环境，是这两种各不相容的现实，即主人的现实与奴仆的现实、宗主国的现实与殖民地的现实的重叠和共存。因此，我们的实验变体，如果可能的话，将成为一种民族环境的前提，这种民族环境——或许通过其语言与帝国语言的偶合——将再造第一世界社会现实和社会关系的表象，但其基础结构事实上非常接近第三世界或被殖民者日常生活的基础结构。在这些环境中产生的现代主义与宗主国和上面检验的作品之间存有形式和结构的差异，因此可以就此加以审视和质疑。但是，在我们全球体系的历史偶然性中至少存在着一种如此独特的空间：这就是爱尔兰，而爱尔兰环境的独特性现在仿佛实验性地证实了我们迄今的论点。它仿佛使我们先验地从我们假设的前提中推断，然后将这个推断与爱尔兰文化的历史现实加以比较。如果这一命题是正确的，那么，在某一可能抽象地存在的爱尔兰现代主义中，我们就能发现一种形式，它一方面把福斯特神意的然而又似乎是偶然的人物遭遇与沃尔夫的审美封闭性联合起来，但在另一方面，又把这些遭遇投射到一个根本不同的空间里，在英国生活中已不再是中心的空间，而是被标识为类似于帝国体系的被殖民地区的边缘和离心的地区。可以指望那个被殖民化了的空间能够根本改造现代主义的形式规划，同时又能保持与其帝国变体的一种远亲的相似性。但这种“推断”可以得到直接的历史证实，因为我实际上是在描写《尤利西斯》。

但在《尤利西斯》中，空间并非是为了获得封闭性和意义而被赋予象征意义的：其封闭性是客观的，是由殖民环境本身所赋予的——于是便有了乔伊斯语言的非诗意性和非风格性。在福斯特的作品中，遭遇、偶然事件、决定性相遇或为阻止这些相遇的发生而故意拖延的5分钟，都是针对宗主国的，“在人们眼里，［宗主国］是一条颤抖的灰暗地带，理智而没有目的，刺激而没有爱；是在被编入历史之前就已经改变了的一种精神；是跳动着但却没有人类脉搏的一颗心脏”（原书108页）。在乔伊斯的作品中，这种遭遇与都柏林本身是一致的，都柏林拥挤的空间里允许存在现已过时的古代城邦的生活。因此，没有必要生产一种有别于城市的封闭的审美形式，在第一世界的现代主义中，暴力的形式必然被强加于城市以作为补偿。

事实上，人们甚至愿意更进一步，断言被视为现代主义本身的语言维度——即现代主义“风格”，现代经典的一个绝对范畴——在乔伊斯作品中也不存在。在福斯特作品中窥见的那种空间诗歌在《尤利西斯》中找不到对等物。“我正在沿着桑迪山海峡走入永恒吗?”这个问题被强行塞入史蒂芬的意识之中，而且被标志为主观的。在主观连续体的另一端，“夜城”一章中巨大的畸形空间仿佛就在眼皮底下发生，以至于不能用意象加以描写。具有现代倾向的一种个人风格可见于早期的乔伊斯，而且可以据瓦尔特·佩特的唯美主义踪迹来辨认：在《尤利西斯》中所剩下的一切只是自觉地放置关键的副词。不然的话，作为绝对主体的一个范畴，风格就会在这里消失，乔伊斯实际可触的语言游戏和实验就将被视作非个人的句子综合和变体，超越一切观点（“情人喜欢爱情人。护士爱新来的药师。警官14A爱玛丽·凯莉。格蒂·麦克多维尔爱那个骑自行车的男孩……”）：于是，人们不时感到（如对革命的生产方式一样）乔伊斯跨越现代的舞台而直接进入了后现代主义。在“太阳的公牛”中，风格的伪戏仿（pastiche）不仅使这种风格不可信，而且罗列了无数的**英语**风格，无数的帝国占领军的风格。

实际上，甚至偶然事件的问题——在福斯特和沃尔夫的作品中非常重要——在乔伊斯那里也具有不同的意义。在后者的作品中，这种交叉随处可见，但几乎不具有在其他作品中投射的模糊的神性（这里需要指出父子主题的局部例外）。列奥纳多在故事高潮时在圣保罗大教堂看见了玛格丽特和威尔考科斯夫人；史蒂芬在一个较模糊的但更具审美意义的时刻看见了布鲁姆先生；但这与前者提出的问题并不相同。伦敦（或《曼哈顿转车》中的曼哈顿）都是集团（宗主国），在那里这种相遇**都是**纯粹的偶合；都柏林是一个古典城市，在此，这种相遇不仅是正常的，而且是预料之中的。这就是说，城市的概念在《尤利西斯》中出现，包含并促发了这些相遇和交叉，并予之以不同的反响，而这些相遇和交叉正是现代时期的关键。但正如我们所说，都柏林仍然是古典的，因为它也是一座殖民城市：而乔伊斯叙述内容的这种“独特性”现在决定着一些其他形式的结果。一方面，乔伊斯作品中的相遇已然（或可以说仍然）是语言上的：它们是故事，闲谈，在发生时就已经融入了言语和叙事，所以现代主义诗人或作家的创造性改造——为了表达现代生活中最新揭示的种种非语言的偶然性而发明一种新言语的需要——在乔伊斯的作品中走了捷径。同时，《尤利西斯》这种本质的语言性——如他自己所说这是关于“最后几位伟大演说家”的一部书——本身就是帝国主义的结果，它把爱尔兰贬降到一个古老的修辞的过去和残存的（没有行为在场的）演说术，把都柏林僵化成一个未发达的盛行流言蜚语的村庄。同时，在其他作品中强行引入的历史本身在这里已经是城市组织的组成部分：那里有占领军，我们非常自然地与其士兵遭遇，就如同将要观看总督的游行队伍一样；不时发生的军事行动——如常胜军的被暗杀——在集体记忆中仍然栩栩如生，幸存者的出现无疑是一种普鲁斯特式的惊奇，但却完全合乎道理。英国的知识分子造访这一有趣的文化的穷乡僻壤是正常的，在酒馆、酒吧和公共场所进行民族主义的争论（尤其是围绕民族语言的争论）也是正常的；人们在酒馆和公共场所会面和谈话这一事实本身就是旧城市生活的令人愉快的残余，这在宗主国文学中没有等同物，不同人物的会面在宗主国文学中都是通过接待和避暑别墅而人为地安排的。

《尤利西斯》甚至有一部分采用了另一种现代主义手法来描写空间——即漂泊的岩石，多斯·帕索斯直接从这里获取了灵感，并使他断续地走上了文学捷径——这部分例外地证实了这条规则，因为这些实在的断续性已经成为纯粹的现象：我们事实上已经知道这些解体了的人物已经通过熟识和历史恢复了联系，视角的转变使外部机遇和偶然性的幻觉全部消失了。《奥德赛》在表面上作为一种审美设计和典故相似于沃尔夫《到灯塔去》中的那幅油画，在帝国主义的语境中也必须加以重新思考。这当然是一个很大的形式借口，其地点背景使得乔伊斯能够详尽描写各章的偶然事件，而不必揭示深刻的动机（平行事件、色彩、比喻、身体器官等其他层面与其说相似于象征主义，毋宁说相似于弗洛伊德的"次要描写"）：但所要强调的是，这里所利用的不是《奥德赛》的意义，而是其空间属性。《奥德赛》被用作一张**地图**：就乔伊斯的阅读来说，这实际上是一个经典叙事，其封闭性就是地图的封闭性，这张地图描绘的是地球上一个完整的和同样封闭的区域，仿佛那些故事本身重又汇入空间之中，阅读这些故事已与阅读地图无从分别。在现代文学中，其他类似的经典都不具有这种独特的空间范畴（比如希腊悲剧中的不同主体）；事实上，这种第三世界的现代主义仿佛诡谲地把帝国的关系颠倒了过来，为了组织殖民城市的空间，把城市里的甬道和小路变成一个形式的封闭，一个宏大文化丰碑的封闭，而利用了地中海的大帝国空间。

因此，在西方现代主义中可以窥见帝国主义的踪迹，事实上，帝国主义构成了西方现代主义；但我们不能在明显的地方寻找这些踪迹，如在内容或再现中。除了爱尔兰文学和乔伊斯作品的特殊情况外，我们都可以在空间上窥见帝国主义的踪迹，它们作为形式征候存在于第一世界现代主义文本自身的结构内部。

【注释】

[1] Martin Green, *Dreams of Adventure*, *Deeds of Empire* (New York: Basic Books, 1979); Philip D. Curtin, *The Image of Africa: British Ideas and Action 1780—1850* (Madison: University of Wisconsin Press, 1964); Brian Z. Street, *The Savage in Literature: Representations of "Primitive" Society in English Fiction 1858—1920* (London: Routledge & Kegan Paul, 1972); and especially Edward W. Said, "*Kim*, the Pleasure of Imperialism", in *Raritan 7* (Fall 1987), 27-64, reprinted in his *Culture and Imperialism*.

（陈永国　译）

马克思主义与后现代主义

马克思主义与后现代主义：人们往往感到这是一种罕见的或悖论的结合，是缺乏稳固基础的，以致有些人认为，当我现在“成为”后现代主义者时，必须不再做任何含义（即用其他一些传统字眼）上的马克思主义者了。[1]由于这两个术语（在十足的后现代主义的意义上）装载着整个大众想像的重荷，“马克思主义”已被理解为列宁和苏维埃革命时期泛黄的老照片，而“后现代主义”则产生的是最豪华的大酒店的想像。于是，这种蓦地产生的无意识，迅速构成了这样一幅图景：一个正在艰难经营的小餐馆，里面充满一种怀旧的氛围，墙上挂着老照片，一位苏维埃的服务员懒懒地端上一盘糟糕的俄罗斯饭菜——而这个小餐馆却处在闪烁着霓虹灯的繁华的建筑群中。如果我也陷入这样一种个人的理解的话，我过去所研究的课题就显得十分奇怪和滑稽了：几年前我曾出版了一本结构主义的书，有人据此称我为结构主义的“最重要”的发言人，而另外一些人则要求我作为一个“杰出”的批评家和这一运动的反对者。而事实上我既不是前者也不是后者。不过，我不得不说，我必须在一些相当复杂和不寻常的情况下“两者都不是”，这一点有些人似乎难以理解。就后现代而论，尽管我在论及这个问题的原则性论文中竭力解释从理智上或政治上简单地赞美后现代主义或“不承认”（这个词我后面还要论及）后现代主义都是不可能的，但先锋艺术批评家仍很快认定我是一个庸俗的马克思主义的御用文人；而另一些更纯真的同志则依据一些著名前辈的例子，认为我最终偏离马克思主义的轨道而成为一个后现代马克思主义者（也就是说，一个背叛者和变节者）。

因此，我特别感谢道格拉斯·凯尔纳在“导言”里所作的有洞见的表达，这一新的课题与我早期的著作不是相悖而是一种逻辑的发展。我本人要再次说明的是关于“生产方式”的概念，我对后现代主义的分析正是对这一理论的又一贡献。可是首先需要注意的是，我的所有这些看法——显然归功于（这一点我过去说得不够充分）博德里拉，以及给他启发的一些理论家（马尔库塞、麦克卢汉、亨利·勒费弗尔，以及一些情境决定行为论者、萨哈林等等）——他呈现的是一个相当复杂的结合。这不仅仅是将我从教条主义的沉睡中唤醒的艺术产品（尤其是在建筑领域）的一种新鲜的体验：我在后面运用时还要继续强调，“后现代主义”这个概念不是专门的美学的或风格上的术语。这种结合也提供了一种机遇，以解决长期存在的与马克思主义传统中的传统经济模式不相适应的问题。我们中的一些成员所感到的不适应并不是社会阶级的问题，而是媒介的问题。阶级的“消失”只有那些“自由漂浮的知识分子”才可能考虑，而媒介的冲击波对西欧的影响将使一些观察者与20世纪60年代逐渐似乎处于中立的北美社会保持一种批判的和感性的距离。

资本主义的第三阶段

列宁对帝国主义的论述并不完全等同于列宁和宣传机器，用不同方式理解他的理论已逐渐成为可能。列宁提出了所谓垄断资本主义阶段或古典资本主义时期，这种关于资本主义阶段的新的分期在马克思那里并未被明确地预见。这将会使人们相信，或是一种新的变化已被命名和阐述便永远如此，或是人们可以在一定的情况下创造另一种名称。但是，马克思主义者中有很多人不愿意采取第二种方式来得出不同的结论，因为在其间，新的媒体和信息社会中的现象已经被右翼（在我们缺席的情况下）殖民化了，包括在一系列有影响的研究中——从最初冷战时期的“意识形态的终结”到后来盛行的“后工业社会”的概念。恩斯特·蒙代尔的《晚期资本主义》一书向这些思潮发起了挑战，他运用一种灵活的马克思主义的观点，第一次将资本主义的第三阶段理论化。[2]这一划分也使得我关于“后现代主义”的思想成为可能，由此，后现代主义可被理解为是对第三阶段文化生产的特殊逻辑理论化的尝试，而不是另一种脱离现实的对这一时期的文化批评或精神诊断。

引人注目的是我对后现代主义的研究所采用的总体化方式，今天令人感兴趣的问题不是我为什么采用这一视角，而是为什么激起了这么多人的反感（听说很反感）。在以往，抽象化无疑是一种策略方式，在抽象化的过程中，现象，特别是历史现象，能够被疏离和陌生化；当一个人囿于眼前的事物之中——年复一年地经历着文化、资讯、一系列的事件和突发事变——这其间的空隙可以被抽象概念所掩盖。人们发现，在那些貌似自主和不相干的领域之间有着隐秘的联系，通常认为只是孤立的和依次发生的事件却原来是事物的有规律的变化和有着某种内在的关联，它们具有一种全球性的特征，这种全球性正是它们的惟一根源。特别是由于刚刚过去的历史我们很难把握，于是，重建历史，提出全球性的特征和假设，将眼前的“繁芜、嘈杂的混乱”提炼成抽象的概念，这是对此时此地的一种激进的干预，同时也是对盲目性的有效抵制。

但是，如果仅仅是从正在运作的“总体战”的其他目的中分离出来，我们必须正视表现的问题。如果历史的抽象——生产方式的概念、资本主义的概念乃至后现代主义的概念——是一些不能直接经验的东西，那么，就有理由怀疑概念与事物本身潜在的混淆，怀疑这种用抽象来“表现”现实的可能性，以及这种抽象本质如社会或阶级真实存在的可能性。不过，通常对其他人的错误的担心主要意味着对其他知识分子的错误的担心。从长远的观点看，不可能制造一种表现方式来确凿地表现预先存在的视觉幻象，这里只有一种保证唯物主义抵御唯心主义复原的方式，即防止用形而上学的术语作解构性的阐释阅读。知识分子的生活和文化中的永远革命是不可能的事，所需要的是为警惕我们传统中所称为的概念的具体化而进行的不断革命。后现代主义这个概念的非同寻常的命运无疑就是这种情况，它引起了我们中一些人的种种担心，但是这里所需要的不是划清界限和忏悔罪行（如斯大林的一个著名的提法：“不要被胜利冲昏了头脑”），而是重新运用历史分析的方法，对具有政治和意识形态功能的概念不断地加以检验和判断，在今天，这种方法将部分地在我们想像性解决现实的矛盾中发挥意想不到的作用。

可是，目前在后现代主义名义下的周期化或总体化的抽象概念又重现了一个更深的悖论，在企图统一某个领域及假定在这一进程中隐藏着的一致性与这个领域极其冲动的逻辑之间似乎存在着矛盾，也就是说，它与后现代主义理论本身的开放性特征所具有的差异和分化的逻辑似乎存在着矛盾。如果后现代的特有的历史被认为全然是他律的，随机出现的，是一些不相干的子系统，那么，在这些论争中，必然有某些东西干扰了最初将它作为一个体系来理解的努力，而这种努力至少可以说显然与后现代主义本身的精神不一致。也许这种努力确实暴露了它的某些企图，它想“控制”和“支配”后现代，减少和排除它的差异的作用，甚至强制运用一些新的概念来整合多元论。然而，如果将动词的词性忽略不计，我们要“控制”历史，无论用什么方式，最终都是可能的：无论它用什么语言表达，从历史的梦魇中挣脱出来，人类作为征服者将控制那些似乎是盲目的和自然的社会—经济命运的“法则”，保存马克思主义的不可替代的遗产。因此，这对于无意控制自己命运的人们来说不会有很多的吸引力。

系统与变异

但是，关于变异的统一理论还有一些误导和矛盾的成分，因为这一概念建立在不同层次的抽象的混淆之上：我们不能把构成产生差异的系统设想为完全类同于它试图理论化的客体的那种系统的概念，即不能像狗的概念使人联想到吠叫，糖的概念使人感觉到甜味一样。人们感到，我们自身独有的某些珍贵的、存在的东西，某些脆弱的、惟一的东西，将无可挽回地失去，我们发现我们每个人都很相似：如果真是那样的话，我们将感到太糟糕了；否定是存在主义（包括现象学）的基本形式，这类事情和这种焦虑的出现需要解释。但在我看来，对后现代主义全球化概念的否定从某种意义上讲是传统的对资本主义概念的否定的重现。从现在的角度看，很少有令人吃惊的事情，因为后现代主义作为资本主义晚期的系统转换与资本主义自身以一贯之，具有同一性。那些否定实质上只不过是随之而来的悖论的一种或另一种形式：也就是说，虽然各种前资本主义的生产方式通过种种休戚相关的形式或内聚力获得了再生产的能力，而资本主义的逻辑则相反，它是一个分散的、原子论的、“个人主义”的逻辑，是反社会而不是社会的，它的系统结构，暂且不说它的再生产本身，在关系上具有某种神秘和矛盾。我们先将（市场）这个难解的问题搁置起来，这里要说的是这一悖论正是资本主义的创造力和我们必然碰到的在定义它时词不达意的矛盾状态（由此引出了特殊的新概念——辩证法）。我们在下面还有机会回头讨论这类问题，这里仅粗略地指出，变异这个概念本身就是一个系统（尼古拉斯·卢曼曾作了最详尽的阐述），也就是说，如果你愿意的话，可以将差异的作用在更抽象的层面上转化成一种新的同一性（这将被理解为一个人还必须懂得区别辩证的对立与这种随意的、分散型的差异）。

“反总体战”最终具有政治的动机，这是霍恩在他的论文中揭示出来的一个有价值的观点。[3]追随利奥塔，霍恩明确指出对乌托邦的恐惧是1984年以来我们所面临的老问题，乌托邦和革命政治与总体性和某种总体的“概念”的联合最好避开，因为它将导致致命的恐怖：这个概念至少在埃得蒙·伯克时就提出来了，但是在经历了斯大林时期无数次的重申后被柬埔寨的暴行再度激活。从意识形态的意义上讲，这是一个经过冷战修饰和定型的特殊的复活，并出现在20世纪70年代法国的非马克思主义运动中，并视为斯大林的清洗运动和希特勒的灭绝人性的集中营的异乎寻常的证明（可参见阿诺·梅耶的一本著名的书《天堂为什么不黑暗》，其中对“最后解决”与希特勒的反共产主义之间的结构关系有明确的论证[4]）。“后现代”除要求非政治化倾向以外，对这些灰白的梦魇般的形象的说明是不清楚的。前面所说的那种暴烈的革命历史也能被用于一种完全不同的教训，即首先来自反革命的暴力精神，实际上，反革命的最有效的形式就在于将暴力传递到革命的进程中。我想先进国家中的联盟现状或微观政治未必支持这类的焦虑和幻想，至少在我看来，它们没有构成从南非的潜在革命中撤回支持和关联的根据。最后，革命、乌托邦或总体化冲动的普遍情感从一开始就受到某种程度的污染，它们注定要在具有理想色彩的思想结构面前碰得头破血流，甚至最后还在最坏的宗教意义上重述原罪的教义。在这篇论文的结尾，我将回头讨论更具体的政治问题。

社会决定论的思想

现在，我打算用另一方式研究总体化思想的问题，即通过质问总体化的可能的历史条件而不是针对它的真实内容或有效性。于是，这就不再是把它仅仅哲学化，或是否你想在表征的层面上哲学化。在这个研究中，我们通过询问社会决定能否使思想得以实现或关闭来退出和疏离我们对既定概念的即时判断（“最前沿的当代思想不再允许我们运用总体性或周期性的概念”）。总体性的通常的禁忌难道纯粹来自哲学的进步和日益增长的自我意识吗？难道是因为我们今天获得了一种理论上的启蒙和概念上的精致状态，就可以帮助我们避免以往的已成为过去的思想家（最著名的是黑格尔）的严重错误吗？也许会如此，但是它还是要求某种历史的解释（其间“唯物主义”这个概念的出现无疑会发生作用）。我们不妨以稍稍不同的方式的提问来拂去当代人的这种傲慢：即为什么“总体性的概念”在一定的历史时期被认为是必要的和不可避免的，而相反在另一些时期则是有害的和不必考虑的。这种追问以它自身的方式返回我们思想的外部和我们不再（或尚未）思考的基础，它在任何肯定的意义上都不可能是哲学的（尽管阿多诺在《否定的辩证法》一书中试图将它转换成一种新型的真正的哲学）。这种追问将会把我们引向一种强化的意义上，即我们的时代在各种意义上都是一个唯名论的时代。这种唯名论可能产生数种史前史或超决定论：例如，存在主义时期孤独的个体所具有的新的社会意义（特别是在萨特的著作中所出现的对人口统计学、纯粹数字或复杂性的恐惧），它使传统的“一般性”显得苍白，从而失去其概念的力量和说服力。同样，英美经验主义的传统也是在一个悖论的“理论化”和过度唯理性的时代以一种复兴的力量从概念的死亡中产生的。自然，“后现代主义”的口号也意味着这样一种意义；但从另一方面看，后现代主义不是一种解释而是有待于被解释的东西。

这种推理和假设的分析直接削弱了现存的一般的或普遍化的概念，这种分析关涉一种显得很可靠的操作，也就是对运用这样的概念的过去的时期的分析。的确，在那些时期，一般概念的形成能够被观察，从而使它似乎具有历史的特权。就总体性的概念而论，我感兴趣的是我曾谈到的阿尔都塞的结构概念，即关键在于，我们能够承认这样一个概念的存在，但我们知道这里提供的只是它们中的一种：另外某些东西通称“生产方式”。阿尔都塞的“结构”就是如此，也就是“总体性”，至少在我使用时是这样。至于“总体化”的过程，通常意味着就是在各种现象之间产生一些联系：举一个在当代很有影响的例子，尽管斯皮瓦克提出用她的“连续符号链”的概念来替换辩证的思想[5]，但在我看来，这个概念也可以作为特殊的（非辩证的）“总体化”的形式。

我们应当感谢罗兰德·L·米克对“生产方式”这一概念的史前史的研究（这是他在撰写研究摩根和马克思的著作中勾画出来的），在18世纪，这个概念是以他所称作的“四阶段理论”的形式出现的。[6]这一理论汇聚了18世纪中叶法国和苏格兰启蒙运动的成果，提出了人类文化的历史变迁是与其物质或生产为基础的命题，并划分出四个基本的发展阶段：狩猎和采集、游牧、农业、商业。于是，在这个历史叙述中尤其是在亚当·斯密的思想和著作中所出现的是，现在继续研究的对象就是特定时代即资本主义的生产方式，前资本主义阶段的历史构架已经消失，但它却为斯密和马克思的资本主义模式提供了一个共时的模式。不过，米克要论证的是，历史叙述作为思考资本主义的可能性的必不可少的系统是否是共时的？[7]像这样的问题也出现在我关于资本主义的“阶段”或时期的思考中，它被设计成我们现在称为的“后现代主义”的文化逻辑。

然而，我在这里主要涉及“生产方式”这个概念的可能性的各种条件，也就是说，首先是社会历史情境的特征使表达和阐述这个概念成为可能。总的来说，我认为思考这一特殊的新思想（或在这一新方式中糅进已有的思想）须考虑到某种特殊的“不平衡”的发展，即一些性质不同的和同时存在的生产方式都出现在上述思想家的视野中。下面是米克所描述的这一特殊概念产生的前提条件（作为它的“四阶段理论”的最初形式）：

> 我自己的看法是，思考我们所研究的这一类型须着重强调经济技术的发展和社会—经济的关系。首先，很可能是同时代经济迅速发展的作用，其次，可能是经济发达地区与经济还处于“较低”阶段的地区之间的对比易于发现的作用。在 18 世纪 50 年代至 60 年代中，在有些城市如格拉斯哥和地区如法国北部的一些先进省份，公众的整个社会生活发生了迅速可见的改变，显然这是经济技术和基础的社会—经济关系深刻变革的结果。这种新的经济结构形式的出现很容易与以往的结构形式相比较和对照，如现在还继续存在的苏格兰高地或法国的遗民、美国的印第安部落。如果生存方式的改变在同时期社会发展中具有如此重要和“进步”的作用，那么，可以断言，它们在此前的社会中也必然具有非常重要的作用。[8]

历史的范式

首次思考生产方式这个新概念的可能性是作为一种新出现的历史意识或历史性的形式自由地加以描述的。然而这不一定非要求助于具有哲学意识的话语不可，因为被描述的东西也许同样可以用一种新的推论性的范式来命名，我们可以通过文学，借助司各特小说中所呈现的另一种新的历史范式（卢卡奇曾在他的《历史小说》中作过解释[9]）来强化这一概念形成的同时代的状况。这种不平衡性由法国思想家（杜尔哥，包括卢梭本人）概念化为"生产方式"，并尽可能像做其他事情一样参与到那一时期法国革命前的情境中。在此期间，封建形式以一种非常显著的差别来对抗新生的资产阶级的文化和阶级意识。

在许多方面，苏格兰都是一个非常复杂有趣的例子。作为第一世界国家的最后一个和第三世界国家的头一个（这里采用了汤姆·莱恩在《不列颠的解体》一书中的大胆的观点[10]）启蒙时期的苏格兰正是上述的具有截然不同性质的生产和文化并存的空间：高地的古代经济和他们的氏族制度，低地村民的农业开发，边界上正处在工业"起飞"前夜的英格兰"伙伴"的商业活力。因此，爱丁堡的辉煌并不是盖尔人遗传物质的问题，而是苏格兰中心城市和知识分子的策略性的离心立场，而这实质上又是由同时并存的性质不同的生产方式决定的。这一问题现在仍然是苏格兰启蒙运动思考或概念化的任务。这决不仅仅是一个经济问题：司各特，与晚近的福克纳相似，将社会和历史的原始材料、民间记忆吸收到文学中来，用一种栩栩如生的叙述形式，将并存的各种生产方式通过狂热的革命、内战和宗教战争深刻地表现出来。为此，思考新的现实和表述新的范式的条件似乎要求一种特殊的关联，并与这种新的现实保持一定的策略距离，因为这种新的现实可能会将沉浸其间的东西覆盖（这一点很像科学发现中作为认识论变体的著名的“局外人”原则）。

可是，所有这些带来的一个副产品在这里却对我们有着更为重大的意义，它直接关涉对这种概念化过程的逐渐上升的压制。后现代运动作为古典资本主义扩展的第三阶段的文化逻辑，它在许多方面都是资本主义晚期的更纯粹更同质的表现。因为在这一时期，迄今残存的具有社会—经济差异的飞地都已消除（包括借助商品形式殖民化和同化的）。如果是这样的话，那么，它的意义在于暗示出我们历史感的苍白，特别是对类似于生产方式概念的全球化和总体化的概念的抵制，而这些情形又正是资本主义普遍化的作用。今后所谓每一件事都是系统中的有机概念的看法似乎失去了存在的理由，它只有在韦伯、福柯或1984年的人们所幻化的梦魇般的“总体系统”的形式中通过“被压制的恢复”的方式得以再现。

但是，生产方式并非那种令人生畏的意义上的“总体系统”，它包括种种对立的力量和在自身产生的一些新趋势，既有“残存”的成分也有“初生”的力量，而生产方式则必须力图管理或控制这些东西（葛兰西的霸权的概念）：如果这些异质力量不具有自身的有效性的话，霸权的设想就是不必要的。这样，差异被模式预先设定：某些东西与卷入其中的另一特征有明显的不同，即资本主义将产生差异和区别作为它自身内在逻辑的一个功能。最后，又回到我们最初关于表现的讨论，显然，在概念与事物之间、在这个全球和抽象的模式与我们个体的社会经验之间存在“差异”，从中可以提供一些解释性的区别但绝不能用于“置换”。

关于生产方式的“适当用途”的另一些提示也可以考虑：所谓的“生产方式”并不是生产者的模式，这一点似乎有必要说明。还有必要说明的是，如果这些讨论还未沦为漫无目标的攻击的话，在目前的语境下，生产方式包含的各个层次（或者说抽象的等级）必须在注意之列。我在《政治无意识》一书中勾勒了这些层面的大致框架，具体说来，要注意区别出考察历史事件、引起更广泛的阶级和意识形态的冲突和传统、关注非个人的社会—经济模型系统（著名的具体化和一般化的主题就是例证）等层面。在这些论述中，经常提到的代理人的问题也必须穿越这些层面加以定位。

文化生产的位置

例如，法瑟斯托认为，我所使用的“后现代主义”一词是一个特定的文化范畴；[11]它不能，更确切地说无论好坏就被赋予“生产方式”的名称，而在这个名称下，文化生产找到一个特殊的功能位置，它的表征在我的著作中主要来自文化（这无疑是混乱的根源）。因此，他劝告我更多地关注艺术家本身和他们的观众，以及中介和管理这种新的生产的机构：我实在不明白为什么要排除那些论题，我认为它们都是非常有趣的问题。但是，在那个层面上，要将社会学的探询变得可以解释是很困难的：毋宁说他所涉及的现象倾向于即刻重新组成它们自己的半自律的社会学层面，一种即刻要求历时叙述的层面。所说的艺术市场是现在，而所说的艺术家或消费者的地位则指转换之前，甚至充其量只为这些活动的可选择性留下了很有限的空间（例如，古巴通常就是这样，艺术市场、美术馆、绘画的投资人等等都不存在）。一旦你写下那种叙事，那一系列的局部的变化，那么，整个事件就加入了在当时另一空间里存在的材料，而在其中，像后现代的“伟大变革”式的某些东西就能够被看到。

的确，法瑟斯托的建议具体化了社会代理人，仿佛使这些人得以显露（这样一来，后现代主义者就是这些艺术家或音乐家，美术馆或博物馆的职员或唱片公司的董事，他们是一群特殊的资产阶级、年轻人或工人阶级的消费者），尽管如此，这里也要求必须保持抽象层面的差异。因为我们仅仅只能貌似有理地声称“后现代主义”作为一种时代精神或“生活方式”（纯粹是一种轻视的表述）是整个新的阶级分化的“意识”的表现，它大大超越了上面所列的群体的限制。这种越来越大、越来越抽象的范畴被冠以种种新的名称：新的小资产阶级，专业管理阶级，或更简单地称为“the yuppies”（这些称呼中的每一种都偷偷塞进了一个与之相对应的具体的社会代表）。[12]

这种后现代文化的阶级内涵的身份认同并不暗示“yuppies”已经成为某种新的管理阶级或“历史主体”——仅仅是他们的文化实践和价值、他们的局部意识形态代表了资本主义这一阶段有效的主导意识形态和文化范式。的确，我们经常看到，一个特定时期流行的文化形式并不是由上面提到的社会结构中的主要代理人来承担的（商人无疑与这一时期有更直接的关系，他们被各种不同类型的心理学和意识形态的力量所驱动）。而问题的实质是上述的文化—意识形态正以最有效的方式作用于对世界的表达，或者说，在这些方式中世界能够被重新划分。为什么某个阶层可以提供这些意识形态的表述，这是一个令人感兴趣的历史问题，就像某个作家或某种文体突然获得主导地位一样。但可以肯定地说，对于这些历史的转变事先并没有既定的模式或公式；然而同样可以肯定地说，我们也没有给正在盛行的后现代主义制定什么框架。同时，在这一论题上，我的著作的另一局限（这一点没有被任何撰稿人提到）现在已日益清楚了，决定用文化术语描述的策略造成了一个相当大的疏忽，即未论及后现代“意识形态”的身份认同。由于我特别关注我所称作的新的“理论话语”的形式问题，同时也因为全球性的去中心和小团体制度化之间的悖论的结合在我看来是后现代倾向性结构的一个重要特征，因此我给别人的印象是主要挑选了知识分子和社会现象如“后结构主义”和“新社会运动”；这样一来，与我所持的根深蒂固的政治信念相反，所有的“敌人”似乎都站在左翼的立场上，下面我将力图纠正这一印象。

但是我们所说的后现代主义的阶级身份进而又要求我们现在指定另一种比以上所列举的更高（或更抽象和全球性的）的代理人。显然，这就是多国资本本身：它也许被作为某种“非人”的资本逻辑的一个过程来描述，我将用它自身的术语和它自身的标准继续为那种语言和那种描述的恰当性辩护。这一似乎抽象的力量又是一种整体的人类代理者，它遵循人类自由的创造力，沿着特殊的方式发展，并创造着最初的局部策略和实践——从另一个角度看，这也是显而易见的，关于对资本的代理人的寻求我们还想提及一个古老的格言：“人们可以创造历史，但不是在他们自己选择的环境中。”在晚期资本主义的各种可能性的条件下，人们看到了“发财的机会”，“拼命”去赚钱，用新的方式改编电影（就像艺术家、博学者、思想家或美术收藏家一样）。

这里我力图证明的是，尽管在有些读者和批评家眼中我对后现代的描述似乎“缺乏代理人”，但它仍能够被转换或解码为叙述性的描述，在这个描述中，所有规格和层面的代理人都在起作用。而在这些交替描述之间的选择——聚焦在各个不同的抽象层面上——与其说是理论的还不如说是实践的。可是，将这种代理人的描述与其他心理的和意识形态的“主体位置”的深厚的（精神分析）传统连接起来只是一种愿望。如果它将被拒绝，理由是以上所描述的代理人只不过是基础—上层建筑模式的又一个版本——经济是后现代主义的基础，这是一种说法，将社会或阶级作为它的基础，又是另一种说法——这样一来，提供给我们理解的“基础和上层建筑”就不是一个真正的模式，而是一个起点和问题，就像一种规则似的非教条的东西，它不仅要求同时理解文化及其自身，而且要求同时理解与之相关的它的外部、它的内容、它的语境以及它的介入空间和有效空间。可是，人们如何做才是不预先规定呢？格罗斯对本雅明的绝妙的改编——将后现代主义作为晚期资本主义的“余象”[13]——使我们想起了他在系统阐述这一关系中不仅揭示了本雅明是如何具有微妙的适应性（在有些地方他说“上层建筑”是“基础”的反映，而在某些方面又从根本上修改了我们的陈规），而且展示了探索新形象的开放和承继的多种途径。余象是一种具有幻象和变态的客观现象；它们要求注意视觉作用、心理感受以及物体的眩目性质等等。我提出了一个后现代主义的“模式”，到底是否名副其实，现在只得听天由命；但是这样一个模式的构成最终是有吸引力的。我希望不要把我说的我们欢迎和期望可选择的结构看成是“多元论”的证词，因为在其中把握现在是我们的理智所面对的最成问题的任务。

重构阶级之图

当强调权力和控制以试图排除置换物时，某些东西将失去，这构成了马克思主义的原动力，诸如经济体系、生产方式的结构和剥削等。权力和控制的问题再一次从这些系统的不同层面被表述出来，而在对这些不可调和的对立进行当代分析时，没有任何预定的东西可以参照，除非其动机就是产生一个新的意识形态（传统中有一个悠久的名称，叫无政府主义），在这种情况下，另一些类型的边界被划出，人们可以用不同的方式讨论这个问题。

在索·兰道看来，就当前情况而言，在资本主义的历史上还从未有过这样一个时期能享有如此多的活动的自由空间：在过去它所产生的反对自身的所有威胁力量——劳工运动、起义、群众性的社会主义政党乃至社会主义国家——今天当它们不再以这种或那种方式作有效的中和时似乎都褪去了；因为全球资本主义时期似乎不要传统的预警就能够遵循自身的本性和趋势发展。于是这里又有了另一个后现代主义的“定义”，一个很管用的定义，而这仅仅是一种想指责悲观主义的驼鸟式的陶醉。这是资本主义的两个阶段的过渡时期，在这个时期，早期的经济形式正处于全球化规模的重建过程中，包括劳动者的原有的形式和它的传统组织机构和观念。一种新型的国际无产阶级（我们一时还未能想像出它们的面貌）将在这种激烈的变化中重新出现而不需要事先预言：然而，我们自己仍处在这一潮流中，没有人能够说清楚我们将在这里呆多久。在这个意义上，在我研究当前情境的历史论文中似乎出现了两种完全不同的结论（一个出现在论 20 世纪 60 年代的论文中，另一个出现在我论后现代主义的论文中）[14]，但这两者实质上同一的：在前者，我期待一个全球范围内的无产阶级化的过程，这一点我在上面刚提及；在后者中我提出了较难理解的术语——“认知绘图”作为一种新型的全球性的标志。

但是，“认知绘图”实际上只不过是“阶级意识”的符码：它的意义仅在于提出需要一种新的和到目前为止还未想像到的阶级意识，同时它也反映了后现代中所暗含的那种新的空间性发展（这一点在埃迪·索娅的《后现代地理学》中以一种清楚时髦的方式被纳入议事日程[15]）。我偶尔也像有些人一样，对“后现代主义”的口号感到厌倦，但是当我试图对我与它的共谋关系感到懊恼，或对它的滥用和它的臭名昭著感到痛惜（且不得不说它引起的问题多于它所要解决的问题）时，我发现自己颇费踌躇，是否有一些其他概念能够以非常有效和经济的方式将这一问题提得更醒目。“我们必须给这一体系命名”：20 世纪 60 年代的重要问题在后现代主义的争论中得到了意想不到的复兴。

【注释】

[1] 这篇论文曾载于道格拉斯·凯尔纳主编的《后现代主义/詹姆逊/批判》（华盛顿 DC，1989）一书，该文是对书中编入的其他十四篇论文评价马克思主义、后结构主义和后现代主义的关系的结语和回应。

[2] 恩斯特·蒙代尔：《晚期资本主义》（伦敦，1975）。

[3] 海恩斯·霍恩：《詹姆逊的遏制战略》，见《后现代主义/詹姆逊/批判》，268～300 页。

[4] 阿诺·梅耶：《天堂为什么不黑暗？历史上的“最后解决”》（纽约，1988）

[5] 斯皮瓦克：《论他者的世界：文化政治论文集》（纽约，1987），198 页。

[6] 罗兰德·李·米克：《社会科学和可耻的凶残》（坎布里奇，1976）。

[7] 同上书，219～221 页。

[8] 同上书，127～128 页。

[9] 乔治·卢卡奇：《历史小说》（林肯，尼布瑞斯卡，1983）。

[10] 汤姆·莱恩：《不列颠的解体》（伦敦，1977）。

[11] 迈克·法瑟斯：《后现代主义，文化转变和社会实践》，见《后现代主义/詹姆逊/批判》，117～138 页。

[12] 弗雷德·法伊尔：《“麦金”，松弛地下垂：后现代主义和婴儿室 PMC》，载《左派年鉴》第 1 卷（伦敦，1985）

[13] 大卫·格罗斯：《马克思主义和抵抗运动：弗雷德里克·詹姆逊和后现代主义运动》，见《后现代主义/詹姆逊/批判》，96～116 页。

[14]《论 60 年代》，见《意识形态理论》，第 2 卷，178～208 页；《后

现代主义，或晚期资本主义的文化逻辑》，见《新左派评论》，1984（7—8），146 页。

［15］埃迪·索娅：《后现代地理学》（伦敦，1989）。

（胡亚敏　译）

洞穴以外

——解秘现代主义的意识形态

爱丽斯·莫道克（Iris Murdoch）有一部小说，其中的一个人物——一位上了年纪的哲学教授——向我们提到柏拉图在《斐德罗斯》中对语言运用和误用的结论。“语言”，这说话者不啻苏格拉底本人，“语言不能被从一处搬到另一处，还保持意义不变，真理是由一个特定的说者向一个特定的听者交流的”[1]。

一位小说家让她的角色用“**是**”来发表看法，这是很古怪的，因为，无疑，如果真是如此，那根本就不可能有小说这类东西了，文学提供了最好的例证说明语言可以被从一处搬到另一处而意义完整无损，关于艺术作品的自主性观念——这是当今美国文学批评的最伟大的恐怖主义物符之一——所指的不就是这种文学语言的可搬运性吗？它还能指别的什么呢？所以我们首先需要给自己提出的问题，不是文学作品是不是自主性的，而是文学作品的自主性如何产生，以及语言——在语境中，在情景中——世俗化的语言——如何逐渐自我分裂出来、自行组建为自足的语言实体，并可被时空中互不关联的群体和个体、社会阶级和文化所理解。

在此，尽管我并不打算回答我刚刚提出来的美学和哲学问题——即关于艺术作品的自主性，但我觉得作为对我的话题的一种铺垫，我可以提些有指导意义的看法，比如对这一问题提几个可能的解决方案，检验一下它们是否都能——哪怕是迂回与间接的——折回到构成我们个体生存的终极视域的社会与历史环境中来。

因为很清楚，如果你对一个现有形式的起源提出质疑，换言之，即如果你所研究的不是一个现有形式或文类的自主性，而是其自主化过程，你最终所做的总是考察这种形式从广义的社会生活和具体的日常语言中产生出来的过程；无论你是在研究费舍尔（Fischer）和卢卡奇[2]，还是剑桥学派，情况都是如此，你所寻求的都是艺术活动与原始社会生活中那个没有分工的仪式世界的差异因素；抑或，你所研究的是诸如《简单形式》的作者安德烈-尤勒（Andre-Jolles）这类作家，情况仍然如此，你所寻求的同样是某种特定社会状况下某种特定话语中的某个具体文类何以形成的答案——比如，你可能会寻求理解某个公理或格言是如何从某一特定形态的沙龙社会的聊天生活中分裂出来的。在这两个研究自主化的方式中，都必然再次确认形式的世俗性。

当然也可以否认形式和文类最初只是日常社会生活的实用世界的一部分，因为一旦与上述生活相分离，它们就已经没有了原初的印记、而事实上成为自成一体的相当独立和自主的语言产物了。然而这在我看来是一种忘却，即忘了文类本身就是一种社会体制，它犹如一个社会契约，我们照此达成协议，在对所涉语言的正确使用问题上共同遵守相应的规则。由此看来，文类规范的存在远远不是证明了艺术作品的自主性，而是解释了自主性的幻觉何以产生。原因在于，文类的情形将那些原本在艺术作品中所传达的世俗因素形式化，并由此将其作为内容而融化在形式结构中。

然而，即便如此，我还是想像或许还有一个最后的立场，即在承认文类情形的社会本质的同时，又宣称过时的文类在我们的时代已经不复存在，我们不再消费悲剧、喜剧、讽刺剧了，而是消费以作品形式存在的广义文学、关于世界的一本大书、作为非个性化过程的文本。我想，这样所产生的答案将是：在上述那点上，所有的文类情形都被聚焦为一点，即对文学本身的消费，而这成了集中在大学里和几个主要的文化中心里的一小撮人——我不想把我们这些人称作精英——的嗜好。

但我真正要强调的是，我们最初提出的问题是怎样绕了一个圆圈又回到了起点。关于艺术作品自主性的观念——这起初似乎是个值得骄傲的大话和应该捍卫的价值——现在看来有些自惭形秽，如同一个被人执意追究其病理的病症。在此，我们想追问的，不是文学作品是否有自主性，甚至不是艺术能否使自己高于直接的社会环境，以及是否能将自己独立于社会语境，而是在什么样的社会中，艺术作品可达到如此程度的自主性，以及在什么样的社会中，文学早期的社会和崇拜功能变得如此陌生以至于使我们（在一种强烈的、海德格尔意义上）忘掉了一个具有社会活力的艺术所能产生的力量和影响。

这类问题显然要求我们能够以某种方式来超越自己、超越我们自己的局部趣味和文学价值，并且以类似于布莱希特式的陌生化效果来看待这一切，好像它们是一种完全陌生的文化中的价值和制度。如果我们能够这样做，我认为我们就会突然意识到一个连贯的和有体系的意识形态——我称之为现代主义的意识形态——已经在多大程度上将其概念的局限性强加在我们的美学思维、趣味和判断上了，并且以其独特的形式投射了一个完全歪曲的文学史模式——而这恰恰就是作为学者的我们能够接触历史的特许的体验之一。

一个人一旦被关在这种意识形态——或你也可称其为世界观（*Weltanschauung*）——或范式（paradigm）或知识型（episteme）——的牢笼中，首先他怎么能够意识到这点？更不用说怎么能够慢慢拆解——或解构——其复杂的机制，迄今为止，我们一直从这个机制中学会看待现实。

我认为学会拆解它的第一步是把那些被这个意识形态排除在外的东西列一个明细表，使我们更深切地意识到被这个机器所明确拒绝（甚至干脆不被归类为**文学**）的文学作品有哪几种，如大众或媒体文化，下层阶级或工人阶级文化，还有那些从前资本主义社会幸存下来的真正的通俗或农民文化，尤其是部落或原始社会的口头故事。然而这样说并不是就必然赞同目前已成为文化领域中西方思想精神实质的新一轮征服世界的帝国主义，因为现在的问题并不是要满足于我们自己文化观的无限伸缩性和可接受性，而是要对这个文化观的结构底线加以定位，承认其反面，承认它要想不丧失自我、不使自己面目全非，那么就不能把有些东西纳入其中。因为我们都知道资本主义是第一个真正的全球文化，并且从来没有放弃同化一切异己的使命——无论这个异己是毕加索时代的非洲面具也好，还是你家门口旁边杂货铺里卖的毛泽东的小红书也罢。

我所想的是比上述问题更困难的过程，要想成功实现这个过程，前提是一种痛苦的认识：即我们所有的人都以不同的方式被一种种族中心主义所把握。说得更夸张、更恼人一点，即我们的当务之急并不是说服自己承认这些异己或原始的艺术形式对我们具有合法性，而是要做些努力衡量一下我们对它们厌倦到何种程度，以及我们对一个口头文学传统的发自内心的拒斥，因为这种东西（对于我们已经发腻的口味来说）是毫无创新的单调与重复——要么如同礼拜仪式一般缓慢而程式化，要么毫无意义地、单调地、逐段地慢慢叙述，既不给我们提供语言上的厚度和含混，也不提供心理上的玄妙和刺激。因此既无趣味也无魅力，而是一种疲惫感，带着这种感觉我们走到了我们世界的尽头，并且以一种具有自我保护功能的无精打采观察到：在疆界的那边没有任何我们需要的东西——这就是我要说的我们认识**他者**的令人不快的情景，而这同时也是对我们自己恍然大悟的认识。

在此我想从另一个学科借用一个概念来解释个中原因，或许找找出路。这就是关于压抑的概念，这个概念如同弗洛伊德语汇中的大部分概念一样，也来自政治领域，并且在中世纪的语言中其原初纯粹描绘的意义也早已在政治领域中应用了。然而关于压抑的观念并不是如它给人的第一印象那样引人关注，因为在心理分析理论中，无论对人性的压抑缘何而起，也无论其最终结果如何，其症候和机制都与暴力无涉，而不过就是不予正视、遗忘、忽略、不感兴趣。压抑是反射性的，即其目的不只是在于从意识中除掉某个具体对象，而更重要的在于同时还要抹去除掉的痕迹，压抑对于压抑内涵的记忆，正是在这个意义上，我上述所说的厌倦可用作一个强有力的具有启示作用的工具：它标示出痛苦被掩埋的地点，召唤我们重新唤醒所有极度苦恼的彷徨，即主体为了避开那个杀人武器不断推至到他面前的想法而做的挣扎。

无疑，在此我只是在隐喻的意义上使用这个概念，因为我眼下无意去评价某种由此而来的弗洛伊德—马克思主义的可能性或接受弗洛伊德本人的研究对象——性——与我们文化之间的关系。我只想指出，卢卡奇在《历史与阶级意识》（1923）中所提出的对意识形态的经典分析与我们上述对压抑的描绘是一致的。卢卡奇在那本著作中所得出的结论是，马克思主义的最根本的范畴是总体，换言之，马克思主义思想的最根本的力量在于其能够——或决心——把一切联系起来，并将所有那些相互分离的领域——如经济学和文学——重新联系起来，而中产阶级思想则致力于维护其割裂状态。因此，资产阶级的意识形态，或用我们现在的术语来说，中产阶级压制现实的方法首要和基本的并不是彻头彻尾的犬儒主义或谎言意义上的歪曲和虚假意识问题（尽管在我们的学科中有足够的这类问题来满足最苛求的观察家），而是删除在策略上省略和失误的问题，一种对原始材料的实现的精心准备，以便有些问题根本就不会出现。

正是从这个意义上，对文学批评中压抑和意识形态倾向性的探索要求既要关注以文学的名义和在文学的范围内所做的日常实证活动，也要关注这个学科外部和构成方面的限定。然而，我无法抗拒一种与卢卡奇全然不同的权威的召唤，且既然我已经说出了这个词，我同意这个问题总的来说是属于阐释学范围的，这是如今德、法的较右翼和神学思潮的叫法，也就是阐释的科学，在处理陌生的——很久以前的或来自于另一个文化的——文本时所面对的一系列问题。我仅想指出，我提请注意的厌倦在本质上与伽德默尔——海德格尔的主要信徒和德国阐释学的核心人物——故意并挑衅地叫作偏见（Vorurteile）[3]的概念大同小异，而这也可干脆被说成是阶级习性和内在于我们具体的社会和历史状况中的意识形态思想模式。说我们通过这样的 Vorurteile 或偏见而理解与我们相异的事物，因此也就是再次肯定任何理解行为的两重性，并警告我们自己：任何理解都不可能发生在真空中，都不可能是“客观的”或不在一定情景中的，任何与他者的接触都必然同时就是回到我们自身和我们特定的文化与阶级归属，这就使得必定要隐含或明确地对后者提出质疑。

现在就让我们来看看在实践的意义上这意味着什么，以此作为一个途径来评估作为一个研究领域的文学的构成状况。我在别处曾经提到，我们习惯于对各个作家的风格怀着敬意进行单个研究，这是一种阻止真正的社会和历史问题进入文学研究的有效策略。[4]我在此所要捍卫的立场与之基本相同，但是我要研究的是一个时期的而不是个体的作家，我认为原始的讲故事的隔离状态为此提供了绝妙的范例，但是在当今我们的学科中所任意使用的“神话”这个词，其意义很有歧义，这使得原始的讲故事是一个相当复杂的范例。我们自己的神话学派——或叫得更明确一些，原型批评——所想的研究对象，以及在文本中寻找的满足，显然与诸如伯鲁鲁百科全书（Bororo Encyclopedia）中的原始讲故事人所提供的完全不同。的确，无论列维-斯特劳斯在其《神话学》中所投入的才华最终有什么用途，那四卷本的书至少具有这样的效果，即它使我们感受到了那些真正一幕一幕、成分子结构状的一连串的事件，而在这些事件中，那带着原型面具的荣格意义上的主角必然会觉得在自我构造上很不自在。

我们暂且搁下神话问题无论，谈一个更切题的问题，这就涉及那个被现代主义意识形态的价值和实践所公开摈弃的文学：我指的是现实主义。当你一方面想着如今由快速转换电视频道和又臭又长的三卷本长篇小说给我们带来的无法避免的乏味，另一方面当你一想到以现实主义的名义所展开的又一轮令人厌倦的论战就摇头叹息时，也许你开始明白我所说的厌倦是什么意思了，而你只要接受了现实主义的条件，你就已经发现自己提前妥协了。

显然，我也在一定程度上有同感，我不想在此以更陈旧的现实主义的价值的名义来对现代主义进行清教徒式的攻击；我只想强调现代主义意识形态在解释伟大的现实主义作品时是有局限性的，并且我认为，去证明狄更斯是真正的象征主义者、福楼拜是第一个现代主义者、巴尔扎克是神话制造者、乔治·爱略特即便不是某种维多利亚版本的陀斯妥耶夫斯基也是这种版本的亨利·詹姆斯，这不啻一种绕开了真正议题的学术不正之风。

现代文学理论就现实主义问题给了我们两种在本质上无法融合的说法。一方面有对这一叙事模式的经典辩护，最有戏剧性地与卢卡奇的立场相关联，但是对此更少争议、更为容忍的文献依据却是由埃里奇·奥尔巴赫所提供的。对于这种立场来说，现实主义的模式——正如音乐中的奏鸣曲形式，或绘画中讨人喜欢的视角——是对西方文化最复杂也是最重要的一种实现，它对于这种文化正如上述提到的两种艺术现象一样也是几乎独一的。任何一个阅读奥尔巴赫的《论模仿》的读者都会念念不忘这样一幅图景，即现实主义经过许多世纪通过对文学技巧的不断扩大和提炼而得以慢慢成型——从对史诗句子构架的准备和叙事视角的发展到19世纪小说那伟大的情节——一种对文学和语言学的记载装置如此这般的延展，使我们看到越来越大的社会和个体现实领域。在此，现实主义被表明具有认识论的真理性，是了解我们所栖居的世界和日常生活的特许的认知模式，站在这个立场上看问题，当然就不会把现代对现实主义的不满和厌倦当回事了。

然而，当我们转来以现代主义的名义、并且从其自身方兴未艾的辩解的角度来考察这种对现实主义的不满和拒斥，我们就会发现这另一种立场并不是那么容易就可以被打发掉的，因为现代主义的理论家们[5]的确并不是仅从卢卡奇和奥尔巴赫对现实主义模式的捍卫本身来对之反驳的，因为后者的模式主要是美学和认知的，而使他们感到其脆弱的关联是前美学的，是其基础的哲学前提的重要组成部分。由此，他们攻击的目标就变成了隐含在卢卡奇和奥尔巴赫所勾勒的现实主义美学中的现实这一概念本身，这个新立场表明，从美学上来说，我们如今对所谓的老式现实主义所不能容忍的缘由在于那种作为它的基础、并又由它而强化的世界观，即无法被认可的、哲学的和形而上学的世界观。这种不容忍显然也就是对现实主义这类意识形态的批判和对现实主义的指责，因为现实主义认为再现是可能的，它提倡模仿的美学，借此它使得那关于将被模仿的外部现实的既成观念永久不变，并首先就培养了一种信念，相信存在着这样一个常识性的、共享的、每日发生的、世俗的现实，然而现代科学的伟大发现——相对论和不确定性原则——现代哲学向模式化理论的发展和关于现实的各种语言学维度、当今法国对再现概念本身的拷问——总之，从立体派和乔伊斯一路发展下来，直到贝克特和安迪·沃霍尔以来整个伟大的现代艺术作品积攒起来的力量和习惯，所有这一切都证明：如果我们认为现实不过就是简单的外部存在、非常客观并独立于我们，而认知现实所涉及的是一个相对来说不成问题的过程，即在我们大脑中形成一幅关于现实的可靠图画，这是一种非常幼稚的观念，从某种意义上来说是根本非现实的，这完全是一种意识形态的观念。

坦白地说，我认为这两种立场——对现实主义的捍卫和对它的斥责——尽管表面上逻辑相互冲突，但同样令人信服、同样具有说服力、同样真实，我无法让自己相信它们如表面看上去的那样，就是最后定论了。但是在提出一个看来似乎令人满意的解决方案之前，我想再次提请注意的是：我们讨论这个话题的原因何在？在我看来，我们所引发的争论比纯粹的美学理论和立场的分歧更为深刻（或许你们认为纯粹的美学理论和立场的分歧本身比我们惯常思考的问题更深刻）：毫无疑问，在某种意义上，纯粹的美学理论和立场的分歧所对应的不过是情趣差异而已——显然，卢卡奇和奥尔巴赫，无论是出自怎样的背景上和学养上的原因，反正从根本上来说都不喜欢现代艺术。不过话又说回来，也许我们所说的情趣也不是那么简单。我想说的是，这两种对立的美学立场从长远的观点来看对应于两种完全不同的文化：有一种现实主义的文化，即 19 世纪的文化——它还有几个居民存活下来，他们是些本土的提供情况者，为我们提供关于这种文化之性质和价值的有用的报告和证明——在今天还有另一种完全不同的文化，即现代主义，与这两种文化并存的，如我们前面提到的，还有一个第三种文化，即我们普遍叫作原始或至少前资本主义文化的文化，其产品——对于现代主义和现实主义美学来说都是不可理解的——我们叫作神话或口述故事。所以我们自己个人趣味的局限性使我们看到了自己的需求，不是从过去的美学或文化中挑选对象并同化到我们自己的美学和文化中来，而是完全跳出我们自己的文化——跳出现代主义的文化——来把握它与其他文化的关系和差异，途径是借助更大的历史和超文化的模式。

我在提出这样一个模式之前，我有义务，哪怕是先来非常简略地叙述一下现实主义和现代主义之间的争议：正如你们已经猜到的那样，它们都忽略了历史。这两种立场都是完全非历史的，尽管**模仿**是一部历史，是我们所拥有的几部伟大的当代文学史之一，尽管卢卡奇是一个马克思主义者（如果一个现代主义者是非历史的还不至于如此令人惊讶，因为毕竟他们的目的正是要那样）。简单地说，我认为现实主义——同时也包括那个作为其对象的非神圣化的、后神话的、常识性的、日常的、世俗的现实——与资本主义的发展是分不开的，是一种借助市场机制而对古老的、等级制的、封建的和神话的环境的量化，因此两者都与资产阶级密切相关，既是其产物又是其商品（在我看来，这正是卢卡奇本人的非历史之处，表现在他没有提出一个现实主义与商业生活之间的全部的联系，以及认为在一个诸如社会主义或共产主义这样的完全不同的社会秩序中还会保持这一特殊的——过时的——现实构建模式）。在我们的时代，当资产阶级作为一个阶级在一个社会失范和破碎的世界里开始衰亡时，于是这个再现现实的积极的征服性的模式，即现实主义，就不再合适了，而且，的确在我们今天这个新的社会空间中，我们甚至可以说现实主义的对象——世俗的现实，客观的现实——也不存在了。它远远不是世界最终的、确切无疑的面貌，而不过是许许多多的历史和文化的形式之一，由此，人们便可以提出一个关于现实本身的悖论：曾经有过客观真实性、客观现实这样一个东西，但是现在，“真实世界”本身已经是过去的事情了。客观现实——或各种可能的客观现实性——换句话说，就是真正的群体存在或集体合法性的功能；于是占统治地位的群体一旦解体，某些通常意义上的真实或实存也就同样解体了。因此关于现实主义的问题道出了在文化领域中的一个深刻的矛盾性，即马克思恩格斯所提出的在整个历史中资产阶级的矛盾：资本主义所带来的世俗化和体系化比任何此前的社会体系所产生的效果都更加残酷和异化，同时也更加人性和解放。资本主义毁灭了真正人性化的关系，但是也第一次将人类从部落生活中的粗俗愚昧、暴政和褊狭中解放出来，在马克思的著作中，这种对资本主义正反两面的描述比比皆是，但是最明显和最成体系的描述是在《共产党宣言》中；关于资本主义必然只是一个历史阶段的论断正是反映了这种复杂性和矛盾性，反映了对资本主义深刻的辩证评价；而在文学领域，这种复杂性和矛盾性以及辩证评价所采取的形式是对与19世纪经典资本主义相对应的现实主义模式的疑虑，表现为一种模棱两可性，一方面断定现实主义是最复杂的认知工具、却又是专门用来记录社会现实真实情况的，另一方面又断定就其形式本身它就是一种谎言，是美学虚假意识的原型，是资产阶级意识形态在叙事文学领域中的面貌。

我现在要提呈的模式无疑从根本上来说也来自于恩格斯，而恩格斯的模式又来自于摩尔根（Morgan）的《古代社会》，摩尔根本人的理论渊源又可追溯到更古老的人类学传统，但是我使用这个模式——从本质上来说不过是一种熟知的三分法，即把文化和社会形式分为原始、野蛮和文明形态——的方式更直接来自于一部最近出版的法国著作，其作者为我们将其纯粹的历史形态学转变为灵活的文学操作中的分析工具提供了方法。

在此首先声明，我对这部著作——即德勒兹与伽塔里的《反俄狄浦斯》[6]——并不打算作全面的阐述，更不作批判，围绕这部著作已经有许多争议，它对我们的用途在于它把真正历史的思考重新带入迄今为止非历史或反历史的结构主义的问题群中。的确，德勒兹与伽塔里给予了我们一种历史视野，它是重新坚实地建立在基本社会形态的转变上，并建立在意义和概念范畴的流变与各种社会经济基础建设的对应上的。

但我至少需要说明，正如书名《反俄狄浦斯》所提示的，其公开主题是现在人们已经熟知的弗洛伊德关于俄狄浦斯情结理论的反叛特征——对于这一立场，可用卡尔·克劳斯的著名格言来作其座右铭，即“所谓心理分析即一种认为自己就是治疗方法的疾病”。我只想说，这一歇斯底里的论断所引发的激烈争论经过漫长的一段历程越来越使我猜想，可能弗洛伊德关于俄狄浦斯情结的论断还真说对了。我认为这本书真正有意味之处不在于此，而在于它竭力把各种此前并没有以如此系统的方式聚首的当代思潮综合在一起，这一思路从其副标题——资本主义与精神分裂症——即可窥见一斑。的确，在书中，我们发现与弗洛伊德和马克思相提并论的，有原版或翻译版本的现象学对身体的思考，马姆福德论城市、语言学和人类学资料、商品化社会研究，除此之外，还有亲缘关系体系、基因编码理论、对现代绘画的涉及，以及诸如贝克特、阿陶德等人伟大的当代文学作品中耳熟能详的内容，这些内容被一概冠之以“精神分裂症”，这一术语既被用作一种描绘，也被用作一种较为新颖的文学归类，这种归类的实际意义不可低估。

然而，对于德勒兹与伽塔里来说，精神分裂症具有更为深刻的战略价值，一种直接关系到我们所关注的历史形态学的价值，因为精神分裂症提供了一种近似零度的界限，使我们可以以此来评价各种——也可以说更复杂的——人类生活形式，并借助比较，用作底线来衡量和解构各种个体和社会现实中的定型结构，所谓历史也就是由这些结构相继不断的接续而构成。因此对于德勒兹与伽塔里来说，精神分裂症就像存在本身后面的原始涌流(flux)；而从医疗学的角度来说，无疑，精神分裂症的特征就是这种几乎如同毒品般的对时间和逻辑纽带的消解，是一个个经验片刻的前后接续，而没有任何由各种我们与日常生活联系在一起的抽象意义体系——个体或社会的——所强加的组织和立场。所以——以下开始构建我们的模式——我们可以说精神分裂症如同一股涌流，无疑也以这样那样的方式被各种社会形式规范到更为精心设计、更为压抑的结构中去了。借用德勒兹的术语，我们可以说，有组织的社会生活总是以某种方式给这原初的涌流编码，将之组织成这种或那种有秩序的、等级化的意义，使得幻觉的景象顷刻间进入有意义的视角，变成了工作场所，但同时也变成了各种确定性的价值，而这正是一个既定的社会秩序的特征所在。

至此，我们就要说到已经熟知的原始、野蛮和文明社会这个三分法了，而德勒兹与伽塔里——关于涌流与编码的术语——添加了一个把柄，突然使这个相当古旧的历史形态学变成了一件复杂的技术装备。让我们牢记我们需要我们的模式做什么：我们需要一种关于此前各不关联的文学实体的统一的场论，它将给我们提供一套术语，从而足以能够以统一的口径来描述原始的讲故事、前资本主义时代的文学、资产阶级的现实主义，以及各种当今垄断资本和超级国家的后工业时代的现代主义；这样一套普遍适用的术语或场论就应该能够使我们把这些社会和文学形式当做同一个结构的不同变换形态来看待，或至少当做它们共有的术语的重新编排来看待了。

显然，德勒兹与伽塔里对恩格斯和摩根的历史三分法的理解是相当随意和不严谨的：对于摩尔根来说，原始时期是人类社会生活的第一阶段，开始于语言的发明直到会使用弓箭；接下来就是野蛮时期，这是一个更为复杂的时期，此时农业和制陶工艺得到发展，这个时期的特征主要是对金属的使用；最后文明时期开始于文字的发明。然而，在我看来，在纯粹考古学的范式内，存在着一种更为深层的想像性的真实，这种关于人类社会的诗性或维柯意义上的观点正是德勒兹与伽塔里所使用和利用的，也正是我们眼下所感兴趣的。按照这种观点，原始时期生活着的各个民族就是那些我们通常称之为原始文化、新石器部落，以及各种村落社会中的民族，在美国 19 世纪人类学的黄金时代，其超级典型就是美洲印第安人，对这种文化，尤其是在列维-斯特劳斯和特里雅斯特人的转义以后，我们有一种怀旧情愫，这种情愫毫不亚于卢梭。野蛮社会现在被认为比原始社会更复杂，但也更动态化，也可以说更可怖和危险；所以我们无论是从食人猛兽成群结队所发起的进攻这个层面，还是从巨大的、非人性的亚洲城邦和东方独裁的层面上把残忍与野蛮社会相关联都并不是偶然的；在此，残忍——无论是阿提拉或巴比伦的残忍——战争机器的代名词，即金属和冶金术的诗性真理的代名词。当我们最终达到文明时期，显然，对于德勒兹与伽塔里来说，这个时期已经不能用刻印文字来衡量了，而必须用商业的卓越地位、金融经济的进步和一个市场体系、有组织的生产与交换体系、总之一个迟早要被叫作资本主义的体系来衡量了。

让我立即回到它们的假设上来：原始状况就是对原初或原始的精神分裂症涌流的编码阶段；在野蛮时期，我们需要在此基础上进行更为复杂的建构，这将被叫作对这个涌流的超级编码；在资本主义制度下，现实经历了一轮新型运作或操纵，资本主义的解神圣化和世俗化、量化和理性化都会被德勒兹与伽塔里描绘为完全是对早期那些形态的现实或编码建构的一种解码；最后，在我们这个时代——无论它被理解为怎样一种自成一体单独的社会形态，我们续后将回到这个问题上来——我们这个时代的标记就是对至此已经被解码的涌流重新编码——我们时代的标志就是这种要重新编码、要再造神圣、要回到神话（现在是在弗莱的原型意义上来理解的）的**尝试**，——简而言之，其标志就是一整套的重新编码的策略，这正是形形色色的现代主义的特征，其中，在德勒兹与伽塔里看来，最具揭示性和本真性的无疑是精神分裂症文学的出现或与纯粹的原始涌流妥协的尝试。

以下我并不打算解释这些时段，而是表明这种思考和谈论它们的方式为何对我们有用（如果没有用，当然我们选择这样一个模式就是选错了，那就别无他法，只有放弃这个，另寻某种范式以便更好地做我们要求它完成的工作）。

将涌流和编码这样的术语应用于原始生活和讲述故事，可能会过于仓促地从象征主义或列维-斯特劳斯的“原始大脑论”，即野性的思维（pensee sauvage）——还没有发明抽象，认为外部世界本身就是意义或与意义没有区别——的角度来描绘。中世纪的观念认为世界即上帝之书，其中，比如野兽，就是一部动物寓言集中的许许多多的句子，这一观念就与上述幼稚的编码十分接近，很能将其氛围传达给我们。然而在原始世界，一个有无数口传故事的世界，一个具有简单、幼稚、或者你也可以说“天然”编码的涌流的世界中，那些事情其实并没有真正被成体系地进行组织，只有当这无所不在并被解了中心的原始编码被规范为秩序，且这个世界实体，用德勒兹与伽塔里的话说，被领土化（territorialized）了时，我们才发现自己到了社会（但也包括文学）秩序的下一个阶段，即野蛮阶段或独裁机器阶段。此时，世界之书被组织为一个刘易斯·马姆福德所说的巨大机器，被编码的涌流现在被超级编码，具有了一个中心；有些能指与其他能指相比有了特权地位，正如独裁者本人逐渐从部落状态的无差别性中显赫出来、变成世界的中心和指南针的四个点所聚合的地方；由此，一种语言的可怕进程出现了，这还不是我们所理解的抽象，而是在我看来，用我们称之为寓言的独特现象来描绘更为确切，在此，外部世界的一个被编码的对象或项目突然间被加载过量的意义，被提升为一种新的和复杂的目的语的关键成分，或是建立在旧的、更为简单的、“天然的”符号体系上的超级编码。因此在从原始向野蛮过渡的过程中，可以说，我们也就是从对被编码成分的生产向对其再现的过渡，这种再现表明自我并指认自己的光辉就是特权、就是神圣的意义。

于是文明、资本主义的到来就是意欲取消这种野蛮的超级编码、这种寄生在更古老的“天然”的编码基础上的独裁和奢侈的符号体系，于是这个新的社会形态，即资本主义，它的目的是努力回到某种在更为古老的符号背后的更根本和未编码的——科学的或客观的——现实中。这种倒转当然是一个为人熟知的历史故事，对此我们有好几个不同的版本，我的义务明确无误是要解释我在此提出的整个版本对我们——作为文学专业的师生的实际工作——有什么好处，因为我们知道上升的资产阶级——在那个运动中被叫作启蒙——的理论家们给他们自己规定了明确的任务，就是消灭宗教和迷信，铲除一切形式的宗教神圣性，他们那时对解码的斗争具有高度自觉性，但他们不把那叫作解码，且那些心满意足地占据了权力地位的资产阶级后代们更愿意忘掉当时那种致力于否定和摧毁的野心勃勃的批评，因为那种批评现在具有可怕的损害性力量。

于是渐渐地，资产阶级发明了一种更具安慰性的、更实证的对变革的描述：按照这种观点，古老的迷信残留物让位于新的现代科学的实证性；或者，也可以说——因为建构模式的科学在我们的时代并不是一个可靠的同盟——让位于现代技术和发明的实际成就。但是，这两种描述本身——启蒙和实证主义的——与其说关注个体存在的事实，不如说更加关注抽象的知识和把控。换言之，从我们这个具体学科来说，这种以实证科学或技术为导向的对世界的世俗化的描述与其说合适于叙事分析，不如说更合适于思想史。这个故事的辩证法版本——黑格尔以及马克思和恩格斯的版本——对过去那些完全否定或完全肯定的描述似乎提供了最合适的综合，在此这种倒转是从由质量向数量的过渡这一角度来理解的：换言之，市场经济对古老的以物易物的逐渐替代导致了普遍的等价交换原则的优先地位，这点体现在货币体系中。这意味着原先在生产产品之间有质的差别，如鞋与牛肉、或油画和皮带与一袋袋粮食——它们在古老的体系中都是按其独特性和质量来编码的，都是作为满足完全不同、无共同尺度的欲望的物品而存在的，每个上面都被注入独特的力比多内涵——而现在，这些物品突然间发现它们完全是可互换的，通过等价原则和货币体系的共同尺度，它们全被化简为既无色彩也无味道的抽象物了。

对德勒兹与伽塔里关于解码的涌流观点的这一补充所具有的优越处在于，我们逐渐理解了量化，交换世界的等价物，从此以后便不是一个自足的现实，而是一个过程，一个外在界限，一种世俗的理想，一种质量的缺场，因为这个质量不可能以任何确定形式一次性达到，而是以一种渐进线接近弧线的方式被接近，即永远也无法完全吻合，而是无限地、挑逗性地靠近。这就是为什么当现代主义的理论家们进行分期时——如分成古典小说，或现实主义小说，或传统 19 世纪小说——到头来总是令人尴尬。因为，无疑，当你寻找时，作为一种实证现象的古典小说根本就不存在，而现实主义不过是达克-苏万（Darko Suvin）所说的：简直就是寓言本身的零度。

在此我只能就这种观点在对所谓现实主义小说的实际批评中的用途作两点简单的阐述。首先，在我看来，关于被编码的涌流的观念第一次给了形式主义看法——如在雅克布森-替涅诺夫论现实主义的论文集中——以内容，他们的形式主义看法认为，每种现实主义都是对先前的一种理想和幻觉的解神秘化。显然，这一范式的原型就是塞万提斯的《堂吉诃德》，但是在我看来，视现实主义为一种解码这一观念把我们的关注更加坚定地引向了如此被取消的符码本身的性质上、引向了如此被打破的古老的野蛮或原始的能指上了；换言之，这种观点迫使我们更加严密地关注一页一页、一件事一件事的操作本身，在这种操作中小说实施着这种解宗教神圣化，由此就同时有效地使我们免除这样的幻觉，即世俗的现实完全不是什么叙事过程的临时终点。

我要说的另一点是现实主义与历史思考之间的同一性，一种由被解码的涌流模式所揭示的同一性。我上述提到的科学兴起论的信奉者声称，新科学的价值，尤其是因果率和因果解释产生了新的透视法学说，表现在诸如奥尔巴赫这样的批评家的著作中，用以构成新的现实主义叙事文本结构的网络。让我来提出一个相反的看法，即因果律不是一个实证的、而是否定的甚或孤家寡人的概念：因果律不过就是当时间顺序坠入量化的世界、冷漠的等价物世界和解码的涌流的世界时所采取的形式而已。安格斯·弗莱舍（Angus Fletcher）的《寓言》一书（1964）给了我们一幅生动的图画，描画了在古老的寓言或在野蛮时期对后来变成现实主义中的因果律的超级编码中起着作用的文学现象：通过临近性而发生的行为、流溢、巫术浸染、催眠和宇宙或空间形式的聚集的魔力——所有这一切必然都从解码的叙事中消失殆尽，时间的连续性即使没有衰败，或解体为以原始的精神分裂症涌流的性质的而任意串在一起的不相关联的片刻，也必定是以某种更世俗化的方式来处理的。历史的思考、因果律现在是一种完全不诉诸于超验或巫术外力而使事物内在地产生其本身意义的方式；它是这样一个过程，借此，一个东西在时间进程中的衰败本身现在被认为是有意义的，当你表明这点时，你无须借助外在或超验的假设。于是现实主义本身就是发现变化的时间、发现一代又一代、一年又一年的新型历史动力学的时刻，这使得我想说，现实主义与陈旧物世界是一物两名，这陈旧物当然也包括人和那些当做废物扔掉的被耗尽的生命。

随着19世纪渐渐走向末期，我们开始发现一种迹象，表明对整个解码过程的怠倦；的确随着对封建主义和旧制度的记忆的淡化，也许在古老的宗教神圣意义上的、可供进行这类符号学净化的符码就越来越少了。这无疑是现代主义产生的时刻，抑或是各种现代主义产生的时刻，因为后续各种试图将迄今为止已经被解码的现实主义涌流、中产阶级、世俗时代重新编码的尝试五花八门，不甚繁多，我们在此想罗列一下都望尘莫及，所以我只想说一点，这点在我看来对于分析现代文学至关重要，它对我们眼下正在探讨的模式今后的运作极为有用，这一点就是：从我们上述所说的内容中、从对世俗的现实和被解码的涌流的重新编码这一观念中可以推论，所有的现代主义作品都从本质上取消了现实主义作品，换言之，它们都被从它们自身的象征意义的角度、从它们的神话和宗教神圣的直接性角度来理解，一个原始或超级编码的作品正是被如此理解的，不过更间接一些罢了，这种理解所借助的方式是一种对想像性的现实主义叙事的接替，在此，将象征的和现代主义的叙事看作一种文体化；这是一种阅读方式，一种文学结构，完全不同于迄今为止文学史上人们熟知的任何阅读方式，也是一种我们至今没有给予足够注意的方式。让我换句话来说的更直白一些，即当你解读卡夫卡的《城堡》时，这个阅读过程包括，用由你自己设计的现实主义叙事而产生的重新编码的涌流来进行替换——这个叙事是从卡夫卡的所谓个人经历角度来构建的——心理分析的、宗教的或社会的——或是从你自己的视角，或从某种对广义上的“现代人”的命运进行假设的视角来构建的。无论现实主义叙事诉诸哪种视角，我想阅读这类作品的自明之理就是，它总是一个两阶段的操作，首先，将一个现实主义的假设替换进来——用叙事形式——然后根据我们已经接受的关于古老的现实主义小说的普遍程序来阐释这个次级和被营造或投射出来的核心叙事。我认为这种展开过程充溢着我们对当代艺术作品的接受方式，从对卡夫卡的接受一直延续到，譬如，对《招魂者》的接受。

因为我在前面提到了年代学，那么就让我大致用年代学在被重新编码的新的艺术媒体中的命运来向你更清楚地解释这样一个过程意味着什么。譬如，据说在罗伯-格里耶的小说《嫉妒》中，年代被取消了：有两套互不相关的事实，原本应该能使我们按照正常秩序重建故事的基本事件，但是却不行：“在小说中讲故事的蜈蚣将提供一个很好的参照点，围绕这个参照点来定位事件，但是它的被碾死却发生在弗朗克（Franck）和A所做的旅行**之前，之中和之后**。”[7]然而，由此就断定罗伯-格里耶成功地动摇了我们对时间的信念，同时动摇了我们对以时间信念为标志和特征的世俗、客观、“现实主义”的现实的神话的信念，那就错了。相反，正如每个罗伯-格里耶的读者所熟知的那样，这种叙事更激化了我们对时间性的执迷，使之达到了一种可证实的狂热程度，而缺乏任何现实主义的“解决方案”，远远不会使我们回到诸如体现在寓言中的原始民族那古老而非因果律的叙事意识中，而是事实上将我们更进一步驱入我们的科学与因果律思维模式的矛盾之中。所以如果说罗伯-格里耶已经取缔了故事就大错而特错了；相反，当我们阅读《嫉妒》时，我们用一个世界上现实主义版本的古老故事来替代它，它的价值和力量来自于一个悖论性的事实：即通过对故事加以取缔，新小说却比任何真正现实主义的、过时的、解码的叙事都更为有力地讲述了这个现实主义的故事。

那么从一种社会学的角度来看，很清楚这一切为什么会在这样一个时代发生，在这个时代，同质的公众已经解体、社会已经破碎、资产阶级价值规范沦丧、资产阶级在西方或北约资本主义中的不同民族景况中有不同折射，且每种都说自己个体的语言并要求自己独特的参照体系。所以现代作品越来越被建构为一种多用途的产品，如尤伯托·埃科（Umberto Eco）的所谓的歌剧变异（Opera Aperta）[8]或开放形式，这是设计出来为每个子小组按其自己的方式和需要所使用的，以便其现实主义的内核，即那“具体”的情感，但也包括我们简单称之为嫉妒的情景，似乎是最抽象和最空洞的开始，因为每个观众都必须从自己的符号体系来为之重新编码。

从这种独特的历史和美学状况中可得出的第一个结论是，从长远的观点来看，最终卢卡奇（我想我已经承认了他的局限性）关于现代主义性质的看法还是对的：现代主义远远没有与早先塞得满满的维多利亚时代的资产阶级现实相决裂，而不过是强化了后者那些基本的预设，只不过在一个如此彻底地主体化了的世界，这些预设都被驱赶到了地下，隐藏在作品的表面以下，迫使我们在想像着自己正在取缔一个关于世俗现实的概念的那一刻又重新确认它。

这是一种社会和历史的矛盾，而对于一个作家来说，则是一个令人痛苦的困境，也许这才是表达我们一直在论述的话题的最有戏剧性的方式，毕竟在座的，没有谁真的要回到19世纪现实主义的叙事模式；后者最合适的继承者是那些畅销书的作者们，这些人——不像卡夫卡或格里耶——确实关注的是我们生存中的基本的、世俗的问题，即，金钱、权力、地位、性以及艺术文学不屑一顾、但却一直构成我们日常生活之内容的那些鸡零狗碎的事情。我并不是提议我们应该回到过去、用过去的方式来写作，而只是说在他们内心之内心——按戈德华特的人（Goldwater people）常说的那样——每个人都知道，约翰·奥哈拉（John O'Hara）的小说对美国生活现实的刻画，比海明威和福克纳所写的那些充满旅游和木兰花的异国风情的东西更真实。但是——但是——，后者却是实实在在更伟大的作家。所以我们渐渐地开始理解了历史状况的滔天大罪，在此作为一个整体——卢卡奇称之为总体——的我们的社会生活的真相越来越与语言或个体表达的美学性质不相符合；可以断定这是这样一种情形，即如果我们能用我们的经验写一部作品，如果我们能用故事的形式将其讲述出来，那它就已经不真实了；而如果我们能把握作为总体、作为超越纯粹个体经验的我们这个世界的真实性，那么我们就不能用叙事或文学的形式来获取。所以在我们这个时代里，艺术上面悬着一种诅咒，对于作家来说，这种困境被体验为一种不断加剧的（结构上的）无能，使得再也不能把个体的或经历过的经验普遍化或普世化了。不仅现实主义的要求，而且是但凡叙事的要求都倾向于越来越把写作限定在自传中，同时又把甚至自传话语本身都转换为又一种私家语言：被降低到只讲某一个人情景的真相，而不再介入民族的命运，仅仅是一个局部，不仅如此，甚至只是某个街区——甚至只是传统的、伦理的或少数民族聚居区意义上的街区；甚至在这个范围内，又只为某一个特定家族说话，甚至还不是为其上一代说话；最终被降低到一个家庭，在这个家庭，再降低到只为一个性别说话。所以，一个作家就这样被一点点地降到一种如此个体的语言层面，以至于完全没有了公共效果和反响，所以只有象征性的重新编码才提供了对一个更广大和更多样化的公众说出些意义的希望。然而，正如我们所看到的那样，新的意义与旧的完全不一样。但在这种完全主体化的非真实中，现代作家从另一种意义上来说，仍然从根本上是真实和具有代表性的：因为其他人同样都被封锁在他或她自己的私自语言中、囚禁在那些拥挤的单子行列中，而这些正是内在于我们体系中的社会破碎化的结果。

在晚期垄断资本主义世界里，有许多我们的社会生活和生存状态这种绝对主体化和破碎化的写照。有些引起恐惧并使我们心中充满对我们的现状的形而上的怜悯之情，正如劳特蒙（Lautreamont）所塑造的那个一出生就封闭在既不透气、也不透水的薄膜中的人物一样，梦想着那命中注定将打破他的孤寂状态的尖叫声，并平生第一次承认外部世界痛苦的喊叫声。

当然这一切都是比喻，我们的困境在于我们除了用比喻，别无他法来传达这种境遇；然而有些比喻似乎更具解放性，因为我们在一开始提到了柏拉图，让我们也以柏拉图的观点结尾，这个观点曾经是一种形而上学的基础，而现在，由于柏拉图时代所无法预知的历史发展，似乎——正如那些最沉重的比喻和隐喻——从此后就被完全从字面意义上来理解了。

> 想像一下［苏格拉底说］，一个地下室，如同一个洞口对着日光、在地下延伸很长的一个洞穴。在这个地下室中有些自孩童期就被囚禁在里面的人，他们的脖子和腿都被束缚着，他们只能往前看而不能回头。在他们

> 后面和头顶上有烈火燃烧，在囚徒和烈火之间有一条道路，在道路的顶端建起了一堵屏障墙，如同木偶戏的屏幕……再想像一下，在屏障墙的后面，有人搬运着各种手工制品，包括木头、石头和其他材料做的人和动物……
>
> 一幅奇怪的图画［苏格拉底的听众回答说］和一些奇怪的囚徒。
>
> 它们是照着生活画的，我回答。因为告诉我，你们认为这些囚徒除了能看到火光在对面洞穴的墙上投下的影子以外，还能看到他们自己和他们的同伴吗?[9]

当然肯定有办法打破这种孤立，但不是文学的方法，而是需要对我们的经济和社会体系进行完全彻底的变革，并创造新的集体生活的形式。我们的任务——我们是反映事物的专家——是一个更为需要耐力、节制和诊断力的任务。然而如果我们不能生动地认知我们自己的历史状况，就算是文学和文化分析这样一个任务也会毫无结果：因为我们最没有资格声称说，我们不理解、我们认为那一切都是真实的、我们无法知道自己住在洞穴中。

【注释】

［1］Iris Murdoch，*The Unicorn*（London，1963），p. 118.

［2］参见 Ernst Fischer，The Necessity of Art（London，1959），或参见 Georg Lukacs' Aesthetik（Berlin，1963）。

［3］Hans-Georg Gadamer，Wahrheit und Methode（Tubingen，1965），pp. 255－261.

［4］Fredric Jameson，Marxism and Form（Princeton，1972），pp. 309－326.

［5］现代主义的立场在 Renato Poggioli 的 *Theory of the Avant-Garde*（Cambridge，Mass.，1968）中又得到重新恢复，在 Nathalie Sarraute 的 *The Age of Suspicion*（NewYork，1963）则受到雄辩的捍卫。我要补充说明的是，我的真正的对现代主义合乎逻辑的研究将必然会与布莱希特或 Tel Quel 流派的左翼现代主义达成妥协。

［6］Gilles Deleuze and Felix Guattari，*Anti-Oepide*（Paris，1972）；translated as *Anti-Oedipus* by R. Hurley，M. Seem，and H. R. Lane（Minneapolis，1983）.

［7］Gerald Prince，*A Grammar of Stories*（The Hague，1973），p. 23.

［8］见 Umberto Eco，Opera Aperta（Milan，1962）。

［9］The Republic，Book，Ⅶ，trans. H. D. P. Lee（Baltimore，1955），pp. 278－279.

（郭　军　译）

理论的政治——后现代论争的意识形态立场

怎样描述后现代主义的基本特征？是否确实存在后现代主义？这个概念本身是否有任何用处，或相反，是一种神秘化？这既是个审美问题，同时又是个政治问题。无论用什么术语来表达，从逻辑上讲，人们就此采取的不同立场总能表现为不同的历史视角。从这些历史视角来看，政治肯定和批判的目标是评价当代社会。其实，论争在很大程度上以对我们社会制度的一种最初的、策略性的假设为基础：认为后现代文化具有历史独特性，也就是含蓄地肯定，有时被称为消费社会的后现代社会与早期资本主义间存在显著的结构差异。

然而，各种不同的逻辑可能性必然与“后现代主义”的另一问题相关的立场联系在一起，即对现在被称为现代主义鼎盛时期或经典现代主义的估价。事实上，当开始分析表面上具有后现代特征的不同文化艺术品时，我们渴望发现（不是在后现代主义自身内部，而是从某种共同的现代主义冲动和审美中）这些迥然不同的风格和产品共享的“家族式类同之处”，尽管后现代风格和产品以这种或那种方式悖逆现代主义冲动和审美。

既可以完全将表面上令人眼花缭乱的后现代视为单个艺术媒介的问题，也可将其理解成不同媒介间的问题。撇开总的时代反应，在约翰·阿什伯里精妙的句子伪造和句法模仿与20世纪60年代初兴起的更简单的谈话诗（对新批评审美准则——复杂、反讽风格——的反对）之间，存在什么密切关系？毫无疑问，两者都以完全不同的方式表现了同一时期经典现代主义的体制化——现代主义经典从对抗转为霸权地位。现代主义经典征服了所有大学、博物馆和艺术画廊。换句话说，各种不同的经典现代主义艺术摇身变成了“正典”艺术。在父辈们眼中，现代主义艺术令人吃惊、颇遭非议、丑陋、不和谐、放荡不羁、反社会。可在我们看来却并不是那么令人触目惊心。

我们也可从视觉艺术中窥见相同的异质特征，如安迪·沃霍尔的作品和所谓的流行艺术引发的对经典现代主义绘画流派——抽象表现主义——的反动，以及诸如观念艺术、摄影现实主义和当代新的表现手法或新表现主义等张扬的审美情趣。在电影方面，这不仅表现为实验电影与商业电影之间的区别，而且实验电影自身内部就存在差异。戈达尔与希区柯克、盖尔盖曼、费里尼和库拉索娃这类大“导演”开创的经典电影现代主义的“决裂”，在20世纪70年代产生了一系列风格上的创新。与此同步，实验电视（一种新的媒体，受实验电影影响，但与之有着明显的结构区别）也迅猛发展。在音乐方面，约翰·凯奇时期的创作手法今天似乎与菲尔·格拉斯和特里·赖利这些作曲家提倡的古典与流行风格的合成手法相去甚远，也与“冲突音乐”、“脱口派”和“四人组合”（他们与迪士高或闪光滚石又明显不同）的朋克、浪潮滚石风格迥异。（然而，电影和滚石乐领域内都存在某种历史逻辑：这些新的媒介在短时间内更频繁地重复着现实主义、现代主义到后现代主义这几个演变阶段或断裂。因此，可以说甲壳虫和滚石音乐类似于20世纪五六十年代的艺术电影隐含的经典现代主义。）

在叙事方面，主流观点是：消解线性叙事、批驳再现论，以及与叙事的（压制的）意识形态“革命性的”决裂。可是，这似乎不足以囊括如此多样的作品，如：伯勒斯、品钦、伊什梅尔·里德、贝克特的作品，法国新小说之类的作品，“非虚构小说”的作品，以及“新叙事”的作品。同时，随着怀旧艺术的生产，商业电影和小说中似乎出现了一种极其不同的美学。

然而，无庸讳言，建筑才是后现代主义斗争最激烈的领域，因此最具战略意义。正是在建筑领域，后现代主义概念备受争议，被反复探究。只是在这里，我们才强烈地感受到，或更响亮地宣告“现代主义的死亡”；只是在这里，我们才更赶趟似的摆出论争所需的理论和实践筹码。在新兴的关于这一主题的文学中，可资援引的作品有罗伯特·温图里的《拉斯维加斯样板》，克里斯托夫·詹克斯的系列讨论，以及皮尔·保罗·波尔托盖西的比耶纳勒陈述《现代建筑之后》。这些作品阐明了对国际风格的经典建筑现代主义攻击（勒考比西耶、莱特、米斯）相关的中心问题：具体讲，丰碑式风格的破产（文图里所谓的雕塑式建筑），这种风格隐含的元政治或乌托邦计划的失败（改变空间，从而改变整个社会生活），及其代表的精英主义（包括克里斯玛式领袖倡导的集权主义），最后是铺天盖地的玻璃盒式建筑和摩天大楼（与周围的环境格格不入，将邻近的空间变成荒凉、退化的城市公共场所）对原有城市结构的彻底破坏。

但是，后现代主义建筑并不是一个完整或单一的时代风格。相反，它是对过去风格的完整影射。因此，从中可分辨出巴洛克后现代主义（如迈克尔·格雷夫斯），洛可可后现代主义（查尔斯·穆尔或温图里），古典和新古典后现代主义（罗西和德·波茨姆帕克分别代表了这两种风格），甚至还有风尚主义和浪漫主义的翻版，更不用说经典现代主义—后现代主义本身。这种历史影射洋洋自得的表演和风格的拼盘杂凑（在建筑文学中被称为“历史主义”），是更普遍意义上的后现代主义的显著特征。

然而，关于建筑的论争有助于凸显这些看似仅与美学有关的问题的政治内涵，使我们容易发现其他艺术领域中有时更专业或更隐晦的讨论包含的政治内容。大体上讲，就最近关于后现代主义的各种论争而言，存在四种不同的立场。可是，就是这样一种相对整齐划一的设想或划分也变得更加复杂化，因为这四种立场容易给人这样的印象：要么政治上趋向进步，要么政治上倾向反动（这是从马克思主义或更宽泛意义上的左派的角度而言）。

例如，立足本质上的反现代主义立场，后现代主义的降临无不令人欢欣鼓舞。[1]稍早一代的理论家（特别是伊哈布·哈桑）似乎采取的就是这种立场。他们借助更激跃的后结构主义理论（泰尔·克尔对再现的意识形态的诘难，海德格尔或德里达所言的“西方形而上学的终结”）来阐述后现代美学。尽管并不总是被称作后现代主义（如福柯在《词与物》结尾处的乌托邦预言），却受到隆重的礼遇，被视为崭新的思维方式和世界存在之降临。哈桑推崇许多更极端的经典现代主义的不朽人物（乔伊斯，马拉美），同时也庆祝新信息高科技的诞生。这表明他的溢美之词与“后工业社会”这一政治论题之间的一致性。因此，他的立场是鲜明的，而非含混的。

汤姆·伍尔夫的《从包豪斯到我们的房间》极大地消除了所有这一切的歧义。诚然，这本并不引人注目的书评谈论的话题是最近就建筑展开的论争。作者实践的“新新闻”手法本身仅是各式各样的后现代主义之一例。这本书令人觉得有趣或具征兆特征之处是，它并没有对后现代进行任何乌托邦式的颂扬。可更显著的是，书中那嘲讽味十足的修辞中呼之欲出的是对现代文化的极度仇恨。当然，这种情感历史悠久，并不令人感到陌生。这似乎是曾在现代主义兴起之日弥漫于中产阶级中的恐慌情绪的第二波——像12世纪首次出现的教堂那样洁白耀眼的科比西耶风格，频频受到诽谤的毕加索式头型（似比目鱼，两个眼珠长在头部一侧），《尤利西斯》或《荒原》的艰涩文风令人产生的晕眩感。似乎对非力士人、施皮斯伯格、布尔乔亚或辛克莱·刘易斯的《大街》中的巴比特式市侩的厌恶之情又复活了。这种情绪渗透了对现代主义新的批判，却在意识形态意义上表现了不同的精神。这种精神又在读者中唤起尘封的同情，并伴随着业已灰飞烟灭的经典现代主义的元政治、乌托邦和反中产阶级冲动。因此，伍尔夫的恶意攻击十分清楚地例证了，当时对现代主义理由十足的理论批判是多么容易沦为昭然若揭的反动文化政治的帮凶。其进步力量起源于城市生活带来的新感受，可现在却以经典现代主义正统教条的名义毁灭旧有的社区和城市生活形式，并深深地嵌入人们的生活体验。

这些反现代、亲后现代立场同样遭到一系列相反理论主张的诘难和结构性颠覆，最终要重新肯定经典现代主义传统中至今仍存活并富有活力、真实可信的推动力，从而质疑后现代文化的虚假、不负责任等负面影响。在《新标准》杂志创刊号上发表的两篇宣言中，希尔顿·克拉默言之凿凿地阐明了这些观点，将经典现代主义不朽“杰作”的道德责任心与后现代主义（与露营和“滑稽”联系在一起）根本的不负责任和浅薄对比。伍尔夫风格是这种后现代主义走向成熟的明显例子。

更荒谬的是，伍尔夫与克拉默在政治上有颇多共同之处。似乎令人感到矛盾的是，克拉默竭力将根本的反中产阶级立场和元政治激情从现代主义经典营造的“高度严肃”中剔除。这种立场和激情支配着杰出的现代主义艺术家们批判维多利亚时代的禁忌和家庭生活，批判商业化，批判从易卜生到劳伦斯、从凡·高到杰克逊·波洛克的艺术家。克拉默试图将杰出的现代主义艺术家表面上反中产阶级的立场吸纳进中产阶级基金会和捐赠秘密培养的“忠诚的反对势力”之中。最令人难以置信的是，现代主义的文化政治矛盾使这种尝试成为可能。而现代主义文化政治的否定行为依靠对与资本不匀称关系的批判和褒扬——当他们没有获得真正的政治自我意识时，诚然这种情况很少见（布莱希特就是一例）。

一旦澄清了《新标准》的政治计划，就更容易理解克拉默在此的意图：杂志的使命明显是要根除 20 世纪 60 年代及其影响，将整个 60 年代遗忘，就如 20 世纪 30 年代之于 50 年代、第一次世界大战前异彩纷呈的政治文化之于 20 年代一样。因此，《新标准》努力建构某种新的保守的文化反革命。其语词涉及从美学到对家庭和（或）宗教的最终捍卫等宽泛的范围。因此，矛盾的是，这一根本上政治性的计划却公然批判当代文化中政治的无所不在这一现象——这是 20 世纪 60 年代泛滥成灾的问题，但克拉默却认为，这归咎于我们时代后现代主义道德维系力的苍白无力。

这种做派的问题（明显与保守观念密不可分）是，不管是什么缘故，与麦卡锡主义或帕尔默搜捕时期不同，其摇摆不定的修辞似乎没有国家权力的支持。越战的失败似乎不利于赤裸裸地诉诸压制权力[2]，至少暂时如此。同理，整个 20 世纪 60 年代都在提倡与 30 年代或第一次世界大战前的传统不同的集体记忆和体验。因此，克拉默提出的“文化革命”常常陷入对 50 年代和艾森豪威尔时期更脆弱、更感伤的怀旧之情。

理清了关于现代主义和后现代主义更早的立场，就不会对下述问题感到惊讶：尽管对当代文化现象的第二种估价明显受保守主义意识形态支配，但是这种立场也可以被吸纳进关于这个主题的更进步的观点和立场。仍对现代主义最高价值给予肯定，批判后现代主义理论及实践。这一戏剧性的逆转现象受惠于尤根·哈贝马斯。[3]哈贝马斯认为，政治上的反动功能根本上决定了后现代主义自身的缺陷。他将无所不在的怀疑现代主义冲动的企图与中产阶级启蒙运动及其普遍的乌托邦精神联系在一起。与阿多诺一样，哈贝马斯致力挽救、重缅伟大的经典现代主义之作根本的否定、批判和乌托邦力量。另一方面，将否定、批判和乌托邦力量与18世纪的启蒙精神联系起来的努力标志着他与阿多诺和霍克海姆合著的那本充满忧郁之气的《启蒙的辩证法》的彻底决裂。在该著中，启蒙哲学的科学气质被描述成误入歧途的权力意志、对自然的征服及其世俗化规划是纯工具化世界观发展的第一个阶段，并直达奥斯维辛。这种明显的分歧可从哈贝马斯自己的历史观中找到答案。他竭力维护“自由主义”的承诺和早期资产阶级普遍化意识形态（平等、公民权、博爱、言论自由和出版自由）本质上的乌托邦内容，抵制资本主义发展过程中这些理念的流产。

然而，要理解论争中使用的审美术语，不能仅仅回应哈贝马斯对业已作古的现代主义气度恢弘的辩护并使其起死回生的努力。我们必须认识到哈氏理论著述的社会背景与我们的社会背景之间的巨大差异：在一定程度上，麦卡锡主义和压制行径是我们联邦共和国今天的现实。总体上讲，西方世界最成功地压制了左派势力，迫使左派文化（西德右翼势力将其与“恐怖主义”极大地联系起来）销声匿迹。[4]新麦卡锡主义的成功，施皮斯伯格和非力士文化的得势，意味着这种可能性：在这个与众不同的国度，哈贝马斯也许言之有理，经典现代主义的旧形式也许仍拥有在其他地方业已消失的颠覆力量。为此，一种致力削弱那种力量的后现代主义的价值也许就在于以本土方式进行意识形态诊断，尽管这种评判尚未落下帷幕。

上述两种立场——反现代主义/亲后现代主义，亲现代主义/

反后现代主义——的特征是对这一新术语的接受，这等于承认现代与后现代时期某种决定性“断裂”的本质，而后者又是被评判的对象。然而，两种最终的逻辑可能性成立之前提是，批判任何这类历史断裂观。因此，这或明或暗地质疑后现代主义这一范畴的有用性。那么，与后者有关的作品将成为经典现代主义的一部分，“后现代”只不过是我们时代真正的现代主义者采取的形式，只不过是旧有的现代主义求新图变冲动的辩证加剧。（在此我必须略去另外一系列论争——在很大程度上是纯学院式的论争。这里反复肯定的现代主义的延续论题被质疑，因为在更宽泛的意义上，这种立场肯定自 18 世纪末以来浪漫主义总在不断延续，现代和后现代时期只不过是其有机的发展阶段。）

因此，最后两种立场分别积极和消极地估价了现已融入经典现代主义传统的后现代主义。与阿多诺的精神一致，让-弗朗西斯瓦·利奥塔[5]认为，他津津乐道的新的和初露端倪的当代或后当代文化生产现在普遍被冠以“后现代”的称号，应被理解成对真实可信的更悠久的经典现代主义肯定论潮的一部分。利奥塔观点中特有的转折或变调的潜台词是：所谓的“后现代主义”并不是步现代主义的后尘或现代主义的废弃品，而是领先于现代主义并为其鸣锣开道，因此我们耳闻目睹的当代后现代主义可被视为带着旧有的力量、生命力鲜活如夕的某种新的经典现代主义回归、翻新或胜利再现的前兆。这是个预言式的立场，其分析以现代主义和后现代主义反再现的冲力为基础。然而，仅从审美角度评价利奥塔的审美立场是不够的，因为政治上支配这种立场的是对古典资本主义之后的新社会制度（或曰“后工业社会”）的社会和政治理解。因此，与再生的现代主义观点密不可分的是某种预言式的信念——一个崭新的社会可能并一定会破壳而出。

那么，与这种立场相反的消极观点涉及对现代主义的意识形态批判，如：卢卡奇对物化的资本主义社会生活进行复制的现代主义形式的分析，当代对经典现代主义更集中的批判。这一最后立场与前述反现代主义立场的区别在于：它并不是从肯定新的后现代主义文化的稳妥立场出发，而是将后者也视为已受到诬陷的经典现代主义冲动的蜕变。这种独特的立场（也许是最令人感到悲观、不安和消极的立场）可以从威尼斯建筑史学家曼弗雷多·塔富里的著作中找到明证。他广泛的探讨[6]有力地控告了我们所谓的经典现代主义的"元政治"冲动（用文化政治"乌托邦式"地替代政治本身，主张通过改变世界的形式、空间或语言来改变世界）。他同样粗率地解剖对各种不同现代主义进行消极的非神秘化和"批判"的主张。他认为这充其量不过是黑格尔式的"历史诡计"，而对资本本身工具化、世俗化的过程最终是通过现代主义运动的思想家和艺术家毁灭性的重击实现的。因此，他们的"反资本主义"行为最终只是为晚期资本主义社会组织和控制的"彻底"官僚化奠定基础。塔富里符合逻辑的结论是：只有实现社会关系的根本转变，才能根本改变文化。

由此可看出，上述两位颇为复杂的思想家的立场揭示了前面提到的两种立场隐含的含混政治。与前面提到的多位理论家不同，塔富里和利奥塔明显都是政治人物，公开恪守旧时革命传统的价值。例如，利奥塔竭力为之辩护的审美创新的至高价值只有被理解为某种革命立场的隐喻，而塔富里的整个理论建构与经典马克思主义传统极其合拍。然而，从已变得与反马克思主义难分难解的后马克思主义来看，两者也潜在地（在某些策略上更明显）可被重写。例如，利奥塔常常试图将他的"革命"美学与政治革命更陈旧的理想区别开来。他认为，在新的后工业社会秩序下，这些理想要么具有斯大林主义的色彩，要么陈旧、不协调。塔富里天启般的整体社会革命观则意谓着：在一个去政治化、反动的年代，对资本主义“整体制度”的理解注定了必然导致经常使马克思主义者放弃政治努力的气馁情绪（首先令人想起阿多诺和梅罗·庞蒂，还有 20 世纪三四十年代的许多前托洛茨基分子、六七十年代的前毛泽东追随者）。

可用下图表形象地展示如上勾勒的不同立场间的关系。加号和减号分别指这些立场政治上的进步或反动。

	反现代主义	亲现代主义
亲后现代主义	伍尔夫－ 詹克斯＋	利奥塔 {+ −
反后现代主义	塔富里 {− +	克拉默－ 哈贝马斯＋

这样，绕了一个大圈子之后，我们回到第一种立场隐含的更积极的政治内容，尤其是查尔斯·詹克斯（同时也包括文图里和其他学者）曾强调的后现代主义的大众主义冲动这个问题。这也有助于我们更充分地了解塔富里的马克思主义极端悲观的一面。然而，首先应弄清楚的是，经常以审美论争的形式展开的不同政治立场事实上大都含有道德言说的内容，试图一锤定音地裁定后现代主义现象，无论后现代主义是被污蔑为堕落还是被誉为文化和审美意义上健康、积极的创新形式。但是纯粹从历史和辩证角度来分析这种现象（尤其是当它涉及我们自己生存、斗争的现实和历史问题时），并不能解释这些绝对道德评判的软弱无力；从它们或多或少摇摆不定的立场来看，其辩证意义“超出了善恶界限”，更不用谈宣扬的冷酷无情的历史观（某种类似于黑格尔思想体系中令当代人惊恐不安的东西）。关键是我们置身于后现代主义文化之中。因此，我们既难以对其进行批判，又难以认同其

自鸣得意、堕落腐化的一面。也许有人认为，今天对后现代主义的意识形态评判必然意味着对相关的艺术品和对我们自己的评判。同理，也不可能通过全球道德评判或其退化形式——大众心理诊断（如拉希的《文化与自恋》等）来完整把握我们今天这样的整个历史时期。按照经典马克思主义观点，未来的种子已埋在现在的土壤中，因此必须通过分析和政治实践将其从现在剥离开来（马克思曾如此生动地评价巴黎公社的工人“没有可实现的理想”；他们只是努力将新出现的社会关系与旧的资本主义社会关系分开，新的社会关系已在旧的社会关系中萌动发芽）。与其指责骄横自负的后现代主义为颓废的最终症候，或视这些新形式为新技术和技术统治乌托邦的先兆，似乎更恰当的方式是按照如下行之有效的假设来评价新的文化生产，即在晚期资本主义制度的社会重构框架内全面修正文化。[7]

然而，詹克斯认为后现代建筑超乎寻常的大众主义立场使之与经典现代主义风格的建筑区别开来[8]，可被视为更普遍讨论的出发点。在独特的建筑语境中，这意味着，如今科比西耶或莱特式的更经典的现代主义空间竭力使自己从曾与之和谐并存的残破的城市建筑中分离出来——因此，其形式依靠彻底地摆脱空间语境这一行为（多层建筑雄奇壮观的底层架空柱将与地面的分离戏剧化，维持着新空间的新奇和与众不同）。相反，后现代建筑却张狂地嵌入后超级高速公路式的美国城市的商业地带、汽车旅馆和快餐店组合成的异质图景。同时，暗示和形式回应（“历史主义”）的嬉戏，使这些新艺术建筑与周围的商业图标和空间产生亲缘关系，因此拒斥经典现代主义奉行的极端差异和创新。

新建筑的这种明显重要的特征是否应被界定为大众主义还有待商榷，因为问题的关键是要将伴随着新商业文化的新形式与旧有的民俗和真正的“大众”文化区别开来。新商业文化始于广告，扩展到各种各样的正式包装，包括从产品到建筑，也不排除电视节目（“标识语”）、畅销书目和电影。旧有的大众文化的前提是：旧社会的农民阶级和城镇手艺人仍存在。可是，自 19 世纪中叶以来，这两个阶级逐渐受到商品化和市场体制的压制，濒临灭亡的境地。

但是，我们至少应承认这一独特特征的普遍性。在其他艺术领域，这更明显地表现为：高雅文化与所谓的大众文化间旧有的界限的消失。正是以此界限为基础，现代主义才拥有自己的特征，其乌托邦功能至少部分地来自与周围的庸俗环境、伪劣品、媚俗、商业化和读者文摘文化对抗的真实可信的经验世界。确实，发人深省的是，经典现代主义的出现与明显可辨的大众文化的第一次大扩散同时（左拉的作品可被视为单个文本中艺术小说与畅销书并存的标志）。

如今，这种构成性区别似乎正在消失。我们已经提到，在舍恩贝格之后，甚至在凯奇之后，音乐领域中“古典”和“大众”两个对立的传统又开始融合在一起。更普遍地讲，似乎很清楚的是，“后现代”时期的艺术家完全沉迷于整个新的对象世界——不仅是拉斯维加斯地带，而且包括最新的表演和好莱坞 B 级电影，在机场出售的哥特和罗曼司、流行传记、谋杀、科幻或幻想等题材的平装本这类所谓的亚文学（这类亚文学是如此来势凶猛，以至现代主义摈弃的旧的文学类型似乎又出人意料地重现）。在视觉艺术方面，作为一种重要的媒介，也作为流行艺术或摄影现实主义中“物质的层面”，摄影的复兴是同一过程至关重要的征兆。不管怎样，至少很明显的是，这批新的艺术家不再像乔伊斯（以及福楼拜）或马勒那样“引用”大众或流行文化的材料——碎片和母题。他们在不同的程度上将材料合并，因此我们旧的批评和评价类别（完全以现代主义文化和大众文化的根本区别为基础）似乎不再有效。

但是，倘如确实如此，那么似乎存在这种可能：形形色色的后现代主义辩解和宣言事实上只是一种（诚然是巨大的）文化转变的反应和征兆。曾被描述为大众或商业文化的事物被吸纳进新的、扩大了的文化领地。不管怎样，人们将发现从政治意识形态类型学借用的一个术语发生了根本的语义变化，这时其初始指涉物（通常被泛称为“人民”的工人、农民和小资产阶级的大众阵线阶级联合）消失了。

然而，这也许根本就算不了什么新故事。人们仍清楚地记得，弗洛伊德是多么欣喜地发现人类千姿百态的析梦传统中惟有某个不为世人知晓的原始文化触及了关键：所有的梦都有隐秘的性意义。惟一例外的是，明显关于性的梦则意指其他事物！在后现代论争和与这场论争对应的去政治官僚政治社会中也似乎如此。所有表面上的文化立场都成了政治道德化的象征形式。只有音单调急的政治论调暗示了从政治向文化的再次逆转。我觉得，摆脱这种邪恶怪圈的惟一有效路径（除实践本身之外）就是这种辩证观点：尽力历史地把握现在。

【注释】

[1] 在我看来，后面的分析似乎不适合 *Boundary* 2 批评群体的研究。他们早期使用的“后现代主义”术语具有另一种不同的意义——对成型的“现代主义”思想的批判。

[2] 该文写于 1982 年春。

[3] 参见他的“Modernity — An Incomplete Project”，见 *The Auti-Aesthetic*（Hal Foster ed.，Port Townsend，Wash. 1983），3～15 页。该文首次以另一题目“Modernity versus Postmodernity”发表在 *New German Critique*，22（Winter 1981），pp. 3-14。

[4] 与“绿色环保”相关的特殊政治似乎形成对这种情境的反应，而

不是一种例外。

［5］参见利奥塔 *The Postmodern Condition*（Minneapolis，1984）pp. 71-82 的“Answering the Questions：What Is Postmodernism?”。该著主要关注的是科学和认识论，而不是文化。

［6］特别参考 Manfredo Tafuri，*Architecture and Utopia*（Cambridge，Mass.，1976）和 *Modern Architecture*（New York，1979）；另见该集中我的“Architecture and the Cvitique of Ideology”。

［7］我的另一尝试是“Postmodenism，or，The Cultural Logic of Late Capitalism”，*New Left Review*，146（July-August，1984），pp. 53-92；在 *The Anti-Aesthetic* 上发表的那篇只是该文的一部分。

［8］例如，可见 Charles Jencks，*Late-Modern Architecture*（New York，1980）。然而，Jencks 使用的这一术语不是特指文化意义上主导的或时期性的风格，而是指一种美学运动。

（陶家俊　译）

砖块和气球：建筑，唯心主义与地产投机

我打算深入研究一个十分重要的理论问题——城市规划与建筑的关系——尽管这个问题对于有些人来说不是非研究不可的，但鉴于其自身内在的旨趣和紧迫性，我认为它提出了一系列很有意义的理论课题。为了达到能够系统阐述更普遍的城市与建筑问题的目的，有必要提请各位关注这些问题以及我的与之相关的著作。例如，对后现代文化产品的抽象的动力的调查，特别是对后现代主义中抽象的结构作用与现在还在起作用的、我们称之为现代主义（或许人们更愿意称它们为多样的现代主义）的抽象二者之间根本差异的调查。这项调查将使我重新审查货币形式——所有抽象的基本来源——并考察近年来也就是我们中的一些人所指的后现代性这一不长的时期，货币的结构及其流通形式是否并无实质性的改变。自然，也就是说，在我们这个时代要再次提出金融资本及其重要性的问题，提出关于金融资本所特有的和专门的抽象与文化文本中发现的抽象之间关系的形式问题。我想每一个人都会同意，随着全球化的出现，金融资本已成为晚期资本主义的区别性特征之一，换句话说，也是当今事物的区别性状态之一。

但是，准确地说，正是这条调查线索为建筑自身的方向作了重新定位，启发我在这里寻求进一步的深入。在空间的领域似乎存在着某种金融资本的对应物，的确是一种与它密切相关的现

象，那就是地产投机：过去它在农村可以找到得以施展的领域——随着自然资源的私有化进程，占据当地美国人的土地，攫取铁路沿线大片的土地，扩大城郊区域；但是在我们这个时代，它却成为一种壮观的都市现象（不只是因为一切都城市化了），它返回大城市，到城市剩下的空间寻找机会。于是，如果今天采用的地产投机的特殊形式同我们在后现代建筑（这个术语在这里仅是在一般的时序意义上用的，在感情色彩上是中性的）中发现的同样的特殊形式之间有某种关系的话，那这种关系会是什么呢？

我们经常看到，当今建筑的象征意义以及它的形式创意在于它对社会的直接性，以及“它与经济的交合处”。这种直接性与其他开销很大且同样必须依赖投资的艺术形式——如电影和戏剧的直接性相比有很大的不同。但正是这种直接性呈现出理论上的危险，这一点众所周知。例如，断定地产投机和对日益增加的建筑物的新要求开辟了新的建筑风格涌现的空间，这似乎并非奇谈怪论。不过，使用一个惯用词，它似乎同样“简化”了根据新的投资类型对新风格所作的解释。据说这种简化论未能重视美学层面及其内在动力的自律和半自律的特性。事实上这种观点也遭到反对，认为这种粗暴的论断似乎从未屈尊到它们所蔑视的风格的细节之中。它们忽略了形式分析，仿佛事先就怀疑它的原则。

于是，人们可能试图通过介绍新技术的情况，展示它们在如何采用一种新风格的同时又充分回报投资的目的，使这种解释（关于“后现代主义的起源”）丰富和复杂化。这样就必须在经济层面与美学层面之间加上一个“中介”；并且必须提出自己的看法，说明为什么我们需要精心制作一系列介于经济与审美之间的中介的原因；换句话说，说明为什么我们需要一种具有新的活力的中介概念的原因，以证明经济决定论这一论断的直接性。中介的概念被定位于我所指的“层面”，即（尼古拉斯·拉赫曼所说的）一个用于区别的社会功能，一个领域或地区，它存在于已发展到被自身内在的法则和动力所控制的社会之中。我想把这一领域称为“半自律”的，因为它显然仍旧是社会总体性的一部分，正如“功能”这个术语所暗示的那样；我故意使用一些含混的或自相矛盾的术语，就是为了暗示一条“双行线”，在这条双行线上，一方面可以强调上述领域的相对独立性、相对自主性，反之，又可以坚持它的功能性和在整体中的基本位置：至少通过它在整体上而不是“功能”上的重要性，它也将被理解为一种物质利益和盲目的或从属的动机。由此，从拉赫曼的一些更明显的例子来看，政治是一个特殊的“层面”，因为自马基雅弗利和自黎塞留控制下的现代状况出现之后，政治作为现代社会的一个半自律的领域，拥有自己的机构和程序，自己的从业人员，自己的历史和传统或“先例”，等等。然而，这并不意味着由于许多事物在其所属范围之外，政治层面就不具有多方面的重要性。法律、法令和司法层面所属领域也是如此，它们在许多方面可视为这样一种专门的半自律领域的典范。我们中从事文化工作的人们毫无疑问也想坚持审美或文化上的某种程度的半自律性（尽管审美和文化这两者的关系可互换的说法如今再次成为一个很有争议的问题）：小说创作的规则，乃至电视连续剧的创作，肯定不能直接简化为议会的民主制度，更不用说股票市场的运作系统了。

股票市场本身又怎样呢？无疑，如果说 18 世纪以前这个市场还未成型的话，那么自 18 世纪以来，市场的出现，市场理论的出现，在此基础上形成的经济已进入半自律层面。至于金钱和土地，准确地说，这里它们都是与我们密切相关的现象，它们将允许我们去检验中介的概念及其相关的观念和半自律的实例或层面两者的适用性：它将事先被理解为由于在市场和经济这些更基本的系统或次系统中，金钱和土地二者显然只是功能性因素，都不能以自己的名义构成这一层面。

任何将金钱作为中介的讨论都必须面对乔治·辛门的《货币的哲学》(1900) 一书，这部厚实的著作是我们今天所说的对这一特殊存在的现象学分析的开山之作。辛门对20世纪各种思潮的潜在影响是不可估量的，这在一定程度上是因为他拒绝将其复杂的思想整合到一个单一的系统之中；同时，里面那些非黑格尔派的或去中心的辩证法式的复杂表述经常由于他那冗长乏味的文体弄得难以卒读。他最近的一些新观点将成为我在这里讨论的必不可少的准备。[1]无疑，辛门把经济结构本身用括号括起来，却又积极地暗示出一些可以描述和探讨金融资本的现象学和文化影响的方式。很清楚，现在不是对这些问题作全面研究的时候，所以我的评论将仅限于他的那篇富有创新的论文"大城市与精神生活"，在论文中金钱仍扮演着主要角色。[2]

这基本上是对现代生活、尤其是城市生活（在19世纪后期的柏林）日益抽象的说明。不错，抽象确实是我的话题，而且一直是大家所关注的，有时它被冠以不同的名称（例如，安东尼·基顿［Anthony Gidden］的核心术语为间离［disembedding］，说的是同一个东西而指向的是这一过程的其他特征）。在辛门的论文中，抽象呈现出多种形式，从时间的体验到人际关系的新距离；从他称作的"唯理智论"到新的各式各样的自由；从漠不关心和"毫无兴趣"到新的焦虑、价值危机以及都市人群对波德莱尔和沃尔特·本杰明的挚爱。金钱是所有这些新现象的根源，这一结论在辛门看来过于简单：不仅大城市将它列成三角，而且在我们现在的语境中，也可以肯定地说中介的概念是令人满意的。不管怎样，辛门的论文不仅将我们带到了现代美学的形式理论和出自较早的知觉和生产逻辑的美学的抽象理论的门槛，而且也将我们带到了金钱本身的抽象的出现也就是我们现在所说的金融资本的门槛。[3]在本杰明式的现象拼贴的论文结构中，我们也找到了下面这些带预言性的句子：讨论抽象的新的内在动力时，其方式就像资本本身一样，开始是在自身那个时期扩展，辛门告诉我们："事实可以证明，仅仅通过增加交通，城市里土地租金的'自然增价'就将给它的所有者带来自行升值的利润。"[4]这足以表明，我们所探讨的这些东西都是相关的；现在让我们回过头来，从现代或后现代的建筑形式与那些大的工业城市的自行增值的空间开发之间可能具有的亲缘关系开始讨论。

在这方面，我对一本结构上有些缺陷且重复较多的书有着特殊的兴趣，它就像一本非常吸引人的侦探小说一样，里面充满了令人激动的叙述，以及因为发现与揭示所带来的兴奋感：罗伯特·费什的《纽约的暗杀》就是这样一本书，它不仅提供了考察城市建筑的机会，而且提供了估价地产投机的功能和比较各种理论的阐释意义（和中介在这些理论中的位置）的机会。大胆地说，像他自己通常所做的那样，费什将纽约的"暗杀"设想为一个过程，由此——蓄意的——将制造业迁出城外，以便为商业往来腾出办公空间（金融、保险、房地产）：这一策略被认为可以使城市复苏并获得新的增长点，然而闲置的待租楼层（所谓"一眼望穿"［see-through］的建筑群）所占的令人瞠目的比率证明了它的失败。这里费什的理论根据可能来自简·雅各布斯，他的学说是关于小型商业经营与街区产业繁荣的关系的，费什通过将小型商业经营（商店之类）与小型工业（如服装加工业之类）的关系置于同等重要的地位，从而强化了这一学说。费什的理论比马克思主义的分析还要激进，其目的是倡导行动主义和党派倾向；因此，他把各种理论作为攻击的目标，包括一些马克思主义和后现代主义以及与之相伴的城市规划者的官方意识形态；我们感兴趣的主要就是这些争论（或更确切地说，是这些责难）。考虑到具有美国特点的反知识分子反学院派的立场，很明显，费什所嘲弄的主要理论目标是历史必然性学说。无论在哪种形式中我们都会发现，可以肯定的说，由于道德感的丧失和非政治化的缘故，要使人们信奉它并进行政治动员和政治抵抗，即使不是完全不可能的话，也是非常困难的。这种立场似乎很有道理也很中肯，但最终所有关于长期趋势和资本主义有意义的逻辑的观念都变成与“必然性”的意识形态的认同，而且正如我们将看到的，这又转回到了费什想倡导的实践形式。

不过，让我们再全部从头开始。首先被展示的不仅仅是纽约所经历的大规模的调整，其中 750 000 个制造业的员工失去了工作岗位，制造业与办公室工作（其缩写形式为 FIRE：金融［finance］、保险［insurance］、房地产［real estate］）的比率从战前的2∶1调整为现在的 1∶2[5]，而且这一变化（并非不可避免！并非“资本的逻辑”！）是纽约权力机构有意推行的政策的结果。换句话说，它是今天人们广泛流传的所谓“阴谋”的结果，有些迹象也确实极富暗示性。它表现在 1928 年没有实施的大城市分区计划与现有的分区状况完全一致：当年关于制造业迁移的安排如今已变成了现实，当年关于修建办公楼的预言也已实现；费什还通过引证从去年乃至近年来的那些规划者的大量原始资料加以补充。例如，下面的文字就引自一个 20 年代颇具影响力的商界和政界人物的谈话：

> 一些最贫困的人就近居住在高价位地皮的贫民窟里。在富丽堂皇的第五大街，蒂法尼和伍尔沃思连在一起，实质上同样的场所既提供珠宝又提供夜盗。儿童餐馆生意兴隆，更增加了德尔蒙里克餐厅的衰败和凋敝。

> 距股票交易所一箭之遥的地方空气中溢满烘焙咖啡的浓香；而离时代广场几百英尺的地方则充斥着屠宰场传出的恶臭。就在这座“商业”城市最中心的地方，曼哈顿岛第 59 街的南面，在 1922 年，巡视员发现差不多有 420 000 工人在工厂做工。这种情况严重地破坏了人们的秩序感。每一件东西似乎都摆错了地方。人们渴望将事物重新安排，各就各位。[6]

这些文字显然强化了那个观点，即清除制衣街区和纽约港的目标是有意而为的，从 20 年代后期到 80 年代这五十多年的时间里，精心制定的若干策略取得了最终的成功，而城市却承受着在目前状态下的不断恶化。人们并不是特意要将这一结果作一番估价，但是这个“阴谋”背后的动机现在有必要置于应有的位置。毫不奇怪，它必然涉及地产投机和土地价格那诱人的增值，这种增值来源于从占据各种小商店和小工厂的地盘所带来的房地产的“解放”。“工厂用地所收的租金与土地所有者从 A 字写字楼用地的所得之间相差十倍。而仅仅只是改变了土地的用途，某人的资本就可以增值若干倍。现在，一份长期的美国债券可获得相当百分之六的收益。”[7]

正如我们将看到的，在这种更普遍的“阴谋的”解释背后，存在着一个更具体的局部的阴谋，它的调查者迟早将被指出。不过，在普遍性这个层面上，这一特殊的解释实际上倾向于证实一个更符合马克思主义的关于“资本逻辑”的见解，特别是在眼前这种房地产的发展与金融资本时期的（相对循环的）的观念的因果关系上，在当今语境中这些都使我产生了兴趣。除有一个例外，它将在亚层次的阴谋理论中被识别并且在后文中要提及。费什对这些发展即伴随着金融资本的调拨而产生的建筑或建筑风格的文化层面不感兴趣。这些大概是上层建筑的附带现象，在这类暴露式的分析中人们习惯于将它们不予考虑，或把这种分析倾向于视为掩饰真实过程的某种文化的和意识形态的烟幕（换句话说，是一种暗地的辩解）。稍后我们将回到艺术或文化与经济的关系这一核心问题上来。

这里要注意的是，“趋势”或资本逻辑的必然性这些概念都没有提供马克思主义对这些过程的看法的一个完整甚或充分的图象：所缺乏的是矛盾这一关键性的观念。就投资、资本抽逃的“趋势”这个概念而言，金融资本从制造业流向地产投机的变化不仅与造成整个领域不均衡投资可能性的矛盾分不开，而且尤其与这种状况的不可能消除分不开。实际上，这正是费什通过新的白领阶层写字楼一类投机性建筑的闲置率这一令人印象深刻的统计数据显示出来的：在那个领域即使重新调整投资也解决不了任何问题，因为它正在摧毁最初那些空间里已经产生新的利润（并增加就业机会）的可行性的城市结构。显然在这一结果中也存在着明显的叙述上的满足（“罪有应得”）；然而很清楚，从费什的观点看，对不可避免的矛盾的勘探——它也许强化了一个相当不同的政治行为的可能性概念——与他心目中的行动主义是不相容的。

在这一阶段，我们已经拥有了抽象的几个层面：在最末端，当今金融资本的优势的概念，乔瓦里·阿里吉已为我们重新定义为资本本身历史进程的一个时期[8]。阿里吉实际上提出了三个阶段——首先是在一个新的地区资本的投资流向的输入；然后根据工业和制造业的情况在那个地区从事生产的发展；最后，重工业资本解区域化，以便在金融投机中寻求增值——此后，同样的资本又抽逃到一个新的地区，开始新的循环。阿里吉在费尔南德·布劳德尔俗语“经济膨胀的阶段总是秋天的征兆”中找到了他的出发点，于是他在分析时将金融资本描述成螺旋式的上升，并不是作为整个“资本主义”的恒久的相对稳定的因素而以静态的和结构的方式呈现出来。他并不认为里根-撒切尔时代经济上的惊人发展（这些发展也是文化的发展，下面我将要论证这一点）属于纯粹的幻景和偶然的领域；或如费什所做的那样，把它们视为“阴谋”的最纯粹最有害的副产品，而对其可能的条件不加解释。这种从生产投资到股市投机的转换，金融全球化和——这里我们特别关心的是——房地产价格战的新层面：这些都是今天社会生活的基本现实（费什的书的后半部分戏剧性地证明承认了纽约这个非常特殊的例子）；而努力将这些新的发展加以理论化还远非学院派的事情。

现在我们可以回到费什的另一个基本的抨击对象。他倾向于把它与丹尼尔·贝尔的“后工业”社会的老学说联系起来，即在这个社会秩序中，资本主义的传统动力被科学技术的卓越成就所置换甚或被替代，它本身现在提供了一种所谓从生产到服务经济的转化的不同解释。于是，这里的批评集中于两个并无必然联系的前提上。一个假定经济上出现几乎是结构性的变化，它远离重工业，活跃于庞大的服务部门的体系中：由此，它给那些为纽约规划的精英们提供了意识形态的支持，那些规划者希望纽约非工业化，因此能从旧有的生产历史不可避免地“结束”的主张中获得帮助和安慰。然而服务业的商品化在马克思主义的框架中也能得到说明（早在亨利·布雷弗曼 1974 年出版的《劳动和垄断资本》一书中就已预言性地作出了解释）。这里我就不再对这个问题作进一步探讨，特别是鉴于费什心目中的发展主要涉及的是大厦里的上班族而非服务行业的雇员。

与贝尔的“后工业社会”理论相关的第二个观念将要涉及全球化和控制论革命，在这个过程中，当代对新的全球化或信息城市的著名评述出现了一些不同的声音（特别是曼纽尔·卡斯特尔和萨斯基亚·萨塞的文章）。[9]不过，可以肯定的是，对新通讯技术的强调并不意味着赞同贝尔关于生产方式中的变革的众所周知的假说。蒸汽动力取代了水力，随后电力又取代蒸汽机，这里包含着资本主义的空间动力以及日常生活的性质、劳动工序的结构和社会组织的构成等的重大变革：不过在制度上仍是资本主义的。事实上，近年来通讯和控制论的整个多样化的意识形态的出现，它值得受到理论上的挑战和意识形态的分析和批判，有时甚至可以做彻底的解构。另一方面，马克思和自他之后的许多人共同发展起来的对资本的论述完全可以涵盖上述变化；的确，辩证法最重要的哲学功能就是它能够协调我们对之缺乏充分思考的历史的两副面孔或方面：即同时出现的同一性与差异性，在这种状态下，事物既可以改变又保持统一，既能够经受最令人吃惊的变化和扩张，同时仍构成一些基本的和持续的结构运转。实际上，正如一些人已经做过的，人们可以论证，当代社会，包括所有这些空间和技术的革新，也许比马克思那个时代的半工业半农业的社会更接近马克思的抽象模型。[10]然而，更简单地说，我只想指出，无论控制论革命这一假说的历史事实如何，都将足以表明一个普遍的信念，并且它不仅对部分精英而且对第一世界国家的所有人都产生了影响，由于这个信念构成了最重要的社会事实，它将不能作为纯粹的错误被消除。既然如此，我们也必须辩证地看待费什的著作，作为重建那句著名格言的另一部分的努力，它提醒我们，正是人民继续创造历史，即使他们“不是在他们自行选择的环境中”创造。

因此，我们必须更密切地关注创造纽约空间历史的人们这一问题，它将我们引到费什打算透露的内部的更具体的阴谋，包括参与者的姓名和对他们的活动的描述。我们已经注意到运作的一个层面——纽约的规划者，他们同时也是纽约金融和商业精英圈子的一部分；这里费什已经明确地将他们的名单列出来，并对这些玩家的经历作了简要的描述；但还停留在群体的层面上。在这个层面上，这些具体的传记人物还是代表着某种普遍阶层的发展。再次使用辩证法来观察的话，这些似乎没有什么不合理的。就费什打算在他的更新纽约的政治方案中求助于个体的行动而言，在另一边他也被要求去识别具体的个体，并通过论证个体已经发挥了作用来有效地证明个体在历史上可以有所作为，从而通过作为个人（不是作为空洞的阶级）的代理人把我们带到了那令人遗憾的过去。

具有反讽意味的是，他本人反讽式地指出，关于针对城市的特殊的个体阴谋的描述有一个先例：它就是罗伯特·摩西（Robert Moses）作为主要的代理人和恶棍这一身份的转换，这一描述应归功于罗伯特·卡罗所写的杰出传记——《权力代理人》。我们很快就会发现，费什为什么要抵制这个特殊的叙述的原因，他认为这个叙述的作用是使摩西成为这些发展的替罪羊，“只要稍稍回顾一下就会明白，摩西最伟大的城市建设成就不是科利塞姆或琼斯海滩，而是为纽约规划失误的两代人承担责难。”[11]很清楚，每一个原因层面都可以更深地挖掘出另一个层面，并将我们送回到另一个台阶，以建构一个它背后更基本的“原因层面”：摩西真的是世界历史上的一个角色吗？他扮演的就是他自己吗？等等。事实上，在卡罗的多姿多彩的描述的背后，一个纯粹的心理层面终于隐约显现出来：因为摩西就是那个样子，因为他渴望权力和活力，因为他有预见所有可能性的天赋，等等。不过，费什含蓄的批评更多的是表达（他的表达反对他自身最终的叙述观点）：作为个体的摩西不足以作为承担事件的所有责任的代表，这个事件需要有一个既是个人同时又代表群体的代理人。

下面我们再看看尼尔森·洛克菲勒，正是他或洛克菲勒家族本身作为一群个体，为这个神秘的故事提供解释的关键，并作为费什故事的新版本的核心。我将匆匆概述一下这个有趣的新故事：它开始于洛克菲勒家族的部分成员（或者更确切地说，就是小约翰·D·洛克菲勒）犯下的一个灾难性的错误，从哥伦比亚大学取得洛克菲勒中心现在坐落的那块位于住宅区与商业区之间土地的为期 21 年的租约。费什告诉我们，自 1928 年以来，“直到 1988 年他们把洛克菲勒中心抛给日本人，可以理解为洛克菲勒们所希望的是把握城市变化的先决条件”[12]。我们有必要把理解建立在两个事实的基础上。首先，洛克菲勒中心从一开始建造就是一个错误，也就是说 20 世纪 30 年代仅仅只有“百分之三十到百分之六十”[13]使用率应归结于它所处的位于住宅区与商业区之间的比较偏僻的地理位置。许多作为贵宾的承租人是洛克菲勒们通过特殊安排吸引来的（实际上或许带有强迫的性质）。“正是尼尔森受家族的委托通过对运输的研究找出了洛克菲勒中心空缺的原因。顾问们解释说，主要原因是洛克菲勒中心缺乏便利的交通。它离时代广场太远，离格兰特中心也太远。便利的交通是事业兴旺发达的关键，而总是需要乘汽车则扼制了它的发展。”[14]正如我们已经指出的，这类发展背后的动机在于对已建好的地产的巨大增值的期待：但是，在大量房间的空置与偿付哥伦比亚大学租金的双重压力下，洛克菲勒们不可能对未来的前景作出乐观的估计。

按照费什的说法，第二个关键的事实可以从理查德·迪沃斯在 1974 年关于尼尔森·洛克菲勒副总统的听证会上获得的证据中得到证实[15]，其中不仅揭示了“这个家族 13 亿美元财富的绝大部分来自住宅区与商业区的中间地带——洛克菲勒中心的价值”，而且揭示了家族财产“急剧下降”的程度，实际上到了20世纪70年代中期，“已缩小了三分之二”。于是这项特殊的地产调查标志着洛克菲勒们财产的巨大危机。这一危机只可能用四种办法加以补救：或者修改与哥伦比亚大学的租约以减少损失（可想而知，大学不会同意），或者完全放弃，这意味着更大的损失。或者，由洛克菲勒们自己立即对中心周围的地区进行合理地开发：而这个解决办法意味着要投入更多的资金。再则，既然“其他的障碍似乎都无法克服，只有改变城市的布局，……而这正是这个家族一直在努力的。最终，事实证明市政官员比哥伦比亚大学的资产托管人或30年代的房地产市场容易控制得多”[16]。这是一个令人瞠目的和普罗米修斯式的命题：改变整个世界以适应自我：甚至费什也有点发怵。“这个家族（他们在城市规划和文化上的成就已经历历在目）是怎样施展能量将把那些热狗的经营者赶出第四十二大街的呢?”“必须承认，仅根据一个家族的行为作出解释，似乎缺乏力量。……教条主义的历史决定论者自然会坚持认为，没有洛克菲勒们，纽约‘同样如此’”。“把焦点放在这个家族身上也许激怒了学院派的马克思主义者。对他们而言，资本主义仅仅是抽象资本的体现。他们严肃地指出，在经济分析上对个体的任何讨论都是对民粹主义和经验主义的致命的让步”，等等。[17]

相反，在这里费什为我们提供了一本证明“资本逻辑”的教科书，特别是黑格尔所说的集体的进程为了达到其目的而利用个体的那种“理性的诡计”或“历史的诡计”。这个观念来自黑格尔早期对亚当·斯密的研究，实际上是后来常说的那句著名的市场的“看不见的手”的转义。对黑格尔这一学说的讨论通常认为这里关键在于自觉的行动与不自觉的意图的区别。我想最好在个体（以及个体行为的意图和动机）与集体的或历史的制度逻辑之间作出根本的分离。从他们的观点——和费什自己的解释——来看，洛克菲勒们在他们的规划上是很自觉的，并且是相当有理性的。自然我们也可以自由地猜想，至于这一系统的后果，他们不可能预见出来，甚至他们当时并不关心。但是若辩证地看，那些后果，作为系统逻辑的重要组成部分，根本不同于个体的行动逻辑，后者仅仅偶尔地，并且要付出很大的努力，才能被包含在单一思想的或然性的限定中。

在这里，我有必要扯远一点，就这个问题冒险从哲学的角度谈谈。黑格尔非常自觉地意识到机遇，我们今天称之为偶然性[18]；一个必要的偶然性总是在他庞大的系统叙述中被预见到，但是在他的叙述中又并不总是明确地坚持这一点，以致一些偶尔翻阅的读者忽略了黑格尔的这个观点，这也情有可原。然而，在机遇和偶然性的层面，系统的过程绝不是必然要进行的；它们会被中断，或扼杀在萌芽之中，或转向、减缓等等。应该注意的是，黑格尔的视野是一种回顾，仅仅寻求重新发现必然性和已发生事件的意义：一如黄昏时飞出的密涅瓦的那只猫头鹰。或许由于当代的历史学家已兴致勃勃地重新发现了历史上战争的构成因素，因此我们不妨作一个军事上的类比："不是我们自己创造的条件"也能够像军事部署、地形、兵力分布等一样被划分出来；于是个体在感觉的综合中将所有资料组构成一个统一的领域，而在这个领域中各种选择与机会变得显而易见。最后一步才是相对于历史的个人创造领域，正如我们随后会看到的那样，它既适用于个体资本家也适用于艺术和文化上的创作。[19]虽然在那些著名的历史时期，个人领袖也具有战略和战术上的种种可能的洞察力，但集体的抵抗行动却处在稍微不同的层面上。不过历史的诡计总是有两面性的，如果个体资本家的工作有时有一定破坏作用的话（纽约这个城市的恶化就是一个颇能说明问题的例子），那么，左翼运动有时也无意之间为他们的对手提供了“推动力”（例如，驱使对手从事技术革新）。一个令人满意的政治概念应该要求其间系统和个人两者的某种协调性（或者如果你愿意的话，这里可以用一个费什经常戏仿的流行口号，即全球化和地区化的某种重新联结）。

不过，现在我们有必要立即迅速转向两个方向（也许这些确实都是系统与局部的问题）：一条路把我们引向单个的建筑群，另一条则通向对金融资本和地产投机的未来的质询，我们期望后者能将我们引向马克思主义传统中冠之以“地租”的棘手的理论问题。这幢大楼更确切地说是复合式建筑群的赫然耸现，它最好被视为不可避免性。自然，它就是洛克菲勒中心：它既是所有这些策略中的标志，也是大量有趣的建筑分析的对象。费什在他对建筑问题金盆洗手之前对当下有关建筑的讨论感到茫然，他引用了卡罗尔·科林斯基的“与中世纪大教堂相当的现代建筑”之类的看法，同时又用道格拉斯·赫斯科尔将洛克菲勒中心视为“某个巨大的墓地”的感觉修正了那个似乎肯定的评价，他认为：“没有什么方法可以确认或不确认那些可感觉的符号的价值。”[20]我认为他对这个问题存在误解：肯定有根据社会和历史事实分析这些“可感觉的符号的价值”的方法（我不知道这里的“确认”或“不确认”意指什么）。比较清楚的是，费什对做这些不感兴趣，根据他自己的分析，文化外表的酥皮与焙烤蛋糕的配料成分（以及烤箱的效力等）几乎无关。奇怪的是，这种符号价值与经济活动的分离也被当代建筑理论家塔夫里在一本最微妙最复杂的著作中记载了下来，他用了整整一个专题阐述了如何评价洛克菲勒中心的来龙去脉。

塔夫里的解释方式可作如下描述：前提是，至少在这个社会中（资本主义制度下），一幢个体的建筑将总是处于与其城市背景及社会功能相矛盾的位置上。这些颇有意味的建筑试图通过或多或少精巧的形式和风格上的创新解决这些矛盾。这种解决方式是必定要失败的，因为它们仅仅停留在美学领域而脱离了产生这些矛盾的社会背景；也因为社会或系统的改变必定是整体性的而不是零碎的。因此，塔夫里的分析只是一种失败的祈祷，“想像的解决”经常在抽象的高层次上被描述，展示出“各种主义”或缥缈的风格相互作用的图景，留给读者的是重建具体的感受和概念。

然而，在洛克菲勒中心这个例子中，我们会再次面临这一情境：塔夫里和他的同事们似乎认为美国城市的情况（和城市里修建的建筑）也带有某种双重的矛盾。这里，我引用了他们合著的《美国的城市》一书。历史的缺乏、移民的浪潮、混凝土的建筑：这些确定无疑的特征都是人们希望意大利观察者坚持的。但是美国人对此却面临双重的矛盾，并双倍地注定要这样表达，因为加之他们形式上的素材都是借鉴欧洲风格，他们只能用各种方式将这些风格加以协调和混合，而似乎不可能发明任何的新东西。换句话说，新东西的发明已经不可能，且与资本主义的总背景相矛盾；不过，美国通过对那些已经不可能运用的风格的折衷主义的运作，使其在迁移中重现了那种不可能性和那些矛盾。

塔夫里对洛克菲勒中心的讨论夹杂在关于美国摩天大楼的符号价值的更大讨论之中，一开始摩天大楼就构成了“一个本质上藐视一切均衡规则的有机体”，它希望高耸于城市之上并作为一个“独一无二的偶然事件”与城市相辉映[21]。可是，随着工业城市和企业机构的不断发展，“摩天大楼作为一个‘偶然事件’，一个‘无政府主义的个体’，通过将它的形象设计为城市的商业中心，创造了一个介于单个企业的独立性与集体资本的组织化之间的不稳定的平衡，从而不再似乎是一个完全适宜的结构。”[22]

当我追随塔夫里勾勒的复杂而详细的历史（跨度从 1922 年《芝加哥论坛报》大厦的竞赛一直到 30 年代初期洛克菲勒中心的建造），我似乎感到在阅读某种辩证的叙述，摩天大楼从“独一无二的偶然事件”的形象逐渐演化为“飞地”这样一个新概念，身处城市之中又远离城市，现在又小规模地再生产着城市中的某些复杂性：“被施了魔法的山”，在它的失败的经营中，城市的结构又有了某些新的创新的形式，于是，它注定把自己移进城中小城，因而抛弃了需要解决的基本矛盾。洛克菲勒中心现在就代表着这种发展的高潮。

在洛克菲勒中心的建造中（1931—1940），沙里宁的超前构想、纽约的区域规划方案、费里斯的想像和胡德的各种追求最后都被综合进来。这个说法并非夸张，尽管洛克菲勒中心完全脱离了地域的观念，忽略了城市的全盘考虑，在市郊的边远地带矗立这个建筑群。事实上，它是一个有选择的综合，准确地说，其重要意义就在于它的选择和排斥之中。从沙里宁式的芝加哥湖畔，洛克菲勒中心仅吸收了它的宏大的规模和由并列的摩天大楼建筑群的整体组合为公众提供服务的开放式空间。从近来形成的适应国际风格的时尚中，它接受了内空的单纯，但又没有放弃对繁复的装饰艺术的追求。从亚当的新曼哈顿形象中它吸取了包容和合理的集中的观念，形成一个井然有序的绿洲的观念。而且，所有这些被接受的观念都被褪去了乌托邦的特征；洛克菲勒中心决不与既成的体例或城市流行的时尚一争高下。事实上，它只是耸在曼哈顿作为一个“均衡投机”的小岛，并处处强调其封闭的内部协调的特征，而其目的是起典范的作用。[23]

现在这个寓言式的解释越来越清晰了：洛克菲勒中心是“颂扬托拉斯的协调和城市规模的集体性的尝试”[24]。这不是文化上的炫耀，而是这些建筑物的符号意义；它对各种风格的折衷运作——对塔夫里与对费什一样，都是表面意义上的装饰——而对普通公众而言，具有表明“集体文化”和用以证明该中心致力于关怀公众等功能，从而确保商业和财政目标的实现。

然而，在转向另一个关于洛克菲勒中心的更近的分析之前，回顾一下该中心对现代传统本身的象征意义是很有价值的。的确，它形象地体现了这些年来建筑上的现代主义的一个重要文本和意识形态的陈述，即西格弗里德·吉迪恩（Siegfried Giedion）的《空间、时间和建筑风格》，书中在仿效科比西埃的基础上创立了新的时空美学，以创立一个生机勃勃的当代建筑以替换过去城市规划的巴洛克传统，吉迪恩把洛克菲勒中心的十四幢大楼组成的建筑群视为城市设计的新观念在曼哈顿的弹丸之地（对他而言是无法忍受的）扎根的一次独一无二的尝试。这些颇具创意的十四幢大楼占据了“大约三个街区（约十二英亩）的面积……从纽约纵横交错的道路中分离出来”。这些错落有致的大楼，其中至少有一个——RAC 大厦——一幢用混凝土砌成的七十层高的摩天大楼，“空间被设计得非常宽阔，还围起一块空地，洛克菲勒广场，它冬天被用作溜冰场”[25]。

根据已经提到的材料，洛克菲勒中心也不一定不适合表现吉迪恩的时空观，至少在美国社会背景中，像罗伯特·摩西的美学一样，就他的主要例子是首批大型的车辆专用道（在这一时期是崭新的）而言，他盛赞这种动力的体验：“乘车沿着连绵的斜坡来回急驶，产生的兴奋是双重的，与大地紧密相连又在大地上翱翔，这种感觉就像高山滑雪那样仿佛从山的一侧飞驰而下”[26]。

塔夫里的解释的苍白，表现在他的著作对任何可能的未来美学和任何对资本主义城市窘境幻想的解决办法缺乏基本的原则，同时他对那些希望为世界的变革作出贡献的先锋派艺术也表现出这一点。这里世界的变革在他看来仅仅是政治和经济的。显而易见，现代运动本身准确地说就意味着所有这些东西，而现在已离我们较远、并令人想起往日时光的吉迪恩的时空观就是一个综合了各种趋势的有影响的尝试。

在汽车和飞机的世界里，这意味着对个体经验的超越，也可假定为允许个人经验的扩展。因而，关于洛克菲勒中心，吉迪恩这样说道：

> 粗略地扫过大楼的分布图之后就会感到没有什么新的或有意义的东西可以看了。土地规划没有揭示出任何东西……实际的安排和大楼的布局完全让人捉摸不透。一幅鸟瞰图显示了各种各样的高层建筑的开放式分布……就像风车的叶面一样，不同体积的建筑在光线的照射上都安排得互不影响……在楼群的中间横穿着洛克菲勒广场……人们会意识到它们之间一些新的异乎寻常的关联。它们不能在任何单一的位置或单一的视角来理解和把握……［这产生了］一个不同寻常的新效果，有点类似于舞厅里那个多面镜的旋转球，能够从所有方向和所有层面反射出旋转的光点。[27]

这不是全面评价现代主义美学的地方，而宁可说是观察它的时机——无论吉迪恩的美学热情有多大的意义——它似乎已经被遍及整个曼哈顿的这些高楼和空间的大量耸立浇熄了。或许人们应该用否定的态度谈这些，并揭示现代主义的自我陶醉依赖的正是这些相对罕见的新的规划、空间和建筑物：洛克菲勒中心在20世纪30年代，由此也在吉迪恩的那个时代是适宜的，是一种新奇的事物，但现在看来有些东西已不再适宜。

当这个空间被塞上过多的建筑物时，于是，像现在一样，需要提出一种完全不同的美学，但正如我们所看到的，塔夫里拒绝提供。不过塔夫里感到哀叹的和吉迪恩没有预见到的——过量修建和堵塞的混乱状况——这就是受到称赞和接受的雷姆·库尔哈斯（Rem Koolhaas）的独创性。因此，《疯狂的纽约》热情地欢迎着塔夫里所谴责的这些矛盾，并创造了一个完全不同于吉迪恩的、具有坚定的不可解决性的新美学：不过，这种美学使洛克菲勒中心再次成为一个特有的核心教程。

自然，库尔哈斯对洛克菲勒中心的解释夹杂在他就曼哈顿街区的可能性结构提出的更全面的主张中；但这里我想强调的是，他归纳的塔夫里的理论特征仍是对基本矛盾的非常抽象的阐述（就我所见，这两个讨论是完全独立地各自发展，并且没有互相参照）。现在它成了雷蒙德·胡德所表达的内在的"精神分裂"，例如，在俄亥俄州哥伦布市，他把一个巨大的停车场与一个肃穆的大教堂捏合在一起，这使得他一跃成为关于曼哈顿"理性的诡计"的最适合的黑格尔派的工具，使他"同时既从曼哈顿得到非理性幻想的能量和灵感又按照一套严格合理的步骤建立起前所未有的原理"[28]；或者采取一种略微不同的说法，他完成一件人工制品（如麦格劳-山［McGraw-Hill］大厦），这个制品"仿佛是冰山中的烈焰：现代主义冰山中的曼哈顿式的火焰"[29]。

但是，更明确的、相反的看法提出了"密集"这个术语，与胡德的"城中之城"的不同寻常的解决方式一道，即"通过制造更大的密集来缓解密集"，并且通过建筑群自身使这一观念生根。[30]密集的概念现在浓缩了多种不同的含义：使用、消费、城市、零碎的商业开发、与土地租赁相伴的交通，还有团体和民众的前景、民粹主义者的呼吁。我们发现它是迄今为止，所有这些现象的突出特征和问题之间的中介，犹如将库尔哈斯那更一般化的说明，作为塔夫里的抽象性与用建筑学或商业的术语所描述的具体的建筑群之间的中介一样。相对的另一个术语则很少被明确地表述出来，可能因为它有赞同洛克菲勒中心的品味或美学的危险：有时在库尔哈斯的描述中它仅仅是“美”（“最大限度的密集同最大限度的美相结合的悖论”）[31]，就像在塔夫里的著作中它经常仅仅是“精神性”的一样。不过很清楚，这种姿态是朝向文化领域的，它的功能就像巴尔特的“标志”或内涵一样，本身能够被延长和不断地被界说。关键的运作是建立能够向任一方向转换的中介：使它能够在城市建筑中起决定因素的经济层面上起作用，同样也能够为美学分析和文化解释提供方向。

换个角度而言，这些分析似乎是对传统的美学上的学术问题——审美价值——的追问和回避。作为艺术作品，洛克菲勒中心怎样被评价；当然，这个问题在当今语境下提出是否恰当还是个问题。塔夫里和库尔哈斯都将他们的讨论集中在建筑师本身的实践上：关于他所面对的地点，且不说原材料和形式；关于为了建造大楼他必须解决的更深层的矛盾——特别是城市结构或总体布局与个别建筑或有纪念价值的建筑（这里指摩天大楼的特殊作用和结构）之间的张力。这个分析能够中断任一通路，就像现实花园中想像的癞蛤蟆这个由来已久的程式一样；或如肯尼思·伯克喜欢做的那样，“符号行为”这个口号的有兴味的特征正是你只能和必须在必要的二元中选择重点。于是，作品也许就是一种符号行为，一个在符号领域中现实的实践形式；但它也可能证明仅仅是一个符号行为，一种在现实领域不可能并且本身不存在的行动的尝试。我因而有这样的感觉，对塔夫里而言，洛克菲勒中心是最后的——也是仅存的一个符号行为，它必然不可能解决其矛盾；反之，对库尔哈斯来说，具有符号意味的创作和生产行动这一事实才是审美刺激的来源。不过，由于这两者的关系，也许问题在于我们研究的是一批糟糕的或最多只是中等的建筑：因此价值问题一开始就不在我们讨论的范围之内。然而，在这个语境下，单个的建筑寻求的是设法保证它在城市里并且是在一个已经存在的现实城市里的位置，在这个意义上，是否意味着所有的建筑都很糟糕或至少是失败的产物？或者说，是否单个建筑的美学意义与城市的问题——通过每一个属于和存在于分隔的建筑群（或者说独立的部门）提出问题的方式——完全脱节了？

不过，在对建筑风格与当今金融资本之间的关系作出某些假设之前，现在我想暂时转向另一个基本的问题，即“地租”问题。土地价值问题充其量只是为古典政治经济学提出了一些几乎难以逾越的障碍，这不是因为在那个时期（18 世纪和 19 世纪初期）西方资本主义的发展相当不完善，由传统和群体支撑的进程正逐步商品化和私有化：这包括基本的历史和结构趋势正向着农场劳动的商品化转变，换言之即从农民到农业工人的转变，这是一个远比马克思的时代、更不必说李嘉图的时代更为完整的过程。可是农民这个封建阶级或社会群体的消失并不等于土地价值和地租的问题就不存在了。这里我必须感谢戴维·哈维（David Harvey）的《资本的限度》，它不仅是最近出版的描述马克思经济思想轮廓的著作中最透彻和最充分的一种，而且也许是惟一一本抓住马克思的地租难题的著作。马克思关于地租的研究因他的离世而中断，遗作由恩格斯修订出版。我不打算深入探讨这一理论，只想提出这些问题。根据哈维颇具权威的评论和理论重构（他给我们提供了似乎可行的更复杂的方案，马克思如果活着，也许会精心制定)，地租和土地价值对于资本主义的发展动力以及它的矛盾的根源来说都是必不可少的：如果太多的投资滞留在土地上，就会出现问题；如果土地的投资被设想为抽逃出来，同样在另一方面也是非常严重的问题。因此，地租的问题，以及聚集在其周围的金融资本的问题，都是制度中持久的结构性要素，有时它们处于无关紧要的次要位置，有时，如在我们这个时代，尽管它们曾是资本积累的基点，如今又处于显著的地位。

不过，关于哈维的书，我想提请各位注意的是他对土地价值的性质的描述；我们还记得，或很容易推断出来，如果土地具有价值，就很可能被劳动价值理论解释。劳动能够以不断改进的方式增加价值；但劳动不可能如同它在工业生产中的价值一样被想像为土地价值的来源。但是土地仍具有价值：如何解释这个悖论呢？哈维认为，在马克思看来，土地价值就像某种结构性的必要假设。哈维简明扼要地把它称为“虚拟资本”——“货币资本的流动不受任何商品交易的牵制”[32]。这种可能性仅仅是因为虚拟资本可以适应未来的价值期待：由此一举揭示出土地的价值与普遍的信用制度、股票市场和金融资本的密切关系：“在这种条件下，土地被作为一种根据它的租金可以买进卖出的纯粹的金融资产来对待。像所有这种形式的虚构资本一样，用来交易的是未来收益的所有权，也就是说根据土地的使用获得的预期利益的所有权，或更直接地说，未来劳动的所有权。”[33]

现在，我们的一系列的中介就完整了，或者至少比以前更完整：时间与作为必要的收益期待和资本积累的未来空间的新关系——或者，若愿意承认的话，时间本身通过结构上的重组进入某种期货市场——这是从金融资本经由地产投机，到美学和文化产品即我们时代的建筑这一长串链条的最后连接。所有那些有思想的历史学家都不知疲倦地向我们谈论这一点，其中现代主义的各种未来形态的出现不仅取代了过去和传统的老经验，而且建构了我们这个时代历史性的新形式。在历史观念中其影响是显而易见的，而且，我们会发现，在叙述本身的结构中影响更直接。所有这些难道能够在它对建筑和空间领域的影响中被理论化吗？据我所知，只有塔夫里和他的哲学上的合作伙伴卡奇亚里论及了“未来的规划方案”，然而他们的讨论却限于凯恩斯主义，换句话说，即限于自由资本和社会民主的范围。不过，我们已把这种未来的新殖民化作为资本主义本身的基本趋势，并认为它是金融资本和地产投机不断重现的持久的源泉。

我们确实可以就这些问题进行恰当的美学上的探讨，关于具体的“期货”的方式——现在指在金融和时间的意义上——开始成为比较新的建筑的结构特征：有些东西类似于人为的商品废弃，或者说，可以确定，建筑不再有任何恒久的感觉，并且在原材料中含有对它未来的自我损坏的必然性。

但我至少需要作出一副履行我最初计划的姿态——进入从基础结构（地产投机、金融资本）到上层建筑（美学形式）这一系列中介链的位置；我打算走捷径，拆用查尔斯·詹克斯在他的符号学中对所称作的“后期的现代性”（late modernity）（在当前语境下这个区分与我们并无特别关系）的精彩描述。詹克斯首先是让我们观察这种方式而不是去实践它：那就是主题的自我参照，就像在巴米·达亚（Bumi Daya）“所暗指的白银规则和银行资金可能趋向的投资领域”中安东尼·拉姆斯登（Anthony Lumsden ）的分行计划。[34]

不过随后他又找出了至少两个特征（最基本的特征），它们也许可以很好地被用来说明晚期金融资本主义特有的形式意味的东西。正如他所论证的，它们是现代特征的极端发展，充满活力的变形通过将这一工作与现代的精神对立而趋于结束，这仅仅强化了一般的论争：现代主义的第二动力完全不再像现代主义，而是全然处在另外的空间。

我所考虑的两个特征是“极端等距空间”[35]，和无疑更容易推测出来的不是玻璃外壳而是它的“含壳体积”[36]。等距空间不管它从现代主义的“自由规划”中获得多少，现在已成为迷恋均衡的真正的要素，甚至货币媒介也不存留其间，并且，不仅仅是内容还包括框架现在都可以自由地作无穷的变形：“密斯（Mies）的无边无际的宇宙空间逐渐变成现实，短暂的作用转瞬即逝，没有陷入绝对建筑的困境”[37]。于是，“含壳体积”说明了晚期资本主义抽象化的另一个方面，一个使它非物质化而没有表示任何传统方式中的精神性的途径，正如詹克斯所提出的，“将一幢五十层的大楼分解成质量、密度和重量”[38]。间壁的变化“减少了质量和重量，同时增加了空间和轮廓线——这正是砖块和气球之间的区别”[39]。就发展而言，重要的是这些原则——现代特征被投射到整个新的富有独创性的空间世界中——不再按照老的现代的二元对立操作。随着重量或具体化的逐渐减弱，它们不再将非实体或精神视为对立面；以同样的方式，自由规划假定旧的资产阶级的空间将被取消，而非限定性的新的等距类型则不存在取消什么，仅仅是在它自身作为新层面的推动下有所发展。这里我们不打算作过多的说明，它给我留下的最深的印象是：抽象的层面或金融资本的唯物主义升华已享受着作为电子空间的同样的半自律性。

“就第二动力而言”：这是根据我们设想的超越现代的新的文化逻辑所产生的一个大概的公式；这个公式肯定能够通过许多不同的方式达到具体阐述：例如，巴尔特式的内涵，或关于反映的反映——提供的不是像在数学级数中那样逐渐增加的“第一动力”的重要性的解释。也许斯梅尔对观淫癖的比较并非是恶作剧[40]，特别是他只研究“最初”或“标准”的金融资本主义，而不是研究从当前的多样性中产生的抽象的强化形式，由此，甚至那些易受偷窥快感影响的对象也消失了。无疑，这出自古老的影像说的复活，犹如某种抽象是对已被抽象的形象的超越。让·博德里拉的著作显然是对悖论和余像这个事物的新层面的最富于创造的探索，然而我认为他没有将它们与金融资本认同；我曾经提到过电子空间，这是一种对不能被表现的东西的完全不同的表现形式，然而——至少在像威廉·吉布森那种电子朋克的科幻小说（SF）中——它比旧的现代主义的立体派的抽象或古典科幻小说更具体。

然而，当我们被这个古怪的幽灵纠缠时，也许正是在这个幽灵故事本身——特别是它的后现代的多样性——中，一些暂时的类比能够在结论中发现。幽灵故事实际上是一种非常杰出的建筑类型，它既是事实上的房间和大楼，又是无法消除的那些可憎的事件和过去的“梦魇般压在心头”的物质结构。不过，正如由于缺乏能够把完整的事件传授给下一代的讲述故事的长者，过去和历史的感觉会随着家族的繁衍渐渐被遗忘，城市的革新也是如此，到处似乎都处在一个消除古老的幽灵出没的走廊和卧室的进程中。（一些露天场所令人难以忘怀，诸如执行绞刑的斜坡或神圣的墓地，仿佛展示出一幅更早的依旧处于前现代的场景。）

可是，时间仍然是“脱节的”：德里达恢复了幽灵故事，恢复了以前也许从未有过的新的现实的哲学尊严这个难以释怀的问题，为海德格尔的存在论（海德格尔出于他的考虑，也引用了哈姆雷特的同样的字眼）推荐了替代物，一种新的“鬼魅学”（hauntology），过去氛围中那种不易察觉的焦虑正被社会和群体所消除，不过它仍试图努力再生。（颇有意味的是，德里达在幽灵中包括了未来。）[41]

这一切是如何想像出来的？通常人们很难将高层建筑与幽灵

联系起来，尽管我曾听说过香港多层公寓大楼有鬼怪作祟；[42]然而关于“第二动力”的幽灵故事和相应的后现代的幽灵故事的更基本的叙述，是受金融资本的幽灵而不是那种古老的具象性的幽灵控制的，这种叙述要求探寻出最初有鬼魂出没的建筑的记载。《胭脂》里肯定保存了传统的幽灵故事的历史内容：[43]将过去与现在对照，在这个例子中要正视的是当代的生产方式——香港今天的公务和商务（也可以说是昨天，即 1997 年以前）——它仍是一个充塞着富有寄生者和色情场所的旧制度（如果不是十足的封建主义的话），到处是赌博、自助酒会和色情里手。在这一明显的并置中，现代人——官僚和秘书——都充分意识到他们的资产阶级劣势；为爱情而自杀和 20 世纪 30 年代颓废的浪漫一样并不代表任何基本的叙事张力。只是说花花公子没有死，他意外地得救了，而最终勉强追随他那迷人的伴侣进入永恒的来世。可以这么说，他并不希望被纠缠；的确，像现实中被抛弃的老人一样，他几乎不可能被置于首要的位置。传统的幽灵故事肯定不需要相互征得同意才来探访——这里也是如此；而且鬼怪作祟的成败在相当程度上不是依赖于当今观察家的中介，香港现在的情况也是这样。梦想与幽灵相遇；渴望现在拥有只存在于过去的强烈情感；自然，也包括幸存在资产阶级的现实中的仅仅作为异国情调的化妆品和服饰，作为纯粹后现代的“怀旧”的饰物，作为在老套空洞的形式中可任意选择的内容：首先是从具体对象中抽象出来的“古典的”怀旧之情，紧接着第二或更“后现代”的是为怀旧本身而怀旧，一种对抽象过程再度成为可能的情境的渴望：这是我们情感的来源，更新的时期是现实主义的回归——情节、和谐的建筑、装饰、美妙的曲调，等等——然而，事实上它仅仅是所有那些事情的空泛的陈规的回响，一个对现实主义的丰富性的模糊记忆。

【注释】

［1］更为全面的讨论，参阅我即将发表的论文：《理论踌躇：本杰明的社会学先驱》。作为一种后现代现象，我想提及理查德·丹斯特论债务的相关规划。例如，《期货市场》，见《阅读世界形态》，H. 斯克沃兹和 R. 丹斯特编辑，（巨石公司，1996）；还有当今克理斯托夫·纽菲尔德的企业文化设计，参见他在《社会文本》第 44 期和 51 期中的论文，分别载于 1995 年秋季号和 1997 年夏季号。

［2］乔治·斯梅尔：《个性与社会形态》，D. N. 列文编辑（芝加哥，1971），324～339 页。

［3］参见我在“文化和金融资本”一文中的论述。

［4］斯梅尔：《个性与社会形态》334 页。对此我想补述如下：

> 金钱的灵活性，和它的众多特性一样，在股票交易中最为清晰有力地表现出来。股票交易中的货币经济被视为一个独立结构，就像国家中的政治组织一样。交易价格的波动常常显示出主观心理上的动机。在不成熟的状态和独立的运作中，它们与相应的客观因素完全不成比例。然而，认为价格波动与股票性质的真正变化很少相符，并以此解释上述现象，肯定是肤浅的。对市场而言，这一特性的重要意义不只体现在政府或酿酒厂、煤矿或银行的内部状况中，而且与市场上所有其他股票及其行情有关。因此，它不影响它们的实际基础，例如，阿根廷的大量亏空压低了中国债券的价格，虽然中国债券的安全性就像发生在月球上的事件一样不受影响。为了这些股票的价值，为了它们外部的稳定性，人们依然依赖这个市场的总体情况，以及在任何一点可能造成这些投入的未来利润减少的波动。即使它们预示着某一对象与其他对象的合并仍旧是客观造成的，但股市的波动还是存在着一个源于投机自身的因素。在一种股票的未来报价上的这些赌博本身就拥有对此价格最巨大的影响。举例而言，一旦一个强大的金融集团对其感兴趣，其原因与股票品质无关，它的报价也会上升；相反，一个集团仅仅由于操纵的失误就可能会导致报价的下跌。此时对

象的真实价值似乎是不相关的浮云，在它的上面，市场价值的升降仅仅因为与一些事物甚至一些名称有关。对象真正的最终的价值与其经由债券表现出的价值之间的关系，完全失去了稳定性。这清楚地显示出价值这种形式绝对的灵活性，显示出这是一种通过金钱获得客体对象的形式，一种与其真正基础相分离的形式。现在，价值几乎毫无抵抗地追随着由情绪、贪婪欲望，以及毫无根据的想法引起的心理冲动，而且自从这些客观环境存在以来，它就以这种惊人的方式运行甚至提供估价的准确标准。这样价值以货币形式使得自身独立于其根本和基础，使之完全听从于主观的精神。这里，投机本身可以决定投机对象的命运，在这个最严格的意义上，价值的货币形式的渗透力和灵活性通过主观性发现了投机最有效的方式。

斯梅尔：《货币哲学》，D. 福莱斯白、T. 巴特摩翻译（伦敦，1978），325～326页。

［5］罗伯特·费什：《纽约的暗杀》（伦敦，1996），40页。

［6］同上书，60页。

［7］同上书，xii页。

［8］参见阿里吉的著作《漫长的二十世纪》（伦敦，1994）；要对此有更多的了解，请参见我的“文化和金融资本”一文。

［9］这两部著作详细论述了存在于他们分析的信息发展与当代城市中不断增长的结构性失业以及贫民区之间的因果关系。参见曼纽尔·卡斯泰尔：《信息城市》（牛津，1989），228页；或萨斯基亚·萨塞：《全球城市》（普林斯顿，1991），186页。

［10］最著名的著作是恩斯特·曼德尔的《晚期资本主义》（伦敦，1975）。

［11］费什：《纽约的暗杀》，149页。

［12］同上书，xvi～xvii页。

［13］同上书，86页。

［14］同上书，94页。

［15］同上书，189 页。

［16］同上书，191 页。

［17］同上书，189 页、226 页、xvii 页。

［18］参见丹特·亨里奇：“黑格尔关于偶然性的理论”，见《文本中的黑格尔》(法兰克福，美因，1971)。

［19］普鲁斯特在军事策略上的兴趣就是与此相关的最有启迪作用的例子：参见他服兵役后期访问圣鲁普的描述，出自《追忆逝水年华》(巴黎，1954)。

［20］费什：《纽约的暗杀》，186～187 页。

［21］见《美国城市》一书(剑桥，麻省，1979)，389 页。

［22］同上书，390 页。

［23］同上书，461 页。

［24］同上书，483 页。

［25］西格弗里德·吉迪恩：《空间，时间和建筑》(1941；剑桥，麻省，1982 再版)，845 页。十分感激查尔斯·詹克斯提醒我注意到这一基本的著作。

［26］同上书，825 页。

［27］同上书，849～851 页。

［28］雷姆·库尔哈斯：《疯狂的纽约》(牛津，1978)，144 页。

［29］同上书，142 页。

［30］同上书，149 页。

［31］同上书，153 页。

［32］戴维·哈维：《资本的限制》(芝加哥，1982)，265 页。

［33］同上书，347 页。

［34］查尔斯·詹克斯：《新现代》(纽约，1990)，85 页。

［35］同上书，81 页。

［36］同上书，86 页。

［37］同上书，81 页。

［38］同上书，86 页。

［39］同上书，85 页。

[40] 参见斯梅尔：《货币哲学》，327页：

这样，金钱带来了个性的一种独特的膨胀，它不打算用占有商品来装饰自己。这样一种个性对控制对象不感兴趣；它只满足于对它们施用一下权力，而不向个人提供任何事实上的膨胀和满足，仿佛避免与客体发生任何实质的关系，而购买行为本身就是一种满足感的体验，这是因为客体绝对服从于金钱。由于金钱和作为货币价值的东西是随着个人的冲动实现的，因此他沉浸在一种象征性地控制而不是实际拥有对象的满足中。这种纯粹的象征性带来的享受已近乎于病态，如一位法国小说家所描写的情形。有个英国人是波西米亚团体的成员，他生活中的快感就是赞助最野蛮的纵欲活动，尽管他自己从不参加这类活动，但他却总是为每个人付账——他来了，不说什么，不做什么，付清每一笔账，然后离开。这些令人疑惑的事件的一个侧面——为每一件东西付款——在这个男人的体验中，想必代表了这些事物本身。人们也许会猜想，这是一个近乎性变态的某种不正当满足的例子。与普通的放纵相比，它仅止于占有、享受和浪费金钱的最初阶段，这个男人的行为特别怪异，因为这种如此强烈和直接地诱惑他的快感在这里是通过其货币等价物的形式表现出来的。一方面缺乏对事物绝对的拥有和使用，另一方面是购买行为仅仅作为个人与事物的关系，作为一种个人的满足被体验。人们将这种现象解释为消费行为给个人带来的膨胀。金钱在人与物之间搭起了一座桥梁。穿越这座桥，即使事实上没有获得，心灵也体验到占有的快感。

[41] 参见我在《马克思的失窃的信》中的讨论，载《新左派评论》，209卷，4号，1995，86～120页。

[42] 凯文·海勒在未出版的论文考察了《鬼怪2》（乔·丹特，1990）中更复杂的类似之处，而与唐纳德·特朗普所拍摄的塔不一样。

[43] 香港，斯坦利·黄，1987。这一资料的使用得益于周雷的建议。

（胡亚敏　陈　源　译）

后现代性的二律背反

通常人们总把二律背反与矛盾区分开来，这绝不是因为人们的知识包含后者容易解决或消除，而前者不容易解决或消除。在那种意义上，二律背反是一种比矛盾更清楚的语言形式。由于它，你知道自己的处境；无论接受与否，它都表明两种基本上不可调和的观点，实际上是根本不可调和的观点。而矛盾是个不公正和不全面的问题；其中只有一部分与相关的观点不可调和；实际上，它更多地涉及力量或者事物的状态，而不是词语或逻辑的含义。从长远看，矛盾被认为是生产性的；而二律背反——如康德的经典例子：世界有一个开始，世界没有开始——根本不提供什么解决的办法，无论你如何翻来覆去地认真考虑。

所有这一切可能的意思是，矛盾是个单一的存在，围绕它可以说出多种不同的、看似矛盾的东西；稍作努力，稍微有些独创性，就足以说明两种矛盾的事物以某种方式互相关联，或者相同——一种事物包含着另一种事物，或者不容怀疑地由另一种事物引起。在那种情况下，恰恰是境遇说明不同，其本身的不完整性引发出多种观点，使我们觉得手边的问题现在是 X，或者是 Y；或者更确切一些，同时又像 X 又像 Y。然而，二律背反明显地、毫不含糊地是两个不同的事物：X 或 Y；而且两个事物完全不同，境遇或语境根本不能说明问题。

非常明显，时代更适合二律背反而不是更适合矛盾。甚至在后者的精神故乡马克思主义当中，最先进的思想倾向也表现出对矛盾的困扰不安，就像对某些无法最终消除的唯心主义残余感到困扰不安一样，而唯心主义能够以某种致命的旧方式（如幻想或头脑发热）再度使体制受到影响。因此，最杰出的马克思主义评论家鲁西奥·考莱蒂便开始利用康德来反对辩证法，并说服他自己（和我们）相信矛盾不是自然存在，因为自然里的一切现象都是确定的。就康德而言，我认为他在这里是错误的，因为按照康德的看法，显然只有“在自然里”（或更确切一些，在他所说的“真实现象”里）才真正存在对立；事实上，考莱蒂这里卖弄的批评观点被称作实证主义，而这使他完全离开了马克思主义。（不过，毫无疑问，今天再回到康德，一般都有一种反辩证的意义。）

一位更伟大、更有影响的马克思主义理论家——路易·阿尔都塞——似乎已经把他的使命设想为一种坚定不移的现代化（或后现代化）的使命；其目的是清除马克思主义中一切多余的黑格尔的东西——也就是说，德意志的和唯心主义的东西。他走得如此之远，以至怀疑调和的概念（实际上，这个概念必要时可以被转换符码的概念代替），但人们有足够的证据认为，他的意思是加速前进，最终压制并消除关于矛盾本身的概念：事实上，他的这种考虑曾引起他的更间接的反马克思主义的追随者英迪斯和赫斯特的不断思考。他们的实例使人们感到疑惑，不知道是否还有其他的处理方式也能够使马克思主义如此地完好无损。

如果这些是马克思主义内部正在发生作用的最先进的思潮，那么也许不需要去想像马克思主义之外正在发生的情况。与矛盾的一般概念相同的情形在各种精神分析里依然存在；甚至当列维-斯特劳斯继续强调马克思主义和弗洛伊德的矛盾概念对他的重要性时，结构主义本身以及伴随出现的符号学，也倾向于推进使矛盾的范畴转向更合逻辑的二律背反的范畴。但对这第二个术语的流行（它本身对居优势的实证主义形式同样无关紧要），我们似乎主要归功于解构主义，在解构主义当中，尤其在保罗·德曼的手里，它变成了一种工具，用以揭露同时对某种思想及其语言自相矛盾的一切事物，而其语言本质上的瘫痪性和非生产性在某种概念的凝固的框架里被突现出来。不过，对矛盾的某种回归，似乎在黑格尔式的拉康主义中已经列入今天的日程，其中斯拉沃·齐泽克（Slavoj Zizek）关于"症状"的概念，提出了一种对弗洛伊德和马克思的重新思考。

我自己的感觉是，不应假定一种我们必须在这两个范畴之间进行选择的境况（或许矛盾意味着现代主义的选择，而二律背反更多的是提供一种后现代的选择），而应根据每一个范畴以其独特的方式在最重要的意义上使另一个受到怀疑的情况，同时运用这两个范畴并使它们彼此相对。确切地说，两者本身并不形成一种对立（如果假定它们形成对立，并试图决定它们的差异是否等于一种二律背反，或差异本身是否只是另一种矛盾，那倒是一种引人兴趣的逻辑训练）；相反，它们意味着彼此心里的愧疚，意味着固执于概念本身的一些怀疑。疑惑二律背反是否真的不是一种掩饰着的矛盾；怀有挑剔的想法，认为我们当做矛盾的东西真的与二律背反没有多大差别——这些互指的怀疑不仅不会伤害思想，甚至可能对思想有益。

说过这些之后，我将相应地组织我的"症状学"（symtomatology），并按照一种二律背反好像是某种矛盾的一个"症状"来运作：这可能要预设一种多维度的模式或形象，也可能要对我们自己的时代提出一种多维度的概念。我们的时代——技术实证主义或经验唯名论的时代——是历史发展决定的一个时代，同样也是由选择决定的一个单维度或二维度的时代。这就是为什么那种深度形式（如果有这种形式存在，如像史前期的怪物那样）倾向于以一种难以辨认之余象的失真的单调性在表面上突现出来，以一种逻辑悖论或文本不合逻辑的形式在会议桌上发光。我们不得不同时在这两种世界里游泳；学会在污染的房间里操纵遥控的手套；假定一个纯精神直觉之客体的影子世界，就像用精密的细铅笔的线条微妙地在图上把自己刻画出来的地震仪的运动和记载。

这些比喻表明，关于矛盾概念的更深层的问题——一个无法解决并在二律背反概念周围没有任何东西与之对应的问题——是表征的问题。矛盾总是先于再现一步：如果你在它冲突的时刻展示它，你就会刻板地将它冻结，使它倾向于采取二律背反的形式。反之，如果你期待矛盾的解决，你就会使它失去它所有的否定性，使人们觉得它像是一种操纵的选票、一种骗局、一种虚假的冲突，其结果已经预先作了仔细的安排。或者，你也可以认为，每一只脚踩在一个不同的、无法调和的世界里的绝对事实（如安提戈涅对克里奥）意味着，要对那些特殊世界及其法则保持真实的再现，只能展示它的信任并记录其真实性，因为它无法提供某个第三种再现的语言，使两个世界在这种语言里看似虚假地调和起来。不过，这种境况意味着说明矛盾的哲学语言将永远是不充分的，并且会引起恰恰是哲学上的不满：甚至黑格尔宏大体系的一些阶段，也可能倒向中心张力的这边或那边，一方面似乎会强化一种戏剧性或历史性的基本上是叙述的场景，使之成为画面，另一方面会使它们缩减为那些同一性和差异的形式抽象，而它们最终也是二律背反的范畴而不是矛盾本身的范畴。

这样一些倾向在当代思想里无处不在，它们可以被解释为我在前面说成是实证主义和唯名论的后一种基本思潮的结果和影响（抛开了这两种主义之间关系中的有趣的问题，而它们可以被分别视为客观的和主观的，作为系统的领域和主体的领域）。当然，人们经常要匆匆忙忙地补充说，在这种语言里，这种“解释”只不过是我们关于当前境况能说出的多种叙述之一。但这是一个好的故事，通过阿道夫·鲁斯对建筑和设计中的装饰所作的臭名昭著的攻击，它可以得到预示，因为在他的攻击中，这种图案装饰一方面可以比作罪恶和反社会的，另一方面又可以比作退化堕落的（在那个时期仍然是个流行的概念）。实际上，在实证主义和实用主义之后，抽象本身开始被视为某种与装饰相似的东西：它是多余而不实用的，自我放纵的，“思辨的”和形而上的，是一种懒散的、不道德的悠闲和特权的迹象和标志。取消旧的名称，取消所有那些仍然带有普遍性或一般性的抽象，以更大的决心坚持经验和实际，诬蔑残存的旧事物是坏的意义上的哲学，即纯粹的唯心主义，但并不因此而陷入一种同样玄奥神秘的唯物主义——这些是后现代的格言，它们曾是以语言的健康和纯洁为由的维特根斯坦式的政治迫害的指南，但现在却像在你房角的超级市场交货那样毫不费力地在经济中传播。

这是一种可能不大会成功的归纳；但它当前的统治地位不仅意味着大量表示经典哲学特征的东西必然消失，而且还意味着再不会有什么东西以同范畴的抽象将一套唯名论和分裂的观点中的根本不同的词语结合在一起。这就是当前的境况和危机，两种源于古代的大而不细的分类体系有可能于中重新出现，像是被压制的东西得到恢复似的。它们是一切抽象中最宏伟而又最空洞的抽象，其早期（在西方）的体现，可以在苏格拉底之前对世俗思想的早期形式基本不作区分的事实中找到说明：它们是最刻板的同一性和差异性的范畴（康德和黑格尔把它们作为概念或“反映”的范畴），它们现在保存下来构成最后尚存的进化的、概念的物种，因为它们的优势是本身不提供任何内容，不进行任何哲学的走私，像技术或市场一样中立而不作评价。

这些是非辩证的范畴，你必须以某种暴力使它们弯曲变形，才能把它们用于黑格尔的“同一性和非同一性的同一性”。同一性和差异性毋宁说是二律背反本身的领域和范畴，也就是它们以毫不费力的、不要任何借口的彼此转换而随时证实的某种东西。由于它们不是辩证的，甚至不是受到抑制或瘫痪了的辩证，所以最好以一种把弗洛伊德的（现代主义的）“原始话语对立感”的观念颠倒过来的方式来表现它们的特征，也就是使我们注意一个独特的术语，通过词源学上的透视，如何证明在它自身内部，伴随着其原始的意义，载有后者的否定或对抗（例如，非常明显，“heimlich”的意思是最熟悉的和个人的，结果竟也表示与“unheimlich”相同的事物，即最不可思议的、神秘奇怪的东西）。但这里正好相反，关于那种特殊后现代二律背反中的例子，即其中反乌托邦的东西转而在其最基本的意义上成为乌托邦的，恰恰是（我们将会看到）对立的东西转变成“相同”的东西。不过，在后现代的话语中，这种性质的悖论并不是常常引起对整个范式重新思考的那种拨弄是非的恶意中伤或反常之举（一个星球不可能与它事先预测的轨道丝毫不差）。确切地说，这里它们提供了一切所谓当代理论（或理论话语）的日常概念，提供了对艺术状态中精神体育的训练；正如利奥塔所指出的，这种精神体育与诡辩家演示的文字游戏和逻辑技巧毫不相关。

但是，下面我们将收集一些这样的悖论作为“症状”来考察，而不是对这种精神本身或其语言在结构上的无能作某种说明。这将采取简单地提出四种截然不同的后现代二律背反的方式，当然，对这些二律背反，人们可以自由地怀疑它们是否完全不是基本相同的东西——在本章的结论里我们将返回来讨论这种可能。在四种二律背反当中，前两种涉及康德的“超验的再现”，即时间和空间问题，我们一般都以历史的方式认为它是隐在的形式框架，然而这种框架会依照生产方式发生变化。于是，从我们倾向于考虑变化和永恒、多样性和同质性的方式里，即证明与空间和时间同样相关的方式里，我们可能会学到一些关于我们自己生产方式的东西。

因此，后两种二律背反似乎与我们幻想我们整个制度改革的可能性时所用的空间方式有更多的联系。实际上，第三种二律背反提出了严格意义上的自然主义问题，即自然和人性的问题，或这种限制和约束不出现的问题；而最后一种二律背反，正如我所许诺的，提出了乌托邦（作为一切变化的目标）的问题，以及许多它的当代批评家和敌人的问题，今天这些人甚至比早期更热情地试图说服我们，使我们同意这确实是可能有的最美好的世界。

一

但是在今天，时间是一种速度功能，显然只有按照它的速率或速度本身才能理解：仿佛旧的柏格森关于量度和生命的对应，即时钟时间和生命时间的对应，已经与虚假的永恒性或滞缓的持久性一起消失，而若无这种持久性，瓦莱里认为一部作品本身的真正思想很可能消亡（他似乎在思想上已经认定了这件事情）。于是出现了某种没有其对立面的变化的观念：这样说等于无助地目睹我们前两种二律背反的互相交迭，因为从变化的有利地位它变得无法区分空间和时间，也不可能区分客体和主体。内心的时间（以及它的器官或“内心深处”的时间感）的消失，意味着我们从外部事物读出了自己的主体性：普鲁斯特的旧旅馆房间，像老仆那样，每天早晨满怀敬意地使他想到他是多么老，他是在度假还是“在家里”，还是在什么地方——就是说，它们会告诉他他的名字，给他提供一种身份，如像银托盘里的一张名片。至于习惯、记忆、认识，那也是物质的东西为我们做的（根据维里耶·德·理斯勒·亚当的看法，其方式就像仆人为我们准备生活起居)。主体性是一种客观事物，只要改变场景和背景，重新布置房间或在一次空袭中摧毁它们，就足以使一个新的主体，一种新的身份，在旧的废墟上神奇般地出现。

不过，主客体二元论的终结——长期以来许多理论家都渴望这种终结——本身隐含着回复的悖论，像是隐蔽的炸弹似的：例如维里利奥的悖论表明，看似外部世界的速度何以本身是再现需要的一种功能。也许并不是某种新的主体的速度观念，将自己抛到外部无生气的事物上面的结果，如像在古典唯心主义的旧框框中那样，而是与自然相对的技术的结果。器械——尤其是照相和电影器械——对现实提出它自己的要求，正如在海湾战争中那样，现实便争取实现这种要求（例如一个用慢转速拍摄而后用一般速度放映的片子，从中可以看到摄影师本人在一排已经摆好的面孔末端滑了进来)："在加速移动的弥补过程中，相近效果的消失使它必然创造出一个模仿得完全一样的外貌，充分恢复这一信息的三维性。现在，对军事指挥官的不动性的一种全息摄影的修补就会传递给观看者，通过不断地闪现使他的面孔在时间和空间里延伸，出现在这里和那里，出现在今天和昨天……这种时间顺序意义的缩微，先在闪回中显现，然后又在回授中显现，它是一种军事技术的直接效果，其中事件总是在理论的时间内展开。"（维里利奥，《战争和电影》，原书59～60页。)

这样一种"被压制的恢复"（无疑是一个旧式的、现在相对而言是个隐喻的名称）意味着取消主体并不会给我们留下客体，好像它真实存在似的，相反，它留给我们的是大量的仿真幻影。维里利奥的论点与今天其他许多人的论点相似，他认为正是电影才是真正分散了的主体，实际上也许是惟一分散了的主体：德勒兹式的分裂症只是一种伴随这种器械的混乱而矛盾的观念，而这种器械将先前的主体—客体这一极成功地吸收到它自身之中。但这提出了令人困惑的第二个问题，即在那种情况下，开始是否有一个（处于中心的）主体：是否我们不得不等待？是否厌烦与永恒同样是一种想像的虚构？是否事物有某种看似不变的时间？在机器出现之前我们怎么办？芸芸众生都是草：古代城邦里的生命使我们觉得它比现代城市的任何东西都更脆弱短暂，尽管我们应该能够记住现代的城市经历了多么多的变化。这仿佛是对更缓慢的持久性的一种暗示，它伴随着实际经历的现在，犹如一种视觉的投影，掩饰着一种只有在时间框架之外时才能看见的变化。

但是，这样说就是要衡量一种差距，使我们在后现代体制当中，确信一切与现代主义的形式—投射和现代主义的“时间感”根本不同的东西。在后现代体制里，先前的经典本身已经被揭示为纯粹的时尚，虽然更缓慢、更大世界的时尚，要经过车运船载，通过它厚重的时间，几个世纪才能跨越，就像通过一个黏滞性的环境，一点点慢慢地遗传下来，才能达到一种长时间形成的习性，将它们的偶然性转变成一种富有意义的传统的必然性。对于世界上的人口，彼里克勒斯的雅典语言再不可能比其他部落风格的语言更加规范（虽然很容易想像一种文化的联合国安理会式的运作，其中“伟大的文明”集中了它们各种古典的传统，企图提出某种更普遍的“人类的”经典准则）：因此时间也变成了多元文化性的，而迄今封闭的人口统计学领域和工业动量领域则开始互相渗透，仿佛大量的人民和令人晕眩的速率之间有某种类似之处。于是两者都意味着“现代”在某种更新的、自相矛盾的关联中的结束，正如当新的风格因其激增而显得穷尽时，它们的培育者，个体的创造者、预言者、天才和观察者，突然发现自己因绝对的人口密集（即使没有实现民主精神）而变成了不必要的。

于是，新的绝对的时间性与城市有着我所提及的种种联系，但在那种情况下并不强调必须恢复关于城市本身的传统观念，以便使它的后自然性既适应通讯技术又适应生产技术，说明几乎是全球规模的关于城市安排的一向无中心的状况。现代仍然与城市人对乡下人的傲慢有某些联系，无论这是农民的地方性，其他殖民化的文化，抑或只是前资本主义的过去本身：当现代技术无处不在，不再有什么乡下，甚至过去也开始像是一个交替的世界而不是这个世界某一不完善的、缺乏某种性质的阶段时，那种对“绝对现代”的更深层的满足也烟消云散。另一方面，前几十年那些“现代的”城市居民或大城市的人，本身也来自于乡下，至少仍然会记着同时存在有不平衡的世界；他们能够用那种一旦现代化相对地完成（不再是孤立的、不自然的、令人不安的、突出而刺眼的过程）就变得不可能的方式来衡量变化。正是一种不平衡性和一种共生性才会在失落感中被记录下来，就像波德莱尔的巴黎缓慢的局部变化和毁灭，几乎完全可以作为他对时间消逝的经验的客观关联：在普鲁斯特的作品里，虽然这一切明显更具有强烈的悲哀性（无论如何，比波德莱尔的作品本身要多得多），但却已被主观化了，仿佛真正令人感到遗憾的是自我及其过去而不是房子（但普鲁斯特的语言更清楚明白：“楼梯的侧墙——我在那里靠她闪耀的烛光上楼——早就不存在了”［1～36页］，他的空间的情节构成同样也更加清楚）。今天，拆毁本身的真正意思随着建筑的意思已被修改：它已变成一种一般化的后自然的过程，这过程使人怀疑变化本身的概念，也怀疑伴随变化的传统的时间概念。

在哲学和批评领域里，这些悖论也许比在美学领域里更容易戏剧化，更不用说在城市居民的文化生活方式当中。因为拆毁已经明确限定了现代知识分子的使命，即自从古代政体以来，他们便倾向于认为自己的任务是对既定的体制和观念的批判和反对：

从启蒙哲学一直到萨特（他被称作最后一个古典式的知识分子），即使不说更远的，有什么更好的形象能表明文化知识分子这种有力的形式特征？这是一个看来已经假定“错误”无处不在的形象，它以各种方式限定错误，如迷信、神秘、无知、阶级意识形态和哲学唯心主义（或“形而上学”）等，其所用的方式表明，通过非神秘化的运作消除错误会留下一个空间，在这个空间里，治疗的焦虑与提高了的自我意识和多种意义上的反应联结在一起，即使事实上并不与“真理”本身联结在一起。沿着这种否定的传统，瑞古尔试图恢复知识分子旧的恢复意义的使命，他把它称作“怀疑的阐释学”的各部分共有的一切，从启蒙运动及其与宗教的关系直到解构主义与“西方形而上学”的关系，统统都鲜明地突现出来，并首先强调马克思、尼采和弗洛伊德三个伟大的构成时期。对于这三个时期，甚至后现代的知识分子也仍然以这种或那种形式表现出共同的真诚。

因此，已经改变的也许是实现这些运作的范畴的特征：正如在贵族和教士的古代政体社会与大众—民主的工业资本主义社会之间，其过渡期远比我们可能相信的时间更长更慢（阿诺·梅伊尔提出，前一社会的一些重要残余在欧洲一直延续到第二次世界大战结束），同样，知识分子实现现代化的文化革命的客观作用，也仍然长期保持着一种进步的作用。但是这个过程本身，由于其自身长期存在的、实际是自我吞噬的能量，常常可能给观察者和参与者同样的印象。并非只是革命才吞食它的孩子；从黑格尔对自由和恐怖的论述，到法兰克福学派把“启蒙的辩证”作为一种恶魔似的机器的冷酷理论，大量纯粹否定的看法都集中于灭绝一切超越的迹象（包括批判和否定本身）。

这种看法对于像我们自己这样的单维度社会似乎更加中肯，在这种单维度社会中，以旧生产方式的习惯和常规而出现的残余已经被有倾向地消除，因此才有可能在意识形态—批判本身的真正功能中假定一种修正或替代。这至少是曼弗雷多·塔福里的观点，他提供了一种关于先锋派知识分子的机能主义的分析，其“反机制的阶段”本质上包含着“对陈旧价值的批评”（原书 70 页）。不过，这样一种使命的真正成功与资本本身的现代化的斗争相连，“有助于准备一个打扫干净的讲台，从那里出发去发现新的知识分子工作的‘历史任务’”（原书 70 页）。并不令人惊奇的是，塔福里把这些新的现代化的任务与理性化本身等同起来：“先锋派的意识形态作为对社会行为的一种建议所引进的，就是将传统的意识形态转变成乌托邦，作为抽象的最后发展阶段的某种预示，而这种发展与全球的理性化相一致，与辩证的正面实现相一致”（原书 62 页）；塔福里认为，凯恩斯主义应被理解为未来本身的计划化、理性化，如果人们明白了他的这种看法，那么他的系统阐述就不再那么神秘隐晦了。

这样看，在当代时期，非神秘化具有它自己神秘的“历史误导方法”，它自己的内在的功能和隐蔽的世界—历史的使命；就是说，通过摧毁传统的社会（不仅教会和旧封建贵族，而且最主要的是农民和他们的农业生产方式，他们共同的土地和他们的村庄），为大公司的经营管理把地球打扫干净：准备一种完全“可以替代”的现在，其中空间和心智都可以随意加工和再造，具有一种“灵活性”，而忙于铸造鲜明的形容词来描绘“后福特主义”潜力的理论家，其创造性则因这种灵活性而难以为继。在这些条件下，破坏开始带有新的、不祥的城市主义的色彩，并开始含有开发者的思考，远远超过以前对抗的知识分子的英勇斗争；另一方面，正是这种对破坏本身的反对和批判被降低到一种令人厌倦的教化，而且由于它们将过时的思想生动地戏剧化，它们也破坏了自身，而那种过时的思想无论如何都应该被废除（“无论如何，出现的东西/是有价值的，但它已经消失”)。

这些现在是传媒的悖论，它们产生于批评发展过程的速度和速率，也产生于一切意识形态和哲学观点本身在传媒世界中如何被转变成它们自己的“再现”的方式（如康德可能说的那样）——换言之，即转变成它们自己的形象和漫画的方式，其中可辨识的标语代替了传统的信念（信念确实已被迫将自己转变成纯属这种可辨识的意识形态的观点，以便在传媒市场上进行运作）。在这种情境中，更容易理解保守的或残存的抵制新事物的方式的进步价值，而不是评价一系列明显是左翼—自由主义的观点（按照塔富里的模式，这些观点常常从功能上证明可以与系统本身的结构要求区分开来）。这种分析判断还投射出某种可能的音障幻景，像一条警示线在茫茫的天际模糊不清；实际上，关于人的有机体能承受多大速度这个明显的问题，在自然主义的复活中会发挥它的作用（关于自然主义的复活，在本章第三节将会谈到）；而新的事实本身也确实好像会暂时但生动地将恩格斯关于从量变到质变的旧法则（或至少那种“法则”的余象）戏剧化。

在这种形式里，我们必须作为出发点的悖论是，社会生活各层面空前的变化速率等同于一切事物空前的标准化——感情与消费商品，语言与建筑空间——而这似乎无法与仅只这样的可变性相调和。这是一个仍然可以被概念化的悖论，但采取反比的方式：例如在标准性的概念里，剧烈的变化由标准化本身来实现，事先制定的标准，从传媒到后来标准化的个人生活，从商品化的属性到设备的一致性，处处都使神奇的重建随意地互相接替，就像分段的录像似的。因此标准在一个信息世界里构成客体的新的形式（新的物化的结果）：这也是康德的观点，根据这种观点，原始材料按照类别会被突然组织成一种适当的统一体。

但悖论也会使我们重新考虑我们对变化本身的概念。如果我们社会的绝对变化由街面商店的迅速转换充分地再现出来，激发起关于录像机商店被 T 恤衫商店代替时真正改变的是什么这样的哲学问题，那么巴尔特的结构主义的系统阐述就有许多可取之处，就是说，关键是区分什么是系统本身固有的、由它自己设定的变化节奏，什么是整整一个系统完全被另一个系统代替的变化。然而，那是一种恢复芝诺（Zeno）式悖论的观点，它产生于帕米奈迪斯的（Parmenidean）关于存在本身的观念，这种存在靠解释形成，但却不能认为它会在瞬间出现，更不用说不能在最短的时间内延续。

对这一特殊悖论的“解决”，当然在于了解（阿尔都塞和他的门徒强烈坚持这点）每一个系统——更确切地说，每一种“生产方式”——产生一种对它是特有的时间性：只有当我们接受一种康德式的、非历史的时间观，把时间作为某种绝对的、空洞的范畴，我们自己系统中奇特地进行重复的时间性才可能变成一个困惑的客体，并导致对这些旧的逻辑的和本体论的悖论作新的系统阐述。

然而在一个长时期内，继续被视为是帕米奈迪斯的看法所困惑也许不无其治疗效果。帕米奈迪斯的看法对自然来说无论多么短暂，但却完全可以认为它抓住了我们社会和历史阶段的某种真理：一种闪光的科幻小说似的停滞，其中一些表象（仿真幻影）虽然不断地产生和衰败，但一切事物都没有重大的停滞，一切事物都有最短暂的闪光，甚至它的本体论的声望也暂时闪烁。

这里，仿佛关于时尚的逻辑，伴随着它无处不在的形象的多种渗透，已经开始以某种最终无法摆脱的方式，与社会和心理的结构结合并与之认同，并可能使之成为我们整个体制的逻辑。因此不断变化的经验和价值便开始支配语言和感情，完全像这一特定社会的建筑和服装那样，甚至不平衡的发展（或“非共时性的共时性”）所允许的相对的意义也不再能够理解，而关于新颖和创新的最高价值，则如现代主义和现代化对它的把握那样，因一种从外界看似稳固不动的力量和变化的稳定趋势而逐渐消失。

于是开始出现这样的认识：迄今没有任何社会像这个社会这么标准化，人类、社会和历史时间性的溪流也从来没有如此均匀地流动。甚至经典现代主义的巨大苦闷也需要系统之外的某种优势地位或幻想的主体地位；然而我们的季节具有后自然和后天文的电视或大众传媒的多样性，通过它们的“民族地理”或“天气预报”等频道的形象的力量，成功地变成了人为性的：于是它们的大循环——在体育运动、新型轿车、时装、电视、新学年或开学等诸多方面——为了商业上的便利模仿以前的自然节奏，令人难以察觉地重新发明一些诸如周（星期）、月、年等古老的范畴，但丝毫没有法国革命历法创新的那种新颖性和狂烈性。

因此，现在我们开始感觉到的东西——作为后现代性的某种更深刻、更基本的构成而开始出现的东西，或至少在其时间维度上出现的东西——是现在一切都服从于时尚和传媒形象的不断变化，今后再没有任何东西能够改变。这是恢复那种“历史的终结”的感觉，亚力山大·科捷夫认为他在黑格尔和马克思的著作里能够找到这种感觉，并认为它们代表了美国资本主义和苏联共产主义当中民主平等（以及个人的经济和法律主体的价值均等）的某种最高成就，只是后来才在他称之为日本的“势利主义”中辨识出一种有意义的变化，但这变化我们今天却可以认为是后现代性本身（或随意玩弄没有内容和实质的面具和角色）。当然，在另一种意义上，这只不过是彻底的旧的“意识形态的终结”，是在特别保守的市场气候里玩世不恭地利用正在消失的集体的希望。但是，历史的终结也是我们试图在这里突出说明的时间悖论的最后形式：就是说，一种绝对变化（或者是某种新的追随潮流的浮华意义上的“永远革命”）的修辞，对后现代而言，并不比由大公司制造的绝对同一性和不变的标准化的语言更令人满意（但也并不更令人不满意），后者关于变革的概念，通过在建造的空间、“生活方式”、合成的文化以及心理安排等领域里使用的新词、标示语及其等同物得到了最好的说明。坚持通过绝对“差异”的“相同”——具有不同建筑的同一街道，经过巨大蜕变的同一文化——等于推翻变化，因为自此以后惟一可想像的根本变化将在于使变化本身终止。但这里二律背反确实导致思想的停滞或僵化，因为只有取消这个系统才能思考另一个系统的事实，最终会怀疑乌托邦想像本身，正如我们将在后面看到的，它被幻想成我们凭经验所知的一切事物的消失，包括从我们的性本能力量的投入到我们的心理行为，尤其是对消费和时尚的人为的兴奋。

可以肯定，帕米奈迪斯的停滞或存在至少知道一种无法取消的事件，即死亡和一代一代人的交替：假定帕米奈迪斯的幻影或幻觉系统是最近出现的一种，由我们所称的后现代性构成，那么一代一代人的时间性尽管以死中断，但除了采取回溯的方式并作为一种唯物主义的编史规则，其结果是看不见的。然而死亡本身作为绝对变化的暴力行为，以其非形象的形式——甚至不是指肉体从舞台上腐烂消失，而是指某种持续性的东西，例如通过这个明显不变的世界而无时无刻地散播的气味——既是不可避免的也是没有意义的，因为一切用以解释个人死亡并为其定位（至少是为其幸存者定位）的历史框架都已遭破坏。因此一种绝对的暴力——暴力死亡的抽象——对这个世界是某种没有时间或历史限制的、类似于辩证关联物的东西。

但是，在结束这一节之前，最好谈谈这种时间的悖论——绝对的变化等于停滞——与全球新制度原动力的关系，因为我们在这里还可以看到，那种似乎支配着现代性、现代主义和现代化的一个更早时期的时间性已经消失。因为在那个更早时期，大部分第三世界社会都遭到西方现代化渗透的分裂，这种渗透转而反对它自己——以各种各样代表那些截然不同社会的文化形式——形成一种一般可以称之为传统主义的对抗立场：对一种文化的（有时是宗教的）创始性的肯定具有抵制被西方现代性同化的力量，实际上也比西方的现代性更容易接受。当然这种传统主义是其自身的一种构成，因为它是根据实行现代化的人的真实活动形成的（在某种比现在普遍接受的这种更有局限、更具体的意义上，一切传统和历史的过去本身也必然是创造和构成的）。无论如何，人们今天要肯定的是，传统和传统主义中这第二种反应和反现代的条件，在以前的第三世界或殖民化的社会现实中都已经消失；在这些地方，一种新的传统主义（如最近中国对儒学的某些恢复，或宗教上的原教旨主义）现在宁可被设想成一种审慎的政治和集体的选择，在其所处的境况之中，一种必须彻底重新创造的过去留下的东西甚少。

这就是说，一方面，在第三世界的社会里，此后只有现代的东西存在；另一方面，它也是有条件地纠正这种说明，即在这样的情况下，在那些只有“现代”存在的地方，“现代”现在必须经历后现代的重新洗礼（因为我们称之为现代的东西是不完整的现代化的后果，必须对照一种非现代的残余来对它本身作出限定，而这种残余在后现代性里已不复流行——或者毋宁说，它的消失限定了这最后的情况）。这里，在社会和历史的层面上，现代化（以其多种资本主义和共产主义的生产论的形式）所允诺的时间性，同样也因一种新条件的利益而被淹没，在新的条件下，那种旧的时间性不复存在，留下的是随意变化的一个表象，而这些变化又只不过是停滞，是历史终结之后的一种混乱。与此同时，通常所说的第三世界仿佛已进入第一世界的空隙，好像后者也在非现代化和非工业化，使从前殖民地的他性获得从前宗主国的某种中心的身份。

通过把时间的悖论扩延到全球范围，另外一些事情也变得清晰起来，一种第二次的悖论或二律背反，开始在第一次之后甚或第一次之内使人感觉到它的存在。实际上，这里对时间性的空间特征的反复论述——从普鲁斯特到沿街商店，从城市变化到全球的“发展”——现在开始使我认识到，如果确实后现代性具有某种基本的空间化的特征，那么我们这里根据时间性试图寻求的一切，必然会首先经过一种空间的基质才能达到表达的目的。如果时间事实上已被归纳为一种抽象死亡的最严守时刻的暴力和最小的不可改变的变化，那么也许我们可以肯定，在后现代当中，无论如何时间都已变成了空间。于是，后现代描述中基本的二律背反在于这样的事实：这种先前的二元对立以及同一性和差异性本身，不再是这样的一种对立，而且它不断表明自己曾以一种大不相同的方式，一种不同于旧的辩证法的前后投射的方式，一种从本质上改变经典辩证法的方式，与它的另一极相一致。为了找出这种二律背反的内涵，现在我们有必要转到另一种空间的二律背反（显然我们一直在和它的时间形式一起阐述），以期决定空间性是否真正在主题上具有优先地位。

二

至少可以肯定，对立面中的一面必须通过另一面的修辞来表现自己的形式，或时间必须以空间的方式来表现自己的形式，在这里并没有重现；两面对称或可颠倒的时间—空间的对立，在这种意义上也没有重现。空间看来确实不需要一种时间的表现；如果空间不是绝对不需要这种时间修辞，那么至少可以说，为了其他的修辞和代码，空间绝对压制时间性和时间的修辞。如果差异和同一性在时间和空间两者的二律背反中存亡攸关，那么在对空间考虑中非常明显的差异，并不是在对形式的时间理解中的变化的差异，而是多样性和无限性，转喻或换喻，或者说异质性——以此达到某种更有影响的、看似确定并包罗万象的形式。

历史地看，关于同质性和异质性空间的冒险做法，最常见的是根据数量不等的神圣数量和信徒数量来叙述：不过，关于被称作与它相反的数量，即世俗的数量，人们则认为它是一种在后神圣的（postsacred）、商业人的时期向后的投射，旨在想像它本身是任何一种单独的事物或质量（或毋宁说是非质量）；事实上，这种投射认为，像世俗和神圣这样一种简单的二元论，从一开始就一直这样存在。因为可以设想，神圣一开始就已经意味着异质性和多样性：一种不在的价值，一种超越，或某种不能归纳为系统或思想的东西，不能归纳为同一性的东西，它不仅分解自己，而且分解与它相对的数量，不仅假定空间是正常的村庄，与地下精灵“污秽的”（勒费弗尔语）垃圾堆并存，而且假定空间是荒芜或荒漠的空的空间，是使许多自然表现的风景中断的贫瘠空地。因为毫无疑问，一定还有与权力一样多的神圣的类型或种类，而人们只有穷尽这些词语隐晦的古代联想，才会认识神圣或权力这样的抽象，面对以它们来表示的现实，它们差不多与表示各种强度、引人凝视的“色彩”的抽象具有同样的表现力量。

这点也影响到风景画的意义，正如德勒兹或卡拉塔尼这些解释者常常提醒我们的那样，世俗的、色彩鲜明的风景画是非常晚近的发展。我不太想陷入像鲁格（P. O. Runge）这样的浪漫艺术家的幻想之中，包括他用的植物的语言；但那些幻想无疑是吸引人的，至少在它们以矫揉造作的形式（以其“花的语言”）在社会上稳定下来之前是如此。对于一个以某种方式有意组织安排并即将说出来的空间，对于一种明确表达出来但未能在命题、概念或信息方面达到最终转化的思想，这样一些看法在列维-斯特劳斯于《野性的思维》里对前哲学的“感性科学”的描述中，最终找到了它们的根据和理论上的辩护；与此同时，在这位人类学家对太平洋西北岸印度的《亚斯迪瓦尔的史诗》的经典解读中，它们的美感至少达到了一种高潮，因为在太平洋西北岸的印度，从内陆冰冻的不毛之地到河流和海滨，各种各样的风光说出多种多样的语言（包括经济生产方式本身的语言以及亲属结构的语言），并发出大量明确表达出来的信息。

通过在先于概念抽象之前的文本中确定意义的原动力，这种分析有效地使旧的理性和非理性的对立（以及所有以它为基础的附属的对立——原始对文明，男对女，西方对东方，等等）中和起来：于是多种多样的层面同时展开，再不能纳入韦伯的理性化，工具论思想，以及对狭隘的理性或观念的具体化和压制。因此它的特征应该是异质性；而在“亚斯迪瓦尔”的活动的风景里，我们可以继续将客体在感觉上的连接说成是异质性的空间。正如德里达在一篇后来被称作后结构主义的创始性文献中所明确指出的，列维-斯特劳斯的分析仍然以某种方式集中于同源的意义周围：它未能触及最终的偶然性和不可决定性；它坚持为了可爱的生活而依附于意义本身的特殊概念；在应该终止那种概念的情境里，它甚至不能达到巴赫金的多声部或众声喧哗的开放性，因为仍然存在一个透过它的多样性说话的集体的代理——部落。

但是，那又会变成列维-斯特劳斯无法达到真正异质性的失败，而不是后者这一概念本身的历史性欠缺。关于这点，巴塔耶一生的著作表明，它存在于情境之内，而且像它于其中产生并对其否认的超现实主义一样，是一种反对现代事态的战略反应。这会使人们感到疑惑：在同质性历史地形成之前，在赋予它一种特殊反对策略的价值和力量之前，异质性究竟能否表示任何具有适当破坏性的事物。因此，必须描述的并不是多样性和超越性这种形式的声誉，因为这些形式超出了理性的现代精神并对它进行指责，构成它们反对它的一些反应的价值，而现代精神对过去的投射又至多是一个可疑和不可信的问题。确切说，描述的首要客体是完全由那种同质性逐步使世界殖民化的过程，而对此进行挑战则是巴塔耶（和其他许多人）的历史使命：如它的征服倾向，同一性形式的安排，而这些只有依照事实才使不合时宜的异质性和差异性的幻觉显现出经过它们安排并展开的那些事物的逻辑。

就空间而言，那个过程无疑可以比较精确地加以确定：它是这样一个时期，其中西方关于不动产的个人财产制度，代替了在它不断扩大过程中所遇到的种种土地占有权制度（或者，在欧洲自身的形势下，它第一次自发地从中逐渐形成）。然而，一种暴力的语言——本来完全适合这些替代，并在今天以色列这样的移民者殖民地的进程中仍然可以见到，在东欧各种各样“向资本主义的过渡”中也可以见到——并不会传播一种替代的方式。因为一种法律体制代替另一种更常见的法律体制的方式，是一个认真计划和精心构想的政治策略问题（参见古哈［R. Guha］）。毫无疑问，当运用于土地时，这种暴力总是隐含在所有制这样的观念当中；但对此一种特别含混的情况是，终有一死的人类，一代代消失的有机体，竟然都想像他们能以某种方式首先拥有“自己的”部分土地。土地占有权更早的形式（以及最近的社会主义的形式——同样因国与国而异）至少假定集体是永恒的管理者，土地的某些部分被置于他们的管理之下；同样，要解决那些社会关系问题，用表面上更明显、更易驾驭的那些以个人所有制和等同主体的司法制度为基础的社会关系代替它们，也绝不是个简单或容易的问题——在这一方面，今天的民主德国更像当年美国南北战争之后北方对被征服的南方的关系；而以色列人的定居常常使人想到在美国西部对土著社会的野蛮取代。

不过，这里的要点是，在引起异质性和同质性主题对立的地方，它只能是成为最终指涉的这种野蛮的过程：从商业力量和资本主义本身产生的结果——就是说，纯粹的数字，现在被剥去它自己魔力般的异质性并被变成等值的数字——采用一张风景画的方式，将它展开，重新安排进以恒等的小块组成的地图坐标，使它处于现在以恒等的价值重新安排的空间，接受市场动态力量的影响。但资本主义的发展实际上极不平衡地分配这种价值，直到最后在它的后现代时刻，纯粹的思考作为类似精神对物质的胜利，或者使价值形式摆脱它从前一切具体或世俗内容的解放，竟至高无上地统治并蹂躏在它早期发展过程中所创建的城市和农村。但所有这样一些抽象的暴力和同质性的后来的形式，都产生于最初的地块划分，而这种划分将市场的货币形式和商品生产的逻辑重又转回到空间本身。

我们自己的时代也教导我们，应该将这种为摧毁旧的、习惯的、集体的土地占有形式而重新安排空间时的基本矛盾（那种占有形式以宗教或人类学关于“神圣”或古代异质性的观念形式回游到现代历史的想像之中），视同为我们过去同样常常称之为农业本身的东西，那时它与农民甚或自耕农联系在一起。在一种后现代的全球体制当中，迄今占压倒多数的农业人口降到整个国家人口的百分之七或百分之八的趋势，在正全面实现现代化的国家和在“发达”国家一样，处处都可以看见，而其中农民农业和传统文化之间的关系，也变得非常清楚：后者随着前者的消失而消失，而且除了以奴隶制为基础的地方之外，所有前资本主义的伟大文化都证明它们曾是农民的文化。（同时，关于迄今一直认为是资本主义文化的东西——即一种特殊的资本主义的“高级文化”——同样也可以视为是资产阶级模仿其封建贵族前辈传统的方式，它们也趋向于随着他们的记忆一起被淹没，并和旧的古典资产阶级的阶级意识一起让位于大众文化——事实上，让位于一种特殊的美国的大众文化。）

但是，一种新的全球化（资本扩张超出了它早期在第二阶段或“帝国主义”阶段的限制）的真正可能性，依赖于农业的重新组织（由于农业技术尤其是农业化学和生物学的发明创新，有时也称作绿色革命），即有效地使农民转化为农业工人，使大的种植园或庄园（以及村庄飞地）转化为农业综合企业。实际上，彼埃尔-菲力普·雷已经提出，我们认为生产方式彼此之间的关系是一种交迭或连接的关系，而不是一种简单的替代关系：在这一方面，他提出资本的第二时期或“现代”时期——即帝国主义阶段——在农业中保留着一种更早的前资本主义的生产方式，它不使这种方式遭到破坏，并以辅助的方式对它加以利用，通过强化的劳动、非人的工作时间和工作条件，从本质上属于前资本主义的关系中获取资本。因此新的多国资本阶段的特点是，以工资方式的劳动和工作条件清除了这样的飞地，将它们完全纳入到资本主义之内：至此，农业——文化上截然不同，在上层建筑里被认同为“自然的另一面”——现在变成了与其他工业一样的一种工业，农民也完全变成了工人，他们的劳动像古典资本主义那样以等价的方式被商品化了。这并不是说商品化在全球均匀地分布，也不是说一切地区都已同样地现代化或后现代化了；而是说，全球商品化的倾向比现代时期更清晰可见，更容易想像，因为在现代时期，顽固的前现代生活的现实仍然存在，妨碍着商品化的进程。正如马克思在《基础》（Grundrisse）里所表明的，资本必然倾向于一种全球范围的市场，而这又是它最后危机的所在（因为进一步的扩展不再可能）：这一学说今天对我们远不像在现代时期那么抽象；它指出了一种观念上的现实，无论理论还是文化，都必须马上把它提到自己的日程上来。

但是，这样说会导致抹杀世界范围的差异，传播一种幻觉，即空间的同质性必然胜过根据全球空间所想像的一切异质性。我想强调这是一种意识形态的发展，它包括在我们这个时期唤起的生态学上的担忧（污染以及伴随它的后果也可以作为普遍商品化和商业化的一种标志）：因为在这种境况里，意识形态不是虚假的意识，而是知识的一种可能性，而我们在想像一个超越全球标准化的世界时的基本困难，恰恰是那种标准化的现实或存在本身的标志和特征。

这样一些意识形态的界限带有某种像是非理想社会的感情恐惧，因此它们要通过其他一些意识形态的可能性来补偿，而当我们不再把乡村而是把城市和城市生活本身作为出发点时，这些其他意识形态的可能性便显现出来。当然，这是一种已经在科幻小说或乌托邦的传统中留下重要痕迹的对立：乡村乌托邦和城市乌托邦之间的对立，尤其最近几年，农村或部落乌托邦的形象（1985 年厄秀拉·勒奎恩的《总是回家》实际上是那些形象中的最后一个）被难以想像的（但仍以某种方式进行想像的）密集的城市现实的幻觉所代替。密集的城市现实或者被公开置于乌托邦的日程之中，如像在萨缪尔·德拉尼的《蝾螈》中那样（或像雷蒙德·威廉斯有先见之明的预言：社会主义如能实现，绝不会比这一切更简单，而是要复杂得多），或者被掩饰在一种非乌托邦的外表之下，但这外表之下更深层的本能力量的兴奋无疑是深刻的乌托邦精神（如像在最新流行的“网虫”［cyberpunk］中那样）。

不过，我们必须再次解决观念上的困难。由于失去以前发生作用的二元对立的条件之一，我们陷进了这种困难。“自然”的消失——全世界乡村的商品化以及农业本身的资本化——现在开始破坏它的另一个条件，即以前的城市。今天世界的体制趋向于一种庞大的城市体制——倾向于更全面的现代化造成了那种趋势，但它现在已被认可并以一种预想不到的方式通过通讯革命及其新技术的发展获得了实现：这种发展引起的直接物质幻象，从波士顿到里奇蒙德"蔓延"的梦魇，或者日本城市的聚集，都是彻头彻尾的寓言——城市本身的概念和古典城市的生活失去了它的意义，似乎不再提供任何精确界定的研究客体，或任何经过特别区分的现实。相反，城市生活变成了整个社会的，它们两者都同时构成自己又失去自己，因为这个地球并不真正是它们的对立面（如像在更早的旧制度中那样），而是它们外延的问题，是它们向一种新的无限性的延伸。

从意识形态上看，传统的城市界限和古典城市生活的消解所能实现的，是旧的意识形态和本能力量的内涵在新条件下的一种移动，一种替代，一种重新安排。城市似乎总是保证自由，如像中世纪的城市生活观念那样，城市是逃离土地、摆脱封建劳动和农奴地位、摆脱封建地主专权的空间；根据这种看法，对于马克思所明确指出的"农村的愚昧"、农村风俗习惯的狭隘性、农村的地方性、农村固执的观念和迷信及其对差异的憎恨，"城市的空气"现在恰恰变成了它的对立面。这里，与农村压抑的一致性相对（不管多么不确切，农村也被幻想为性压抑的地方），城市在传统上允诺多样性和冒险，并且常常与犯罪相关，就像伴随享乐和性满足的想像，不可能脱离越轨和犯法。

那么，当那种基本上是地方性的农村现实消失并变成标准化的，像以前的大城市（旧时这些同样的乡下人像渴望基本解放一样渴望到大城市去）那样听同样的英语，看同样的节目，消费同样的消费品时，又会出现什么样的情况呢？我认为这里正在失去的第二个条件——乡下的压抑，农村的愚昧——被保留了下来，但只是被转换到一种不同的城市和一种不同的社会现实，即第二世界的城市和一种非市场或计划经济的社会现实。大家都记得冷战景象的巨大力量，在冷战结束之后，在当前市场宣传和修辞的猛烈攻势之下的今天，这种力量也许已经证明比它在恐怖想像更活跃的斗争形势下更加有力。不过今天，这是对想像中的典型的第二世界城市的单调性的回忆——包括没有广告色彩的空荡荡的中心商场里贫乏的消费品货架，失去小商店的街道，标准化的服装时尚（在毛主义的中国最典型）——这种回忆在私有化运动中仍然在意识形态上发生作用。简·雅考伯关于真正的城市结构和街道生活与小商业基本一致的看法，不断在意识形态上重复出现，但没有任何暗示表明她认为这个判断完全适合北美或资本主义的城市，而在资本主义的城市里，大公司以不同的方式迫使小企业消失，建造起由机构大楼形成的峡谷，根本没有任何城市生活的个人特征。

不过，这种表示第一世界特征的城市的退化，已经转变成一个被称作后现代主义的、独立的、意识形态的隔间。在这个隔间里，后现代主义在对现代建筑及其理想的一系列攻击中适时地获得了它的地位。对于第二世界的城市，它的想像则被用来服务于一种极不相同的运作，即用作对一个世界的视觉和经验的“类比”，这个世界完全由人的意图规划和支配，因此由这个世界产生机会的偶然性便被排除——由此冒险和现实生活的希望以及性欲本能满足的希望也被排除。于是有意识的目的、“计划”和集体控制，被想像成与压制和拒绝相一致，与本能的匮乏相一致：正如在后现代的有关辩论中那样，第二世界城市装饰的消失——仿佛它是不情愿地实施阿道夫·鲁斯的计划——可以作为一幅严厉的漫画，表现一种革命社会的清教徒式的乌托邦的价值（正如在另一次运动里，它曾作为这种漫画，表示高度现代主义同样是清教徒式的乌托邦价值，而在东欧某种新近的理论里——特别是鲍里斯·格罗伊斯的《总体艺术的斯大林》——它以指导和揭示的方式与这次运动有着明显的联系）。

在这一特殊的意识形态策略中，只有其空间特征才是新的：当然，是埃德蒙·伯克首先提出了伟大的反革命的形象，按照那种形象，人们有意识地、集体地做的事只能是破坏性的，是致命的傲慢的一种标志：传统和制度只有缓慢地、“自然地”发展，才能相信它们形成一种真正的人类世界（一种对意志和无意识的意图的深刻怀疑，而这意志和意图在美学中演化成某种浪漫主义的传统）。但是，伯克对雅各宾派的开拓性攻击，针对的是市场社会里中产阶级的构成和形成，而对这个社会的商业主义，它基本上表现的是一个旧的社会构成在其被取代过程中的恐惧和焦虑。不过，为了维护市场社会——在某种程度上它现在被认为是“自然的”并深深扎根于人的本性——今天市场社会的人们会作出同样的幻想；他们这样做旨在反对人类普罗米修斯式的努力，即力图将集体的生产置于自己的手里，并通过制定计划，支配或至少影响并改变他们的未来（在一种后现代性里，这似乎不再有什么特殊的意义，因为在这种后现代性里，对未来本身的真正经验已经开始削弱，即使还不能说缺乏这种经验）。

但确切地说，这是意识形态和想像的背景，依靠这个背景，才能把当代资本主义的城市作为一种几乎是巴赫金式的对异质性的狂欢来推销，作为对差异、性欲本能的亢奋和极度个性的狂欢来推销，而极度的个性通过个人的极度消费有效地破坏了旧的个人主体的中心。现在，关于乡间的痛苦和被弃的联想或内涵，关于小资产阶级贫困的联想或内涵，以及关于文化和性本能狂欢的联想或内涵，在我们对第二世界城市空间的形象中被系统地赋予了新的内容，它们被强行用作反对社会主义和制定计划的论据，用作反对集体所有制和想像中的中央集权的论据，同时它们也作为对东欧人民的强有力的促进因素使他们投入西方的消费自由。鉴于它面临的困难，这是巨大的意识形态的成就，它提出了由社会群体以否定的方式集体控制他们的命运，并赋予那些自律形式以所有的担心和焦虑、厌恶和性本能的恐惧，亦即弗洛伊德所说的逆投入或反对情感能量集中于一个客体，而这必然构成任何成功的反乌托邦思想的主要效果。

因此，也正是在这一点上，关于这里讨论的二律背反的空间形式，一切最自相矛盾的事物都变得非常清晰而无法避免；如果我们开始问我们自己，历史上最标准化的、最一致的社会现实，通过纯属意识形态的简略闪现，或者说最难发现的替代，何以能再度出现，何以能像油彩丰富的光辉，表现出人类自由的绝对多样性和最难想像与分类的形式，那么我们展示的概念就会更鲜明地显现出来。这里，在一种互补的运动中，同质性变成了异质性，其中绝对的变化变成了绝对的停滞，而真实的历史丝毫没有改变，虽然这历史曾被认为就要终结，但在这里却显出最终要实现自己。

三

但正如所可能预料的那样，“自然”以其传统形式作为社会空间的消失，在某种程度上也在整个事物的另一面恢复了被压抑的另一种“自然”；可以想像，这种再现会产生一些悖论甚或二律背反，它们无疑与先前的那些对称，但却具有完全不同的特征，并导致大不相同的后果。因为“自然”的问题——“自然”的概念问题——深深寓于两种颇有影响而又密切关联的当代意识形态立场的核心，不仅在哲学领域是如此，而且在更一般的见解中也是如此。由于它们本身并不真正是哲学运动或学派，实际上人们很容易把它们说成是关于见解本身所持立场的某种新的见解——我指的是反基础论以及与之间接相关的反实在论。事实上两者都集中于“自然”的问题。这首先可以从科学研究的客体上进行考虑，围绕它可以构成一种保证知识的哲学认识论；其次可以在人的本性意义上进行考虑，其特殊的多样性可以进行规范的演绎归纳（因为在它与世界和存在以及和非人性客体的关系中，关于本质的学说是亚里士多德式的，可以说由于那些真正的——现代的——认识论的形成，这学说已经遭到怀疑和破坏，而反基础论的任务反过来又是对这些认识论进行挑战和破坏：在理查德·罗蒂的《哲学和自然之镜》里，这种情况常常极富戏剧性地以范式的方式显现出来）。诚然，在这两种截然不同的语境里，对“自然”这一术语普遍存在的状况，需要作为一种富于意义的征象来分别讨论，即使不是作为任何确证来说明两种观点真的都有同样的问题。

通过回忆现在实际上已被忘却的存在主义哲学的冒险，它们的密切关系可以用另一种方式来表明。萨特的存在主义以一个共同的问题把两种观点结合了起来——实际上，它的基本的哲学政治在马克思主义和另一种“政治”之前就已出现。因为第一次萨特存在主义的伟大运动便从正面对“自然”的概念提出了挑战，并特别证实了不存在任何像基本人性那样的东西；正如我们今天可能说的那样，一切实质都是“构成的”；对先在的精神概念，对性格或形而上学规范的概念，任何要求都会遇到警惕和怀疑，而规范——极其特殊地在其伪装之下作为这种或那种人性的概念——是那种自从远古以来就有的切割工具，依靠它，不正常和软弱、女人气、变异，或者边缘、罪孽和病态，从视为永恒和自然的社会秩序中被分离出来。无疑，萨特比海德格尔更有效地使我们认识到这一巨大的教训，因为很难把对这样一些问题的任何重要的考虑归之于海德格尔；这一教训后来发展成一种自我对其他的完整的辩证法——更确切地说是一种受约束的辩证法，它一方面在西蒙·德·波伏娃的女权主义中得到了丰富的延伸，另一方面在弗朗兹·法侬对殖民主义和种族的分析判断中也得到了延伸，直到在福柯的作品里才达到了某种稳定（还不能说具体化），而这稳定本身又产生出新的悖论。因为，对自然自我的肯定所产生的这种压抑效果倘若被视为一种意识形态对立的组成部分，那么就会出现一个关于那种神秘的其他条件或"他者"本身的性质的新问题。这种"他者"使我们进入一种漫无止境的镜像游戏，在一座充满镜子和视觉幻象的没有尽头的房子里，对某些最终的、基本的他性的追求，胜过萨特对资产阶级标准性所作的相当不同的批判。即使伟大的萨特对人本性观念的抨击应该甚至必须因每一代新人而更新和发展，上述情况也说明为什么存在关于某些口号的误导问题，如关于"反实在论"和"反基础论"这类口号的误导问题；"反实在论"和"反基础论"意味着将反标准的偏见或哲学习惯地转变成一种依据自身的标准，转变成一种崭新的、广泛接受反对意见的哲学观点，因为它本身已经变成了某种教条的基础，并开始含有某种新的人类本质的东西。尽管这种温和的反对无疑是真实的，但我觉得它并不像其他关于这些新的哲学价值的观点那样富于意义。这些新的哲学价值提出了关于它们可能的历史条件问题。

实际上，如果我们遵循利奥塔的方式，在考虑两种策略时都使自己习惯于不采取哲学姿态，而是根据欲望——称作反基础论的欲望，反实在论的欲望——来考虑，那么我们就能更好地将这些观点暂时搁置起来并转向更有历史意义的问题，即在当代社会中，知识分子或社会各个阶层为什么发现新的伦理见解既适宜又有用的问题。而这是一个惟一能使我们增强集体性的自我认识的问题。

确实，正是通过美学当中同类的“欲望”，我们才能最好地把握这一哲学抱负的特征，用尼采的话来说，这是危险地生存的抱负；它试图不要根据或预设地进行思考，以特殊而无系统的方式处理问题。在美学当中，所有这一切——看上去将非常不同——可以说采取了“纯”艺术作品的理想形式，这种作品只是形式，它以某种方式吸收或排除了一切是内容的东西。“使我觉得美的东西，我想写的东西，”福楼拜在其著名的致路易斯·考莱的信中写道：“是一部不写任何事物的作品，一部无外部联系的作品，它由纯属自己风格的内部力量聚合在一起，恰如空中悬浮的灰尘没有任何支撑它的力量，它是一部实际上没有任何主题的作品，即使主题可以被想像出来，至少在作品中实际上是看不见的。最美的作品是包含内容最少的那些作品……”（1852 年 1 月 16 日）。在那种情况下，一切事物都取决于在这种新的美学情境中，即后来的现代主义中，人们认为素材或“内容”意味着什么；或者它在作品中的存在，它在作品中的持续，为什么人们会觉得是一种艺术的缺点或瑕疵，是一些取消对其争论便会设定全新审美程序的痕迹。全面回答这些问题会把我们引到现代主义本身的真正核心，使我们对某些制品作出更充分的评价，例如马拉美大量的独立的句法，一个句子单凭自身就变成一种完整自足的事物，又如迈厄西的结构的透明性，其中存在着经过提取的残余和柏拉图的界限或框架，仿佛是最稀薄的阴影或瞬间瞥见的昏暗。不是创新而是禁止，以及最严格的戒律和方法论的程序的产生，才是这种现代目的论的关键，尤其是形成看似专门针对一般内容的某种特殊禁律的关键。

关于这种现代主义禁律的更深刻的根源，在卢卡奇的《小说理论》里可以找到一种预示的线索。这部作品集中于形式问题，而这些形式问题产生于小说必须加工的各种不同的社会内容，把它们作为某种开放的或未确定的叙事；尤其个人生活的那些部分，它们本身并不怎么“富于意义”，因此不可能被吸收到小说能够获取的形式格局之中：这种判断是否完善无关紧要，因为“富于意义”在这里只是表示不能作为形式纳入小说的东西。卢卡奇的讨论使我们认为，“内容”是偶然性本身的残酷事实：在某种程度上内容是个人生活中一切偶然的事物，现代主义美学力图把它像炉渣一样抛弃，以便使某种“纯粹的”作品或形式能够从这一过程中产生出来。不过，偶然性在这里还不是各种存在主义的荒诞性，还不是根本没有意义的东西；相反，它更接近于亚里士多德的个人自足性或实质的反映，正如福楼拜信中的词语本身所告诫我们的——本身即是意义或富有意义的东西，以其自身的方式存在，不需要外部或外在的解释——对新的现代主义美学来说，只有那种东西才是偶然性的对立面。

因此，确切地说，内容是一系列的外部解释（包括因果关系但不限于因果关系），在现代主义语境里是偶然性的美学标志；这样说是为了能够把现代主义的冲动理解为对个人经验统一性的象征期望（根据其自身条件完全可以理解），其可能实现的条件是旧的传统社区或群体的消解和个人主义及反常状态的出现。只有这种孤立的个人，在失去他们曾被置于其中的旧的家庭或村庄结构的情况下，才能为纯粹的作品或超越偶然性的小说形式提供足够的素材（正如让·勃里在一部经典作品中所提出的，这种孤立的主体性必定是一个男人和一个鳏夫的主体性，因为妇女在那种情境里仍然深受语境的束缚）。后来当公众本身被纳入分析时，这种判断便被转向信号和代码（例如萨特所做的那样，或罗兰·

巴特在《写作的零度》中所做的那样），使作品可以为一个特定的群体接受和理解，并由此排除其他的群体：于是内容在这里被视为属于一个特殊群体或阶级的标志，而幻想一部没有内容的作品则是一种乌托邦的梦想，其中纯粹的作品——现在有些像巴尔特的白色或漂白的写作——可以不分阶级地以一种普遍的方式发生作用。

在这种语境里，代替没有基础和本质而行事的哲学计划——诚然是一种后现代的而非特殊的现代的计划——似乎具有启示性和启迪作用。在审美意义上，对哲学话语而言，“内容”的等同物可以置入那些“绝对的预设”，R. G. 科林伍德认为这种预设是哲学的任务，在任何时代都应发掘并突出这种预设。这一限定形式问题的特殊方式，其优点在于科林伍德理解绝对预设时所用的那种仍然相对传统（或现代）的方式：就是说，这不可能是或绝不会是一种取消那种预设的问题，一切思想和行动都基于这样一些深刻的意识形态、信仰、范式和认识，哲学家的任务就是要揭示并阐述它们，由此在某种意义上提供对它们的辩解并在意识形态上对它们辩护。但是，这样说等于在鼓励一种更先锋的哲学态度，按照这种态度，显然下一步就是要完全取消这样的预设，以高度的启蒙精神消除对继承的观念和态度的无限迷信。

因此，在哲学的现代主义里（如果我们可以认为是哲学的现代主义），这是可以看到的一种逐渐形成的运动，对此人们渐渐开始感到——从尼采到现象学，从维特根斯坦到实用主义者——如果能轻装前进，将那些包袱抛在后面，不受继承的预设或无意识的预设这些外来因素的拖累——不考虑酒里的渣滓或酒糟，不想你口袋里的钱包，你拥有的房屋和你仍然要付的账单——那么他们就会取得某些成果。罗蒂的反基础论首先是后现代的，其方式是它把这些倾向形式化，在互相连贯的一对孪生计划中将它们集中起来（可以象征性地认为维特根斯坦和海德格尔、杜威和德里达是特定的先驱），一方面取消对主体性本身的分析，同时也取消哲学体系中相关的观念。不过，他的作品仍然含有这样的意思：按照科林伍德的想法，你可以写这种“预设”形成的历史，就像康德那样，主体的观念以回溯的方式使“哲学的历史”成为可能（罗蒂认为，这是几个世纪以来在哲学讨论中假定基本连续性的一种错误和一种意识形态）；然而，他又奇怪地对人们写这种哲学史（一种关于可能形成幻觉条件的共时性历史，而不是康德的历时性历史）的方式含糊其辞——在这一点上，他与科林伍德同样含混，很难确定一个了解绝对预设的哲学家是否不会突然变成一个历史学家，而不只是为他自己时代的绝对预设进行辩护的又一个代言人（但也许那些人最初就是历史主义者）。

无论如何，从现代到后现代，从杜威这样的实用主义者（他仍然有一种体系或方法，即使只能被称作“解决问题”的方法）到罗蒂企图使自己彻底远离哲学机制，哲学观点的发展提供了一种轨迹，它可以按照社会条件来理解，可以理解为后现代性当中一种新的、失去中心的个人主体走向更大的个性化的运动。

因为在更早的时期，如维多利亚时期或第三共和时期，这样一些使思想脱离其“内容”的努力——叶芝的“精神的气球”极力与系住它的东西脱离，或砍断系住它的绳索——与消除旧的前资产阶级的生活方式的残余内容有关，并且与启蒙运动的“现代化”相一致，旨在拆除乡下的教士学校并保持农民的执拗气质。这在很大程度上符合启蒙运动的精神：因为，正如阿诺·迈耶尔告诫我们的，在现代化和资产阶级远未取得社会统治地位的情况下，宗教仍然是过去那种束缚意识的象征，而“那种教会的精神”仍然被视为是使现代意识陷入混乱的东西。

存在主义阶段以其各种形式构成了后来这项计划的某种变

化，但处于一种新的社会境况之中，其时出现了对工业组织和工人阶级民主的更先进的看法，甚至中产阶级的启蒙思想也开始被认为是一套预设和偏见，应该破除它们本身的神秘性并将它们消除。在这个时期（正如萨特自己从存在主义到马克思主义的轨迹所表明的），辩证法被认为是一种与它的内容相一致的形式，它可以在其取消阶级和群体“内容”的基础上获得某种普遍性。

“历史的终结”的论点——它已经被推进到说明为什么这不再是我们自己的历史境况——在我看来是一种发展的征象，其中辩证法经历了所有其他哲学或意识形态概念在后现代时期的命运，而相关的“意识形态的终结”所达到的程度，则是所有那些概念的预设和那种常常被视为“意识形态”的精神稳定因素，不再是社会秩序本身再生产的主要方式，也不再是支配其运作结构并使之合法化的主要方式。正如阿多诺后来认为的那样，如果当前的社会根据实践和习惯再现自己，如果技术统治和用户第一主义不仅不再需要形成概念的基础，而且旨在完全消除隐含在观念和概念之中的最后残存的距离——换言之，如果某种彻头彻尾的后现代的实证主义（看上去不再像它的第三共和时期的前辈）已经取代了今天的哲学和意识形态的合法地位——那么意识形态的批判就失去了它的使命，而对思想错误的究根和修正，并不像完全消除哲学活动那样是一种急切的意识形态和政治活动。

正如在塔夫里的怀疑解读中那样（他把现代主义的非神秘化和意识形态批判阶段，或“怀疑的阐释”本身，解读为一种共同资本主义的“理性的策略”，而这种资本主义既需要消除过去的思想残余，也需要消除过去的社会残余），同样我们在这里也可以冒险对后现代的反基础论作一种解读，即把它作为一种重复后期实证资本主义原动力的策略，而无论它在其他方面多么想破坏这种资本主义。于是，它变得诱人地要回到我们的空间和城市的类比，并在某种称作反基础论的欲望中看到一种原动力，一种颇像在经济生产和销售中、尤其在清理库存的推销中所谓的后福特主义的原动力。

实际上，后福特主义的理论通过说明这些技术赋予产品的新的灵活性，试图对今天由控制论和计算机化形成的工业生产进行限制。诚然，福特公司曾提供一种普遍性的产品，但这种产品缺乏可变性，大量进入福特消费系统的人必须消费完全一样的黑色汽车，正如后来在更国际化的发展中，资本主义的福特主义阶段强行将完全一样的西方商品销售到各种各样的外国市场，而不必在文化上与那种特定的消费协调一致。但是，在后福特主义当中，在已经被广泛称作后现代的推销当中，控制论和信息技术使产品可以在最小方面都按照消费者的文化需要和规格来定做；与此同时，同样的通讯技术又允许一种能够清除实际库存的新的供货体制——库存不仅占据有价值的房地产的空间，而且在式样迅速变化的形势下有可能变成过时的东西。这些新的发展在意识形态上也是有益的，因为它们使重点从生产本身转移开来（值得探讨的论点是，生产力现在可以看作与一种旧的、已经过时的、基本上是工业生产的现代形式相一致）；它们还模糊了三个范畴中的另两个范畴，即销售和消费，从而使新的销售方式（基本上限定了后福特主义作为一个概念的特征）作为一种意识形态的价值可以有效地进入消费和市场的修辞。

无论如何，后福特主义的多样性和销售的观点——尤其就其超出旧时昂贵的仓库空间和那些更老的仓库建筑而言，就其展现出那种放慢土地投机的销售并暴露出更传统的城市的遗址和残余而言——似乎奇怪地与更富理智的灵活性和取消反基础论理想的策略性恰相一致，因为它对一种思想的看法没有第一位的原则，可以用不经中介的技术统治的方式直接处理手边的事务，没有偏见，没有精神储备，也没有棘手的意识形态的库存。

这并不是说，后福特主义在思想领域里比它在后期资本主义里更切实可行，也不是说它最终不存在矛盾；因为内容的问题并不会消失，实际上它会以更新的深刻性为自己提出一种自由主义或社会民主，再次被迫历史地面对它只能认为是某种类型的法西斯主义的东西。这是一个至少可以回溯到萨特的存在主义的哲学问题，然而它已经取消了本质和人的本性，虽然仍是一种哲学体系，但却首先取得了反基础论的地位，所以它急需说明为什么冒险的法西斯主义的自由选择，作为一种承诺（或约束）形式将不像其他事物那样在哲学上是站得住的。

当然，大部分经典存在主义的"解决办法"都是经过修正的康德的办法：范畴规则的观念确实为我们提供了一种形式主义的最佳范例，它通过将自己的形式作为所选择的伦理态度的寓言，试图赋予它自身以内容。因此，在康德的著作里，道德法的观念被认为隐含着普遍性，并因此要求像对待自己一样对待他人；在萨特的著作里（至少在建立一种萨特伦理的最初尝试中），自由的事实被认为导致对他人自由的某种基本的承认，而这反过来会排除一系列的行为（例如法西斯主义或霸权统治）；在哈贝马斯的著作里，交往范围的首要性被认为隐含着首先从根本上承认交往本身的必要性，并因此承认以平等的方式努力理解我的对话者的必要性；在拉克劳或穆夫的著作里，能指符号群组之间的可能的活动性，被认为隐含着消除与单独一组相联系的任何特殊的内容，并因此被认为构成对政治民主原动力的一种承认。但是，在所有这些情况里，恰恰是一种深刻的形式主义的态度决定着解决方法本身的策略，它不可能存在于具体内容的领域——如历史境遇的领域，具体群体的价值领域，或特殊选择的领域——因此必须被转换到更合逻辑的运作，从哲学概念本身特殊的形式特征中推断出某种看似内容的东西（一种具体化的伦理或政治）。

在卢卡奇的《历史与阶级意识》里，通过对比可以看出一种完全不同的策略，其中哲学和概念的界定——主体（资产阶级知识）商品化和客体商品化之间的对立——以社会的方式加以验证，而商品化的某种自我意识的具体形式，则与一个特定的阶级、即工业无产阶级相对应。相反，在让-弗朗索瓦·利奥塔的《力比多的经济》（Economie libidinale）里，对立的策略完全模糊不清，而且以某种蓄意挑衅的态度不无恶意地断言，一切欲望和政治观点“以力比多的方式等同”。在另外一些体系里，有人提出一种左右之间的结构差异，由此（例如在德鲁兹和加塔利的著作里）右翼的欲望被说成具有妄想狂的特征，而革命的欲望则被说成具有精神分裂的特征；但是大部分这些区分式的解释都带有像是事先拼凑的危险。我自己的“解释”——常常被认为像利奥塔的解释那样令人反感——肯定一切集体经验的乌托邦特征（包括法西斯和各种种族主义的经验），但强调对于与某个特定群体的密切关系需要作一种存在主义的选择：因此，根据这种非形式主义的观点，社会的团结一致必须先于伦理政治的选择，而不可能从它演绎出来。

在这些各种各样的解释当中，卢卡奇的解释——尤其当人们强调与前面描述的小说观的密切关系时——最接近一种辩证的非形式主义，其中，在某种特定的社会内容和充分发展的群体或集体的构成之间，假定存在着某种程度的和谐；但是，这种和谐不能简单地在抽象中选择，而必须从具体的历史发展中形成。不过，在当前的语境里，重要的并不特别是这种解释，而是形式主义的冲动——或者说形式主义的诱惑——和反基础论本身之间的关系，这种关系在许多方面都是它的最高形式，即使它经常通过完全放弃问题而达致其形式的纯洁性（像利奥塔那样）。

因为可以肯定的是，真正的新实用主义若要对群体伦理或政治的性质和理论检验问题加以论述，惟一合乎逻辑的方式就是放弃这种作为抽象和虚设问题的特殊渴求，根据问题的价值及其所处的语境（如果这样的东西可以被想像出来）来处理每一个问题；然而罗蒂也常常试图提出某种更深刻的意识形态的关系，即他自己的哲学观和某种自由主义或社会民主政治之间的密切关系。也许他可以表明这种或那种“基础论”同这种或那种非自由主义或反自由主义政治之间的密切关系；但很难看出，如果不诉诸我已经说过的形式主义策略，他如何能达到相反的、肯定的论断。

至于反实在论，它也经历了一种类似的形式和内容的转换，在各种女权主义的观点中尤其如此，因为它们在一种女权主义的实在论（无论是不是“策略性的”）——妇女在她们的主体性和她们的写作方面，在她们的感情方式和行为能力方面，根本不同于男人——和一种反实在论的平均主义之间转换变化，而平均主义的目的是破坏被片面断定为妇女独有的东西，以便达到一种无视性别的、民主的社会平等。但正如保罗·史密斯所论证的，女权主义表现出对意识形态领域的哲学兴趣，而在这个领域，这样的对立并不能得到解决，而且这些观点没有一个可以放弃而又不引起政治和社会方面的损失：妇女确实有独特的经验，对任何人来说，要压制这种经验就要整个失去历史的内容，但同样清楚的是，对平等的要求也绝不能放弃。因此，戴安娜·福斯认为，在这些观点之间转换既不可避免又合乎需要；而保罗·史密斯更明确地提出，两者必须同时保持（由于某种原因，这些作者都没有求助于辩证法）。所以，如果想像女权主义可以是惟一一种反实在论的运动，那将是错误的；但同时人们又极想知道，是否某种像保罗·史密斯所提的那种不对称的共存，某种由看似处于形式主义事业核心的外在事物和内容所引起的严重不纯和污损，也不可能为反基础论本身创造出来。

但是，如果这样一种结构是可能的，那么只有根据与反基础论相关的二律背反才能想像出来。概述二律背反是本章的任务，但它的另一方面我们迄今尚未触及。不过，通过从整个后现代性中系统地抹去“自然性”，我们一直在为它的出现进行准备：不仅有把传统的农业生产改造成工业生产，而且还有对“构成”远非自然的身份和传统的时代的强烈意识。实际上，对于符号和象征、信息、思想、价值、文化表现和情感的非自然的、任意性的结构，或者说对于构成人类世界的一切事物的非自然的、任意性的结构，信息技术都已经表现出微妙而广泛的敏感性，而在构成人类世界的事物背后，旧的自然世界物质的被动性和对抗性大部分都已被抹去。因此，“自然”无疑是任何反基础论或反实在论的最大的敌人：无论是本质还是公理，无论是终极设想还是形而上学，也无论是限制还是命运，自然对于任何可以假定的东西都是强有力的最后的条件和内容。要消除“自然”的最后残余以及自然性本身，无疑是一切当代或后当代、后现代思想的隐蔽的梦想和渴望——即使它是后者以“自然”本来就不曾真正存在为隐蔽条件而想像的一种梦想。

因此在这个时刻必须看到，后现代性也是“自然”大量引人注目地恢复的时刻，但绝不是在代码或象征的意义上对被压制事物的回归。我在这里的论述中略去了女权主义和宗教的原教旨主义，因为两者都可以以更复杂的方式表明是后现代的，而任何对“自然”或形而上学和传统的再肯定，虽然可以偶尔为之，但总是以一种矛盾的后现代的透明性来完成，就像那两种事物的纯属构成的特征。但是，毫无疑问生态学完全是另一个问题；虽然它对自然范围的再发现和再肯定是后现代的，达到了消除现代化的现代主义和伴随早期资本主义而出现的生产力论的精神的现代主义，但它同样也必须拒绝任何自然观念本身隐含的普罗米修斯主义，即人类历史的另一面，以某种方式由人构成的一面。因此，反基础论何以能与强烈地从生态上恢复的自然观念共存，乃是处于我视为基本后现代二律背反核心的基本的奥秘；我不怀疑这种共存，在我们周围到处可以看见这种正发生作用的共存。不过，正如我将尽量表明的那样，它并不一定是一种单纯的共存——完全不想把生态学已经重新发现的真理置于困境，或者把我们与星球的灾变性关系所最终唤醒的改革焦虑限制到最低限度。

我们首先必须知道的是，这种特殊的“自然”——其强烈的变化最终使我们认识到工业资本主义和整个现代化的进取性——是否在某种程度上被认为以某种方式与那种旧的“自然”相同，因为一切启蒙思想和后启蒙思想（post-enlightenment thought）即使不是消除后者，也都极力使它归化。阿多诺/霍克海默的《启蒙辩证法》好像以一种几乎是生态学的和后现代的方式肯定了这点，但在其后并不是没有放弃普遍的科学，使社会革命和体制变革的重要性——在那部著作中仍不时受到称赞——受到怀疑。如果不只是更高度的资本主义——虽然属于一种技术上更复杂的、更全球化的资本主义——那么在马克思所说的“自然”（naturwuchsige）生产方式之外还能有什么呢？于是关于自然这个词还有另一个问题，即在什么程度上（前面已经提到）它必然以某种方式也引致一种**人类**本性的观念，虽然这种观念本身不会被确切地说明，但却必然隐含在那种不可避免的、伴随出现的关于范围的观念之中，而范围的观念很难与生态学的基本特性分开。关于一种新的后艾滋病（post-AIDS）的自我约束的概念，一种必须针对自我及其欲望和冲动的戒律的概念；关于低微、节俭、谦虚之类的新习惯的学习；一种阻碍满足的对他性的尊重——这都是些伦理观念，是（后现代的）生态学所提出的对于个人和集体的新态度的修辞方式。它们需要与现代时期的那种普罗米修斯主义和生产力论历史地加以比较，也需要与欲望和绝对满足（这种满足在 20 世纪 60 年代和 70 年代初曾得到特别强烈的表现）的修辞加以比较，以便了解新的社会精神在什么程度上也可以得到解释，因为这种解释的根据是对欲望的一种必然压制，是对动机和本能满足的一种自律态度，也是约束、讽刺性的谦虚和怀疑集体抱负的一种新的风格，而这些在普罗米修斯式的乌托邦主义中，在极其广泛的不同类型的革命政治中，都已经表现了出来。

重要的是辨识当代生态伦理中这种压制的方面——至于它是否是自愿的或自我控制的并不特别重要（或许人们应该提出，如果是自愿的和自我控制的它就会更坏）——以便把握两种政治间的密切关系：一种是我们大多数人都觉得应该肯定，在意识形态上愿意接受的；另一种则大不相同，这就是当代的权力主义。

因为非常明显，我们必须等待简·科克帕特里克令人感到奇怪地称之为“权力主义”的统治的崩溃，才能衡量其他一切政体——特别要包括大多数议会民主的政体——究竟在什么程度上属于她的纯“权力主义”的范畴。一种普遍的悲观主义，政治上的冷漠，福利国家或各种社会民主的失败——全都可以列为各地普遍赞成必须实行法制政体的原因。对此广泛的看法是：正是社会暴力的普遍上升，才使它们在很大程度上显得合乎情理（即使这“犯罪行为”本身是对政府失败的反应，也为该政府的重新武装提供了基本借口）。在当前几乎普遍存在的权力主义国家的政体中，真正区分民主和不民主的恰恰是民主公民们的冷漠所提供的被动的默认：整个情况可以作为萨缪尔·亨廷顿宣言的一种极好的例证，就是说，在过分民主和大众参与的情况下国家不可能发生作用。

我想提出的是，这些纯政治和社会的发展，也伴有一种自然主义的复发，尤其是旧的人性本身的意识形态的复发：因此从历史上说它是合适的——尽管从其他方面看并不合适——它们应该历时地伴随着一种生态政治的觉醒，而生态政治同样也会使“自然”的观念复活。因为，今天“权力主义”的政体至少依赖于一种勉强的共识，一种深刻的本能的感觉，即认为法律和秩序必须是与“财政收缩”一起作为首先考虑的问题，而且某种坚定的态度也是必要的——值得以更多的参与性和放纵本能的政治自由为代价来换取与秩序不可分离的某种繁荣；因为，虽然我们根本不再相信有什么超凡的领导人，但我们还是愿意抛弃早期的反权力主义，学会顺从最不讨人喜欢的无能的政治官员。这样的权力主义政体——说它们是新儒学的也许并非不宜，因为它们不仅尊崇秩序并习惯顺从，而且它们愿意重新考虑家庭和道德与政治条件本身之间的关系——最终证明是以一种更新的人本性观念为基础的，按照这种观念，人的本性原是罪恶的、好斗的，因此为了它本身的利益（以及那些支配它的人的利益）需要加以扼制；这里权力以一切社会改良运动隐在的权力意志的信条为名而终于得到了确证。甚至左派——无疑是自由主义的核心——在很大程度上也同意有条件地接受这种消除人的兽性的观点，对此 20 世纪 60 年代的情况及其所产生的后果，以追溯的方式变成了例证和原因，变成了证据和足资教训的实例：随意性、性的转换、吸毒、否定家庭和权威、纯粹无政府主义的热情、要求无限的自由、要求一切可能的乌托邦条件，以为人类只要有一半机会就可以使自己达致乌托邦的境界——所有这一切现在都被解读为混乱、反抗、暴力、憎恨、社会分裂，甚至我们当前所经历的预算赤字的根本原因，而新的新儒学的自然主义允诺把我们从这一切当中解救出来。

但是，情况正好相反！因为恰恰是20世纪60年代运动的失败，才导致了这些关于人本性的局限和罪恶性的旧信念的复归。这绝不是说20世纪60年代出现的任何政治运动都没有缺陷：大部分都有些过分：意识形态上构想错误，而且实行不力，它们缺少领导，采取教条主义的态度，将希望寄托在不该寄托的地方，没有形成充分的特征，更不用说地域上的褊狭和敌人生产基础的压倒力量。但是，这些运动分别引起的热情弥漫着整个时期，而热情本身就是一种强大的、客观的力量，其绝对的失望凭其本身便会产生客观的后果：从伟大的民族解放战争中出现的新国家停滞不前，大部分西方社会民主政府照例向商业投降，勃列日涅夫时代的共产主义政权陷入"萧条时期"——所有这一切，在随后出现的新的、高技术的、多国资本的情况下，只能证明人类感到无法获得集体成就或个人变化，因而只能强调某种狭隘的、令人厌恶的基本的人性因这些不可逆转的倒退而必应遭到谴责。

因此，伴随现代主义的结束不仅出现了后现代主义，而且还在两种意义上出现了对自然意识的复归：从生态学来看，它处于令人悲伤的状况，因为追逐利益的技术探索已经离开了地球；从人本身看，它处于幻灭状态，对人们以集体实践的方式来改变、行动或获取任何实质东西的能力产生了幻灭。

但是，若要坚持这种对人的本性信念中恶的一面，很可能会不攻自破，因为它知道有一种更慈祥、更熟悉的看法，这种看法并不常常与更富宗教性的形式认同，但却假定人类是一种具有不可估量的暴力的动物，需要驯化和控制，需要以同等程度提供胡萝卜加大棒的约束机制。实际上，直到重新征服东欧使许多同样的论点和修辞（现在大约已有300年之久的一种修辞的重负）得到恢复，我们才再次听到这样的语言，例如关于贸易和商业的和平后果，关于市场使前资本主义的巨大热情变成可以控制的需求的作用，关于市场构成“文明社会”的稳定性的作用（这里所谓的“文明社会”未必比直译的“城市社会”[burgerliche Gesellschaft] 更好）。正如 A. O. 赫希曼系统地论述的那样，我们必须直面这些旧的论点，以便把握在何等程度上市场修辞也普遍基于这样的观念：人本性是罪恶的和侵略性的，但通过人类做生意和赚钱的一种平等的自然倾向，它本身可以得到平衡和驯服。因此市场及其论证有些像这种后现代自然主义的最后形式：市场既是一种实在论也是一种基础论，它提供了整个后现代形而上学的景观，与常说的商业和初期资本主义使旧封建社会非神圣化的情况形成奇怪的对照。

但是，这无疑是一种基础，与其他任何一种基础并无二致。罗蒂非常清楚地知道，康德以人类精神范围为基础来建立认识论的努力，与他的前辈笛卡尔的整个事业依据普罗米修斯精神同样都是基础论的。因此，我们必然仍对这样两种同时代的、看似互不相容的运动的共存感到惊讶：一种极其敌视自然的残余以及任何形式的自然性的存在，另一种过于接受更新的自然观和限制观，而无论其基础是否依据的是失败和幻灭。我自己的论证不会有多大意义，除非我们同意我们后现代的人能够同时持有这两种态度，同时持有这两种形式的见解，无视它们的不一致性，更不考虑它们在逻辑上的不可调和。真的，如果在这些观点之间找出（无论什么样的）隐含的关系，例如把它们看作是互补性的，以此使反基础论的形成与各种自然主义的恢复处于特殊对立的状态，那么我的论证并不会产生任何说服力。或许可以论证一种更深刻的征兆上的联系，其中反基础论本身表现了自然主义所表现的同样的幻灭。但是，我觉得这两种解读有些像是“解决”二律背反并使它变成可以驾驭的、不那么令人反感的、比例均衡的方式。或许，在自然终结之际，我们会做得更好一些，为另一个时期将它强化，为失去能力的种种迹象对它检验，把它作为被迫停滞的一种象征，作为无法进入对抗关系并由此发展自己的一种对立事物的标志。无论如何，在最后时刻，在后现代性常常被指责（或赞扬）的那种普遍脱离政治的情况下，人们会发现二律背反处于那种停滞本身的真正核心。

四

乌托邦向来是一种模糊的理想，它鼓励某些人拼命实现这种不可能的理想，并反复使其他人确信那些人永远不可能一开始便会实现：于是它驱使激情主义者和教条主义者进入疯狂，同时又使自由主义者的半心半意获得一种停滞性的心智宽慰。结果那些急于行动的人能够坚定地抛弃乌托邦，就像不想行动的那些人一样坚定；当然反过来也同样如此。

看来时间对反乌托邦是有利的；尤其在东欧，除了一直清除对法国大革命的反动的修正（曾在西欧盛行一时）之外，对乌托邦冲动的邪恶进行批判和分析已经变成了一个迅速发展的行业。这是艾德蒙·伯克和19世纪其他一些人共同做过的一种批判（我们曾错误地认为这是些尼采之类的人，然而他们只是表现了尼采思想中最富衍生性的一面，浸透了标准的反革命的看法），在这种批判中，雅各宾主义被视为一种以愤怒的破坏来表现自己“不满”（最经常的是知识分子的不满）的形式。至于乌托邦，并不是如此隐秘地假定它表现为一种对所有个人的权力意志（人们为个人策划一种坚实的集体幸福），因此在最近这个时期，那种分析判断取得一种坏的审美维度，就像在鲍里斯·格罗伊斯杰出的《斯大林的总体艺术》中所突出表明的，专制者被认为是最伟大的现代乌托邦主义者，更具体地说，是治理国家的现代主义者，他的不朽的“苏联”与《为芬尼根守灵》和《追忆逝水年华》同样是一种宏伟的观念。

于是，在这一点上，反乌托邦迎合了后现代主义，至少迎合了对高度现代主义本身所作的毫不宽容的后现代的批判，即认为它是压迫性的、总体化的、男性中心的和权力主义的，带有某种更极端的、非人性的傲慢，比伯克对他同代的雅各宾派所能设想的特征更甚。因此，这一不可避免但却适宜的第二步，使当前的政治见解与后当代的审美态度协调起来，它们同时存在，可是从未完全结合成一种新的意识形态体系。于是，我们发现一种非常古老的（但迄今仍是西方的）冷战被表现出来，而且，正如我们刚刚看到的，关于傲慢和人的罪恶（又是我们的老朋友人的本性）的市场修辞也得到重演，它着眼于试图从头创造某种新社会所包含的危险，明确警告在创造一种新社会的任何乌托邦的努力中，甚至在对这样做的任何想像中，隐含着不可避免的伯克的雅各宾主义和斯大林主义。正如奥斯卡·王尔德所说，社会主义承受了太多的衰落期；人们不可能忍受绝对政治的持续要求，于是他们人性的脆弱招致雅各宾-斯大林主义的国家暴力，力图威胁他们维持这种不可能的力量。因此在没有国家暴力或实际行动的情况下，艺术上的现代主义以意象表达这种同样的权力意志：勒考比西埃会威胁他的顾客以大致相同的、无法摆脱的单一思想性采取一种健康向上的高度现代的生活方式，而乔伊斯或马拉美则以更微妙的尼采式的掩饰和间接性，通过提供漫无止境的解释和一种类似宗教的奉承，试图强行占用其读者存在的时间。也许为时过早，还不宜补充说这些分析判断常常是些镜像，是对常常被人们抛开的不满的谴责，而人们自己实际上已被不满所吞噬；更确切地说，这种情况带有政治承诺的一些形象，例如通过革命和乌托邦的同情所表达的形象，在对它们认真思考的非政治的或不再是政治的人们身上，它们似乎具有一种激起罪恶感的强大力量。

另一方面，这里我想再进一步，我想论证说明——作为我的第四种二律背反——反对乌托邦的最有力的论点，实际上正是乌托邦的论点，是一种被忽视的乌托邦冲动的表达。假如人们真的相信乌托邦的欲望无处不在，某种个人的或前个人的弗洛伊德的性本能通过一种社会欲望领域得到扩大和完善，并且在社会欲望领域里对理想化的集体关系的渴求也同样强烈而无处不在，那么对这种特殊政治无意识的认同几乎不会使人们感到震惊，甚至在它受到最强烈的贬抑和谴责的地方也是如此。然而那并不完全是我这里要提出的论点，因为处处存在的东西实际上等于是处处不在的东西（顺便说一下，这也是我们奇怪的题目的精髓）。

我还想告诫人们不要随便运用乌托邦和反乌托邦之间的对立：这些形式的概念或普遍的概念——由于科幻小说的作用它们已变得非常流行——似乎使自己得到一种相对简单的对立作用，其中乌托邦的敌人可以很容易地与它的朋友区分开来——奥威尔被分派到那个角落，莫里斯被分派到这个角落，而他们当中的一些人（例如威尔斯自己）则毕生在柔弱与坚强或鹰与鸽这样的两极间徘徊。于是出现了更富戏剧性的干预：德勒兹那样的人在考察一种历史悠久的类似的对立时，即在考察那种称作施虐狂和受虐狂的对立时，出人意料地得出它们并非对立的结论，认为它们彼此之间实际上毫无关系（德勒兹的结论是，施虐狂并不真正是受虐狂寻求的一方，他不会以任何非常令人满意的方式参与后者的游戏；反过来在当前的实例中同样也如此）。我想以差不多同样确定的方式来分开乌托邦/反乌托邦这对对立（虽然可能是一种更复杂的运作）：这不仅仅是因为梦魇的乐趣——邪恶的僧侣、古格拉群岛、警察国家——与傅立叶之类的伟大的乌托邦主义者的轻浮气质没有什么关系，他们很可能根本无意于享乐，而是致力于其他某种形式的满足。

对此稍微再作补充的是，对次生形式的看法，即认为反乌托邦一般是一种叙述，它对一个具体的主体或人物发生，而乌托邦的文本大部分是非叙述性的，或毋宁说缺少主体或立场，虽然无疑走马观花者在整个文本中不时闪现，且有不少的轶事释放出来。按照我的看法（但在这种形式里只是一种意见），反乌托邦基本上是科幻小说批评语言中所说的“关于最近未来”的小说：它叙述某种即将到来的灾难的故事——生态学、人口过剩、瘟疫、干旱、偏离轨道的彗星或核事故等，这些灾难将在我们自己最近的未来出现和转化，而在小说的时间里则迅速地提前（即使那种情况作为远离我们的银河时代的某个被压迫社会而掩藏起来）。但是乌托邦的文本根本不叙述故事；它描绘一种机制甚或一种机器，它提供一种蓝图，而不是对在乌托邦条件下可能发现的种种人类关系徘徊不定，也不是想像我们期望的种种生活能够在某种稳定的、几乎总是可以达到的情况下达到；虽然伟大的乌托邦主义者也那样做过，并且卑劣地（最突出的又是傅立叶，他几乎是彻头彻尾的乌托邦主义者，充满柏拉图精神的乌托邦想像家）获取偶尔出现的这种或那种田园生活的报偿，这种或那种天真或不那么天真的快乐。不过，在大多数情况下，他们都细心地记下精确的机制，而单是这些机制的构成便会使那些关系和快乐、那些田园生活的景象成为可能。因为乌托邦生存的理想包含着在一种矛盾的计划中的想像，因为它们的目的全都可能是说明并实现那种被大量滥用的自由的概念，而自由的概念单靠定义和它自身的结构不可能事先加以限定，更不用说以实例来说明：如果在一种尚不存在的自由里你已经知道你渴望实现的是什么，那么人们就会怀疑它表现的根本不是真正的自由而是重复；与此同时，对规划的担心，对我们自己目前畸形的、被压抑的社会习惯会污染开放的未来的担心，也永远威胁着对未来集体性的幻想的迷恋。

一切真实的乌托邦都已隐约地感觉到这一更深刻的修辞困难和结构矛盾，无论其各种各样的作者——如傅立叶本人——多么想为我们提供一幅他们认为生活真应该是什么样子的图画（多么想观察我们富于同情的惊讶和赞美）；他们大部分都把自己的文本生产严格限定于一种极不相同的运作方式，也就是建构物质的机制，以为单是这种机制就能够使自由围绕着它们形成。但除了释放自由之外，机制本身与自由毫不相干；它的存在使阻碍自由的东西中立化，如物质、劳动，以及伴随它们的人类社会机器的种种要求（如权力、教育和纪律、强制、顺从的习惯、尊重，等等）。

实际上，作为机制，乌托邦的机器也许被期待着把所有的非自由吸收到它自身之中，在能够最好地运用它并控制它的地方将它强化：在古典哲学的意识形态里，机制和机器总是以某种方式作为精神和自由的对立面而发生作用，因而精神和自由同样会以古典意识形态的方式表现出唯心论或唯灵论的特征，从而使它的修辞不可避免地趋向于一种天使主义。于是，通过以绝对和强化形式来体现必需事物——劳动、约束和物质——的乌托邦的机制，使一系列的自由在它自身之外蓬勃发展。

按照瑞姆·库拉亚斯的《发狂的纽约》中对电梯和城市网络的论述，这个过程可以以比喻的方式象征地表现出来；《发狂的纽约》首先根据工程技术的组合提出了一个**必然性**的问题，即什么东西必须包括在建筑之内但又不能成为象征也不能升华（如像感伤主义的海亚特旅馆的吊盒式电梯，它在不停的运动中轻轻地升降)。不过，库拉亚斯认为，那种占现代建筑40%的大量的管道和电线（它们只能在特殊情况下用作装饰，如蓬皮杜中心的外壳），代表一种习惯上无法同化的外体，必须以一种有待发明的新的方式来处理（瓦莱里曾说，艺术作品中必需的东西，永远不可能以价值来补偿)。《发狂的纽约》根据城市的发展水平提出了一种解决办法，它指出（19世纪中叶）电梯的发明和曼哈顿城市网络的创造（按照1811年的计划）是一些这样的机制，它们把那种必然性集中到一个单独的结构之中并使之浓缩，就像把多项债务合并起来使你只需付一份账单。于是，这些孪生的纵向和横向的机制，使纽约各种发狂的自由围绕着它们发展：它们像是对物质和物质性（如果不是精神本身）付出的代价，是最低限度的工作时间，正如马克思所说，只要超越它们就会看到“自由的王国”。因此，乌托邦的文本将这种机制作为它表现的客体，而在那种意义上，关于可怕的机器的对应的文本——卡夫卡写地狱机器的《流放地》，或者普拉东诺夫的《基础陷阱》——严格地说都是对乌托邦的结构的颠倒，在形式上与非乌托邦的叙述本身大不相同。(不过，后者很可能包括它自己的逻辑与颠倒的乌托邦的逻辑之间的矛盾：正如在《1984》当中，前提——即任何科学的或真实的思想都是不可能的——与反乌托邦的国家机器监督中的纯科学的完美相矛盾，因为这种监督被迫用作一种因果关系的解释，用于说明任何科学都不可能于中实现的那种非乌托邦事态。)

这些机制可以达到极端详尽的状态，就像在傅立叶的一系列复杂的作品当中以及他为它们设想的大联合那样；但是，它们都以这种或那种方式与马克思在《资本论》里的政治设想相一致，即都表明社会主义不是一种想像的虚构，而是遵循自然的规律，是一种像质量或能量、像地球引力或元素表一样的事实。使人产生误解的（因而好像是反乌托邦的）是马克思表明这种情况的方式，其中说社会主义在资本主义自身的空隙中已经在形成，如合作和集体劳动的增多，出现了越来越大的非个人的联合体和工作或生产单位，出现了后个人的（post-individual）所有制形式，等等（所有这些在我们自己的时代比马克思所处的时代甚至更加真实）；但是，他对空想社会主义者不充分关注他们计划的实施和实现所作的否定，只在政治上是正确的，在社会和本体论上并不真实。傅立叶从未从政治革命方面考虑，实际上他的看法本质上是反雅各宾派的，他只能在完成法郎吉（即法伦斯泰尔）当中想像对著名的"捐助人"的干预；然而傅立叶作品中的一切可以说都集中于表明乌托邦思想处于自然之中，从最小到最大的各种可以想像的人类集体的形式，由于其自身的内在力量都倾向于某种"联合"，而这在某种程度上则是宇宙的本体论法则。因此，至少在这种意义上，傅立叶懂得他的再现必须是现实主义的，必须诉诸存在而不是想像，必须基于经验上存在的现象，即只需一种新的诗人的眼光在我们周围世界上所看到的现象。与此同时，马克思本人将必然王国和自由王国完全分开也是乌托邦的，这种区分在前面已经提到，而且还勾勒了一种古典的机制，根据那种机制，劳动可以大幅度减少，价值法则（在马克思的著作里，至多是一种关于"客观现象或幻觉"的理想主义的、拜物主义的、唯灵论的原则）被更多的物质计算所代替。

不过，要唤起这种乌托邦的机制（其中必然性的部分被投入精巧的机器，以便使已经将它除去的空间充分扩展），等于是突然承认另一种熟悉的当代的意识形态，这就是市场本身，或者说诸多反乌托邦方式中的主要表现。因为市场的交换机制非常确切地构成必然性的某种组织，某种纯机械需求的总和，至少从理论上讲，这种市场组织应该释放更狂热的自由，远远超过库拉亚斯那种类似超现实主义的宣言所能归之于纽约的任何东西：即个人生活的实现要有代表制或议会制民主的稳定，要有法律和秩序，要驯服人的兽性，还要保持公正的延续。无论今天对市场修辞的运用多么卑劣，也无论在东欧这些地方它的效果多么有害，最好的策略可能是宁可直率地承认这些乌托邦的维度，把市场幻想与其他壮丽的乌托邦思想—实验一起分类，从而在另一种意义上保证这一切仍然是——并被理解为仍然是——一个根本没有的地方和一个根本不知道的地方。赞颂后期资本主义必然要依靠与它对等的修辞方式，即乌托邦的话语，而为了彰显它自身并传播它极不相同的信息，又必然要运用它的主要对手的武器——这就是我想在这里概括的第一个二律背反的后果。

但是，那种二律背反也可以通过对乌托邦的批判来认识；也许现在值得在事物的另一方面采取这种方法，以便看看它是否同样不会使我们回到某种中心的位置。诚然，很难把思想上对乌托邦的否认和对乌托邦的恐惧分开，前者既有公开的形式也有秘密的形式，而后者是在巨大变革过程中面对不得不失去的一切所产生的一种十足的焦虑——这种变革如此巨大，甚至在想像中，也会认为它严重影响到当前的情感、习惯、实践和价值。实际上，基于从一个体系跳跃到另一个根本不同的体系（甚至是想像的）所包含的困难和悖论，这样一些焦虑在很大程度上有助于为“不满”的指责进行辩护，而我们已经看到，这种指责被反革命的传统用来反对乌托邦思想：因为事实上，在我们体系内部很少有什么东西激起如此绝对的变化，因此不可避免的是，那种可以这样分离出来的促动力量，或将旧体制中存在的价值与新体制引起的变化相联系的促动力量，必然会显得像是不惜任何代价的一种固执地追求破坏和变化的欲望。在这一方面，将萨特简明地概括的结构上的困难——即个人在欲求从一种对存在的绝对或原初选择到另一种选择的变化中所面临的困难——转移到集体的层面，深入思考萨特关于权力意志的概念在这种情境里毫无意义的结论，无疑会产生启示的意义。因此，乌托邦的想像必然是一种立体透视，它同时将乌托邦的幻想置于两个截然不同的世界，通过它所提出的看似不可调和的要求产生出一种独特的不安，即彻底脱离人们同时坚持作为某种极限的世界的存在。

我认为，在第一世界，进步人民最迫切的任务是不懈地分析判断乌托邦自身之前的恐惧和焦虑：这一相对内省的、自我批评的过程无需等待关于未来的新看法的出现，当新的世界秩序及其后民族（postnational）阶级体系的轮廓稳定之后，这样的新看法必然会出现。对非政治化的受害者本身有一种可以实施的集体疗法，这是一种对我们幻想的一切事物的严厉的看法，如对社会秩序根本转变的种种可能的想像，我们幻想它们是支离破碎的、个人的、压迫的、悲哀的、消沉的事物。我的看法是，这样的感情从总体上构成混乱而真实的、有活力的、反乌托邦主义的事实，它们并非真正产生于现时个人的巨大幸福和满足，也不是产生于现时个人的实现，而是完全用于阻止对现时不满的经验感受，在其所用的方式里，“满足”在逻辑上是一个迷惘的观察者所能作出的惟一判断，而更深层的无意识的迹象则对他隐蔽起来。

然而，除了世界人民今天在政治上显得疲劳和士气低落之外，并不容易看出有什么肯定的价值可以用来支持反乌托邦的市场修辞：人们以为某种“后政治的”（postpolitical）集体会退居其中的空间——当前在发达资本主义国家里，以一种早已不复存在的文明社会为名而受到不合时宜的赞扬——显得毫无意义，完全被消费及其代码和语言所占据。这是实现马克思关于日益扩大集体化的预言的一种否定的结果，因为这个过程取代了过去一向是个人领域中的存在经验的最后残余，将以前个人的创造精神转变成如此多的暗指共同产品的隐喻，转变成如此多的由广告形象所引起的模拟行为和欲望。传统的家庭形象（与其他传统生活方式的形象一样）很难吸引某种后现代性的主体，这种主体只能以集体的方式想像个人的生活，把个人生活作为一些新型的部落网和组织起来的爱好，但为了使它们与其他类似的社会结构区分开来，又必须标明它们是非官方的和非公众的。

不过，这正好使我们可以找到当代意识形态中最有力的动机，而对于当代意识形态，一切列为公共的东西都无可挽回地受到腐蚀，一切带有机构色彩的事物都引起反感并以阈下的、几乎是巴甫洛夫的方式进行抵制，一切被视为表现国家以及围绕国家的附属机构的事物都被非常明确地以否定而有力的方式唾弃：这是些国家权力本身试图恢复的东西，它试图把它与美国边界文化传统和个人主义联系起来（由于这种传统和个人主义，尽管当代历史经验中存在着绝对断裂，除了依靠形象和联想的启示它也不可能做任何事情），以此赋予它一种能够用来反对其他民族传统的民族精神。但是，这种反机构主义只能以从属的方式被视为是反社会主义的或反斯大林主义的，因为它所针对的更基本的客体是整个资本主义，包括它贫乏的语言和虚构的结构，它的创造的等级和模拟的心理。这是西方人民对至高无上的、非个人的权力结构所获得的惟一经验，是后期资本主义系统地对之发生作用的一种经验——后期资本主义远比任何左派或人民运动更微妙、更精明地对之发生作用，它改变了这些反对“大政府”和“官僚政治”幻想的方向，仿佛在第一世界资本主义国家中联合企业本身并不是一切官僚政治的基本所在。同时，旧的阶级官僚政治中的正面特征——在庞大的封建官僚政治中关于服务的伦理道德；在资产阶级时期的启蒙精神，例如第三共和时期的教员；在当代美国那些社会服务人员的道德——在当前的宣传中遭到系统的贬抑而黯然无光，因此任何人如果碰巧看到马克斯·韦伯关于官僚主义政治是最现代的社会组织形式的言论，只能被如此奇怪反常的见解惊得目瞪口呆（这种见解无论如何产生于一个遥远的、外国的过去）。然而，正是用这种方式，对于像今天那些大企业之类的真正反社会的、异化的结构的憎恨——通常认为这种憎恨会促使产生正当的乌托邦的沉思和幻想——才转而反对乌托邦本身，其中伴随它的是市场社会能够产生的种种关于满足和消费的正当的乌托邦幻想（关于这些幻想，我在《后现代主义，或后期资本主义的文化逻辑》里曾试图说明，它们自身在直感上绝不是唯物主义的，在本质和形式上都依靠资本主义销售本身的具体化的形象）。

至于对抗乌托邦所采取的更加深奥的形式，尤其是其更加高度理性化的形式（其中的危险是关于权力和统治主题的“总体化”和具体化的错误观念），重要的是在这里重新引进各种群体的力量，因为不像公共或霸权性的宣传那样，左派或激进的理论通过“再现”这种或那种集体的要求（或至少用并肩而行的同路人的那种同情为他们讲话），明确地证明它自己合法合理。这种基本的集体认同和反乌托邦观点的基础，已经表明这种论证中的一些更深刻的矛盾，它们最终并不只是自由主义的、个人主义的、反政治的观点的反响。

这里还必须援用小团体政治中的一种基本的连续性，凭借一种连续效果，每个团体一直运用它自己特有的影响形式并炫耀威胁，同时又想像自身是被另一个团体压迫的少数（另一个团体也会有同样的感觉）。举一个最能说明问题的例子：白人男性多数在发展其作为一个群体的自我意识时，会觉得它是一个进行斗争的少数，受到那些将自己的文化价值强加于它的边缘群体的压迫。显然，这种镜像反映和投影作用所要求的，并不是对权力和统治做进一步分析，而是一种关于权力幻觉的精神病理学，一种关于传媒如何以一种无限回归的方式保持并发展这种幻觉和投影的精神病理学（这是萨特开始用前面用过的“连续性”来描述的一种现象）。

我自己的感觉是，当各个群体全都达致彼此战略关系中的共同问题和必然性时，即从葛兰西的“历史团体”通过联盟政治的方式直到当前由“怪异理论”所提出的“人民阵线”和“边缘性”等许多历史条件都对其适用时，群体政治才开始向一种激进的方向发展。只有对斯大林主义特殊时刻的扭曲的记忆才促使人们相信，总体化的概念意味着压制这些群体的一切差异，将它们以前的追随者重新组织成坚不可摧的军事或党派团体——长期以来对这种团体惯用的修饰最终总是“坚如磐石”；但相反的是，根据任何有意义的惯用方式——就是说，对于这种惯用方式，总体化是一种设想，而不是表明已经存在的某种机构的一个词语——这样设想必然意味着对所有这些个体差别的综合处理，就我们这一代而言，也许拉克劳和穆夫已经在他们的作品《霸权和社会主义战略》里作了最好的描述，虽然作者相信他们的作品是针对“总体化”而发。无论如何，团体或人民阵线所提的这种团体之间关系的困境及其令人痛苦的调整，在任何地方都不像在乌托邦传统中那样得到持续的再现和思考，它在傅立叶的著作中达到的高峰，全面展现了团体间的综合联系，将拉克劳和穆夫较短的接合链条远远抛在了后边。因此傅立叶所展示的是最令人激动的、大规模的总体化（不过也可以看看吉姆·斯坦利·罗宾森的火星三部曲［即《红火星》、《蓝火星》、《绿火星》］，它无疑是20世纪90年代伟大的政治小说，其中对各种激进或革命团体的相互关系的描写，最生动地表现了我们自己的时代）。

但是，关于差异政治（也常常称作身份政治）在结构上的奇特性，还有更多的东西要说：这更比纯粹通过否定的说明更加危险，比通过多种群体的身份而必然产生的差异也更加危险。然而，我认为可以肯定的是，在相当大程度的社会标准化形成之前，就是说，在基本上获得普遍的同一性之前，关于差异的政治不可能出现。哥伦布和他遇到的民族之间所保持的真正的、根本的差异，永远不可能连接成一种政治：情况最好时是进行奴役，最坏时是种族灭绝，偶尔也有些像是富于同情的尝试，企图达到某种不可能的宽容（这宽容本身也是一种以保护人自居的恩赐）。马克思曾断言，我们自己时代的社会革命是基于同等感的普遍化，基于对平等的不可压制的要求，而现在这种法律平等已不再产生平等；在这一点上，所有反对革命的思想家都同意他的看法，他们都清楚地看到了一点，即这种意义上的“民主”——对平等的强烈要求——由于它能够在现代社会中保持下来，对社会秩序是最具破坏性的威胁。只有以那种同一性为基础，“差异”才能有效地转变成一种政治计划；这种计划是否能够将要求平等与肯定分离主义的文化同一性（=差异）协调起来，仍然有待于观察。但这些二元抽象的可逆性力量，对这样一种计划肯定不是一个很好的出发点。

现在我们需要再后退一步，探讨一下单个的小群体运动本身的乌托邦使命，因为它们在一种特殊的压迫传统和一种（必然已构成的）历史过去当中，通过确定常常不确切地称之为一个群体或集体的“身份”，试图针对更大的霸权统治结构来限定自己。这是一种必须充分以团结为基础的身份，同样也是必须充分以异化和压迫为基础的身份，它必须依靠那些原始或部落的内聚力的形象，而这些形象却一直是乌托邦传统本身的精神财富：包括曾经被称之为“原始共产主义”的东西，在部落或部族、氏族、村庄、甚至庄园家族的图画中从文化上折射出来的东西——无论什么样的集体结构组织，似乎都抵制现代工业国家反常的社会状态，提供某种否定和批评的力量，反对当前对这种群体实行压迫的更大更广泛的人口统计。

但是，这种对小群体本身价值的坚持——卢梭是它的第一个理论家——是一切乌托邦想像的力比多的源泉，无论在当代条件下它对重构乌托邦的观念会提什么样的理论问题（包括对卢梭本人的批判）。因为坚持乌托邦构成中的其他类型的政治激情会不合逻辑——法西斯主义或其他右翼运动对集体修辞的盗用，对那些表明现代职业特征的（从男性交往到英文系）各种神秘的集体冲动的确定——而在小群体政治的力量方面，也不会为一种更深刻的乌托邦思想的有意识或无意识的作用留出同等的位置。

同样，根据无政府主义的历史对立面来重新限定这一特殊的反乌托邦思想——无论根据无政府主义与“称作马克思的欲望”的对立，还是根据它与雅各宾传统的对立（那种传统好像已经表明了从法国革命一直到苏联革命的政治体现）——也是没有任何意义的；因为这种对中央集权制和中央集权制之下的经济体制的否定，其不同之处就是它充分表现了它以为自己正在谴责的乌托邦思想。无论如何，前面已经说的足以证实这样的结论：任何积极的或有效的从政治上反乌托邦思想的形式（并不只是掩饰起来的自由主义），本身迟早都必然表现为乌托邦思想的一种富于活力的形式。这是本章旨在论证的二律背反的最后的形式。

从这些陈述中得出的第一个结论是，整个关于当代思想和政治见解的一系列流行的看法，不仅软弱无力而且根本没有进行充分的构想。我们今天根本没有超越左右的对立，现在这个时代也不是一切旧的联盟和联合因新的、或许更灵活的联合而完全被抛弃的一个时代；这种特殊的“意识形态的终结”，比其在艾森豪威尔时期短暂的体现也绝不会更加持久，艾森豪威尔时期之后，紧接着就出现了美国社会史上最政治化的时期。这种表示特征的描述试图说明的东西——它们并不只是低下地受制于那种使未来可能的政治彻底中立化的意图——毋宁说像在这里概述的那样，是二律背反的结构所造成的后现代思想的瘫痪，它以一种静止的颠倒和重复来面对思想，其中同一性变成差异，差异又变成同一性，采取一种非生产性的方式，从而可以理解地使某些人完全抛弃理论著作（而且同样肯定的是，当前的情境已经经历了一种倒退的、传统主义的运动——这一运动反对一切理论研究，它由向后现代性的那种转变引起，而后现代性要求首先从理念上重新思考传统的构成）。

在这种探讨的开始我曾警告说，二律背反肯定比矛盾具有更强的修辞能力和表现能力：这就是说，它更容易表现我们在这里作为效果展示而提供的那些形式效果，而不是对它们必定隐含的原因提供任何满意的说明。每个人都会本能地感到，这些新的思想类型，这些新的、紧迫的、我们于中被控制的反常情况，这些像是处于激流之中或银河时代的反常情况，与我们称之为后现代的事物是一致的，它们的历史创造力与后期资本主义本身的机制有着某些密切的联系。但是，这种感觉只是作为一种初步运作的前提，而不是任何实质性的结论：这种联系可以突现出来的方式——同源、中介、参与、征象——非常模糊；它会相当自然地导致人们对问题本身进行初步的思考，以此作为解决无法直接把握的问题的一种间接的方式。

不过，与现代科学的类比可以提供一种松散地把握表征问题的方式，仿佛这问题来自于外部，没有自己的解决办法：我们被告知，在爱因斯坦的观念革命之后，牛顿的定律仍然有效，但发现这些定律的应用在结构上已经减少，只适用于爱因斯坦所发现的宇宙整体的一个小小房间的小小的角落。因此，牛顿的定律支配我们自己的历史世界和实际经验的现象领域——无疑是一种客观现象，绝不是纯粹的错误或迷信——而爱因斯坦的前提则指向超出我们所及范围的某种事物，只有明显歪曲我们自己的坐标才能对它重构。这是在哲学上正确运用总体性概念的一次尝试，即总体性宁可作为某种明显无法了解的事物，也不要作为认识论的权威所特有的某种形式，有些人极力为自己保持这种权威，其目的是为了奴役他人（如旧的启蒙运动的宗教观念）。可以设想，后期资本主义在全球的急剧扩展，促使它达到了这种无所不在而又不可知的状况，就像二十年前一些资本—逻辑学家所论证的那样：除非作为一种总体化的力量在世界市场上总有其最终的范围（马克思），否则它会永远占据我们迄今简直无法理解的这种至高无上的地位。那么，在总体的力量以再现的方式回避我们的历史当中，作为个人或实际上作为历史的主体和阶级，究竟如何才能协调我们颇受局限的立场？这种教训可以追溯到斯宾诺莎这位无疑最受人关注的总体性的思想家，当时，他对那种庞大的存在的整体或自然（我们只是其最片面的反映），根据其组成部分或构成因素，提出了一种禁欲主义的调整；接着，它由弗洛伊德精神分析实用的一面再次提出——不是作为一种治疗，而是根据治愈本身不可能实现作为对我们自我认知的一种调整——热情地选择并坚持齐泽克称之为症状的东西。托尔斯泰也远不是没有这种政治智慧，他曾嘲讽地表现了世界历史上最伟大的领袖急于保持同样地位的过程，他们证实必然和不可回避的事物，仿佛那完全是他们自己的策略。然而这些想像没有一个确切地构成对必然的顺从；在这种认识论的调整过程中，每一种想像都假定某种智慧，单凭这种智慧，无论让我们进行什么样的实践，这实践最终都可能实现。

所以人们可以设想，承认后现代的二律背反并不是一种徒劳无益或虚无主义的自我拆台的实践，而是必然会产生出无意识的结果，只是对这种结果我们现在还不能有多少猜测。我已经指出，总体性的思想本身——我们至少可以**命名**的某种庞大体制在我们周围存在的那种紧迫感——明显有助于迫使我们至少去构想选择其他体制的可能，也就是我们现在可以认为是老朋友的乌托邦思想。关于二律背反，也许我们还可以得出更多的结论，就是说，它们在同一性和差异性之间的不停的转换，应该归诸于一种受到阻碍的机制，而在我们的认识当中，这些范畴未能得到发展，未能通过它们自己的相互作用改变自己，就像它们在过去其他时期似乎能够做到的那样（不只是在黑格尔的辩证法当中）。倘若如此，那种阻碍只能与对最近的未来和可以想像的变化无动于衷相关（以特殊的含义运用这种表达时，雷蒙德·威廉斯给这些词限定了一个“可知的群体”）：对我们来说，时间存在于一种永恒的现在，更远一些，存在于一种不可避免的巨变，这两个时刻在记录仪上清晰地显示出来，没有交叠或过渡的阶段。真正失去的是时间的下一个瞬间；我们像是只能记住其遥远过去的人，这些人完全失去了最近的和最熟悉的维度。实际上，即使作为一种原因，这种不能想像变化的情况（其本身也必须想像成集体的脑子有一叶瘫痪了）也完全可以作为对我们这里概括的困境的比喻：一种现在的同一性面对一种不可能的、未来的、巨大的、不可想像的差异性，两者的共存就像人的一对眼球，每一个都记录一种不同的范围。这是一种使等待有些喘不过气来的境遇，仿佛我们等着听钟表失去下一声嘀嗒，或者没有出现的第一步更新的实践。

（王逢振　译）

全球化中的恐惧和厌恶

对威廉·吉布森的《模式认识》的反思：一种当代风格的辩证

《神经漫游者》的作者真的改变了他的风格？是否像一些老式的批评家所说的那样，他已经“停止”写科幻小说，因此准备向他道贺？然而相反，他也许正在进一步接近“虚拟空间”，他常常与之相关，而在有时与他合作的布鲁斯·斯特林的作品里，这种虚拟空间似乎得到了更典型的发展。无论如何，科幻小说的再现方法已经经历了数代的科技发展，几乎从该运动的一开始就经历了巨大的变化，因此要比已经枯竭的现实主义（还有已经枯竭的现代主义）向当代世界回授更多的可靠的信息。

威廉·吉布森，《模式认识》的作者，无疑更经常地表现了另一种创造物——“虚拟空间”，以及它内部的全球信息交流的网络系统，比之最近一些小心翼翼地探索后期物化直观世界的小说的表现更胜一筹。[1]诚然，斯特林赞扬了黑客，赞扬了对虚拟空间的英雄式的盗窃，但却没有吉布森那种悲剧式的强烈感——把他们描绘成未来边疆的怪人或边缘人。他的作品的紧张和兴奋与更冷静的吉布森相当不同，我觉得总像是产生于全球性的企业家似的，而制造的对金钱的兴奋，仿佛产生于妄想狂。

但是，那种兴奋也表现了正在形成的全球化的真实性，因此斯特林在这里不应该只是一笔带过。他的长篇小说常常是插曲式的，但短篇故事，例如收集在《美好的旧式未来》里的故事，则是典型的后现代性的作品，它们本身是一些小的杰作，描写一个厨师沿着全球驿站进行的旅行，以及有趣的旅行者与他们突然发现自己身居其中的未来城市的明显的不和谐。东京（现在的东京和永远的东京!），可以肯定，在那里，一个来自罗德岛普罗维登斯的日本—美国人的联邦检察官，发现她卷入一场通过瓷猫发起的阴谋；但在加利福尼亚州，一种新的生产人造（和空中）海蜇的过程，使得得克萨斯地下剩余的石油面临着全都被变成无用清水的威胁。接着，芬兰提供了一个并不令人惊讶的欢快的猎场召开会议，参加者有 20 世纪 60 年代的恐怖主义者和以前的克格勃，还有无情而年轻的生态民族主义者，老工业间谍，以及一个年长的儿童文学作家——他的作品在日本非常流行。[2]

与此同时，逃避印度税收制度的宝莱坞（Bollywood）的演员，正好碰到位于英格兰波利顿的历史上最大的坟墓，那是在鼠疫中大量死去的人的墓地，现在是只能用于拍摄廉价片的场地；然而在德国，在都塞尔道夫，文德的新机构受到探究，在那里——在一个来自查塔努噶的“顶级”推销员看来——当时一切破坏性的集体运动，从足球流氓到反对现代道德的多数人，时断时续地以某种仪式似的“骚乱”配合一致。实际上，正是查塔努噶，它那被烧毁的、位于市中心的未来的庞大建筑（现在到处都是鼠窝），变成了一种更复杂、更有特点的冲突的舞台：一方面是一个无性别的自行车修理工（新的性别运动在这个未来激增，包括性的评议运动，它人为地消除了性驱动力），另一方面是一个长期服务的私家警察，现在是衰老的国会的忠实成员，他的人为的身份置换，面临着因邮件中多余的邮包而被揭露的危险。最后，回归到经典科幻小说，由于 21 世纪追逐利益，在中亚荒漠中发现了一个巨大的人工地下洞穴，在这个洞穴区（旧的东亚共荣圈最近的未来形式，现在由中国管理），有三个世界规模的作为试验的人类社区，以检验400年之久的空间飞行的可行性。我只是偶尔提到在这些故事里被视为想当然的一些稀奇古怪的科幻技术：更有意义的是全球虚拟空间的首要地位，在这种虚拟空间里，托夫勒那种旧的对技术的推测和幻想，对于有关新的地缘政治想像的更富历史性的原创文学的使命便处于次要的地位。

纸皮本地震仪

这就是为什么这种亨特-汤普森式的全球旅行具有真正的认识价值：虚拟空间构成一种实验室的试验，其中记录着新体制的地理文化的光谱和带宽。真正被一种体制在扩展中抛弃的是陈规旧制的文学，这种扩展像新星爆炸，散发出多种不明确的关于新生社区和新的人为地区分的种族的信号和符号。陈规旧制是我们与其他集体相联系的绝好的工具；如果没有它们作为中介，任何人都不会正视另一个团体。它们是一些寓言式的漫画，不再传递旧的帝国主义的种族蔑视，而且常常（像齐泽克评论以前南斯拉夫流行的种族笑话那样）成为包容和团结的富于感情的形式。

确实，对这种文学的审视已经提供了某种关于新世界体制的原始资料：日本的巨大作用——在吉布森的描述中，一直到《模式认识》本身，都有表现——是第一世界的科学技术和第三世界人口爆炸的警示性的象征结合。俄罗斯也显得非常突出，但主要呈现为各种政治恐怖组织（源自先前的各个共和国），这使我们想到无政府主义和暴力犯罪，也使我们想到阴谋网络和未来的失业，而这些都潜伏在资本主义的表面之下。它还提供了一个过去曾与第一世界平等的国家遭到可怕地破坏的更具当代性的戏剧。欧洲形象的模糊——一种高雅的博物馆或旅游游乐场，同时也是一种进化和经济的终结——非常具有启示性；而伊斯兰的消失同样也有启示性。在这样一个时刻，真正以那种特殊的陈规旧制为基础而发生作用的是现实而不是文化或文学。

这种新的地缘政治资料标志着这些商业冒险故事和早时的冷嘲热讽的新闻写作之间的某种重要的历史差异；实际上，20世纪六七十年代和90年代以后文化产品之间的相似和区别，很值得做进一步探讨。同样重要的是，这些主人公——尽管他们忙于确定优秀产品的地位，确保奥秘的新的发明，超越竞争对手并与本土产品进行交易——并不特别需要毒品的刺激（在最近某种世界—历史的表达中，例如在大维·福斯特1996年的《无限的嘲笑》里，仍然是一种占优势的存在，人们甚至可以说是一种形而上学的存在）。

eBay的想像

但是，正是通过它的风格我们才能更好地根据某种时间的连续来衡量这种新的文学。这里我们也许最终会回到《模式认识》的独特性，在《模式认识》里，这种风格达到了一种经典的完美。我想把它解释为一种经过渲染的、拉大旗做虎皮的方式，而对主人公（凯丝·鲍拉德）第一天在伦敦挑选的衣服的描写是一个可靠的标示：

> 一件新鲜的水果牌T恤衫，她的黑色的Buzz Rickson's MA-1，从塔尔萨旧货店买的无名的黑色裙子，皮雷特牌的黑色长筒袜，黑色的Harajuku牌学生鞋。她的模拟钱包是一个信封，是由民主德国的黑色薄片做的，在eBay买的——虽然不十分准确，大致也差不多。

我不知道所有这些东西是否真的存在，但对于当前的集体意识，eBay 肯定是个合适的词，无论你是否知道产品是不是真的，或者是吉布森虚构的，eBayde 指涉显然是“适用的”。另外非常明显的是，提出的名字是一些商标的名字，它们本身的力量既传递瞬间废弃的意思，同时也表明今天世界市场在时空中的渊源和新的异国情调。

另外一点是，在当前的世界上，一切事物都在慢慢地被逐渐命名。这与旧的亚里士多德的普遍论毫无关系，按照那种普遍论，椅子的概念涵盖了它所有单个的椅子。这里“高靠背的工作站的椅子”与 BA747 里的座位几乎属于完全不同的种类，它“使她想到一条小船，一条用柚木抛光板做的小船”。但也有锻炼用的椅子，称作或名叫“改革者”：“很长，很低，模糊地显得不祥，看上去像魏玛时期有弹簧的家具”，也可以被翻译成另一种语言，在这种语言里，它变成了“日语解释的黑漆木仿古椅，带有看上去像是鲨鱼皮的垫子”。这些东西当中的每一种都在走向拥有自己名称的最终目标，但不是我们熟悉的名字，如像我们说“密斯椅”或“巴塞罗那椅”时那样。它不是产地的问题，而是名称的形象问题，因此“安迪·沃霍尔的电椅”也许是一个更好的参照。

然而，在这种后现代的唯名论当中，名字必须表达新颖和时髦：旧的、过时的东西的用处只能是一种文化标示：“冷饮柜前那种旋转的空着的镀铬凳非常低，摆在同样很低的围栏前面”，正是这种“低”、“非常低”意味着日本。而在莫斯科，桌子“两侧摆着两个巨大的、空着的、翼背式的安乐椅”，它只能代表落后。这就是吉布森的俄罗斯插曲不那么有意思的原因：他把残余的冷战思想带到了这个组合的空间，“仿佛一切都是由某个人设计，此人一直在观看八十年代西方一家旅馆房间里的画，但从来没有见过一幅原作的样品”。当苏联和中欧的怀旧艺术，远比这种情况更有活力和生气，它考虑某种可以替代的世界，其中一整套大众生产的工业产品，从马桶座到窗玻璃，从淋浴喷头到汽车，都是白手起家发明出来的，虽然它们不同于实际存在的西方产品。这仿佛是阿尔特克人打败了科尔特斯，生存下来，发明了自己的无线电广播和电视，自己的动力机车，自己的电影风格和流行文化。

无论如何，这里的前提是，在这个领域，俄国没有任何新的东西提供给我们（斯特林的审美方式提供了更多的机会来欣赏东方怀旧艺术中真正新的东西，或世界历史上的创造）；而要作出的结论是，提出名牌加以炫耀也是一个知识问题，由于那些东西回流到西方的时装店或跳蚤市场，它表明对世界范围的时尚在各个方面都非常熟悉。因此，我所称的“提出名牌加以炫耀”也可以理解为自己人的团体风格：商标名称对于知道它们的读者是一种熟悉性的闪现。甚至愤世嫉俗（这个词援引斯劳特迪耶克的用法，而不是“后水门”中的意思）也是一种群体团结的欢快的标志，窃笑是开怀大笑的一种形式，阶级地位是了解真实情况的问题，而不是拥有金钱和权力。我认为，自己人团体的风格是托马斯·品钦的创造（或更确切地说是发现），早在他的小说《V》里就已经出现，尽管伊恩·弗莱明也应该作为参考（“谢谢你，邦德上校，”凯丝低声说，甩了一下头发，跨过公寓的大门）。但是，正如我们不再需要毒品，我们也不再需要品钦的种种偏执狂和阴谋把它包装起来，因为全球资本主义会更有效地完成它。我们听到的就是如此。

一种审美的诞生？

然而，《第 49 号签的呼喊》仍然是一种基本的范式，如像亨特·汤普森那样，这种差异确实在历史上很有启示性。因为交通标志和其他指示的涂画已经被某种类似“艺术的作品”替代：其暗示不是指向社会世界中不可想像的某种现实，而是指向某种（尚未出现的）不可想像的美学。这是某种尚未确定的性质的电影的问题，在圈内人当中，它已经逐渐被视为是“连续镜头”的问题，它在最不可能的地方以布景和剪贴表现出来（广告牌、电视广告、杂志、互联网络），成为“一百三十四个以前发现的碎片……通过一系列最疯狂的调查，无休止地修订，打破，重新聚合”。实际上，正如人们可能期待的那样，围绕着影片神秘的“连续镜头”形成了一种全新的自己人团体；其中一个人物评论说，我们正在经历“一种新的亚文化的诞生”。于是，逐渐形成了一个世界性的组织，它赞同这种新的客体，充满激情地交流和论述关于它的矛盾的理论。这样，连续镜头使《模式认识》变成类似布洛赫的艺术家的小说的概念，而这种小说像黑洞一样在它本身内部带有不为人知的、未实现的艺术作品，一种未来的不确定性突然在现在闪烁，而不在的乌托邦的崇高突然展开，像是空洞的每天之内的蛀洞：

> 光和影。情人的颧骨像是要拥抱。
>
> 凯丝颤抖。
>
> 现在这么久了，不曾看见他们触摸。
>
> 绝对的黑暗在他们周围因肌质而减弱。具体吗？
>
> 他们穿着他们常穿的衣服，这种衣着凯丝已非常熟悉，因其长期流行而着迷，这点她知道也理解。那非常困难。还有头发的式样。
>
> 他可能是个水兵，踏上了一条 1914 年的潜艇，或者是个爵士音乐家，走进一家 1957 年的俱乐部。但缺

少证据，也没有风格方面的线索，凯丝认为那是武断的。他的黑色大衣通常被认为是皮的，虽然它也许是暗色尼龙的或橡胶的。他总是把领子竖起来。

姑娘穿一件长外衣，也是黑色的，但像是织的，垫肩仿佛有上百个支撑棍儿。女人外衣的垫肩结构应该属于可能的时期，或特定的时代，但没有一致的意见，总是争论。

她没戴帽子，这既可以认为是一个明显的标志，说明那种结构不属于特定的时代，也可以只是表明她具有自由精神，甚至不受她自己时代的最基本的常规的约束。她的头发也是常常被谈论的话题，但总没有确定一致的意见。

对于围绕着这种制品形成的群体，实际上对于所有群体的形成，问题都是普遍性和特殊性之间的矛盾——在这个实例中是趣味的普遍性，以及使我们脱离其他人并把我们限定于自己特定的集体的独特价值的特殊性。一个政治派别（我们现在似乎这样称呼它们）希望同时肯定它的战略的普遍实用性和它的最终目的，并同时只为自己保持它们，排斥外来者和后来者，排斥那些被怀疑对它不够忠诚或缺乏激情和信念的人。换言之，连续镜头网站和对话框的实践者的深层焦虑是，它可能变成公众的：CNN 会获悉这种有趣的发展；正如他们所说，连续镜头，或整个影片，或确定和重构的艺术作品，会变成人类的遗产，换句话说，只是另一种商品。最终，这种恐惧只能得到过分的证实，但我省略了细节，因为我不喜欢那些告诉你结局的人；除非要表达我的复杂感受，因为我觉得品钦的解决办法也许是更好的一种，就是说，当奥迪帕正要进入拍卖大厅时，在即将揭示的关键时刻突然中止了第49号签。

在这一切之后，人们可能开始惊讶地认识到连续镜头并不是小说的主要问题，即使它提供了叙事的框架。然而应该已经清楚的是，我们已经描述的风格和连续镜头本身之间，存在着一种惊人的、戏剧性的矛盾，它的“没有风格线索”表明了一种名副其实的巴特的“空白写作”。实际上，恰恰是这种矛盾才是《模式认识》的深层主题，它投射出一种新艺术的乌托邦的期待，而其前提是“符号的中立性”，在一种不可救药的、腐败的语境中，系统地取消名字、时间、时尚和历史本身。因此，小说中提出名牌进行渲染的那种自己人团体的语言，迷恋于连续镜头力求中立的一切事物：作品变成了一种流沙，使我们在自己努力逃避的东西中陷入难以自拔的困境。然而，这并不只是一种抽象的解释，甚至或许也不只是一种审美；它还是女主人公自己的存在的现实，是从事她那种职业的“才能”的源泉。

商品的贪婪和厌恶

凯丝·鲍拉德的天才尽管处于心灵感应和旧式的审美感性中间，但事实上却是吉布森的小说在科幻小说和现实主义之间悬而未决的东西。简单说（正如她做的那样），凯丝的工作是“追‘酷’”；换句话说，她漫游在现在和未来的消费者大众之间，在年轻人群体之间，在周末阻塞坎姆顿大街交通的“儿童运动”的人群之间，在六谷目大量涌现的人群之间，在全世界大城市各种各样聚集的人群之间，以此在精神上寻求可能成为一种潮流或新时尚的某种东西的第一刺激。事实上她已经取得了某些令人难忘的成就，其中我最喜欢的之一有些使人联想到德里洛，也就是确定为世界上第一个倒戴棒球帽的那个人（他是个墨西哥人）。但这些“成就”在很大程度上都是商业命题，而凯丝像是个未来的商业间谍。“我请教如何设计……厂商利用我掌握大街上的时尚”；这些有节制的方式显得有些过于单调，冲淡了这种才能的纯物质性，但那种才能使她可以确定“样式”，然后“指定一个对它物化的人”。

毫无疑问，这里有一些绘画鉴定和古代家具收藏的专业化的训练，但它不可思议的时间指向却表明凯丝不可救药，尽管她有系统的黑色和无风格的全套服装，她也被指责属于更大的算命和占卜的范畴——偶尔还会使她面临实际的肉体危险。于是，这种新的**职业**不知不觉地把我们的世界拉进了科幻小说的未来世界，至少拉到了它的边缘，而那里的细节无法达成一致。其中一个人物的职业是传播谣言，热情地在酒吧和夜总会提出一些产品和文化制品的名字，以便使品钦小说里的那种阴谋发生作用，但在这里却只是另一种时尚和风气。

但是，凯丝的才能通过身体本身又被拉回到我们的真实（或现实）世界；为此她必须因厌恶和焦虑的打击而付出代价，对商品的迷恋和厌恶是她的预感不可避免的代价——无疑这是由不明不白的创伤造成的，其中最近的一次是她父亲 9 月 11 日上午在曼哈顿神秘地消失。这仿佛是“引起注意”的另一面，它的物化和一度是积极的消费过程和欲望本身的最终的结果，都只不过是标示语而已。创造和创造物或过程和结果这两个极端的调和无疑在于名称本身。我曾经论证说，在后现代的商业唯名论里，一切独特而有趣的东西都倾向于有其专用名称。实际上，在商标名称内部，整个关于普遍性和特殊性的矛盾的辩证，始终都像是视觉认识和我们可以称之为消费品之间的战争较量（就像弗洛伊德所谈的哀伤的作用）。然而，如果借用爱默森的意思，名字依然存在，名字仍然消失；商标名称逐渐僵化成的标示既会吸干毒性也会保持毒性。

对于这些无处不在的标示，凯丝的整个身体是一个共鸣器，然而在某些空间（和地方）比在其他空间更响亮、更沉重。例如，在哈威·尼克尔斯身上寻找某种非同寻常的东西是一种奇怪而危险的活动：

> 这里的下面，挨着汤米·希尔费哥的陈列，她身边的一切都开始上了边道，都是商标之类的东西。比平常少了警告的气氛。许多人吃一种花生，他们的头胀得像是篮球。凯丝遇到这事时，它就成了她的心理问题。汤米·希尔费哥每次都这么做，尽管她觉得她现在是安全的。他们说他在纽约曾达到顶峰。像本尼顿那样，名声会远播，但对她来说，真正的毒素将已被吸收。……这种东西是幻影的幻影的幻影。这是一种淡化了的拉尔夫·劳伦的药酒，劳伦自己淡化了布鲁克斯兄弟公司光辉的时期，而后者曾践踏杰米恩大街和萨维尔街的成果，用自由的毛织品和军用斜纹布增添色彩。但汤米肯定是零分，是黑洞。一定存在汤米·希尔费哥事件的某种视域，在这个视域之外，不可能更有衍生性，更脱离根源，更没有灵魂。

这些憎恶是凯丝航行仪器的组成部分，它们向后延伸到某些仍然存在的最古老的标示，例如她最坏的梦魇，米齐林人拜苯德姆，它们像一条裂缝，通过这条裂缝，拉康的真实世界形成它灾难性的显现。另一方面，“民族的偶像”“对她总是中立的，只有纳粹德国的是例外……一种可怕的超常的设计天才”。

现在，可以比较容易地看出连续镜头对凯丝的深层意义：它的毫无风格是一种本体论的凸现，就像通常拙劣的彩色影片滥殇之后的黑白影片，或像整天充满嘈杂声音的传心术者的孤寂沉默。连续镜头是一种休息的时刻，是从眼花缭乱的商品本身的一种逃避。正如马克思经常认为的那样，商品最终会成为有生命的实体，掠夺与之共存的人民。但是，吉布森的小说并不像连续镜头那样，它为我们提供的是顺势疗法，而不是解毒药。

如果回到未来，回到一切关于这部小说自动指涉的东西，似乎并不算虎头蛇尾。这部小说主要人物的名字与《神经漫游者》里的主要人物的名字相同。实际上，性别改变暗示着一切其他类型的陈规旧制的记录的转换，例如从积极到被动的转换（从男性黑客到未来的女性顾客）。不过，凯丝对未来新颖性的预示，是否也可以作为“新的吉布森小说”的寓言?《模式认识》确实构成了对吉布森的一种模式认识，实际上对科幻小说来说普遍如此。

（本文原载于 *New Left Review* 23，September-October 2003.）

【注释】

［1］William Gibson，*Pattern Recognition*，Putnam，New York，2003.

［2］Bruce Sterling，*A Good Old-Fashioned Future*，New York，1999.

（田晓南　译　王逢振　校）

全球化和政治策略

人们对全球化的界定，似乎常常多是些意识形态的挪用——不是讨论它的过程本身，而是讨论它的结果，而且无论这些结果是好是坏。换言之，他们本质上是进行总体化的判断；而对作用的描述则倾向于把特定的因素分离开来，而不是把它们互相联系起来。[1]因此，也许更有效的是，把所有这些描述结合起来，完全接受它们的含混性——也就是说，像讨论幻想和焦虑那样，讨论事物本身。下面我们将探讨全球化五个迥然不同的层面，以便证明它们最终的内在联系，并连接一种对抗的政治。这五个层面是：技术的、政治的、文化的、经济的、社会的，并基本上依照这个顺序。

一

例如，人们可以从纯技术方面来谈论全球化：新的传播技术和信息革命——当然，创新不仅是限于狭义的传播层面，而且包括它们对工业生产和组织的影响，以及对商品营销的影响。大部分评论家似乎认为，全球化至少在这方面是不可避免的："卢德运动"的政治在这里是不适用的。但在对全球化的任何讨论当中，这种论点都使我们想到一个迫切的问题：它是否真的不可避免？它的过程是否可以停止、转向或逆转？地区甚至整个大陆是否可以排除全球化的力量，与它分离或"切断"与它的联系？[2]对这些问题的回答，会对我们的策略的结论产生重大影响。

二

在政治层面上讨论全球化时，最重要的是民族—国家的问题。民族—国家是否已经过时或已经终结？是否仍然要发挥重要的作用？假如关于它消亡的报道是天真的，那么全球化本身又该如何？也许它应该理解为只是诸多对国家政府压力中的一种——等等？但是，我相信，在这些讨论背后，潜存着一种更深层的恐惧，一种更基本的叙事的思想或幻想。因为当我们谈论全球化不断扩展的权力和影响时，难道我们实际上不是指美国不断扩展的经济和军事力量？而当我们谈到民族—国家的削弱时，难道我们实际上不是在谈其他民族—国家对美国权力的屈从？这种屈从或者通过赞成和合作，或者由于残酷的武力和经济威胁。这里在焦虑背后隐约表现的东西，是过去所称的帝国主义的一种新的形式，而帝国主义本身已经经历了各种不同的形式。一种是旧的、第一次世界大战之前的殖民帝国主义，它包括许多欧洲国家和美国及日本；第二次世界大战以后，随着非殖民化浪潮的高涨，殖民帝国主义被取而代之，出现了一种不太明显但同样有害的冷战形式的帝国主义，它通常采取经济封锁和威胁的手段（包括派遣“顾问”和暗中颠覆，如在危地马拉和伊朗），这种帝国主义现在以美国为首，但仍然包括一些西欧强国。

现在也许出现了第三种帝国主义，在这个阶段，美国追求萨缪尔·亨廷顿所说的一种三叉式的外交策略：只有美国拥有核武器；人权和美国式的选举民主；以及（不那么明显的）限制移民和劳动力的自由流动。[3]人们在这里还可以加上第四种关键的政策：在全球推广自由市场经济。最后这种帝国主义形式只包括美国（和完全依从它的卫星国，如英国），它充当世界警察的角色，通过在各种所谓的危险地区进行有选择的干预（大多是轰炸）来强化它们的统治。

在这种新的世界秩序之下，其他民族—国家失去的是什么样的民族自治？这种丧失是否真的与殖民化时期的统治相同，或者与冷战时期强制的结盟相同？对这个问题可以作出一些非常有力的回答，它们基本上可以归结到下面的标题之下：文化和经济。然而，最常见的集体尊严和自尊，事实上却并不常常导致对社会的考虑，而更多的是导致对政治的考虑。因此，在民族—国家和帝国主义问题之后，我们会面对第三个令人感兴趣的问题——民族主义。

但是，难道民族主义不是一个文化问题么？毫无疑问，人们一直从文化方面讨论帝国主义。而民族主义，作为一个完全是内部政治的计划，通常并不是诉诸于个人的财物利益，或者对权力的欲望，甚或科学的骄傲——虽然这些可能是附带的好处——而是诉诸于某种并非科技的东西，某种实际上既非政治亦非经济的东西。然而由于我们缺少更好的词语，所以我们倾向于把它称为“文化”。那么，是不是总是民族主义抵制美国的全球化呢？美国认为是如此，并要求你也同意这种看法，此外还要求你承认美国的利益是普遍性的。或者，这是不是只是不同民族主义之间的一种斗争，而美国的全球利益只代表美国的民族主义？后面我们将对此进行更详细的讨论。

三

许多人认为，全球化的真正核心问题是世界文化的标准化，地区流行的或传统的文化形式被逐出或沉默无语，从而使美国的电视、音乐、食品、服装和电影取而代之。这种对美国模式现在正取代其他一切模式的担心，现在已经超出文化范畴，扩散到我们剩余的两个范畴：因为这个过程在一个层面上显然是经济支配的结果——是地区文化工业因美国的竞争而倒闭的结果。在一个更深的层面上，这种焦虑变成了一种社会的焦虑，而文化的焦虑只是一种征象：换言之，这种恐惧是，特定种族—民族的生活方式本身将遭到破坏。

但是，在转向这些对经济和社会的考虑之前，我们应该更仔细地看看对文化恐惧的某些反应。这些反应常常低估文化帝国主义的力量——在那种意义上，玩的是代表美国利益的游戏——它们使我们相信，美国大众文化在全球的成功并不全都那么坏。以此为根据，它们会肯定一种身份，例如印度的身份，以为这种身份会顽强地抵制盎格鲁-撒克逊进口文化的力量，而这种文化的影响仍然只是表面上的，甚至可能存在一种固有的、永远不会被真正美国化的欧洲文化；如此等等。永远不清楚的是，这种仿佛是反对文化帝国主义的“自然”的防卫，是否需要公开的对抗行为，是否需要一种文化—政治的计划？

是不是在怀疑这些不同的、非美国的文化的防卫力量时，人们是在触犯它们或侮辱它们？是不是由此隐含着印度文化太过软弱，无法抵抗西方的力量？根据过分强调帝国主义的力量就是降低它所威胁的国家、社会和文化的地位，是否低估帝国主义的力量就更为适当？这种对政治正确性的特殊反映，提出了一个有趣的表征问题，对此可以作以下简要的论述。

一切文化的政治都必然面对一种修辞的选择：一方面是在肯定文化群体力量中的过分自负，另一方面是对它的策略性的降低。这是由于政治的原因。因为这样一种文化政治可以突出英雄性，体现出次等人的激动人心的英雄主义的形象——强壮的妇女、黑人英雄、法侬式的对殖民化的抵抗——以此鼓励所说的公众；或者，它也可以坚持该群体的悲惨状况，对妇女、黑人或被殖民者的压迫。这些对悲惨状况的描绘也许是必要的——以便激起愤怒，使被压迫者的境遇更广泛地为人们了解，甚至使统治阶级某些人转而支持他们的事业。但这里的危险是，你越是坚持这种悲惨和无权的状况，它的主体就越显得是软弱和被动的受害者，越显得容易受人支配，因而被当做令人生厌的形象，甚至可以说是剥夺了他们所关心的那些人的权力。在政治艺术里，这两种表征的策略都是必须的，而它们彼此不可能调和。也许它们对应于斗争中的不同历史阶段、发展地区的机遇和再现的需要。然而，除非人们以那种政治和战略的方式来考虑它们，否则就不可能解决政治正确性中这种特殊的二律背反。

四

我已经论证过，这些文化问题倾向于弥散在经济和社会问题之中。让我们首先看看全球化的经济方面。事实上，经济似乎不断地消融到全球化的其他各个层面：控制新的技术，强化地缘政治的兴趣，并最终因后现代性而使文化融入经济之中——而经济也融入文化之中。商品生产现在是一种文化现象，你购买产品不仅因为它的直接使用价值，而且因为它的形象。为了设计商品的形象和推行销售它们的战略，一种整体工业——一种经济机制——已经形成：广告变成了文化和经济之间的一种基本中介，并且肯定可以纳入大量的美学生产形式（无论它的存在使我们对这种情况的看法产生什么争论）。色情是这个过程重要的部分：广告宣传的策划者是真正的弗洛伊德式的马克思主义者，他们懂得性本能投入的必要性，懂得必须使这种投入伴随着商品并使它们吸引人。连续性也有它的作用：其他人的汽车或花园机械的形象会在我购买那些东西的决定中发生作用（由此也可以使我们看到文化和经济折回到社会本身）。在这种意义上，经济变成了一个文化问题；也许我们还可以推断，在庞大的金融市场上，我们抛出或购入股票的公司的形象也有一个文化的方面。盖·狄保德很久以前就把我们的社会描写成一个形象社会，一个以审美方式消费的形象的社会。他以此表示这种将文化和经济分开同时又将这两者连接起来的接缝。我们随意地谈到许多有关政治的物化，观念的物化，甚至感情和私人生活方面的物化；现在我们必须补充的是，今天的物化也是一种美学化——商品现在也以“审美的方式”消费。

这是从经济到文化的运动；但也存在着从文化到经济的运动，而且它同样重要。这就是娱乐业本身，它是美国庞大的、最赢利的出口产品之一（与食品和武器相似）。我们已经谈到反对文化帝国主义的问题，但只是根据地区的趣味和身份谈的——例如根据印度人或阿拉伯公众对某些好莱坞电影的“自然的”抵制。事实上，很容易使非美国公众对今天好莱坞产品的暴力、时间和身体直接性的风格形成爱好，而这些风格的声誉只能靠美国的现代性或后现代性的某种形象来提高。[4]那么，这是否是为西方的普遍性——或至少美国的普遍性——及其“文明”进行辩护？虽然是无意识地，但这无疑是一个被广泛坚持的立场，因此值得认真地、以哲学的态度正视它，即使它显得有些荒谬。

然而，事实上，经济问题先于这种模糊的作为公众趣味的文化问题。自从第二次世界大战结束以来，美国作出巨大的努力来确保它的影片在外国市场上居支配地位——一般通过将条款写进各种条约和一揽子的援助计划来实现。在大部分欧洲国家，除了坚持抵制这种特殊形式的美国文化帝国主义的法国，民族电影工业在战后因这种约束性的协议而被迫处于守势。美国这种试图摧毁所谓“文化保护主义”政策的系统努力，只是一种更普遍的、日益全球性的兼并战略的组成部分（现在这种兼并战略在WTO及其所做的类似流产的MAI计划的努力中备受推崇），它极力以有利于美国公司的国际机制代替地方法律，无论是在知识产权方面还是在专利方面无不如此（例如热带雨林资料和地方发明），更不用说蓄意暗中破坏国家在食品方面的自足了。

这里文化已经绝对变成了经济性的，而这种特殊的经济还明确地设定了政治日程，并支配着政策。显然，在今天的世界上，仍然存在着为争夺资源的斗争，例如为争夺石油、钻石和其他原料的斗争：谁敢说这些是帝国主义的现代形式，与以友好的政府（即从属的）代替抵抗的政府那些更早的纯政治的和外交的或军事的努力相同？但是，今天更独特的后现代的帝国主义形式——甚至文化帝国主义的形式——似乎是我一直描述的那种形式，它通过北大西洋自由贸易区、关税和贸易总协定、国际销售协定和世界贸易组织等发生作用。这并非因为这种形式的帝国主义提供一种关于不加区分的教科书似的范本（一种新的教科书!），说明经济、文化和政治独特的不同层面之间的汇聚融合，尽管它们是后现代性的基本特征和全球化的基本构成。

全球化的经济范畴有一些其他方面也应该简要地加以考察。跨国公司——20世纪70年代只称作多国公司——是新的资本主义发展的第一个迹象和症候，它引起对可能出现某种新的双重权力的政治恐惧，以及对这些跨国巨大实体可能胜过政府的政治恐惧。这种恐惧和幻想的疯狂的一面，被政府本身与这些公司的商业活动的共谋所缓解，仿佛这两部分之间有一个旋转门似的——尤其就美国政府的人员而言。（具有讽刺意味的是，自由市场的雄辩者总是谴责日本政府干预民族工业的模式。）新的全球合并在结构上更令人不安的特征是，它们能够通过把自己的活动转到海外更便宜的劳动力市场而破坏本国的劳动力市场。迄今为止，还没有可比的劳动力转移的全球化与这种情况相对应；外籍人的流动也许表现一种社会和文化的运动性；但还不是一种政治的运动性。

金融资本市场的巨大扩展是这种新的经济全球化的一个引人注目的特征——同样，这种情况之所以成为可能也与由新技术创造的同时性相关。这里我们不再一定要涉及劳动力或工业能力的流动性，而是资本本身和投资的流动性。最近几年，对外国货币的破坏性的思考标志着一个更重要的发展，就是说，第一世界以外的民族—国家绝对依赖外国资本，包括借贷、援助和投资。(甚至第一世界国家也有些脆弱，例如密特朗执政初期法国因较左的政治而受到的打击。）此外，全球化进程还破坏了许多国家在农业方面的自给自足，不得不依赖于进口美国的食品，然而可以想像，这也可以说成是新的世界范围的劳动分工，正如亚当·斯密所说，这可以看作是生产力的提高而不是降低。不过，对新的全球金融市场的依赖，却不能再以同样的方式来说明。最近五年大量的金融危机以及政治领导人（例如马来西亚总理马哈蒂尔）或经济界人物（如乔治·索罗斯）的公开声明，都使人更清楚地看到新世界经济秩序这种破坏性的一面，在这种经济秩序中，资本的瞬间转移可以汲干国民劳动力多年生产积累的价值，使全球的某些部分整个贫困化。

美国抵制引进那种控制国际资本转移的策略，因为这种方法可能使金融和投机导致的破坏受到遏制。当然，美国一向在国际货币基金组织中发挥着主导作用，而后者长期以来被认为是新自由主义企图的推动力量，它以威胁撤回投入的资金把自由市场的条件强加于其他国家。但最近几年，金融市场的利益与美国的利益绝对一致的情况变得不再那么明显：这里的焦虑是，这些新的全球金融市场——像最近科幻小说里有知觉的机器一样——可能转变成自治的机制，造成谁都不希望的灾难，甚至最强有力的国家政府也无法控制。

不可逆转性一直是这个过程的一种特征。不可逆转性最初表现在技术层面上（不可能回到更简单的生活或更简单的生产），但在政治领域里，就帝国主义的统治而言，我们也面临着这种不可逆转性——尽管世界历史的变化在这里表明，任何帝国都不会永远存在下去。在文化层面上，全球化可能导致地方文化的最终毁灭，除了以迪斯尼的虚构形式，地方文化不可能复兴，就是说，只能构成人为的幻象或者幻想化的传统和信念的意象。但在金融领域里，那种似乎笼罩着全球化公认的不可逆转性的毁灭气氛，使我们面对着自己无力想像出任何可能的替代，或者无法设想与世界经济“松散联系”何以首先是可行的政治和经济计划——尽管“松散联系”的民族存在形式仅仅几十年前还以社会主义阵营的形式盛行。[5]

五

经济全球化的另一个方面，即所谓的“消费文化”——最初出现在美国和第一世界其他国家，但现在却系统地在全世界蔓延——最终把我们带到社会领域。苏格兰社会学家莱斯利·斯科莱尔曾用这一术语表示由晚期资本主义商品生产衍生出的一种特殊的生活方式，这种方式可能危及其他文化中种种可选择的日常行为——而反过来，它也成为种种特殊抵制的目标。[6]但在我看来，更有用的不是从文化方面来考察这种现象，而是在这一点上经济进入到社会，因为作为日常生活的一部分，“消费文化”实际上是社会结构组织的一部分，很难与社会分开。

但是，问题也许并非是所谓的“消费文化”是不是社会的组成部分，而是它是否标志着我们迄今所理解的社会的一切的终结。这里的论点联系到以前对腐蚀传统社会群体的个人主义和社会分裂的谴责。社会对群体：现代非个人的社会破坏了旧的家庭、世系、村庄等“有机形式”。因此这里的论点是，消费本身是个人化的和分裂的，其逻辑是破坏那种常常被隐喻化为日常生活结构组织的东西（实际上，日常生活只有开始遭到破坏时，它才会被从理论、哲学和社会学上来认识）。这里对商品消费的批判，与传统上对金钱的批判相似——其中金钱被认为是最具腐蚀性的因素，破坏社会的契约关系。

六

在他的著作《虚幻的曙光》（False Dawn）里，约翰·格雷追溯了在全世界不同国家境遇中全球化的影响，从俄国到东南亚，从日本到欧洲，从中国到美国，等等。[7]在评价自由市场体制全面实施的灾难后果时，他遵循卡尔·波利亚尼（《伟大的变革》）的观点，但他发展了波利亚尼的观点，提出了自由市场思想中的基本矛盾：这就是，建立完全脱离政府的自由市场包含着大量的政府干预，实际上强化了政府的集权力量。自由市场不会自然地发展；它必然要通过决定性的立法和其他的干预措施才能形成。这是波利亚尼所处的时代——19 世纪早期的情况；而格雷认为这也正好是我们自己时代的情况。

对这个问题他还补充了另一种反讽的辩证的扭曲：撒切尔的自由市场试验的社会破坏力量，不仅对那些因之贫困化的人造成恶果，而且还分裂了支持她的计划并构成她的选举人基础的保守党群体的“人民阵线”。格雷从这种辩证的颠倒中得出两个结论：

第一，真正的文化保守主义（就是他自己的）与自由市场政策的干预主义是不相容的；第二，民主本身与自由市场的政策也是不相容的，因为大多数人必然反对其招致贫困、破坏性的后果——总是如此，只要他们能够认识它们并拥有这样做的选举手段。

对许多关于全球化和美国自由市场的赞美的修辞，这是一付绝好的解毒剂。正是这种修辞——也可以说新自由主义的理论——构成了格雷著作中基本的意识形态目标，因为在他看来，对于今天世界上的灾难性变化，那是一种真正的力量，一种积极的具有塑造力的影响。但我认为，这种对意识形态力量的强烈感觉，最好不要看作是唯心主义的对观念重要性的肯定，而应该看作是话语斗争力量中的一种教训（或者用另外的术语说，是能指的物质主义力量中的教训）。[8]

这里我们应该强调的是，格雷视为日益强大的自由市场全球化的那种新自由主义的意识形态，是一种特殊的美国现象。（撒切尔夫人虽然把它付诸实践，但正如我们看到的，在实践过程中，她自己毁了它，也许还毁了英国自由市场的新保守主义。）格雷的观点是，被美国的普遍主义（在“西方文明”的掩饰下）所强化的美国信条，在世界的任何其他地方都得不到共鸣。在对“欧洲中心主义”的指责仍然流行之际，格雷提醒我们，欧洲大陆（甚至英国）的传统并不总是欢迎这种绝对的自由市场价值，而是倾向于他所说的“社会市场”——换句话说，也就是福利国家和社会民主。而日本和中国的文化，东南亚和俄国的文化，本来就都不欢迎这种新自由主义的计划，虽然它可能成功地摧毁那些文化。

在这一点上，格雷回到了我认为非常可疑的两种标准的社会科学概念：文化传统的概念和［尚未提到的］现代性本身的概念。这里，附带讨论一下另一篇论今天全球形势的有影响的著作也许是有益的。这就是塞缪尔·亨廷顿的《文明的冲突》。在这篇著作里，尽管可能出于各种错误的理由，亨廷顿也表现为一个强烈反对美国普遍主义主张的反对者，尤其反对美国当前在全球进行警察式的军事干预的政策（或习惯?）。一方面因为他是一个新型的分离主义者；另一方面因为他相信我们认为是普遍的、适用于世界各个地方的西方价值——如民主选举、法制和人权等——实际上并没有扎根于某种永恒的人性，而是文化的特质，是诸多价值中一些价值（如美国的价值）的特殊的聚合的表现。

亨廷顿这种类似汤因比的看法假定当前存在着八种世界文化：西方文化；俄罗斯东正教文化；伊斯兰文化；印度文化；日本文化——局限于那些岛屿，但非常独特；中国文化或儒家传统文化；最后，虽然在概念上有些问题，但还是提出了一种公认的非洲文化，以及带有某种综合特征或可能并非我们期望看到出现的一种拉丁美洲的文化。亨廷顿这里的方法令人想到最早的人类学理论：社会现象——社会结构、行为等等——的典型表现是“文化传统”，这种传统反过来通过它们在特定地区的根源来加以说明，而后者作为原动力则不需要进一步的历史或社会学的解释。人们也许认为，世俗社会所提出的观念上的难题会使亨廷顿止步不前。但绝非如此：因为某种所谓的“价值观”显然会在世俗化的过程中生存下来，并说明为什么俄罗斯文化不同于中国文化，而它们都不同于当前北美或欧洲的文化。（后者在“西方文明”之下归结在一起，其“价值观”当然被称作基督教文明——在公认的西方基督教的意义上，明显不同于东正教，而且在潜在的意义上也不同于残存的地中海区域的天主教，即亨廷顿在“拉丁美洲”文化的标签下期望实现的宗教。）

亨廷顿在论述中确实附带地谈到马克斯·韦伯关于新教徒工作伦理的论点似乎把资本主义等同于某种特殊的宗教—文化传

统；但是除此之外，“资本主义”一词几乎没有出现。实际上，这种明显是对世界全球化进程对抗性概括的最惊人特征之一，就是完全没有提到任何重要的经济问题。这是真正的政治科学，属于那种最乏味的、专门化的类型，全部都是外交和军事冲突，丝毫没有暗示独特的经济力量，而经济推动着自马克思以来的历史创造性。毕竟，在格雷的著作里，对文化传统多样性的坚持引人注目，它描述了它们可能产生或接受的各种资本主义；这里文化的多样性只是表示非中心化的、外交和军事的混杂，而“西方的”或“基督教的”文化不得不考虑如何对待它们。然而，归根到底，任何对全球化的讨论都必须以这种或那种方式服从于资本主义本身的现实。

在结束我们对亨廷顿及其宗教战争的插叙之际，让我们再回到格雷，因为他也谈到了文化和文化传统，但在这里考虑的是它们提供不同形式的现代性的能力。关于“世界经济的增长”，格雷写道：

> 并不一定引起普遍的文明，如像斯密和马克思所认为的那样。相反，它允许种种本土资本主义的发展，它们不同于理想的自由市场经济，彼此之间也互不相同。它造就的政权通过恢复自己的文化传统来获得现代性，而不是模仿西方国家。因此有多种不同的现代性，就像在现代过程中有多种失败的方式一样。(原书 195 页)

值得注意的是，所有这些所谓的“现代性”——格雷所追溯的中国侨民的家族式资本主义，日本武士精神的资本主义，韩国的集权资本主义，欧洲的“社会市场”以及俄罗斯黑手党似的无政府主义的资本主义——全都假定某些特殊的、先在的社会组织形式，它们以家庭秩序为基础——无论是家族还是延伸的网系或者在更传统意义上的形式。就此而言，格雷描述的对全球自由市场的抵制最终也不是文化的（尽管他不断用文化一词），归根到底还是社会的：各种“文化”的关键特征可以汲取不同的社会源泉——集体、群体和家族的关系——从而反对自由市场产生的意识。

在格雷看来，最可怕的非理想社会就在美国：剧烈的社会两极分化和贫困化，中产阶级遭到破坏，毫无福利保障系统的结构性失业，世界上最严厉的监狱统治，城市污染损坏，家庭解体——这些就是被引上自由市场道路的任何社会的前景。格雷不像亨廷顿那样，他不必寻求某种独特的文化传统来归类美国的社会现实：毋宁说它们产生于社会的分裂和破坏，其结果使美国成为世界其他国家的一个可怕的、足资教训的实例。

“有许多不同的现代性”：正如我们看到的，格雷赞扬“通过更新他们自己的文化传统来获取现代性的那种政权”。人们究竟如何确切地理解现代性这个词呢？在许多人称之为“后现代性”的东西当中，在冷战结束之后，在对西方和共产主义的不同“现代化”都进行怀疑之际，究竟是什么造成了它的巨大财富——就是说，地区的发展和重工业出口？

现代性的词汇——或者更确切地说现代化的词汇——肯定在全世界有重复的情况。这是否意味着现代技术？倘若如此，世界上几乎每一个国家早就现代化了，它们都有汽车、电话、飞机、工厂，甚至计算机和地方的股票市场。如果不够现代——这里一般的含义是落后，而不是真正的前现代——是否只是意味着这些东西不够多？或者不能有效地运用它们？或者成为现代的是否就意味着拥有宪法和法律，像好莱坞电影里的人们那样生活？

这里用不着怎么犹豫我就会贸然提出这样的看法：“现代性”在这种语境里是一个可疑的词，在社会主义受到怀疑之后，它完全被用来掩盖任何大的集体的社会希望或目的的缺失。因为资本主义本身没有任何社会目标。大肆宣扬“现代性”取代“资本主义”，使政治家、政府和政治科学家可以自称它具有社会目标，从而掩饰那种可怕的缺失。这在格雷的思想里表示出一种基本的局限：他被迫在许多策略性的时刻使用这个词。

格雷自己对未来的设想是特别蔑视回到过去的集体计划：他一再重复说，全球化在当前的意义上是不可逆转的。共产主义是邪恶的（就像它的镜像或自由市场的乌托邦一样）。社会民主今天被宣称是行不通的：社会民主政权“预设一种封闭的经济……［它的］许多核心政策在开放的经济中无法坚持”，在开放的经济中，“资本的自由转移使它们难以实施”。相反，国家将不得不尽量缓和自由市场的苛刻性，忠实地坚持自己的“文化传统”：于是必须以某种方式发明出全球性的系统规则。整个方法在很大程度上依赖于话语斗争——就是说，依赖于打破新自由主义意识形态的霸权。对于错误意识在美国的统治，格雷有许多话要说，而要打破这种统治，显然只能靠大规模的经济危机（他深信这样一种危机会出现）。市场不可能自我调控，无论是不是全球性的；然而“若无美国政策的根本转变，一切全球市场的改革计划都会流产”。这是一种凄凉而现实的图画。

至于原因，格雷不是把全球自由市场的先决条件和它的不可逆转性归之于意识形态，而是归之于技术；而这样一来，我们就回到了我们的始发点。在他看来，一个跨国公司胜过其竞争对手的决定性优势，最终来自于它发明新技术并有效地应用它们获取利润的能力。同时，“工资下降和失业增加的根本原因是新技术在全世界的扩展”。技术决定社会和经济政策——“新技术充分利用传统的难以行得通的政治”。最后，“一种真正的全球经济的形成，靠的是新技术在全世界的扩展，而不是自由市场在全世界的扩展”；“这种［全球化］进程的主要动力是新的、消除距离的、信息技术的迅速扩展”。格雷的技术决定论被他多元“文化传统”的希望所掩盖，被他反对美国新自由主义的立场政治化了，因此最终提供的是一种非常模糊的理论，与其他许多全球化的理论家的理论同样模糊，虽然采取“现实主义的”姿态，但提供的是同等程度的希望和焦虑。

七

现在我想看看我们刚才提出的分析系统——分为技术、政治、文化、经济和社会五个不同层面（基本上是这个顺序），并在区分过程中揭示它们之间的联系——是否也无助于决定某种政治的形态，这种政治一如我们所说，能够提供对全球化的某种抵制。因为，以同样的方式探讨政治策略，也许会告诉我们它们把全球化的哪些方面析出并作为目标，同时又忽视了哪些方面。

正如我们已经看到的，技术层面可以引发某种路德主义的政治——破坏新的机器，试图阻止甚至也许使突然开始的新技术时代倒退。路德主义在历史上经常被人嘲笑，但绝不是像人们认为的那样，它是没有思想的“自发的”计划。[9]不过，提出这种策略的真正价值是它造成的怀疑主义——唤醒所有我们根深蒂固的关于技术不可逆转的信念，或换种方式说，为我们投射出其激增的纯体制的逻辑，永远逃避国家的控制（正如看到的，许多政府对技术创新的保护和维持的努力都告失败）。这里，生态批评似乎也找到了它的位置（即使有人提出，控制工业过度发展的意愿也会形成对技术创新的刺激）；而各种控制资本外流和跨国投资的建议（如托宾计划［Tobin plan］），似乎也各得其所。

但是，非常明显的是，正是我们坚定地相信技术创新只能是不可逆转的信念本身（无论正确与否），构成了技术控制的政治的最大障碍。因此，这可以作为在政治层面上“分离”的一种寓言：想像一个没有计算机或电脑——或没有汽车或飞机——的社会，等于试图想像脱离地球生存的可能。[10]

随着这种从先在的全球体制脱离的观念，我们已经陷入到政治之中。这正是民族政治抬头的地方。[11]我认为帕萨·查特基对这一问题的观点是成立的、有说服力的——或者换句话说，假如赞同一种不加修饰的民族主义政治，就应该加以驳斥。[12]查特基表明，民族主义不可能脱离现代化的政治，前者必然包含后者所有不连贯的计划。因此，他认为，民族主义的冲动一定总是一个超越民族主义的更大政治的组成部分；否则它所达到的形式目标，即民族独立，就失去了内容。（这并不一定是说，任何更大的政治没有某些民族主义的冲动也行之有效。）[13]实际上非常清楚的是，民族解放的真正目标已经表明它自己在其实现过程中的失败：许多国家已经从它们以前的殖民宗主国获得独立，但立刻又陷进资本主义全球化的力量领域，服从于金融市场和外国投资的统治。南斯拉夫和伊拉克这两个当前似乎处于那个轨道之外的国家，在追求纯粹的民族主义的道路上并不鼓舞人心：它们似乎以各自的方式证实了查特基的判断。如果米洛舍维奇的反抗以任何方式与保卫社会主义相联系，我们迄今也未能听到；而萨达姆在最后一刻召唤伊斯兰精神，几乎对任何人都不可能有说服力。

这里非常必要的是区分这种民族主义和反对美国帝国主义——或许戴高乐主义[14]——这无疑是今天任何自尊的民族主义的一部分，只要它不蜕化为这种或那种“种族冲突”。种族冲突是边界战争；而单是反对美国帝国主义就构成对体制或全球化本身的抵制。在社会—经济方面最有能力坚持反全球化的地区是日本和欧盟，但它们自己也深深地卷进了美国的全球自由市场计划之中，充满了通常那种“混杂的感情”，主要通过对关税、保护、专利和其他贸易问题的争论来维护它们自己的利益。

最后需要补充的是，今天，民族—国家仍然是政治斗争惟一的具体领域和框架。最近反对世界银行和反对 WTO 的游行，看来真的标志着美国内部开始出现一种新的有希望的对抗全球化的政治。然而很难看出这种斗争在其他国家如何能以“民族主义”之外的其他方式展开——也就是说，以我前面提到的“民族主义”精神或戴高乐主义的方式展开：例如，为劳动保护法进行斗争，反对全球自由市场的压力；或者以民族文化“保护主义”为名的政治的对抗，或专利法的保护，反对美国的“普遍主义”——这种“普遍主义”破坏地方文化和民族医药工业，以及一切仍然有效的福利保障体系和社会化的医疗制度。然而在这里，民族保护又突然变成了福利国家本身的保护。

同时，这一非常重要的斗争领域也面临着机敏的政治反应和对抗，例如美国利用民族自我保护的语言，维护美国的童工法和环境保护法，反对“国际”的干预。这就使反对新自由主义的民族抵制变成了对美国“人权”普遍主义的保护，从而抽空了这种具体斗争的反帝内容。在另一种扭曲中，这些为国家主权而进行的斗争与伊拉克式的反抗混同起来——后者被解释为争取生产原子武器的权利的斗争（另一种美国“普遍主义”的证据，它把原子武器限制为“大国”的权利）。在所有这些情形当中，我们看到的是要求特殊性和要求普遍性的话语斗争——证实了查特基所确认的民族主义立场的基本矛盾：力图使特殊性普遍化。应该明白的是，这种批判绝不是意味着同意普遍主义，因为我们已经在后者当中看到，美国的普遍主义事实上是在维护它自己特殊的国家利益。普遍与特殊之间的对立，实际上是在全球体制内部民族—国家现存的历史境遇之中的内在矛盾。这也许是反全球化的斗争——尽管可以部分地在民族领域展开——不能完全从民族或民族主义方面成功地进行到底的更深层的哲学原因，虽然按照我对戴高乐主义的看法，民族主义的激情可能是不可或缺的动力。

那么，由于文化层面以这种或那种方式包括对我们“生活方式”的保护，政治抵制在文化层面上又是如何呢？这可能是一个有力的否定的计划：它保证连接并突出所有可见和不可见的文化帝国主义的形式；它允许敌人得到确认，使破坏力量变得可见。在民族文学被国际或美国的畅销书取代之中，在民族电影工业被好莱坞的重压摧毁之中，在民族电视被进口的美国产品淹没之中，在地方咖啡馆和餐馆随着大快餐公司的进入而关闭的情况里，人们可以首先而且非常明显地看到全球化在深层次上对日常生活的无形的影响。

但这里的问题是，如此受到威胁的“日常生活”本身却更难再现：虽然它被分裂的状况可以看得见、感觉得到，但被保护的、肯定的、实在的东西却可能把自己变成人类学上的各种怪癖，而其中许多则会被归纳为这种或那种宗教传统（而我想在这里提出质疑的正是这种“传统”本身的概念）。这使我们重又回到亨廷顿的世界政治；附加的条件是，真正表现出抵制全球化或西方化力量的“宗教”或“宗教传统”——完全可以预见——只有伊斯兰。而在国际共产主义运动消失之后，在世界舞台上，只有某些伊斯兰的潮流——一般被称作“原教旨主义者”——才真正有计划地抵制西方文化，或至少抵制西方的“文化帝国主义”。

但同样明显的是，这些力量不可能再像伊斯兰早期做的那样，构成一种真正的普遍性的对抗；如果我们从文化领域转到经济领域，这种倒退的弱点会变得更加清楚。事实上，如果在全球化的破坏形式背后真正的动力是资本主义，那么它一定在于它们使这种特殊的剥削方式中性化或使之改变的能力，而人们最好检验一下对抗西方的各种不同的形式。对高利盘剥的批判显然无济于事，除非像阿里·沙里亚蒂那样，把它延伸到彻底消灭金融资本主义。但是，传统的伊斯兰对西方跨国公司掠夺地方矿产资源和剥削地方劳动力进行的旧式批判，仍然把我们置于旧的反帝国主义的民族主义范围之内，难以与新的全球化资本的巨大的侵略力量抗衡，而事实早已发生了变化，无法按照四五十年前的情况来认识。

不过，在政治反抗里，任何宗教形式的具体力量，都不是产生于它的信仰体制本身，而是产生于它在某种实际存在的社会中的基础。这就是为什么任何纯经济反抗的建议，最终都必须把注意力从经济转到社会（这种注意力保留着所有层面）。先在的社会凝聚力形式，虽然它们本身已经不够有力，但对任何有效的、持久的政治斗争，对于任何伟大的集体努力，都依然是必不可少的先决条件。[15]与此同时，这些凝聚力形式本身也是斗争的内容，与任何政治运动利害攸关，仿佛是它们自己的投射的计划。但无须把这种计划——保留集体以反对分散的个体——看作是往后看或（真的是）保守的。[16]这种集体的凝聚力本身可以在斗争中形成，例如在古巴和伊朗（但在那里，新一代的发展似乎对它构成了威胁）。

实际上，表示劳工组织的旧的术语“联合”，对于最终在社会层面上的争论，提供了一种绝好的象征意义；各地劳工运动历史的大量实例表明，在积极的政治工作中可以形成新的团结形式。这样一些集体并不总是受新技术的左右：相反，新的抵制全球化的政治（例如反对 WTO 的游行）无论在什么地方出现，电子信息交流似乎一直非常重要。当前，我们可以用乌托邦一词来表示一切表达集体生活要求的计划和表征——无论它们以多么扭曲或无意识的方式表达出来——并在对全球化所作的真正进步或创新的政治反应里，确认社会的集体性是最重要的核心。

原载《新左派评论》(2000 年冬季号)

【注释】

[1] 作为这些看法的实例，见 Masao Miyoshi and Fredric Jameson, eds, *The Culture of Globalization*, Durham, 1998。

[2] 这里暗指 Samir Amin 的有用的术语，*la deconnexion*; *see Delinking*, London, 1985。

[3] Samuel Huntington, *The Clash of Civilizations*, New York, 1998.

[4] 在 *The Culture Turn* (London 1999) 里，我曾探讨过这种分析；亦见 chapter 8 of *Postmodernism, Or, The Cultural Logic of Late Capitalism*, London, 1991。

[5] 我采取的是不太流行的观点，即苏联的"解体"不是因为社会主义的失败，而是因为社会主义阵营放弃了松散联系。见"Actually Existing Marxism", in C. Casarino, Rebecca Karl, Xudong Zhang, and S. Makdisi, eds, *Marxism Beyond Marxism?*, *Polygraph* 6/7 1993. 这种直觉得到了权威性的确认，见 Eric Hobsbawn, *The Age of Extremes*, London, 1994。

[6] See Leslie Sklair, *Sociology of the Global System*, Baltimore, 1991.

[7] John Gray, *False Dawn*, New York, 1998. 应该注意的是，他的主要目标并不是全球化本身（他把全球化视为技术的和不可避免的），而是他所说的"全球自由市场的乌托邦"。格雷是一个公认的反启蒙的思想家，对他来说，所有的乌托邦（包括共产主义和新自由主义）都是邪恶的和破坏性的；但他并没有说出"好的"全球化是什么样子。

[8] 关于撒切尔战略思想的这种一般的教训，见 Stuart Hall, *The Hard Road to Renewal: Thatcherism and the Crisis of the Left*, London, 1988。

[9] See Kirkpatrick Sale, *Rebels against the Future*, Reading, MA, 1995.

[10] 绝非偶然的是，当人们以这种方式想像松散联系时，总是媒体技术处于危险之中，同时强化旧的看法："媒体"一词不仅表示传播，而且也

表示运输。

[11]“民族主义”和“民族主义者”这两个词一向含混模糊，常常误导，甚至可能是危险的。在我看来，肯定的或“好的”民族主义包含亨利·勒费弗尔喜欢说的“伟大的集体计划”，而其采取的形式是努力建设一个国家。掌握权力的民族主义更多的是“坏的”民族主义。萨米尔·阿明对政权和国家、获取政权和建设国家的区分也许在这里是中肯的（Delinking，p. 10）。政权是“民族资产阶级统治”的“坏的”目的，而建设国家最终一定会在这种“伟大的集体计划”中动员人民。同时，我相信把民族主义与类似地方自治的现象混同是一种误导，它使我觉得像是（例如）印度的身份政治，尽管它确实是在大的、民族的范围内的展开的。

[12] Partha Chatterjee，*Nationalist Thought and the Colonial World*，London，1986.

[13] 一种具体的民族主义可以通过社会主义的计划来完成，古巴和中国也许是这种方式最好的相反的例子。

[14] 这并不是他的确切反应，但无论如何还是看看 Regis Debray 的充满刺激和同情的 *A Demain de Gaulle*，Paris，1990。

[15] Eric Wolf 的经典的 *Peasant Wars of the Twentieth Century*（London，1971）在这方面仍然具有启示。

[16] 从左派观点提出关于社区或集体的最终价值的任何人，都必须面对三个问题：1）如何从根本上把这种立场与公有社会制度分开；2）如何把集体计划与法西斯主义或纳粹主义分开；3）如何把社会和经济层面相联系——就是说，如何运用马克思主义对资本主义的分析，证明在那个制度内部进行社会解决是行不通的。至于集体身份，在个体的个人身份被揭示为多元立场的一个无中心的所在的历史时刻，当然可以要求某种类似的东西在集体层面上概念化。

（王　珊　译　王逢振　校）

论作为哲学问题的全球化

一

关于我们的论题逻辑上似乎可以采取四种立场。第一种立场证实这样一种观点，即没有全球化这种事（有的仍然是民族—国家和民族环境；天下没有什么新鲜事）。第二种也证实全球化并不是什么新鲜事；全球化始终存在，只要翻一翻埃里克·沃尔夫的《欧洲与没有历史的人民》就足以看到，早在新石器时代的贸易路线在规模上就是全球的：玻利尼西亚的艺术品落脚非洲，而亚洲的陶器碎片则遍布新大陆。

那么，我认为还可以加上两种：一种证实全球化与作为资本主义终极视域的世界市场之间的关系，但只是附言说现行的世界网络只在程度上有所不同，而非在种类上；而第四种（我发现比前三种都有趣）则假定新的或第三阶段的跨国资本主义，全球化这一阶段的本质特征，不管我们愿意与否，我们现在大多都愿意将其与后现代性联系起来。

同时，比所有这些都更重要的是各种判断：人们可以悲叹全球化，也可以高扬全球化，正如人们欢迎后现代时代新的自由和后现代世界观、尤其是欢迎新的技术革命一样，或另一方面，挽歌式地哀悼正在逝去的现代辉煌：现代主义艺术的各种荣耀和可能性，人类存在于其中的作为基本因素的**历史**的消失，而同样重要的，还有本质上属于现代主义的政治斗争的结束，在这种斗争中，大意识形态仍然拥有此前各个时代伟大宗教的力量和权威。但是，我的确认为，至少暂时把这种现已熟悉的后现代争论与全球化问题区别开来是对我们有利的，与此同时应深刻地认识到这两个问题是错综地交织在一起的，关于后现代的各种立场终究要回到这两个问题上来的。

我们先从这样一个原则开始：我们似乎已经知道全球化是什么，并试图集中探讨全球化的概念，探讨其意识形态结构，如果愿意的话（事先需要说明的是，意识形态一词并非是贬义的，一个概念既可以是意识形态的，又可以是正确或真实的）。我认为，全球化是一个通讯概念，交替地掩盖和传播文化或经济意义。我们感到，今天，更加密集和更加广延的通讯网络遍布全世界，这些网络一方面是各种通讯技术显著革新的结果，另一方面是以世界各国更大程度的现代化或至少在各大城市里的现代化为基础的，其中包括这种技术的培养。

但全球化概念的通讯焦点从本质上说是不完整的：我蔑视完全从媒体或通讯角度看待全球化的人；我们可以在20世纪初期，即在现代主义时期找到媒体形象的对比和区别。那时，似乎的确存在着媒体发展的半自治性：广播似乎的确第一次渗透到遥远的地区（国内和国外）；世界范围内电影的进步迅速而惊人，似乎带来了一种新的大众意识；同时，新闻和报道就其波及的深远地区而言乃是英雄行为，放射出新的光明，同时带回新的信息。没有人预感到电脑革命会是那个样子，如果它仅仅建立在最初的、已经确立的网络之上的话。今天的通讯发展就其全部内涵而言已不再是一种“启蒙”，而是新技术的发展。

这就是人们何以在全球化的通讯概念中发现其他潜在维度的原因。因此，如果新现象通过技术而非信息从本质上区别于旧的、现代的现象（尽管信息这个术语在今天已得到广泛使用并在意识形态上长足发展)，那么，所发生的就是技术和电脑人所说的信息开始不知不觉地转入广告和公关方向，转入后现代市场，最后是电视节目的出口，而非回归从遥远地区发出耸人听闻的报道。但这就是说，其表面概念，即通讯概念，突然获得了整个文化维度：通讯能指已经被赋予了一种更正当的文化所指或指意。现在，对扩大的通讯网络的定位已经秘密地改变为关于一个新世界文化的某种信息。

但这种转向也可以选择另一取向：即经济。因此，在我们思考这个新的、仍然纯粹的通讯概念时，我们已开始用全世界财经转移和投资的幻觉填充这个空洞的能指，而这些新的网络则开始随着某种新的和公认为较具弹性的资本主义膨胀起来（我必须承认我一直以为这是一种荒唐的表达）。我们开始记得，这种新的颇具弹性的生产恰恰是由电脑化（回归到技术的一个循环）促成的，我们还记得，计算机及其程序等等本身在当今各个国家中是最热门的商品交换形式。因此，在这个变体中，这个表面上的通讯概念私下里已经被改造成了对世界市场及其新近确立的相互依赖关系的幻想，改造成了超常规模的全球性劳动分工，由商业和金融等不懈地开辟出来的新的电子贸易路线。

现在，我认为我们已经有了充分的准备来理解关于这个滑动的概念的争论和意识形态的流动，它的两副并非完全相容的面孔现在看来似乎产生出两种不同的立场，但其本身却是可以逆转的。这样，如果你坚持这种新的通讯形式的文化内容，我认为，你就会慢慢地进入后现代对差异和区别的高扬：突然间，世界上的全部文化被置于相互容忍的交往之中，共处于一种巨大的多元主义之中，这个世界很难不去欢迎这种多元主义。除此之外，除了对文化差异的最初高扬之外，而且往往与这种高扬紧密相关的，是对不同群体、种族、性别、弱势民族等一系列新近进入公共话语领域的高扬；这些结构的消解把人口的所有组成部分贬降到沉默和从属的地位；大众民主化的全球性发展——为什么不呢？——看起来与媒体的发展有关，但又即刻在新的世界空间里表现为文化的一种新的丰富性和多样性。

另一方面，如果你的思想转向经济，并使全球化概念濡染上那些符码和意义的色彩，我认为，你就会发现这个概念愈加黯淡，愈加模糊不清。现在首要的是愈加强烈的同一性（而非差异性）：迄今自治的民族市场和生产地带向单一地区的迅速同化，民族性生活必需品（如食品）的消失，和地球上所有国家不得不统一而成为我在前面提到的那种新的全球劳动分工。在此，开始激发我们的全球化思考的是在规模上新的无与伦比的一幅标准化图画；一幅被迫进入世界体系的统一的图画，从此，与这个世界体系"解除关系"（萨米尔·阿明语）已经不再可能，甚至是无法想像的。比之以前关于异质性和差异性的愉快幻想，这显然是远较悲哀的前景，但是，我拿不准这些幻想在逻辑上是否是不相容的；实际上，它们似乎处于一种辩证的关系之中，至少是在难以解决的二律背反的模式上。

但是，由于确立了这对最初的孪生立场，由于在最初的时刻以采取不同类型的内容的方式交替转换了这个概念，使其表面闪光，然后又由于黑暗和影子而变得模糊不清——现在还要说明的是，这些转换可以开始了。现在，在稳定了这些最初的结构可能性之后，你可以把它们的轴相互投放在一起。顷刻间，同一性的令人悲哀的幻想便可以转换到文化领域：而以法兰克福学派的某种模糊方式所要证实的东西，则是全球文化的美国化或标准化，地方差异的消灭，地球上所有民族的集团化。

但你同样有进行逆向转换的自由，把令人愉快的、人们高扬的**差异性**和众多的异质性从第一个文化维度转换到经济领域：在那里，如你完全可以想像得到的，市场修辞学家蜂拥而起，热切地向我们保证全世界新的自由市场的丰富性和刺激性：开放市场将导致生产力的纯增长，人类终于开始掌握交换、市场和资本主义的超验满足，这是最基本的人类可能性和最保险的自由之源。

这就是这个最含混的意识形态概念及其可替换的内容给我们提供的多元的结构可能性和综合，由此，我们可以暂且探讨几条路径。

二

一条明显的路径就是把全球化视为文化的进出口。这无疑是商业问题；然而，这大概也预示了在旧的、缓慢发展的时代里几乎不可想像的民族文化的接触和相互渗透。

想一想全世界的人们都在观看北美出口的电视节目，就足以意识到这种文化介入比以前的殖民化形式或帝国主义或简单的旅游都更加深入。一位了不起的印度制片人曾经描述过他的十几岁的儿子由于观看美国电视而改变了走路的姿势和样子：可以认为他的思想和价值观也必定有所改变。这是否意味着世界的其余地区正在美国化？倘如是，我们如何对待这种美国化？也许应该问一问，世界的其余地区如何对待？美国人如何对待？

我现在必须再次提出关于文化多元主义和多样性，甚至关于语言多元主义和多样性的一个基本观点。我们必须明白，在这个国家里，有些事情是我们难于理解的：即是说，美国不仅仅是许多国家中的一个，或是许多文化中的一种，正如英语不仅仅是许多语言中的一种一样。美国在与世界各国的关系上存在着一种根本的失衡，不仅仅与第三世界，甚至与日本和西欧国家的关系亦然，稍后我将谈到这个问题。

这意味着有一种核心的盲目性，关于全球化的反思能帮助我们纠正这种盲目性。美国的盲目性可以定位在把普遍与文化相混淆的倾向上，或假定在任何特定的地缘政治冲突中，所有因素和价值都似乎是相等和等价的，换言之，都不受不均衡的权力的影响。我碰巧想到，这提出了有趣而相对新的哲学问题，但我想要更具体地说明其结果。

就拿新世界一体系的语言问题来说吧：所有这些语言都是平等的吗？每一种语言组合都可以自由地按其所需生产自己的文化吗？操小语种的人始终反对这种观点；而一种全球的空中传播的跨国文化的出现只能加剧他们的焦虑，在这种文化中，一些（文学的和文化的）国际明星被媒体经典化，得以高度流通，这是竭尽全力挤压出来的地方产品所不可企及的。同时，对我们来说，重要的是要认识到，对世界上的大多数人来说，英语本身并不确切是一种文化语言：它是用于金钱和权力的国际语，你必须出于实用的而非审美的目的来学习和使用。但权力的内涵本身在讲英语的外国人眼里都易于降低所有英语高级文化形式的价值。

同样，与金钱和商品相关的美国大众文化都有一个名声，它对大多数国内文化生产形式都是有害的。这些文化生产形式要么发现自己被扫地出门，如地方电影和电视生产，要么被吞并和改造得面目全非，如地方音乐。这里，我们并未充分地注意到——因为我们不必非得留意——在加特和纳夫塔谈判和协议中文化条款的重要性，和美国大文化财团之间的斗争，他们想要向外国开放电影、电视、音乐等等，而外国的民族—国家仍然注重保留和发展民族语言和民族文化，试图限制美国大众文化的颠覆造成的物质和社会破坏：物质的破坏指涉及的大量财经利益；社会破坏指由过去所说的——当时影响还仍然有限的一种现象的——美国化所带来的价值观的变化。

三

所有这些意味着，我们需要打开一个很长的括弧，来论述加特和纳夫塔协议的意义，这些协议构成了美国要破坏在世界其他各地尤其是在西欧的文化资助和限额的长期努力的不同阶段。

法国对美国这一压力的抵制在此大部分体现为一种文化的离心性，如同青蛙的腿一样。然而，我想要说明的是，它为下一个十年的所有文化工作者设定了一个基本的议事日程，在新的晚期资本主义世界体系中，可能成为重组同样过时的或离心的文化帝国主义观念——实际上是一般的帝国主义观念的焦点。

文化变成经济，经济变成文化，这往往被视作现已广为接受的后现代性的特征之一。无论如何，它对大众文化本身的地位发生了根本影响。加特谈判提醒我们，美国电影和电视仿佛也有基础和上层建筑的分别；它们既是经济的，同时又是文化的，并与农商和武器一起成为美国的主要经济出口——是纯粹利润和收入的巨大来源。因此，不应该把美国坚持打开向外国出口电影的障碍限额看作是北美的一种文化离心性，如暴力或苹果饼一样，而是讲究实际的商业需要，一种无视文化内容琐碎化的正常的经济需要。

因此，我们的加特文化政策也可被视作经济扩张的推动力——一般说来资本的逻辑是推动扩张的一股不可抵制的力量，或为扩大积累提出要求，这种积累在对制度本身不造成致命破坏的情况下是不能被放慢或停止、中止改良的。颇具反讽意义的是，它尤其对于疏远伴随自由的修辞具有重要意义——不仅仅是自由贸易，而且包括自由言论、自由思想和知识“产权”的交流。思想或文化事宜的物质方面始终在于再生产和传播的机关；

然而，今天这些机关举目可见，都是以与信息技术相关的垄断为基础的大公司：所以这些公司的自由（及其主导的民族—国家）几乎与我们作为公民的个人自由不是一回事。同时，与同一种国际政治不可分割并伴随而来的版权、专利和知识产权尖锐地提醒我们，所追求的思想自由之所以重要，因为思想是私有财产，是为了大量的赢利出售而设计的。我将不再讨论后者的这一重要特征（这与试图把衍生于第三世界雨林的化学物当做专利具有相同的生态价值），但我稍后还要谈到自由市场。

然而，我不想评论的这种特殊自由的另一面就在于，从字面意义上，这是一个零度游戏，其中，我的自由导致了他人的民族文化工业的毁灭。认为社会主义政治已死的人——现在顽固地反对国家介入，幻想建立各种非政府组织的人——清楚地反映了政府资助创造任何独立的或民族电影工业的必要性：德国的兰德尔长久以来就是资助先锋的典范；法国规定了复杂而有价值的条款以支持年轻的制片人获得商业影片利润；英国电视第四频道和英国电影协会现行的新浪潮，如果没有政府和旧的英国广播公司和社会主义传统，就不会存在；最后，加拿大（以及魁北克）提供了大量先例证明了国家在文化甚至文化政治中起到的真正的生产和刺激作用。关键在于，加特谈判至少在美国议案活动家的眼里是为颠覆这些地方和国家资助而设计的，他们把这些资助看作“不公平的”国际竞争；这些资助是现已中止的“娱乐界的自由贸易”的直接和明确的目标；我也希望这个领域的成功同时也暗示了各地新的民族文化和艺术生产的绝迹倾向，正如美国电影在世界上的自由运动念动了各地民族电影的死亡咒语一样，也许它把所有其他民族电影都看作绝迹的了。依据目的或意向讨论这个话题似乎是共谋的，但双方无疑要携起手来：保证自己的优势，捣毁敌人的优势；在这个特殊例子中，新的更加自由的市场确实没有导致商业竞争对手营业的增加。早在马歇尔·普兰的时代，美国对战后西欧各国的援助就颇有远见地规定了大量美国电影进入欧洲市场的条款；在英国，德国和最明显的意大利，美国电影吸引潮水般的观众有效地杀伤了它们各自的民族工业，使之不得不专业化或开发第三世界才能求得生存。只有法国工业保留了民族特色，因而也只有在法国，人们才最大限度地意识到这些危险，这绝不是偶然的。

这种对民族电影生产的破坏——以及对整个民族或地方文化的潜在破坏——就是现在在第二世界和第三世界各地所能目睹的一切。不言而喻，好莱坞影业的成功（在此，我不想将其与电视区别开来，电视在今天与电影一样甚至更重要）不纯粹是经济上的成功，而是形式的也是政治的成功。我认为，1985 年波德威尔、汤普森和斯泰格尔合著的《经典好莱坞电影》的发表是一次重要的理论事件，宣布了 20 世纪六七十年代世界各地电影实验的死亡，以及经典好莱坞形式的普遍霸权。在另一种意义上，仅就世界各地独立的制片人都以某种现代主义为导引这一点而言，这当然是现代派相对的终极死亡。但是，这也是政治影片的死亡，作为寓言，它意指想像迥异于我们现在生活于其中的社会的其他可能性的终结。六七十年代的政治影片仍然证实了那种可能性（如整个现代主义以一种比较复杂的方式所证实的那样），发现或发明一种全新的形式与发现或发明全新的社会关系和在世界上的生存方式是同一回事。正是这些可能性——电影的、形式的、政治的和社会的——随着美国的某种决定性霸权的逐渐出现而消失了。

现在，可以说有充分理由证明这一切，即是说，人们喜欢好莱坞的影片，他们也可能最终喜欢美国的生活方式，只要这些影片涉及美国生活方式的话。匈牙利人和俄国人为什么要蜂拥般地拥向好莱坞电影而不是他们自己传统的民族影业生产？为什么担心随着私有化印度迄今封闭的、受保护的电影文化将像雪一样融化，尽管传统印地语喜剧仍然保留其相当的规模和通俗性？美国电影剪辑的迅速和其本质暴力的感性引力可以作为对这些问题的解释，但是，那种形式的解释听起来仍然道德味十足。观看好莱坞影片是很容易上瘾的；我认为我们大家都是容易上瘾的；但是，更可取的也许是从另一个角度看待这个问题，衡量每一种民族文化和日常生活在何种程度上已经成为习惯和习惯性实践的封闭网络，从而构成了一个整体或体系。打破这种传统文化体系是非常容易的，这可以引申到人们的身体和使用语言的方式，以及他们相互对待和对待自然的方式。这些构架一旦被破坏就永远不会再创造出来。有些第三世界国家仍然处于那种构架得以保留的环境当中。美国文化帝国主义的暴力和好莱坞电影和电视的渗透就在于帝国主义对这些传统的破坏上，这些传统远远不是前资本主义或准宗教传统，但却是旧的机制对现代技术的相当新近和成功的容纳。

因此，关键的问题是，与作为意识形态的自由市场一起，好莱坞电影形式的消费是对一种特殊文化的实习，是对作为文化实践的一种日常生活的实习：这种实践的审美表达是商品化了的叙事，这样，所论的人口便同时学到了二者。好莱坞不仅仅是一个商业名称，而且也是一场根本的晚期资本主义的文化革命，在这场革命中，旧的生活方式被打破，新的生活方式已经出现。但这些其他国家是否需要那种……？这仍然是要提出的问题。其隐含意义在于，这是人性所共有的；此外，一切历史都在走向被尊为神圣的美国文化。但这反倒是我们自己是否想要那种文化的问题了：因为如果我们不能想像其他别的什么，那么，我们显然也没有什么可以告诫其他文化的。

四

因此，我们现在必须回到美国的立场上来，强调美国与其他国家之间的根本不平等。换言之，这些地区之间不可能存在着平等：在新的全球文化中根本没有起飞阶段；其他语言绝不能像英语那样发挥同等的全球功能，即便它们始终不懈地进行尝试；其他地方的娱乐业也根本不可能取代好莱坞的全球或普遍成功的形式，这特别是由于美国制度本身吸纳外域异国因素的结果——这里的武士道文化，那里的南非音乐，这里的吴约翰影片，那里的泰国食品，等等。

这的确给人这样一种感觉，对许多人来说，新的世界文化爆炸似乎提供了一个评价的机会；在两种迥异的事物观点之间进行选择也不是可取的，而恰恰应该强化它们之间的不相容性和对立性，这样，我们就能把这种特殊矛盾作为黑格尔的“不愉快的意识”在我们自己时代的历史性体现。另一方面，还有一种观点认为全球化本质上意味着千篇一律和标准化。通过大多数以美国为基地的大跨国公司的中介，美国物质生活的标准形式随北美价值和文化形式一起正在系统地传入其他文化之中。这不仅是机械和建筑的问题，机械和建筑使世界各地越来越相像；也不仅是价值问题——尽管当外国人暗示不必把人权、女性主义价值、甚至国会民主视为普遍的东西时，美国人总是感到震惊，外国人只不过认为这些是作为适于世界各民族的实践而输出到国外的美国文化的地方特色。

我想要说，那种震惊对我们是有好处的；但却没有提到那种高级形式，即美国经济利益与美国文化影响的碰撞导致了一种生活方式本身的输出。人们往往用“腐化的个人主义”和消费主义的“物质主义”来说明新的全球化过程的破坏性。但我认为，这些道德概念不足以完成这项任务，不足以辨别出缘起于北美、由美国今天未受到挑战的优越地位、因而也由于“美国生活方式”和美国大众媒体文化所造成的破坏力量。这是**消费主义**本身，是我们的经济体系的枢纽，也是我们的日常生活模式，在这种日常生活中，我们的大众文化和娱乐业日复一日地、无休止地以历史上前所未有的一种形象和媒体烟幕训练我们。由于苏联共产主义的失败而导致的对社会主义的失望，剩下的似乎只有宗教原教旨主义能提供一种可选的生活方式——上帝保佑，我们还是不要称其为生活方式吧——以替代美国的消费主义。但是，可以肯定整个人类历史像福山等人所认为的那样一直曲折地朝着以美国消费为顶点的方向发展吗？同时可以确定无疑地说，市场受益面如此之广致使地球上的每一个人都能享受这种新的生活方式吗？如果不是，我们就将在未提供任何选择的情况下毁掉他们的文化；但人们一直认为地方和民族主义暴力的复发本身是面对强化的全球化的抵制和保护机制的。如吉奥瓦尼·阿里吉所说：

> 整个群体、国家、甚至大陆，如亚撒哈拉的非洲，都被宣布为“多余的”，对于变化中的全球规模的资本主义经济积累来说是多余的。随着苏联这个世界大国和区域帝国的垮台，把这些“多余的”群体和地区从世界供应体系中清除出去引发了无数的、大多数属于暴力的争斗，斗争的焦点是“谁更多余”的问题，更简单一点说，即对由于这种清除而绝对匮乏的资源的占有问题。一般说来，人们并不把这些争斗当做社会在愈加强烈的世界市场竞争之下抵制既定生活方式的颠覆而进行自我保护的表达。这种竞争就大部分来说也就是这些争斗。

> 相反，人们视之为世仇或地方霸主的权力争斗的表达，这两者至多都只能起到一种次要的作用。

在此，不管阿里吉的判断是否正确，他至少给我们上了生动的一课，依据当下全球化环境而非依据文化主义者的术语（一般都以种族主义术语告终）来思考当下的事件。

现在，在看到这些灾难之后，如果不对硬币的另一面加以平凡处理就很难表达更加肯定的观点：这就是对全球化和后现代性的高扬。但这也是一种非常有说服力的观点，所以我认为，我们大多数人，尤其是在美国，都在实践上潜意识地赞同这个观点，即我们本身就是新的世界文化的接受者。我们的会议本身就标志着我们现在正得益于全球化，它激活了众多新的知识网络，跨越民族环境进行交流和讨论，而这些民族环境本身已经受到全球化的标准化，这样我们现在才能相互对话。我是说，在殖民化的世界上，主张西化者与传统主义者之间的旧的根本对立在新的后现代的资本主义时刻几乎完全消失了。不消说，那种对立是现代主义的对立，它不再适用仅仅是因为那种形式的传统无论在哪里都已经被清除了。新儒学和伊斯兰教及印度教的原教旨主义本身是新生事物，是后现代的发明，而非古代生活方式的残余。在那个意义上，无论是就个别国家还是全球规模而言，大都市与外省之间的对立也消失了。这也不必有什么充分的理由，从本质上说，抹掉中心与边缘之间差异的正是标准化。尽管说我们现在都处在边缘这可能有些夸张，但就当下这些词的流行用法来说，一切都被解中心了；当然，在这个过程中又赢得了许多新的自由，因此，全球化便意味着一种解中心和差异的生产。你们看到了这种观点是如何以与悲观主义截然相反的方式理解全球化的到来的，在悲观主义者看来，全球化意味着千篇一律和标准化。然而，这些实际上正是我们现在试图盲目地描写的那只大象的两个相对立的特征。

在文化领域，最有力地描绘全球化的宏伟蓝图的莫过于墨西哥理论家奈斯特·加西亚·坎克里尼；他把文化视为杂交化：在他看来，全球化促进的折衷接触和借鉴是进步的和健康的，这些接触和借鉴从正面鼓励了新文化的生产（事实上，我认为这种观点的隐含意义在于，无论如何，文化的运作方式始终是杂质的和无序的综合，而非孤立的环境和有规律的传统）。因此，奈斯特·加西亚·坎克里尼的著作给我们时代最有活力的乌托邦幻想提供了导火索，勾画了一个没有中心，甚或没有主导文化模式的巨大的全球性城市互文化的狂欢庆典。我本人认为这种观点缺乏经济的明晰性，与所谓全球规模的团体文化的性质和贫乏相矛盾。

但我希望，这种观点与前述关于全球化过程的悲观主义观点的碰撞恰恰是将产生火花的那种碰撞，而无论如何，这无疑是当前最重要的争论之一。

（另一个非常重要但却无疑相关的对立观点适合于文化和经济上的自治性和自足性等旧的价值观，也适合于当下幻想的制度的相互依赖性，在这种依赖关系中，我们都是一个网络或全球蛛网上的各个点。对这两方面都可以提出有力的例子，但我仅仅是顺便提到这场特殊的争论，而且是为了将其纳入某一扩大了的议事日程。）

但现在，我需要回过头来谈一谈一种三边的可能性，并阐明，如果奈斯特·加西亚·坎克里尼关于所谓第三世界持续的文化生命力和生产的观点证明是错误的，那么，我们就不可能指望在欧洲和日本这两个大世界中心找到与美国化相抗衡的力量。

在当下语境中，我宁愿提出一个问题而非阐述纯粹的观点：

也就是说，在我们的时代，文化与经济的关系从根本上并没有改变。无论如何，在我看来，新的文化生产和发明——而这是指大众消费文化的领域——的确是某一特定地区的中心性的关键索引，而不说明其财富或生产力。日本最终的战略措施是吞并美国的娱乐业——索尼购买哥伦比亚影业公司、松下买进 MCA，虽然都以失败而告终但却非常重要：这意味着，尽管拥有巨大的财富和技术与工业生产，甚至拥有所有制本身和私有财产，日本人都不能掌握本质上的文化生产，而这又是任何特定的竞争者为稳定全球化过程所必需的。凡是谈论文化生产的人，都谈论日常生活的生产——而没有日常生活，经济体系就几乎不能继续扩大和移植。

至于欧洲——经济上比以往更加富有、文化上比以往更加高雅，是纪念了不起的过去、最直接的现代主义本身的过去的一座闪光的博物馆——我也想要指出，它未能生产出自己的大众文化生产形式乃是一个不祥的迹象。现代主义之死也意味着某种欧洲的霸权艺术和文化的某种结局，这可能吗？我碰巧发现，由欧洲经济共同体激发的构想一种新的欧洲文化综合的努力，以米兰·昆德拉取代 T. S. 艾略特，也同样是不祥的，即便是更具同情心的表征。整个欧洲地方性大众和弱势民族或对抗性文化的出现在世界各地都是后现代性的一个受欢迎的奖赏，但在定义上却拒斥旧的欧洲霸权规划。

同样，以前的社会主义国家似乎大多不能生产一种创新文化和能够作为一种选择的独特生活方式，同时，如我已经指出的，在第三世界，旧的传统主义也同样衰弱和僵化了，只有一种宗教原教旨主义似乎具有抵制美国化的意志和力量。但在此，其运作词无疑是**似乎**；我们仍有待于观察的是这些实验是否提供了肯定的社会选择，或仅仅是反动的和压抑的暴力。

五

高扬市场“自由”如此经常地把这些不祥的发展置于全新的肯定的解释之中，以至于值得在结论中反过来对这个概念加以质疑，并确定由于把全球化与市场本身视为同一而激活的哲学范畴的干预。这些内部的概念矛盾可以首先确定为否则便相互区别的不同社会生活“层面”的多重汇合。

因此，在一部我经常援引的杰出著作中，A. O. 赫施曼文献式地记叙了文艺复兴时期最早的小册子和专论，它们所讨论的是商业的益处和不久就成为资本主义自身所高扬的那种**商业的温情**：贸易对野蛮人或暴力的、不开化的精神的有益影响，宗主国利益和视角的引进，文明向粗野民族的逐渐移植（我还要加上封建时期的欧洲本土的那些粗野民族）。这里，我们已经看到了两个层面的汇合：交换的层面汇入了人类关系和（如我们今天所说的）日常生活的层面，二者之间的同一性已经得到证实。同时，在我们的时代，不可磨灭的哈耶克已经提出了一种类似的同一性，但却以宏大的政治规模：自由企业与政治民主之间的同一性。缺乏后者将阻碍前者的发展；因此，不言而喻，后者——民主——的发展取决于自由市场本身的发展。这是弗里德曼学派热切提出的，最近由自由世界投机取巧的经济学家们所吹捧的一个三段论，他们在 1989 年之后迅速地跑到那些被黑暗笼罩的国家，为如何建设这个特别好的捕鼠器出谋划策。但是，甚至在这个观念同一的体系内，也存在着更基本的含混性，并关系到市场本身：马克思自己对这些范畴的使用意味着，这种思想或意识形态素涉及两个不同范畴的非法汇合，即分配和生产这两个范畴（在修辞操作的不同时刻也许还会滑入消费本身）。

这里一般辩护的是资本主义生产，但却是以分配的名义并在分配的伪装之下进行的——市场交换的各种非同寻常的和异质的变体，对此，我们得知，资本主义的根本危机总是在那些变体不同时发挥作用的时候发生：如过度生产，无人购买的货物在商店里堆积，等等。同时，市场的力比多化，如果我可以这么说的话——现在许多人之所以都认为这个讨厌的过时的东西是色情的，原因就在于此——产生于消费本身的各种意象给这个药片裹上了糖衣：商品仿佛正在变成其自身的意识形态，在莱斯利·史克莱尔所说的新的跨国的“消费文化意识形态”中，商品在改变着传统的心理习惯和实践，把它面前的一切统统扫进了公认为相似于**美国生活方式**的东西。

然而，假定这里被视为同一的相同事物的许多层面事实上是相互矛盾的；比如，假定消费主义与民主相矛盾，后现代的消费习惯和嗜好就阻碍或压抑了各种政治和集体行动的可能性。比如，我们可能记得，历史上大众文化的发明是福特主义的一个因素，是著名的美国例外论的根源：即是说，在美国导致联邦主义、大染缸和对阶级斗争的控制的，与世界上大多数其他国家相比，恰恰是我们独特的大众文化和消费的独特体系，新的被审查所控制的方向成为被错置的能量。因此，当大众文化作为民主化自不必说作为抵抗的一个空间而被提出来时（如许多参与全球化争论的人所有意为之的），就显得颇具讽刺意义了。

但这些混淆有些是可以通过环境本身加以澄清的，另一些则要通过我在这里提出的理清层面的方法。我们再来详细看一看对商业大众文化的解放作用的高扬，尤其是在拉丁美洲特别强调表达的那种高扬，包括乔治·于迪斯在内的学者和理论家，特别是在通俗音乐领域（在巴西则是电视领域）。在文学上，语言保护着伟大的现代文学的生产——如拉丁美洲文学的繁荣——这在许多方面颠倒了方向，战胜了北美和欧洲市场。在音乐领域，观点已经提出，不仅地方音乐战胜了进口的或北美的音乐，而且，甚至更重要的，也战胜了跨国公司在这些音乐中的投资，在地方音乐和唱片业的投资（在巴西是在地方电视网络上的投资）。因此，大众文化似乎提供了一种抵抗模式，以抵制把地方和民族生产普遍吸纳到跨国商业的轨道上来，或在后一种情况下，至少提供了把那种生产归并和转向自己的地方和民族优势上来。另一方面，甚至这一特殊的民族成功的故事也并不构成规则，而恰恰是那个例外，在一些其他国家（不仅在第三世界），电视几乎全部被进口的北美节目所垄断。把区别经济和文化的附属性作为一条规则无疑是正确的：我想要指出的是，甚至这种平庸的区分也重又引入了哲学的困境，尤其是我在此强调的范畴和层面的问题。如我们已经看到的，在今天的美国，当文化——娱乐业——与食品一起成为我们最重要的经济出口时，而且是美国政府准备尽全力加以保护的那种出口，如加特和纳夫塔谈判的内部斗争所示，那么，把文化和经济这两个层面区分开来实际上还有什么道理呢？

同时，从不同的理论视角来看，后现代性理论证实了对这些层面的一种逐渐的反区分，经济本身逐渐变成了文化，与此同时，文化也逐渐变成了经济。形象社会和广告无疑能记载商品向其自身力比多形象的逐渐改造，即是说，改造成近似的文化产品；而高雅文化的消解和与此同时对大众文化商品的密集型投资也许足以表明，在资本主义的早期阶段和时刻，不管实际情况如何（审美领域恰恰是逃避商业和国家的避难所），今天，不受商品形式统治的飞地（无论审美与否）都已经不存在了。

因此，在某些情况下（如巴西电视）文化领域与经济领域（从属性）相冲突，尽管不是不合逻辑的，也不是不可想像的，但这个命题却需要进一步说明，这样一个特征无疑显见于巴西实际上作为大陆范畴的巨大市场的独特地位，我宁愿将此解作更加传统的文化差异思想，民族和语言传统等因素，这些因素本身需要重新被转译成唯物主义的术语。

然而，于迪斯的命题仍有待于检验：在特定情况下，文化——但为简捷起见权且将文化限制在通俗音乐领域——可以通过提供像公民权这样的新概念和对这种概念的实践而充当民主的实验场；换言之，消费选择和个人自治的实践在一种新的自由中培养了否则便是臣属的个人，这种自由（如席勒很早以前就曾说过的）可看作政治自由的准备。这显然是假定文化与政治层面的极端“融合”，而我们所限制的音乐领域（不仅是资产阶级思辨式的聆听，而且包括舞蹈和普遍的音乐实践），比之某个约翰·费斯克就商业性电视广告所演练的批判，听起来要合理得多。我们也不应该忘记，法国社会主义在掌权时未曾制定的伟大的（天哪）流产的乌托邦改革蓝本，却由其主要理论家雅克·阿塔里以音乐模式明确清晰地表现出来。阿塔里本人就是一位音乐家和经济学家（他常常强调这两个“层面”的相近性）。但最有说服力的也许是斯图亚特·霍尔提出的新的文化概念，尤其是他近来的“新时代”（我不愿称其为后现代）时期或转向；姑且不谈霍尔今天的马克思主义或社会主义，他认为后现代新的音乐文化是英国许多少数群体颠覆臣属地位的手段。这一观点极为有力，并经过漫长的跋涉而恢复了艺术的政治潜力，而且与我们习惯上思考的艺术的政治潜力迥然有别。然而，这种文化多元性无疑以两种统一或同一的形式为目标：种族主义国家的同一性和由那个国家所代表的白人（新教）公民的统一性。（现在，我们是在谈论**想像**关系的对抗性结构，而不必谈论英国地区这种或那种经验的社会现实。）

这个模式现在也可以澄清对拉丁美洲文化和市场给予的广泛的理论和政治强调。人们往往强调指出（最有力者莫过于加西亚·坎克里尼本人），在拉丁美洲，文化及对文化的支持是与国家同一的；在墨西哥则与后革命的国家是同一的。在这些国家里，权力本身就是国家，而不是像在所谓的第一世界里，权力就是资本主义本身。因此，在国家权力的环境下强调商业和贸易恰恰等于把一个多元时刻奉为自由和抵抗的空间：因此，交换和商业意义上的市场在拉丁美洲就如同亚洲和非洲的非政府组织发挥一样的功能，即作为逃避国家本身的野蛮统治的东西。但在英美第一世界里，我禁不住要说，国家仍然是一个肯定的空间：其权力是必须保护的东西，以抵制右翼重新将其化解为各种私有经营和运作的企图。国家是福利和社会立法的地方，是一整套重要的法律权力（对就业、卫生、教育等）得以施行的安全网络的保障，绝不能让其受到美国商业的破碎和分解的影响。

然而，有一种方式能把这两种迥异的环境加以比较：在一种环境中，即拉丁美洲，对多元性的高扬是针对压抑性的统一的；在另一种环境中，即北美，对肯定性的统一的辩护是针对压抑性的多元性的。但这只是改变了这些术语的原子价；而评价模式却没有变。我认为，这些变化和相似性当解作结构特征，它们还不是全球化本身，而恰恰是旧的国际体系：换言之，在抽象和相互关系的层面上，在民族层面上适用的东西在国际层面上被颠倒了过来。如果这听起来相当模糊，那么，姑且举一个我认为最富戏剧性的例子，即C. L. R. 詹姆斯记叙海地革命的一部了不起的历史著作，他意味深长地将其命名为《黑色雅各宾党人》。这个标题本身是我想到的一个悖论：因为詹姆斯的叙事中所透露的是所谓在国际网络中起到不同作用的历史主体。我们实际上了解到，法国大革命中最激进的力量是过激的共和党人：确切说还不是无产阶级，而是小资产阶级、徒工、学生、破落户之流的混合。这些人构成了雅各宾和罗伯斯庇尔运动的主力军。詹姆斯表明，在海地，过激的共和党人（及其从法国引进的革命文化）形成了反动力量，是反对革命运动的生力军和图桑·卢佛杜尔（Toussaint Louverture）的敌人。在这种环境中，简单的种族主义似乎太容易以至于不能诉诸：我建议最好将其读作辩证逆转，这种辩证逆转本身是由于那种关系的出现所决定的，它已不再是内部民族关系了（我不愿用“跨国”这样的词，其全部字面意义的应用已具有了许多近代含义；正如我不愿用“帝国主义”一词一样，该词也是个时代错误；而奴隶制也不能解作简单的殖民术语）。我认为，在统一性和多元性的问题上，在北美与拉丁美洲环境之间的差异中，从肯定向否定的转化也应得到同样的理论化。

但现在，我想要进一步阐述这个辩证法。在这个特殊的例子中，我们已经看到同一性与差异性的对立中被赋予了统一性与多元性对立的特殊内容。然而，也可能通过符码把这些转换成当下后现代争论的术语；在拉丁美洲的例子中，我认为文化的积极力量并不特指大众或通俗文化，而恰恰包括高雅文化，尤其是民族文学和语言：不妨说桑巴与圭马雷·罗萨相对立，但却与他的文学成就是同一的，并属于一种自治的民族文化本身的骄傲。然而，人们也能辨别出民族环境——我是故意使用这些笨拙的迂回说法的，以防止通常那些无休止的争论，关于是否还有“民族”这种东西，以及“民族”与另一个称作“民族主义”的神秘事物的关系等问题的争论——在这种争论中，对民族自治性的辩护采取了看来更为传统的现代主义形式：对艺术和高雅文化的影响力的辩护，这种艺术现代主义与集体自身的政治权力之间深刻的相近性，不管视作统一的政治权力，还是集体的规划，但都不是分散成民主的多元性和同一性立场。

印度的确是一个辽阔多元的地方，各种现代主义和后现代主义在那里充分发展起来。但我一直特别思考的是把旧的国大党的社会民主规划同尼赫鲁与整个美学和艺术政治的不结盟政策结合起来的一个特殊的幻想，这种美学和艺术政治完全不同于我们在拉丁美洲的环境中遇到的文化研究政治（如果我可以那样说的话）。但这是不是迟到的高度的现代主义？它是否真的保护同一性而反对差异性？在这个意义上，它是否加强了对各地流行的现代主义的攻击？这些现代主义似乎总是在抛弃一种现代主义艺术的同时也抛弃一种现代主义政治，因而像许多人所抱怨的那样使我们在政治上无所适从。

对所有这些差异加以中介和解决，把理论争论和斗争变成和谐，并非出于任何愿望——而恰恰由于我想要展示辩证法本身的力量和益处，为此，我将提出下面的假定：这些差异与其说关系到差异本身毋宁说关系到差异出现的地点或位置。在社会甚或政治的层面上谁能与差异性作对呢？实际上，在这些文章的背后是一种新的（第一和第三世界）民主政治的合理性，这是由农业或工业市场本身的活力激发的一种政治：这是根据已经提到的交换和政治自由为商业和资本主义进行的那种悠久辩护的一种颇具异国情调的社会学变体。然而，一切都取决于一种有害的、标准化的或专制的同一性得以辨别的程度。如果这见于国家本身的存在之中，作为异国民族实体，那么，毫无疑问，市场和文化上一种更加微观政治的差异形式就将得到证实，并作为抵抗千篇一律和权力的一股力量：这里，文化和社会的层面便与政治层面处于根本的冲突之中。而在一些关键时刻，在这种争论中，对联邦主义的证实将成为未来的一个理想，且不管新近的历史发展，对于这些发展，人们也能证实它们记叙的失败和死亡，不是共产主义的失败和死亡，而恰恰是联邦主义本身的失败和死亡（苏联，南斯拉夫，甚至加拿大）。

然而，当把同一性的威胁置于较高的全球层面时，一切就都发生了变化：在这个较高的层面，差异的敌人不是民族—国家的权力，而是跨国体系本身，美国化，以及从此千篇一律和标准化了的消费意识形态和实践的标准化产品。在此，民族—国家及其民族文化突然被召唤扮演一个积极的角色。迄今为止，这个角色一直被赋予与民族文化相对立的区域和地方的实践。与地方和区域市场的多元性相对立，少数艺术和语言的生命力得到了全世界的承认，令人不安地与末日视域和普遍的绝迹相共存，人们惊异地目睹了——在民族—国家本身（自不必说“民族主义”了）成为非常有害的实体和价值的氛围中——对民族文化的诸种辩护的再生，证实了民族文学和民族艺术的抵抗力量。这些辩护者们把艺术和政治这两个层面等同起来，把一个民族和现代主义文化的活力（在此，也许确实可以用一种真正的“民族现代主义”反对葛兰西的“民族—大众”策略，尽管事实上，葛兰西本人在这个问题上也是个现代主义者）与一项伟大的集体或民族的政治规划联系起来，也即现代主义时期左翼和右翼所预见的那种规划。

这一立场事先假定，只有通过这样一种可能性才能抵制世界市场，抵制跨国资本主义以及所谓第一世界的大资本借贷权力中心的侵蚀。在这个过程中，也必须抵制后现代大众文化的扩散，这就与提倡多元性和差异性的人构成了矛盾，后者只有激活真正的多元和差异的草根文化才能首先抵制民族—国家本身，然后抵制在民族—国家之外的外部世界（自相矛盾的是，这些抵制所利用的往往是那个外部世界的跨国大众文化的因素：好莱坞影片有时是抵制内部霸权的源泉，也是外部霸权最终采取的形式）。

现在，我有一点时间总结一下看似永无完结的一系列悖论；这样一种印象已经标志着一个有用的开端，使人怀疑我们提出的问题既在于我们的思维范畴，又在于这些纯粹事实本身。我认为，这将是在今天回归黑格尔的意义和作用，而与阿尔都塞相对立。后者无疑正确地提出了唯物主义辩证法、半自治性层面、结构因果律和多元决定论：如果你在黑格尔那里寻找这些东西，你所发现的是大家久已知道的，即他不过是一个唯心主义者。但那不是正确地利用黑格尔的方式；恰恰因为是一个唯心主义者，他才能对那些事物进行探讨：即那些范畴本身，我们不可避免地用以思考事物的思维模式和方式，但它们有其自身的逻辑，如果我们无视它们的存在和它们对我们的深远影响，我们就会成为它们的牺牲品。因此，在伟大的《逻辑》的最著名的一章中，黑格尔告诉我们如何把这些具有潜在麻烦的范畴当做同一性和差异性的范畴。你以同一性开始，他说，结果只能发现同一性总是依据与其他事物的差异性来界定的；于是你转向差异，结果发现任何关于差异的思想都涉及关于这一特殊范畴的“同一性”的思想。当你开始观察同一性变成差异性，差异性又回过头来变成同一性时，你把二者解作不可分割的**对立**，你学到的是必须总把二者放在一起来思考。但此后，你发现它们并未构成对立，而在某种另外的意义上，它们是相互同一的。在这一点上，你接近了同一与非同一的同一性，而在黑格尔整个体系的划时代逆转中，**对立**突然被揭去了面纱，变成了**矛盾**。

这始终是我们所要达到的那个辩证时刻：我们想要揭示现象，发现现象背后的终极矛盾。而这是布莱希特的辩证观念：在一切事物中牢牢抓住矛盾，矛盾使事物变化和发展。但在黑格尔那里，**矛盾**然后过渡到**基础**，变成我所说的环境本身，总体性的鸟瞰或地图，在这种总体性中，事物发生，历史发展。我以为，正是在这些范畴的这种运动中——它们相互生产，发展成全新的观点——列宁才在第一次世界大战的最初岁月里看到并学到了黑格尔的思想。但我还以为，这些仍然是对我们今天有用的教导，在我们试图理解仍然定义模糊、不断扩大影响的那种现象的努力中，尤其需要这些教导，这种现象开始被我们称作全球化。

（陈永国　译）

图书在版编目（CIP）数据

詹姆逊文集. 第4卷，现代性、后现代性和全球化/王逢振主编；王逢振等译. —北京：中国人民大学出版社，2015.12
ISBN 978-7-300-16407-6

Ⅰ.①詹… Ⅱ.①王… Ⅲ.①詹姆逊，F.-文集②后现代主义-研究 Ⅳ.①C53

中国版本图书馆CIP数据核字（2015）第301835号

"十二五"国家重点图书出版规划项目
詹姆逊文集　第4卷
王逢振　主编
现代性、后现代性和全球化
王逢振　王丽亚 等　译
Xiandaixing、Houxiandaixing he Quanqiuhua

出版发行	中国人民大学出版社		
社　　址	北京中关村大街31号	**邮政编码**	100080
电　　话	010－62511242（总编室）		010－62511770（质管部）
	010－82501766（邮购部）		010－62514148（门市部）
	010－62515195（发行公司）		010－62515275（盗版举报）
网　　址	http://www.crup.com.cn		
	http://www.ttrnet.com（人大教研网）		
经　　销	新华书店		
印　　刷	涿州市星河印刷有限公司		
规　　格	150 mm×228 mm　16开本	**版　　次**	2016年3月第1版
印　　张	26 插页4	**印　　次**	2016年3月第1次印刷
字　　数	308 000	**定　　价**	1380.00元（全14卷）